2008年4月27日，局党组书记、局长徐菊平（右一）作为全国“五一劳动奖章”获得者、江苏省三名代表之一，赴北京参加“五一”劳动节庆祝活动，受到王兆国等党和国家领导人的亲切接见。

2008年4月24日，局党组书记、局长徐菊平获得全国“五一劳动奖章”，参加在淮安市电视台举办的市“五一”劳动节庆祝活动，中共淮安市委书记刘永忠与其合影留念。

局党组书记、局长徐菊平（前排左二）作为全国税务系统“五一劳动奖章”获得者受到国家税务总局领导的亲切接见。

▲1997年2月1日，江苏省地税局副局长顾长虹到淮阴县地税局视察工作。

◀1997年7月5日，江苏省地税局党组书记、副局长郑坚在参加苏北五市地税系统实施“两个转移”座谈会期间，到淮阴县地税局基层税务所视察工作。

▶2003年1月22日，江苏省地税局副局长徐锦辉到淮阴地税局视察工作。

2002年7月30日，江苏省地税局副局长顾长虬到淮阴地税局视察工作。

2005年8月22日，中共淮阴区委书记戚寿余到淮阴地税局视察文明城市创建工作。

2007年6月12日，省地税局党组成员、纪检组长于阜宁到淮阴地税局调研行政效能监察工作。

2007年8月31日，江苏省地税局副巡视员唐卫平（中）带领省局机关作风建设调研组到淮阴地税局调研指导工作。

2008年9月1日，中央纪委、监察部《中国纪检监察报》副社长王秋林到淮阴地税局视察廉政内控机制建设工作。

2008年9月4日，江苏省地税局局长李小平（中）在淮安市地税局局长陈建浦（左）的陪同下到淮阴地税局视察工作。

▲江苏省地税局局长李小平（左五）到淮阴地税局视察工作时，与基层税务干部亲切合影留念。

◀2008年10月22日，江苏省地税局副局长倪静石视察淮阴地税局纳税服务中心。

▶2009年5月12日，中共淮阴区委书记刘学军、区长葛莱、副区长蒋启波等区领导以及有关部门负责人视察淮阴地税局工作。

2009年8月4日，淮安市地税局局长陈建浦（中）带领班子成员到淮阴地税局调研省级大集中系统上线运行情况。

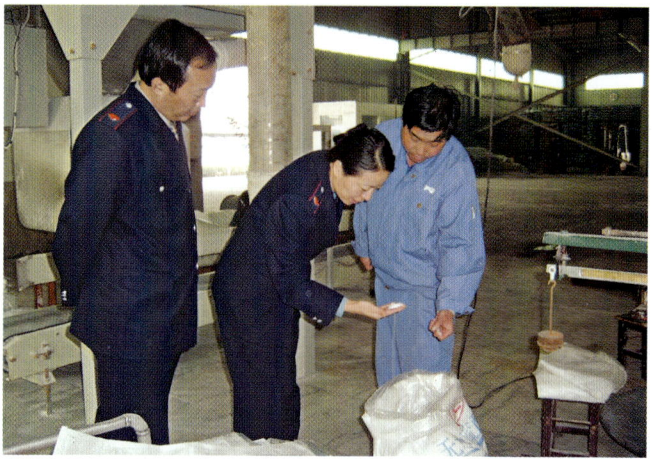

局长徐菊平深入企业生产一线走访调研。

局领导调研企业生产情况。

副局长杨国祥与企业财务人员座谈。

地税干部走进生产车间，调研企业生产经营情况。

地税干部深入企业与企业负责人和财务人员进行座谈。

局领导与基层地税干部亲切谈心。

走村串户，宣传税法。

1997年税收宣传月期间，设立展板宣传税法。

1997年5月14日，历时一个月的“地税少儿书法大奖赛”进行颁奖典礼。

1998年4月18日，值税收宣传月期间，局长李仁俊走进演播室，通过空中电波与听众交流。

在集镇设点宣传税法。

2000年税收宣传月期间，淮阴地税局与辉煌太阳能公司联合举办“辉煌杯”个人所得税知识大奖赛。

2003年11月企业服务月期间，局长徐菊平与地税干部一起走上街头宣传税收优惠政策。

副局长陈爱五向区政协领导赠送税宣扑克牌。

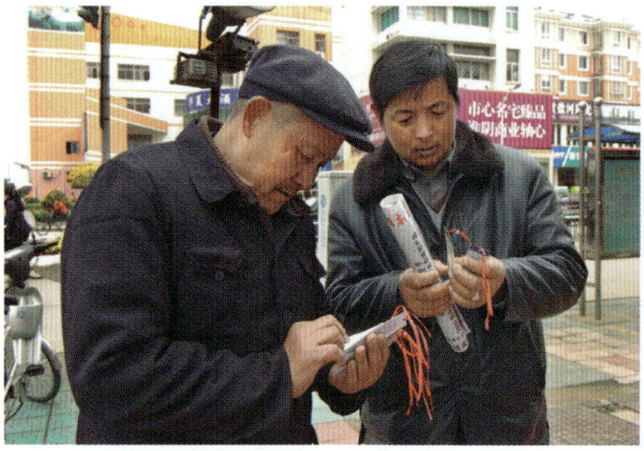

税法宣传书签深受纳税人喜爱。

地税干部向纳税人赠送税宣彩扇。

副局长张建勇带领地税干部参加税法宣传活动。

2003年“非典”期间，地税干部为纳税人提供“非常”服务，送票上门。

2005年税收宣传月期间，淮阴地税局与国税局联合开展税法宣传活动。

副局长杨国祥在办税服务厅向纳税人征求工作意见。

淮阴地税局组织纳税人参加税收业务培训。

走进演播室，现场连线纳税人，释疑解惑。

召开座谈会，与纳税人共商应对国际金融危机之策。

地税干部面对面对企业财务人员进行纳税辅导。

在办税服务厅现场辅导纳税人进行网上申报。

▲ 淮阴地税局走进行风热线，现场解答纳税人提问。

▲ 淮阴地税局组织网上申报业务培训。

▲ 2007年11月，淮阴师范学院教学实践基地揭牌仪式在淮阴地税局举行。

▲ 2008年，淮阴地税局在淮阴师范学院组织培训，财务会计、税收业务和计算机操作三班齐开。

▲ “三八”国际劳动妇女节前，组织女税务干部畅谈工作感受。

淮阴地税局组织地税干部观看廉政漫画展。

淮阴地税局开展专题学习日活动。

地税干部在八十二烈士纪念碑前重温入党誓词。

组织业务竞赛，提高干部业务水平。

积极组织地税干部参与网上党校学习。

开展学习科学发展观专题活动。

2007年11月10日至28日，在全系统开展以“打造蓝色方阵，践行十七大精神”为主题的税魂行动，组织税务干部参加全封闭式的军事化训练。

地税干部参观革命老区，接受爱国教育。

淮阴地税局组织计算机知识考试，提升信息管税水平。

淮阴地税局组织送化肥下乡活动，支援农村建设。

▲2003年12月，江苏省暨淮安市“文明关爱、扶贫济困”现场会上，淮阴地税局设立专版展示文明关爱工作开展情况。

▲在码头镇建立“留守儿童”图书室。

▲局领导到古寨乡查看帮扶项目千亩订单胡萝卜长势情况。

▼局领导关注留守儿童成长。

▲局领导走访慰问贫困户。

▲向古寨乡古西村捐赠办公家具。

地税干部参加创卫义务劳动。

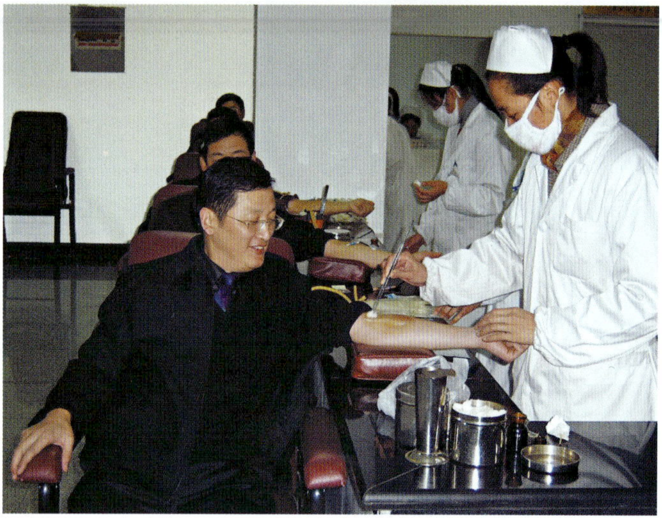

淮阴地税局局领导带头参加义务献血。

地税干部查看扶贫项目蔬菜大棚里农作物的长势。

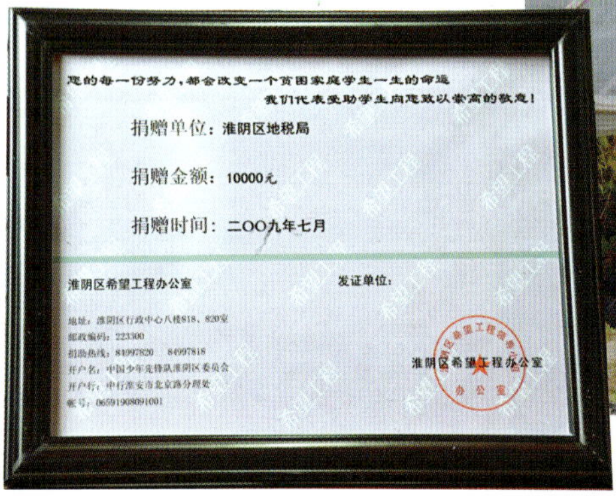

您的每一份努力，都会改变一个贫困家庭学生一生的命运

我们代表受助学生向您致以崇高的敬意！

捐赠单位：淮阴区地税局

捐赠金额：10000元

捐赠时间：二OO九年七月

淮阴区希望工程办公室

发证单位：

地址：淮阴区行政中心八楼818、820室

邮政编码：223300

捐助热线：84997820　84997818

开户名：中国少年先锋队淮阴区委员会

开户行：中行淮安市北京路分理处

帐号：06591908091001

淮阴区希望工程办公室

淮阴地税局连续三年参加“七月阳光·圆梦大学”活动，帮助贫困学子圆大学梦。

组织干部捐款，心系灾区，奉献爱心。

光荣地成为造血干细胞志愿捐献者。

爱心捐助，帮助困难群众渡难关。

女税务干部与地税“春蕾班”的孩子们在一起。

1997年，淮阴县国、地税联合推出“税务之光——爱国歌曲卡拉OK大奖赛”。

1998年，举办“地税之歌演唱会”。

2002年，与辉煌公司共庆“七一”党的生日。

地税干部饱含激情地演讲。

球场竞技，挥洒汗水。

2008年5月，淮阴地税局成功举办淮阴区首届财税运动会。

参加“五一”长跑，展示地税干部风采。

组织地税干部参加全市“万人骑车环市行”活动。

组织地税干部参加全区“爱国歌曲大家唱”活动。

元旦自编小品，宣传淮阴地税。

组织艺术培训班，提升干部文化素养。

袁洽　1994年9月～1996年，先后兼任局长、党组书记。

李仁俊　1994年9月～1995年12月，任党组书记、副局长。1995年12月，任党组副书记、局长。1997年～2003年3月，任党组书记、局长。

王波　1994年9月，任党组成员、纪检组长、副局长。2003年1月，调入淮安市地税局。

陈爱五　1994年9月～2007年9月，任党组成员、副局长。

张振庭　1994年9月～2007年9月，任党组成员、副局长。

刘绪祥　1995年12月～1999年7月，任党组副书记。

徐菊平　2003年3月，任淮阴地税局党组书记、局长。

韩庆实　1997年9月，任党组成员。1999年7月～2007年9月，任党组成员、纪检组长、副局长。

丁宏　2003年4月～2004年4月，任党组成员、副局长。

董正军　2004年4月，任党组成员、副局长。

刘可道　2007年9月～2007年12月，任党组成员、副局长。

杨国祥　2007年9月～2010年5月，任党组成员、纪检组长、副局长。

翟玉标　2007年12月，任党组成员、副局长。

张建勇　2008年1月，任党组成员、副局长。

全国税务系统
先进集体
人事部　国家税务总局
一九九七年

全国税务系统信息化建设
先进单位
国家税务总局
二〇〇三年十二月

巾帼文明岗
中华全国妇女联合会
全国妇女“巾帼建功”活动领导小组
2007年2月

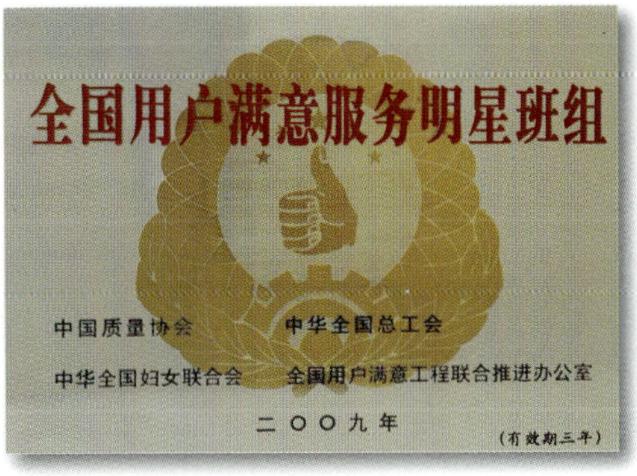
全国用户满意服务明星班组
中国质量协会
中华全国总工会
中华全国妇女联合会
全国用户满意工程联合推进办公室
二〇〇九年
（有效期三年）

江苏省
文明单位标兵
THE BEST OF THE CIVILIZED UNITS JIANGSU PROVINCE
（2003-2004）
中共江苏省委
JIANGSU PROVINCIAL COMMITTEE OF C.P.C
江苏省人民政府
JIANGSU PROVINCIAL PEOPLE'S GOVERNMENT

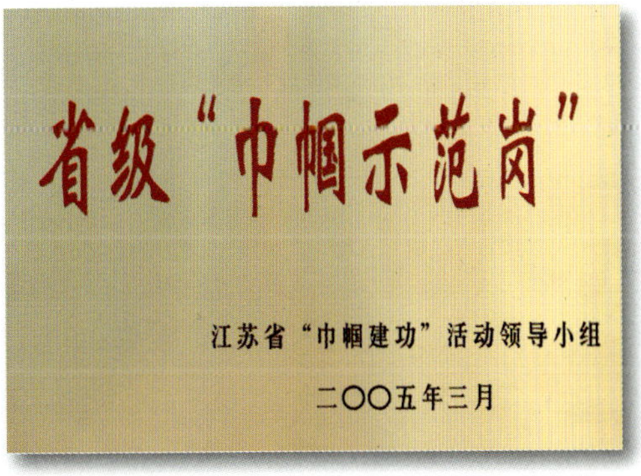
省级“巾帼示范岗”
江苏省“巾帼建功”活动领导小组
二〇〇五年三月

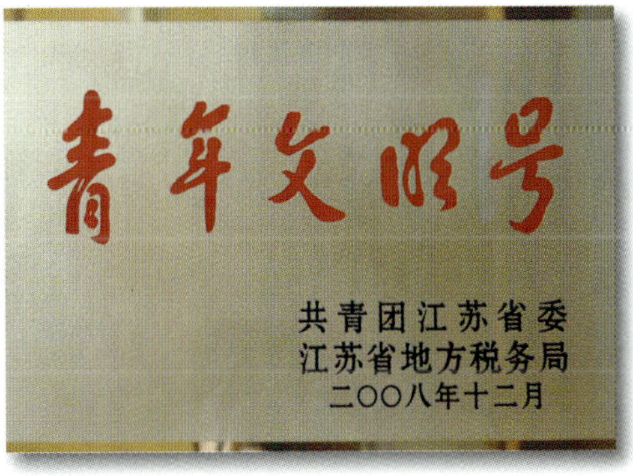
青年文明号
共青团江苏省委
江苏省地方税务局
二〇〇八年十二月

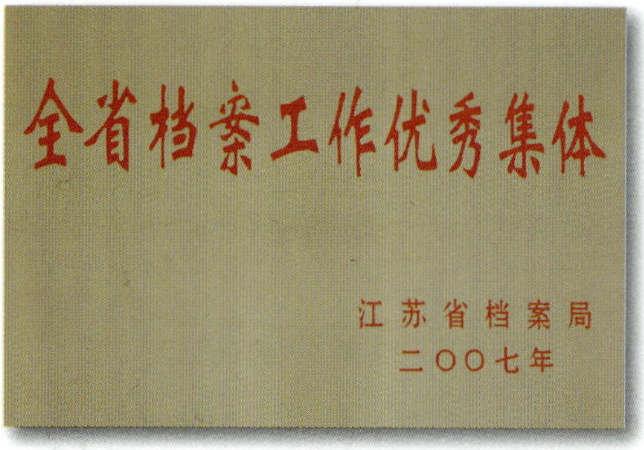
全省档案工作优秀集体
江苏省档案局
二〇〇七年

2007年度财税工作
三等功
中共淮安市淮阴区委员会
淮安市淮阴区人民政府
二〇〇八年二月

江苏省
廉政文化示范点
二〇〇七年十月

2005－2006年度
江苏省文明行业
Civilized Industry in Jiangsu Province
江苏省精神文明建设指导委员会
JIANGSU PROVINCIAL STEERING COMMITTEE
FOR IDEOLOGICAL AND ETHICAL ADVANCEMENT

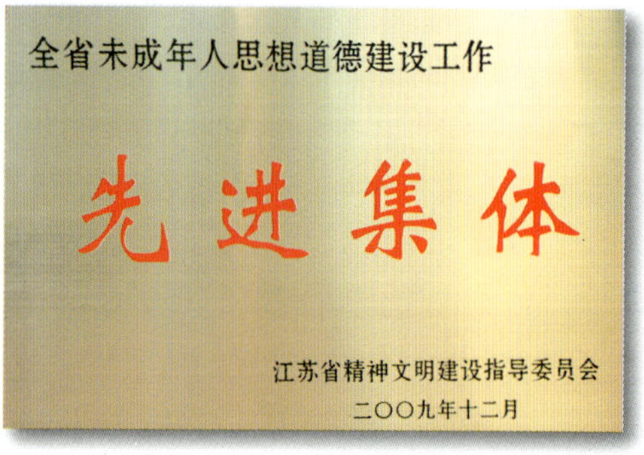
全省未成年人思想道德建设工作
先进集体
江苏省精神文明建设指导委员会
二〇〇九年十二月

创建学习型组织(2004)
先进集体
中共淮安市委宣传部
中共淮安市委市级机关工委
2004年12月

全市地税系统2001-2002年度
文明单位
淮安市地方税务局

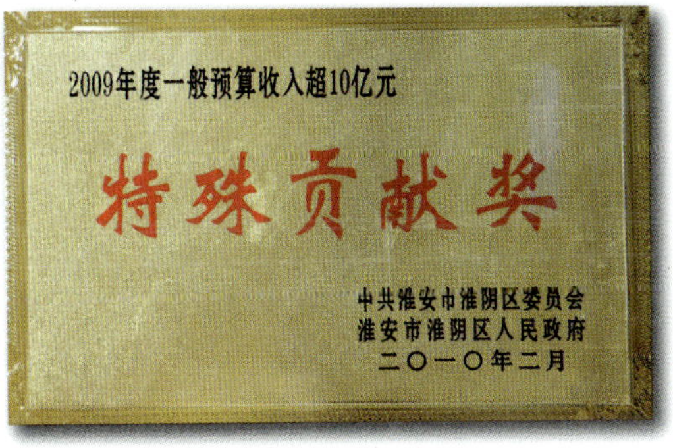
2009年度一般预算收入超10亿元
特殊贡献奖
中共淮安市淮阴区委员会
淮安市淮阴区人民政府
二〇一〇年二月

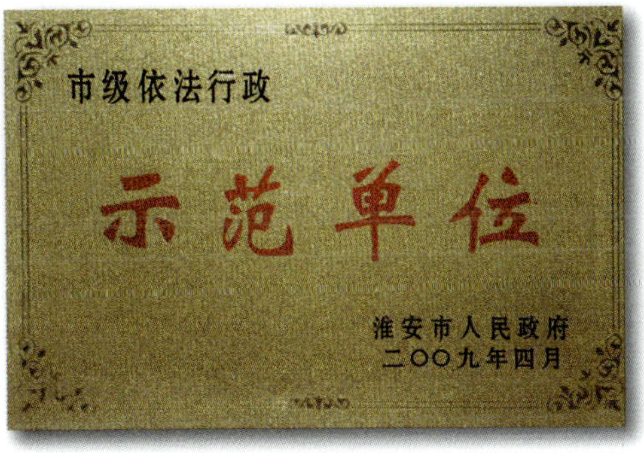
市级依法行政
示范单位
淮安市人民政府
二〇〇九年四月

2006－2008年度
淮安市精神文明建设工作先进单位
淮安市精神文明建设指导委员会

淮安市五一劳动奖状
淮安市人民政府
2009年4月

《淮阴地方税务志》编委会名单

主　　任　徐菊平

副 主 任　李仁俊　杨国祥　董正军　翟玉标　张建勇　孙新军

委　　员　李春来　王　琦　石　浩　尹　峰　王正国

胡家文　潘广军　孙明月　唐　丽　龚玉龙

赵　坚　时海柏　安正淮　顾　坚　丁祖沂

吴开宝　刘　彬

主　　编　李仁俊

副 主 编　李春来　唐　丽

《淮阴地方税务志》编纂办公室

主　　任　杨国祥

副 主 任　李春来　尹　峰　唐　丽

成　　员　周耕生　丁正宜　钱建伟　齐占祥

《淮阴地方税务志》撰写人员

尹　峰　王正国　胡家文　潘广军　袁　峰　徐　淮　王海涛

谢长林　隽玉鹏　王福军　王　红　严　松　齐占祥

特约撰写人员

杨　健　毛立发

序

淮安市淮阴地方税务局自1994年9月组建以来，已整整走过了15年的历程。回首这15年，淮阴地税人感慨万千。往昔犹如昨日，付出的是艰辛，收获的是喜悦；付出的是辛勤汗水，收获的是累累硕果，唱响的是奉献之歌，捧出的是一颗颗热忱的赤子之心。

15年，在历史的长河中只是弹指一挥间，而在淮阴地税的发展史上却是具有开创性的一段历程。15年的历程，是淮阴地税人一段同心同德、风雨同舟、艰苦创业的奋斗史，是一段开拓创新、不断进取、务实奋进的发展史，是一段塑造形象、展示风采、铸造辉煌的图强史。15年间，淮阴地税事业在艰辛中起步，在探索中创业，在开拓中前行，在创新中发展，实现了从无到有、自弱而强、由小变大的深刻变化，这是一段必须铭记的历程。

15年来，全系统广大地税干部紧紧围绕淮阴地方经济社会发展大局和税收工作中心任务，以科学发展观为指导，以“聚财为国、执法为民”为宗旨，在“艰苦奋斗、务实创新、敬业奉献、廉洁守纪、争创一流”的地税精神鼓舞下，以忘我的精神、实干的作风，改革创新，锐意进取，团结拼搏，争创一流，取得了可喜的成绩。这些成绩，可谓精彩纷呈，亮点频现，是全体地税干部为淮阴地税事业共同谱写的、熠熠生辉的历史篇章。广大地税干部所付出的心血和取得的辉煌业绩，理应载入淮阴地税事业的光辉史册。

为比较全面地反映淮阴地税局自1994年9月组建以来的发展历程，实事求是地追溯和反映广大地税干部开拓进取的奋斗足迹，总结经验，探索规律，指导今后的地税工作，我们组织专门的队伍编写了《淮阴地方税务志》。经过全体地税干部，特别是修志人员八个多月的辛勤工作，《淮阴地方税务志》终于出版了。这是淮阴地税局建局以来具有标志性的一件大事，是淮阴地税系统精神文明建设和物质文明建设的一大成果。它不仅是对淮阴地税发展历程的总结回顾和真实记录，同时又从一个侧面折射出淮阴经济社会的发展和进步，将给我们事业的后继者以借鉴和启迪。

《淮阴地方税务志》是全面客观记述淮阴地方税务局1994年至2009年创业建设和改革发展的部门志。本志遵循实事求是、客观真实的原则，结合地税工作规律和特点，分组织机构、各项收入、税收征管、行政管理等15个篇章，翔实记述了淮阴地税的行业概况和发展轨迹，重点记述了全国实行分税制后淮阴地方税收发展情况，突出了地方税收工作的特色。它集思想性、科学性、资料性为一体，既是对淮阴地税建局以来发展历程的客观总结，又是淮阴地税人站在历史的新起点上谋求又好又快发展的宝贵精神财富，具有“存史、资治、教化”的作用。

参加《淮阴地方税务志》编撰的全体人员在局党组和局地方税志编委会的领导下，为修志工作付出了大量的心血。局老领导和淮阴区志办、社会各界给予了充分关心和大力支持，为本志的顺利完成作出了不可或缺的贡献。值此《淮阴地方税务志》出版之际，我谨代表淮阴地方税务局党组，向参与、关心、支持《淮阴地方税务志》的所有人员致以崇高的敬意和衷心的感谢！

以史为鉴，可以知兴替。回顾15年的历程，是总结，是回眸，更是一种全新的出发。总结过去是为了更好地指导未来。希望《淮阴地方税务志》不仅为当代所用，更能为后人所借鉴，成为助推淮阴地方税收事业健康可持续发展的力量源泉，激起每位地税干部对地税事业孜孜以求的执著和热情，承前启后，薪火相传，在书写新的辉煌中与淮阴经济共同成长，共赢未来！

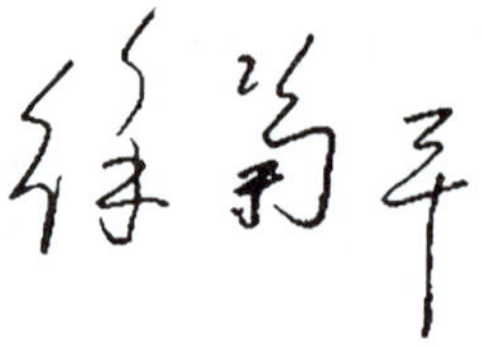

2010年7月

凡　　例

一、本志以辩证唯物主义、历史唯物主义和科学发展观为指导，全面、系统、客观地记述时限内淮阴地税事业的历史与现状，突出专业特征和时代特点，力求思想性、资料性和科学性的统一，以达到“存史、资治、教化”的目的。

二、本志上限从1994年淮阴县地税局成立，个别章节有限上溯，下限至2009年12月31日，断限外完成的一些大事延至搁笔之时。对本区（县）1994年以前的税收历史，在开篇第一章设“淮阴税收史略”做简要介绍。

三、本志记述按章、节、目层次编排，横分门类，纵述历史。下分十五章。志首设序、凡例、概述、大事记；志末附录，设文献辑要、科（调）研文章选辑、历史文化、部分重点纳税户简介，缀以编后记。

四、本志采用述、记、志、图、表、录等体裁，以志为主，力求做到文约事丰，增强可读性。

五、本志纪年，中华人民共和国成立之前采用历史纪年；1949年以后采用公元纪年。为了便于记述，“江苏省地方税务局”、“淮安市地方税务局”、“淮安市淮阴地方税务局”等一般用“省局”、“市局”、“淮阴（县）地税局”等业内简称表述。

六、本志入选人物为本局主要领导，受到区县级以上表彰的先进人物一般列表记录。

七、本志数据以本单位统计年报及淮阴区（县）统计资料为准。

八、本志资料取自文献、档案、报刊、实物和口碑等，并经鉴别核实，一般不注明出处。

目录 CONTENTS

概　　述

淮阴区，原为淮阴县，历史悠久。秦时置县，魏晋南北朝时曾为州郡治所，南宋末年改清河县，元、明、清时名称延续，民国三年（1914年）复称淮阴县。县城清江浦为京杭大运河的重要交通枢纽，明清时期最为殷盛。1951年，清江市与淮阴县分立，后几度分合。1974年，淮阴县政府从清江市区迁至今王营镇。1983年，淮阴地区改为省辖淮阴市。2001年，淮阴市更名为淮安市，淮阴撤县建区，成为淮安市的直辖区。淮阴区位于苏北平原腹地，与淮安市的中心城区仅隔一条古黄河。全区总面积1264平方公里，下辖21个乡镇，1个省级经济开发区，247个行政村（居委会），27.48万户87万人口，其中城镇人口27.06万人。2009年，全区实现地区生产总值153亿元，财政收入17.02亿元。

历史上的淮阴，区域广阔、土沃物丰、人杰地灵，多为郡、州、县的政治、经济中心。因此，淮阴长期是国家征纳税赋的重要地方。

在中华人民共和国成立后长达30多年的时间里，淮阴一直是以农业经济为主的大县，财政收入一直以农业税收为主，农业税收占财政收入比重最高达70%以上。中华人民共和国成立后的14年间（1950年至1963年），淮阴县工商税收一直在100万元以下徘徊，至1981年才跨越1000万元。1982年，国家实行中央与地方“分灶吃饭”的财政管理体制，淮阴县才致力于发展工业经济、培植税源，但由于经济基础薄弱，财力拮据，经济发展依然缓慢。1994年，实行分税制财政管理体制后，淮阴县税收收入进入了快车道，特别是2000年以后，由于城市化建设拉动了经济发展，招商引资红红火火，淮阴地税事业进入了跨越式发展的新阶段。

淮阴地税收入在1994年的950万元[①]基础上起步，至2003年一举超亿元，2006年超2亿元，2007年超3亿元，2008年超4亿元，2009年达5.6亿元。15年

① 本志所述淮阴地税收入一般指县（区）级收入，不包括省级、中央级收入。

共计征收地方税收 23.08 亿元，平均每年增幅达 28.3%；地方税收加上社保费等各项收入总量累计达 33.13 亿元，平均每年增幅 32.29%。

一

1994 年，是淮阴税收发展史上极不平凡的一年。这一年，党中央、国务院根据建立和发展社会主义市场经济体制的需要，对税制进行全面的结构性改革，实行分税制财政管理体制，分设国税、地税两个税务机构。淮阴县地税局应运而生，于 1994 年 9 月 28 日宣告成立，人、财、物按原淮阴县税务局 30% 的比例划转。当时，办公房屋破旧，办公条件简陋，人员经费明显不足，面对困难重重、百端待举的创业局面，局党组提出“跑步到位，打开局面”的要求。一是运行机制到位，在较短时间内完成了机构组建、人员组合、部门交接、征管衔接等工作，同时开展对外宣传工作，很快形成了有效的地税工作运行机制；二是思想到位，针对部分干部情绪低落的情况，局党组适时加强思想政治教育工作，倡导和培育“艰苦奋斗，务实创新、敬业奉献、廉洁守纪”的地税精神，塑造“团结、精干、廉洁、高效”的地税干部形象，提出“建一流班子，带一流队伍，创一流业绩”的奋斗目标，振奋了精神，以光荣感取代了失落感，激发了每个税务干部的工作热情，增强了信心和勇气；三是确保新税制贯彻到位。10 月，首期开征地方各税，三个月累计征收 300 余万元，实现了预定目标。

1995 年初，局党组审时度势，在全省率先进行征管改革，提出“抓好试点，突出重点，稳步推进，全面靠拢”的征管改革原则，制定“先城区后农村，先手工操作后配置计算机操作，先征管、检查两分离，后征、管、查三分离”的实施步骤。征管改革方案的实施，产生了较好的效果，摆脱人少事多的困境，为形成适应社会主义市场经济的税收征管体系迈出了成功的第一步。

为了使地税征管改革富有成效，使社会各界进一步了解地税、关心地税、支持地税工作，淮阴县地税局扩大税收宣传攻势，采取会议、座谈、上门拜访、橱窗板报、业务培训、电台连播、网络宣传、举办“地税知识大奖赛”和“地税之歌——爱国主义歌曲大奖赛”等十余种形式，浓墨重彩，异彩纷呈。十五年来，税收宣传一直是淮阴地税工作的精彩亮点，多次受到江苏省地税局和淮安市地税局的表彰。

二

“九五”期间（1996 年至 2000 年），是淮阴地税事业曲折前行的发展阶段。全局以依法治税为主线，以深化改革为动力，以从严治队为保障，地税工作在克服困难中发展。

基于农村地方税收无大宗税源，税额小、税源分散的情况，淮阴县政府借鉴连云港、盐城等地的经验，对乡镇财政实行“核定收支，超收留用，短收不补，自收自支”的管理体制，设立乡镇金库。同时，编织从城区到农村、从街道到村组，由乡镇、村干部组成的协税护税的网络，此举极大地调动了乡镇政府组织收入的积极性。但是在实际运行中，又逐渐出现了一些负面问题，一些乡镇违规异地“转引税款”、“买卖税款”，甚至“无税空转”。针对存在的问题，1999 年 7 月，县地税局立即向中共淮阴县委、县政府呈送《关于当前农村地税收入征管情况的紧急报告》，时任县委书记冯加庚作出批示，要求“立即采取措施，予以纠正，坚决克服农村地税工作存在的‘五乱’（乱‘弹琴’、乱征税、乱开票、乱奖励、乱入库）现象，坚决执行依法治税，对违法违纪行为坚决查处”。淮安市地税局、江苏省地税局也先后以地税简报专辑全文转载，引起了各方面的重视。2000 年 7 月，淮阴县地税局召开了整顿税收秩序大会，这是一次具有里程碑意义的重要会议，从此着手从严治队，大力整顿税收秩序。历经三年努力，取得了显著成效，健全、巩固了地税工作秩序，不仅保持了地税收入的稳定增长，而且挤掉乡镇地税收入中的“水分”。

1996 年，贯彻国家税务总局“两个转移”的方针，将工作重心转向基层、转移到征管，着手筹措资金进行基本建设，四年共筹措资金 2000 余万元，其中：省局补助 270 万元，市局补助 250 万元，银行贷款 190 万元，职工借款 104 万元，其余为政府拨给的超收奖励资金。先后建设了棉花庄、南陈集、赵集、渔沟、杨庄、丁集、徐溜七个分局，建设了古寨、老张集、大兴、汤集、新渡、刘老庄、袁集等七个基层税务所（基层所与国税局分别建设，共同使用），改造了三树分局，新建了淮阴地税局办公大楼与职工宿舍，至 2000 年全面完成了基本建设任务。

随着办公条件的改善，1997 年以后，从城区到农村，全面设立了办税服务厅，深化了征管改革，实行集中征收、重点稽查的新征管模式，也从此结束了人工开票的历史。

1999 年，全省地税系统实行垂直管理体制。2001 年，因淮阴县更名为淮安市淮阴区，原“淮阴县地方税务局”更名为“淮安市淮阴地方税务局”。2000 年 8 月 1 日起，接受社保费征缴工作，当年征收社保费 864 万元，征缴率达 93%。

三

“十五”时期（2001 年至 2005 年），经过建局初期的艰苦创业和“九五”时期的改革发展，淮阴地税事业奠定了可持续发展的坚实基础，内外部发展环境得到优化，淮阴地税各项工作进入良性发展、科学发展、率先发展的快车道。

2001 年至 2002 年，继续以依法治税，从严治队为工作主题，注重针对性、实效性、连续性，提出“淡化收入任务考核，强化征管质量效率考核”的要求，巩固整顿税收秩序成果。2001 年，征收地方税收、社保费等各项收入总计 10673 万元，首次突破亿元大关，在年终目标责任考核中，被淮安市地税局评为一等奖，被中共淮阴区委、区政府授予特等奖。

2001 年上半年，开展“三个代表”重要思想学习教育活动，增强了“五种意识”，即宗旨意识、服务意识、职能意识、创新意识和自律意识。收到了“五个效果”，即一是地税干部队伍素质明显提高，工作活力明显增强；二是组织收入工作成效明显，征管质量明显提高；三是依法治税进一步推进，税收秩序更加健全完善；四是征管改革进一步深化；五是工作作风、工作水平明显改进和提高，服务意识进一步增强。

2001 年 10 月起，淮阴地税局开展软环境集中整治活动，围绕税收政策的落实、机关工作作风、依法治税、治理“四乱”（乱收费、乱摊派、乱罚款、乱检查）等方面，查找问题，集中整改，做到让纳税人满意，让社会满意。经过广泛测评，被中共淮阴区委、区政府授予“软环境建设十佳单位”和“行风建设先进单位”称号。

2002 年，开展“解放思想、加快发展”大讨论活动，继续深化软环境整治工作，强化“税收执法权和行政管理权”的监督力度，在社会上树起了服务优质、执法公正的良好形象。2002 年 9 月 28 日召开了地税局成立八周年庆祝大会，全面总结分析了八年来的地税工作，时任区委书记周云飞到会作了重要讲话，高度评价了地税工作。他说：“区委、区政府对淮阴地税工作十分满意，区委、区政府对淮阴地税高看一眼，厚爱一分。”

2003 年，经淮安市局批准，淮阴地税局进行了建局以来范围变化最大的一次机构改革，取消了征收、管理、检查于一体的全职能征管分局，按征、管、查三分离模式，收缩基层执法机构，实行全员双向选择、竞争上岗。加快税收信息化建设步伐，完成了广域网和城域网的建设。全面实行办公自动化和税库银联网工作，在原网申报基础上，实行个体工商户划卡缴税，提高了专业化管理水平。进行档案管理达标工作，成功地达到省档案管理一级标准。

2004 年，开展 ISO 9000 质量管理体系贯标工作，11 月顺利通过中国质量认证中心专家组的认证审核，成为淮阴区首家通过 ISO 9000 质量管理体系认证审核的机关单位。

2005 年，开展“保持共产党员先进性教育”活动，围绕“提高党员素质，加强基层组织，服务人民群众，促进各项工作”的目标要求，通过学习教育，查找地税机关在思想、作风、能力建设方面存在的突出问题，促进地税部门更好地为发展服务、为基层服务、为纳税人服务，使党员干部争做率先发展的带头人、党的路线方针政策的执行人、人民群众的贴心人、投资客商的排忧人、廉洁奉公的清白人。

四

2006年至2009年，淮阴地税部门全面落实科学发展观，进一步推进依法治税。深化征管改革，强化科学管理，加强队伍建设，繁荣地税文化，纳税服务向深度和广度拓展。地税工作亮点频现，成效卓著，各项工作呈现又好又快、创新发展、和谐发展、全面推进的新局面。

改革，一直是淮阴地税局工作的主旋律。各项改革首先是以征管改革为突破口，并且一直是淮安市地税局的试点推广单位。2006年至2009年，在“十五”深化征管改革的基础上，淮阴地税局进一步完善征管体制，规范机构设置，优化业务流程；健全岗责体系，加强税源管理，建立健全税收管理员制度，规范纳税评估；在商业、服务业、娱乐业、餐饮业中普及税控收款机，完善银行、保险、交通运输业的代扣代缴制度；建立健全协税护税网络，完善地方税收保障体系，切实提高地方税收管理水平。

建设学习型地税机关是淮阴地税局致力打造的又一个品牌。2003年，局党组提出建设学习型的机关要求,之后每年都有学习主题和重点。2006年,开展“遵守党章、执法为民”的主题教育活动，组织学习“实践社会主义荣辱观，大力加强思想道德建设”方面的读本，加强党性修养，牢固树立“聚财为国、执法为民”的宗旨意识。2007年，与淮阴师范学院共建教学实践基地，搭起学习、教育培训、实践的新平台，使建设学习型机关制度化、经常化、长效化。

开展地税文化建设是淮阴地税局的又一闪亮点。从较早开展文化学习、健康娱乐活动开始,不断拓展,内容不断丰富。将2008年作为地税文化建设推进年,围绕“制度、征纳、感恩、物态、标识、服务、廉政、荣誉、行为”九种文化，开展系列建设，彰显行业时代特征，凝聚全系统地税干部的意愿、智慧和力量，营造了团结奋发向上的良好氛围，成为推动地税事业科学发展、和谐发展的强大动力。

纳税服务是淮阴地税的最强音。自1995年提出“笑迎纳税人，满意在岗位”的口号后，经过十余年发展，纳税服务的理念不断更新，纳税服务的内涵不断丰富，纳税服务的能力不断提高，纳税服务的成效日益凸显。2006年以后，进一步加强纳税服务工作，推行涉税事项“一站式”服务、“一窗式”办理。落实文明办税“八公开”，加强地税网站管理，规范“12366”热线服务，定期征询纳税人意见，完善服务质量考核评价系统。2008年，在地税局外部网站设立纳税服务QQ群，设立在线交流、税法宣传、纳税咨询、信息反馈、纳税提醒、涉税举报、税法公告等功能。2009年，整合办税窗口，实行“一窗多能”，提升窗口办税功能和行政效率；建立“纳税人之家”，开展纳税人维权活动。地税工作由“以组织收入为中心”

转向“以纳税人为中心”。始于纳税人需求，基于纳税人满意，终于纳税人税法遵从度，一个全新的纳税服务理念和格局已经形成，卓有成效地推进了构建和谐地税的进程。

创新是淮阴地税事业发展的生命源泉。2003 年以来，淮阴地税局在税源管理、纳税评估、税收分析、地税稽查、教育培训、后勤管理等方面，都推出许多创新举措。2007 年，进一步提出用新理念研究新情况，用新思路解决新问题，用新办法创造新优势，用新举措开创新局面。要求每个单位都要有一个创新举措，共推出了 14 个创新项目，后来归集为“区（县）地方税收创新工作研究与建设项目”课题，被淮安市政府评为“科技进步”项目三等奖。时任江苏省地税局党组成员、纪检组长的于阜宁到局调研后，大加赞赏，她说：“一个单位能有一个创新项目已属不易，像淮阴地税局每个部门都有创新项目，人人都参与创新，全省地税系统还未见过，在全国也是很少见的。”

十五年筚路蓝缕，十五年励精图治，十五载春华秋实。淮安市淮阴地方税务局经过了创业、创新、改革发展的艰辛历程，取得了令人瞩目的辉煌业绩。十五年来，获得国家级集体荣誉奖 3 个，个人荣誉奖 5 人次，其中局长徐菊平一人获得 4 个，分别为：“全国五一劳动奖章”、“全国城镇妇女‘巾帼建功’标兵”、“全国女职工建功立业标兵”、“全国用户满意杰出管理者”；获得省级集体荣誉奖 31 个，个人荣誉奖 19 人次；获得市级集体荣誉奖 80 个，个人荣誉奖 86 人次；获得区级集体荣誉奖 96 个，个人荣誉奖 75 人次。

承前启后，方可锐意进取。2010 年，淮阴地税局正以科学发展观为指导，认真总结“十一五”，积极谋划“十二五”。我们坚信，在新的起点上，在与地方经济共同成长的过程中，淮阴地税局一定能够演奏出更华美、更激越、更动听的时代乐章。

大 事 记

1994年

9月24日 根据淮委［1994］213号文件，淮阴县地方税务局党组成立。

9月24日 根据淮委［1994］214号文件，李仁俊任淮阴县地税局党组书记，袁洽任副书记，王波任党组成员、纪检组长，陈爱五、张振庭任党组成员。

9月28日 根据党中央、国务院关于组建两个税务机构的决策，淮阴县地税局宣告成立。

10月初 淮阴县地税局组织实施“212”活动计划，即发动政治思想教育和宣传两个攻势，狠抓一项征管基础工作，建立激励和制约两个机制，全面推进各项工作的开展。

10月17日 根据中共淮阴县直属机关委员会243号文件批复，中共淮阴县地方税务局支部委员会成立。

11月初 淮阴县地税局积极开展税法宣传活动，在电视和报纸等媒体设立专门的栏目和版块，在主要街道悬挂宣传条幅、设立咨询台，宣传地税，讲解税法。

1995年

1月16日 淮阴县地税局制定颁布淮阴县地方税务局工作准则、制度、规定。

2月8日 根据淮地税［1995］010号文件，淮阴县地方税务局行政复议委员会宣告成立，陈爱五任主任委员，张振庭任副主任委员，石浩、丁正宜、董正军、张运凤、刘国顺任委员。

2月17日 淮阴县地税局召开“九五年度地税工作会议”。会议总结了局1994

年地税工作取得的成绩，并就 1995 年地税工作和任务进行了部署。党组书记李仁俊作了《总结经验转变观念全面开拓地税工作新局面》的讲话。

3 月份起 根据国家税务总局精神，在淮阴市局指导下，淮阴县地税局以“抓好试点，全面靠拢，强化基础，稳步推进”为原则，以取消专管员制度、实行纳税人上门申报纳税为开端，拉开了淮阴县地税系统征管改革的序幕。

4 月 5 日至 25 日 淮阴县地税局举办“地税知识有奖竞赛活动”，以县机关各系统为参赛对象，供销系统代表队获得第一名。

7 月 27 日 根据淮委［1995］146 号文件，张如英任淮阴县地税局调研员（副科级）。

12 月 21 日 根据淮委［1995］251 号文件，袁洽任淮阴县地税局党组书记，李仁俊任党组副书记，刘绪祥任党组副书记（保留正科级）。

12 月 26 日 根据淮人发［1995］24 号文件，袁洽不再担任淮阴县地税局局长职务，李仁俊任淮阴县地税局局长。

1996年

1 月 31 日 淮阴县地方税务局在市地税局组织的“九五年度目标考核评比”中荣获一等奖。同时，计财股、办公室获单项奖。

2 月 8 日 淮阴县地税局召开“九六年度地税工作会议”。会议总结了局 1995 年地税工作取得的成绩，并就 1996 年地税工作和任务进行了部署。县政府代县长周云飞到会并讲话。局长李仁俊做了《以党的十四届五中全会为指针，加强地方税收体系建设，提高地方税务工作水平，全面完成 1996 年地方税收各项工作任务》的报告。会上通报表彰了直属分局、张集中心所两个先进集体和徐溜、杨庄等九个单项先进集体及二十四名先进个人。

3 月 14 日 在 1995 年度淮阴县行风建设评比活动中，淮阴县地税局被县委、县政府评为行业作风建设先进单位。

3 月 18 日 淮阴县地税局纪检组在 1995 年度纪检监察工作中获县委、县政府通报表彰。

4 月 1 日 淮阴县地税局、县委宣传部联合开展“税收宣传月”活动，此项活动获省地税局“税收宣传月”组织奖。

6 月 1 日 遵循国办发［1996］4 号文件，国税发［1996］37 号文件及省（市）国、地税有关文件精神，自 6 月 1 日起，县国税、地税依照收入归属原则对征管范围进行了调整。

6 月 20 日 淮阴县地税局直属分局被市地税局授予 1995 年淮阴市地税系统“文明税务所”称号。

7 月 1 日 淮阴县地税局在系统内开展“我爱地税事业”征文活动。税干们纷纷拿起笔，抒发自己热爱地税、奉献地税事业的情怀。

9 月 6 日 县纪委、廉政办在淮阴县地税局召开了有 35 家重点纠风单位分管负责人参加的“淮阴县推行社会承诺制度工作会议”。会上，局领导就如何搞好社会承诺向与会人员作了典型介绍。

9 月 25 日 淮阴县地税局直属分局被团省委、省地税授予“青年文明号”和“文明税务所”称号。

11 月 10 日 淮阴县地税局总计 85 人，参加公务员过渡考核并全部合格。

12 月 20 日 在团市委召开的 1996 年“青年文明号”命名表彰大会上，淮阴县地税局直属分局、淮阴县地税局王营中心所被团市委授予“青年文明号”。

12 月 28 日 在淮阴市地税局 1996 年税务登记换证工作中，淮阴县地税局荣获“特等奖”。

12 月末 淮阴县地税局直属分局获人事部、国家税务总局命名的“全国税务系统先进集体”荣誉称号。

1997年

1 月 1 日 为适应征管改革的需要，“淮阴县地方税务局征收服务中心”正式投入使用。

1 月 6 日 在淮阴县地税局提议、倡导下，由县政府牵头发动，税务部门配合，公、检、法、交警、交通、财政、工商城管、街道等积极参加的王营城区（含果林、开发区）个体税收大检查开始。活动历时近一个月，成效显著。

2 月 1 日 省地税局副局长顾长虹、计财处长崔娥到淮阴县局视察。他们在有关部门领导陪同下，顶风冒雪先后到棉花中心所、袁集地税所看望征收一线干部，座谈、了解基层税收征管情况。

2 月 2 日 在淮阴市地税局召开的“淮阴市地税工作会议”上，县局荣获：淮阴市地税系统 1996 年工作岗位目标考核一等奖；1996 年度组织地方税收收入“超收奖”；1996 年度地方税收征管先进集体；淮阴市地税系统计算机开发运用先进集体等称号。

2 月 18 日 为提高地税代征员业务素质，淮阴县地税局首次组织了由 82 名乡镇代征员参加的税收业务考试。考试成绩平均达到良好。

2月25日 淮阴县地税局召开“淮阴县九七年地税工作会议”。局长李仁俊在会上作了题为《认清形势、把握大局、再接再厉、开拓创新，把全区地方税务工作提高到一个新水平》工作报告。县人大副主任汪广西、副县长李源到会并分别作了讲话，他们对地税1996年工作取得的成绩给予了充分的肯定。

2月28日 在县政府召开的1996年岗位目标考核总结会上，地税局被县委、县政府授予1996年度岗位目标考核先进单位。

4月15日至16日 “淮阴市地税稽查工作会议”在淮阴县召开。淮阴县地税局在会上作了专题发言。

4月28日 在1997年税法宣传月活动中，淮阴县国、地税联手推出“税务之光——爱国歌曲卡拉OK大奖赛”。该项活动获得市地税局优秀项目奖。

5月14日 历时一个月的“地税少儿书法大奖赛”颁奖，这是淮阴县地税局与团县委联合在学校开展的旨在宣传地税、培育意识的税法宣传活动，此次活动共收到作品200余份，有20人获奖。

5月15日 在“淮阴市个人所得税工作会议”上，淮阴县地税局获1996年度个人所得税征管工作先进单位。

5月20日 淮阴县地税局获“淮阴市地税局纪检监察工作先进单位”。

5月 淮阴县地税局征收中心在全市税务系统首家推出使用大型电子显示屏，直观地为纳税人提供各种税收征管信息，广泛进行税收知识宣传。

6月26日 淮阴市地税系统实施“两个转移”座谈会在淮阴县地税局召开。

7月4日至5日 省地方税务局副局长郑坚在参加省苏北五市地税系统实施“两个转移”座谈会期间，到淮阴县地税局基层所考察了解情况。

7月 县直属分局被市委宣传部、市文明委确定为“淮阴市创建文明行业示范点”。

7月至8月 淮阴县地税局组织以各分局、中心所为单位的民主生活会。会前，各单位广泛征求了社会各界、特别是纳税户的意见。会议邀请各乡镇纪检书记、廉政监督员参加，虚心听取了他们的批评意见、建议，局领导分头到各分局、中心所听会。

8月26日 县政协组织部分政协委员到地税局视察精神文明建设情况，局领导汇报了地税局的做法和取得的成效。政协委员们对地税局取得的成绩给予了高度评价。

9月22日 淮阴市地税系统计财知识竞赛在淮阴县地税局举行。在参赛的20名选手中，本局计财股陈燕获第一名。

9月26日 值淮阴县地方税务局成立三周年之际，局隆重推出系列纪念活动：制作“地税三年路”大型图片宣传展板，举办“辉煌的三年——地税工作座谈会”，在县报开辟“地税三年路”专版。县委书记冯加庚、县长周云飞分别为县地税局成立三周年题词：“发扬淮阴县精神，搞好地税工作”、“向全县地税工作者致以亲切慰问”。

9月30日 县法院在老张集宣布张集街暴力抗税案的审处决定，判处暴力抗税人沈某某有期徒刑一年，缓刑一年，罚金360元；判处孙某某有期徒刑6个月，罚金360元。

11月 在市局召开的全市首届税收理论研讨会上，淮阴县局局长李仁俊的论文“大胆实践，开拓进取，探索城乡征管改革的新路子”获一等奖。此外，王波、陈爱五、石浩的另三篇论文获三等奖。

11月20日 市局组织文明票库验收。淮阴县地税局直属分局、王营中心所票库被市局命名为“文明票库”。

1998年

1月17日 自当日起至27日，淮阴县地税局开展为期10天的集贸市场税收竞赛活动。此次活动共征收集贸市场税收20.5万元。

2月8日 在县政府召开的全县三级干部会议上，地税局荣获中共淮阴县委、县政府“完成九七年责任目标先进集体”奖。

2月18日 在县建行五楼会议室，地税局召开了1998年淮阴县地方税务工作会议。局长李仁俊在会上作了题为《强化管理，扎实工作，提高质量，把本县的地税工作推向一个新阶段》的工作报告。

3月17日 淮阴县国、地税局联合发出通知，要求各基层国税、地税机关紧密协作，国税部门在对临时性纳税人进行稽查或开具发票征收税款时，一并代征其应纳的地方各税，就地解入地方金库。

4月 县地税局联合县纪委组成税收检查组，对全县行政机关干部应缴纳的个人所得税，自行车、摩托车的车船使用税进行了检查征收，共入库个人所得税4.8万元，车船使用税3.6万元。

4月 淮阴县地税局紧紧围绕“税收管理与依法治国”的主题，开展了形式多样的宣传活动。在街道旁边一字排开了10块漫画展板，将税收法规与典型案例结合起来，以案释法。将10幅税收公益广告灯箱布于县城各主干道旁，并在街头咨询、地税知识有奖竞答，激起过往群众浓厚兴趣。广播、电视、报纸、画廊等各种宣传媒体全部启动。为党政领导开设的地税知识讲座深受各级领导的欢迎。“地税之歌演唱会”将税法宣传活动引向高潮。

5月4日 省局计财处到淮阴县地税局调查了解基层办公楼建设情况。

5月19日 城区地税干部走上街头，参加全县“依法治县”宣传活动。

6月10日 淮阴市地税系统增收减负工作会议在淮阴县地税局召开，来自各县（市）局及清河、清浦两分局的主要负责领导参加了这次会议。市局薛希云副局长、党组书记李达善到会并作了重要讲话。

6月10日 淮阴县地税稽查分局在公安机关的支持和配合下，仅用5天时间，查获了县建筑工程公司包工头李某某偷税案，所偷税款58555.12元全部缴纳入库。

7月19日 省地税局顾长虹局长到淮阴县地税局考察、检查工作，局长李仁俊陪同并汇报工作。

7月29日 县政府在淮阴县地税局召开乡镇地税工作会议，专题研究乡镇地税工作的开展，常务副县长王祥生到会并对开展和加强乡镇地税工作提出意见和要求。

8月20日 全县地税工作人员关心水灾，心系灾民，踊跃捐款，共向灾区捐款5300元。

8月25日 县地税局与县妇女联合会联合举办"地税杯——美德进万家"电视大赛，全县许多家庭参加比赛。

10月18日 淮阴县召开青年联合会会议，会议公布全县评选的"十佳"杰出青年名单，淮阴县地税局党组成员、直属分局局长韩庆实当选。

10月24日至25日 县委组织部到淮阴县地税局对副科级领导干部进行考察。

10月 结合大力清理漏征、漏管工作，淮阴县地税局组织力量对全县建筑业开展个人所得税专项检查。截至10月底，查补建筑行业项目经理个人所得税50万元，入库22万元。

12月 赵集、陈集、棉花、杨庄四个中心所办公综合楼先后竣工，投入使用。

1999年

1月 根据国务院通知精神，江苏省地税系统管理体制进行重大改革，实行上级地方税务机关和同级政府双重领导，以上级地方税务机关垂直领导为主的管理体制。淮阴县地方税务局开始由江苏省地方税务局、淮阴市地方税务局垂直管理，同时接受淮阴县人民政府的双重领导。

1月 淮阴县地税局以1999年度第一号文件发出"关于加强精神文明建设实施意见"。意见从加强思想道德建设、狠抓业务素质的提高、广泛深入开展税收宣传活动、加强行业作风建设、深入开展系列创建活动、改善办公条件、创造优美环境、加强地税法制建设、增强干部职工的法制观念等七个方面提出了具体要求。

2月5日 淮阴县地税局自机构分设以来，连续第四次被中共淮阴县委、县政府评为县行业作风建设先进单位。

2月21日 淮阴县地方税务工作会议在县建行四楼会议室召开。党组书记、局长李仁俊在会上作了题为《强化管理，提高素质扎实工作开创跨世纪地税工作新局面》的工作报告。

3 月 7 日 淮阴县地税局在县政府 1998 年度责任目标考评中，又一次被中共淮阴县委、县政府评为“完成目标先进集体”，荣获“目标综合考核三连冠”（1996 年至 1998 年）。

3 月 16 日 在江苏省地税系统信息工作会议上，淮阴县地税局再次荣获 1998 年度全省地税系统信息工作先进集体。这是局自 1996 年以来信息工作连续三年获得省局表彰。

3 月 17 日 淮阴县地税局渔沟中心所被市委宣传部、团市委、市文明办命名表彰为淮阴市市级“青年文明号”。

4 月 2 日 经淮阴县地税局诉讼，县人民法院依法执行了陈某某等十名建筑“包工头”的逃税案，为国家追回税款 32 万元。

4 月 22 日 为期两天的淮阴市地方税务局业务工作会议在淮阴县地税局召开。全市各县（市）税政股长及市局有关领导出席了会议。

4 月 县地税系统分片召开廉政监督员会议。各乡镇纪检书记应邀出席了会议。

4 月 第八个“税收宣传月”活动开始，“辉煌杯地税知识大奖赛”将税宣活动推向高潮。县经贸委代表队获得本次大奖赛一等奖。

5 月 淮阴县地税局渔沟、棉花两中心所被市地税局新命名为市局“文明单位”。同时，淮阴县地税局获此殊荣的共有南陈集中心所、丁集中心所、赵集中心所、王营中心所和直属分局计共七家单位。

6 月 淮阴县地税局稽查分局姚金环在随县生猪管理稽查大队夜间执法检查过程中，被歹徒持刀胁迫。面对歹徒的屠刀，她临危不惧，坚持原则，维护了法律的尊严，树立了地税形象，受到了县政府的表彰奖励。

7 月 县地税局狠抓税收征管，将地税征管的范围落实到全县建筑租赁业。通过专项检查，有效地堵塞了建筑租赁业税收的漏洞，共计查补税款 5 万余元。

8 月 经全县万人测评，局长李仁俊被中共淮阴县委、县政府授予“十佳公仆”称号并名列榜首。

9 月 28 日 淮阴县地税局丁集中心所所长吴中宏被市政府表彰为淮阴市“劳动模范”。局长李仁俊被授予淮阴市“先进工作者”光荣称号。

10 月 为更好地继承先烈的革命遗志，在县政府倡导集资建造“八十二烈士纪念馆”之时，地税局积极响应政府号召，踊跃捐资助建，单位集体捐资 1 万元，个人捐资达 5300 元。

11 月 淮阴县地税局直属分局、王营中心所被省地税局重新认定为省级“文明单位”。同时，直属分局办税服务厅被省局授予全省地税系统“最佳办税服务厅”的荣誉称号。

2000年

2月 为建立高素质的税收队伍，淮阴县地税局在对基层单位撤所建局征管改革的工作中，干部人事管理上引入竞争激励机制，对所属7个分局长岗位实行全员竞争上岗。此次竞岗全系统共有19人报名，通过资格审查、书面考试、论文答辩和民主测评程序，最后，陈步楼等7人脱颖而出，走上分局长岗位。

2月 在中共淮阴县委、县政府进行的1999年度行风建设评比中，淮阴县地税局再次被评为先进单位。这是继1995年以来县地税局连续五年获得行风建设先进集体殊荣。

2月14日 淮阴县地方税务工作会议在淮阴县北郊宾馆召开。党组书记、局长李仁俊在会上作了题为《认清形势，坚定信心，开拓进取，创造新业绩，迈向新世纪》的工作报告。

3月 全县城市建设与管理工作会议后，县地税系统全体税务干部坚决响应中共淮阴县委、县政府号召，全力支持城市建设，积极踊跃捐款。累计捐资16700元助建黄河广场。

3月18日 在纪念刘老庄八十二烈士牺牲57周年之际，淮阴县地税局城区40余名税务干部参加了八十二烈士纪念馆落成典礼仪式，再一次接受了爱国主义和革命历史传统教育。

4月27日 淮阴县地税局与辉煌太阳能公司联合举办“辉煌杯”个人所得税知识大奖赛。县审计局获得集体一等奖，建设局、教委获得第二名。

5月20日 为提高系统代征员业务素质，淮阴县地税局对他们进行了一次业务知识考试。

5月 淮阴县地税局党总支为进一步加强党员的理想信念教育，在全体党员中开展“党员政治生日纪念”活动。活动内容有：1. 面对党旗，重温入党誓词。2. 回顾入党前的工作、思想表现和入党动机。3. 对照党员标准，总结入党以来的表现，取得了哪些成绩，存在哪些不足。4. 党员赠言，对过政治生日的党员进行评议，提要求，赠言激励。

6月 淮阴县地税局城区地税干部为刘老庄贫困孤儿刘玉凤、刘玉蕾自愿捐资740元。

6月5日 市政府在淮阴县地税局会议室召开地税座谈会。市局局长李达善、副局长陆挺清和县政府副县长王祥生参加了座谈，听取了基层各分局长汇报。

7月1日 根据省政府统一部署，自当日起，社会保险费移交地方税务部门征收。至此，该项工作在县地税局正式展开。

7月29日 淮阴县地税局八十余名税务干部参加市地税局组织的税收法制知识

考试。石浩等六人先后参加了市局、省局的税收法制竞赛活动。

8月22日 县社会保险费征缴工作联席会在县地税局召开，县政府副县长王祥生到会并作了重要讲话。王祥生充分肯定了地税部门前一阶段工作，并就社会保险费征管工作提出五点要求。

9月12日 中秋节日，淮阴县地税局为帮扶对象——汽修厂杜翠萍等五户特困职工家庭送去粮油等食品，给他们送上党和政府的关怀和慰问。

2001年

2月 经国务院批准，原省辖淮阴市进行区划调整，更名为淮安市。淮阴县并入淮安市区，更名为淮安市淮阴区。原“淮阴县地方税务局”更名为“淮安市淮阴地方税务局”。

2月4日 在中共淮阴区委、区政府召开的2000年目标管理总结表彰会上，淮阴地税局再次喜获两项殊荣，即：2000年度行风建设先进单位，2000年度双文明考评先进单位。至此，行风建设夺得六连冠，目标考核自1996年始喜获五连冠。

2月9日 淮阴地税局于北郊宾馆三楼会议室召开“2001年淮阴区地方税务工作会议”。

3月6日 为期两天的“全市地税系统流转税工作会议”在淮阴区召开。

3月8日 徐溜分局局长何正东、副局长王文传，代征员陈新民、朱宗山奋力勇救古寨乡四个溺水儿童，赢得孩子们家长的盛赞，并获赠锦旗一面。

3月26日 淮阴区公安局驻地税治安办公室挂牌成立。

3月28日 淮阴地税局召开“淮阴地方税务局深化征管改革动员会”。

4月1日 在全国第十个税收宣传月来到之际，本局组织税务干部走上街头设立咨询点开展宣传活动。市局领导亲临淮阴地税局咨询点检查指导工作。

4月28日 淮阴地税局局长李仁俊荣获“江苏省劳动模范”称号。

5月 淮阴地税局党总支继续开展“党员政治生日”纪念活动。

6月15日 根据国家税务总局指示要求，为全面促进全区地税干部掌握“新征管法”知识要领，提高税务干部业务素质，淮阴地税局组织“新征管法”全员培训，并就该项工作作出具体部署。

6月21日 为进一步加强个人所得税征管，淮阴地税局牵头召开全区行政事业单位个人所得税代扣代缴工作会议。会上分发了由地税局、财政局、监察局三部门联合签发的“关于加强行政事业单位个人所得税代扣代缴工作通知”的文件，并发放委托代扣代缴证书80多份。

7 月 8 日 经过一年多的建设，淮阴地税局机关和城区分局喜迁 6800 平方米的新大楼办公。此举极大地改善了地税的办公环境和条件。

12 月 30 日 在由淮阴区人大代表、政协委员、部门乡镇领导、纳税人等各阶层人士参加的“淮阴区软环境十佳”单位评选活动中,淮阴地税局喜获“十佳”殊荣。

2001 年底至 2002 年上半年 淮阴地税局 8 个基层分局在地方党委、政府的直接领导下，深入开展了“三个代表”重要思想学教活动。

2002年

2 月 淮阴地税局被中共江苏省委、省政府授予省级文明行业称号。

2 月 在 2001 年度行风建设评比活动中，淮阴地税局被中共淮阴区委、区政府评为行业作风建设先进单位，这是淮阴地税局连续第 7 年被评为行风建设先进单位。同时，淮阴地税局被授予 2000 年软环境建设“十佳”单位称号。

2 月 21 日 全区地税工作会议召开，区政府副区长张平和市局副局长陆挺清到会作了重要讲话。

5 月 17 日 全区地税系统税收法制建设会议召开，传达贯彻了省、市局税收政策法规工作会议精神，总结了 2001 年法制建设情况，对法制工作提出要求。

6 月 8 日 淮阴地税局举办办公自动化培训，机关及稽查全体人员参加了培训。

6 月 13 日 省地税局局长郑坚到淮阴地税局视察工作。

7 月 30 日 省地税局副局长顾长虹到淮阴地税局视察工作。

8 月 为庆祝地税局成立八周年,淮阴地税局在全系统内开展“地税成立八周年”征文活动，全体人员积极参与，抒发爱岗敬业热情。

9 月 7 日 全区地税系统 83 名税务人员参加了总局统一的执法资格考试，均取得较好成绩。

9 月 24 日 “地税成立八周年”成果展厅建成。展厅以图文和实物反映了地税八年的创业路，全面总结了淮阴地税局自组建以来的各项工作开展情况、所取得的成就和为社会各项事业发展所作出的贡献。

9 月 28 日 淮阴“地税局成立八周年”庆祝大会暨联欢会隆重举行。省、市地税局领导和淮阴区四套班子领导到会祝贺，并兴致勃勃地观看了文艺演出。

11 月 29 日 全区地税系统科级以下人员参加局组织的党纪政纪条规考试。

12 月 6 日 淮阴地税局领导班子公开述廉，区监察局局长蒋士宽、妇联主席吴梦平出席并讲话。局聘请的 23 名行风监督员以及局机关、稽查全体、中层以上干部参加了测评，测评满意率为 100%。

2003年

1月22日 省地税局副局长徐锦辉到淮阴地税局视察工作，视察了直属、丁集、三树、陈集分局，并与各分局人员合影留念。

2月9日至10日 全区地税工作会议召开。局长李仁俊作了题为《在十六大精神指引下，规范、创新、改革、进取，继续开创全区地税事业新局面》的工作报告。副区长张平、市局副局长陆挺清到会作了重要讲话，学习贯彻十六大理论报告会同期举行。

2月21日 由税政股牵头对直属、稽查全体和农村分局分管企业人员进行了企业所得税知识培训。

3月18日 淮阴地税局召开中层以上干部会议。区委书记夏心旻、副区长张平和市局局长陈建浦出席了会议。会议宣读了市局任免决定，任命徐菊平为淮阴地税局党组书记、局长；免去李仁俊淮阴地税局党组书记、局长职务，任命为主任科员。区委书记夏心旻和市局局长陈建浦分别作了重要讲话，对地税局自组建以来取得的成绩给予充分肯定，对以后的工作提出了殷切的希望。

5月12日 全系统开展"捐赠幸福工程，扶助贫困母亲"活动，仅一天就捐款1110元。

5月13日 市局局长陈建浦带领市局有关科室人员到淮阴地税局视察"非典"预防控制工作，主要视察了直属分局和丁集分局。

5月21日 淮阴地税局召开领导班子廉洁从政公开承诺会议，局领导班子成员在会上作了廉洁从政公开承诺。

6月13日 全区地税系统机构改革动员大会召开，即日起，全区地税系统机构改革工作进入具体组织实施阶段。

7月7日 全区地税系统101名税务干部参加了征管法知识考试，考出了平均分94分的好成绩，其中有15人考了满分，90分以上的有80多人。

7月15日 淮阴地税局副局长陈爱五带领税干前往淮沭河大堤，向奋战在抗洪一线的群众送去价值3000元的抗洪救灾物资。7月16日，局向区防洪指挥部捐款18450元，用于抗洪救灾。

8月4日 市政府组织市劳动局、财政局、地税局等部门人员到淮阴地税局检查下岗再就业优惠政策落实情况，给予充分肯定。

8月5日 全区地税工作会议召开。局长徐菊平作了题为《践行"三个代表"重要思想，服务两个率先，为再创淮阴地税新辉煌而奋斗》的工作报告，并对2003年上半年工作进行总结。

8 月 29 日　全区地税系统举办通讯报道员培训班，特邀市局办公室副主任唐爱国和朱永主讲。

9 月 1 日　淮阴地税局 30 名税务干部在局长徐菊平的带领下，到淮北路小学参加全区春蕾班集中授牌仪式。

10 月 1 日　美食节期间，淮阴地税局组织人员在黄河广场设立咨询台，宣传税法。

10 月 22 日　全区地税系统政务公开动员会召开，区纪委书记陆益民、市局纪检组组长陈灼出席会议。即日起，全区地税系统政务公开工作全面推开。

10 月 22 日　省局副局长顾长虹在市局陈建浦局长的陪同下，到淮阴地税局视察工作。

10 月 24 日　全市地税系统基层资料建设工作会议在淮阴地税局召开，来自全市地税系统的数十名干部观摩了局文明创建和规范化管理资料。

11 月 20 日　局长徐菊平作为全区 3 名妇女代表之一，在中共淮安市委、市政府的欢送下赴南京参加全省第 10 届妇女代表大会。

11 月 28 日　市委宣传部部长刘希平、区委宣传部部长吴晓丹、市地税局纪检组组长陈灼到淮阴地税局检查文明创建工作。

11 月 30 日　淮阴地税局举办全区地税系统人员廉政教育讲座，特邀区反贪局副局长蒋宝主讲。

12 月 1 日　根据淮阴地税局申请，受省档案局委托，由市档案局和市地税局组成的认定组对局档案工作目标管理进行省一级认定，获得 98.5 分，顺利通过认定。

12 月 2 日　区人大副主任邓金良一行五人到淮阴地税局视察工作，对 2003 年局开展的各项工作给予高度评价。

12 月 30 日　响应中共淮阴区委、区政府送温暖号召，副局长陈爱五带领税务人员到宋集和沈圩两个村走访贫困户，了解遭受龙卷风袭击以后房屋重建情况，并送去价值近 3000 元的慰问品。

2004年

2 月 2 日　全区地税工作会议召开，局长徐菊平在会上作了题为《开拓创新、锐意进取、扎实工作，努力开创我区地税工作新局面》的工作报告，副区长张平到会并讲话。

3 月 25 日　淮阴地税局组织全系统人员进行各项纪律制度考试。

4 月　淮阴地税局在全区范围内紧紧围绕“依法诚信纳税，共建小康社会”的宣传主题，开展形式多样的税收宣传活动。

4 月 14 日　淮阴地税局召开领导干部述廉、评廉、考廉会议，市局纪检组书记陈灼到会讲话，淮阴地税局中层以上干部对领导班子进行测评。

5月20日至21日 淮阴地税局举办行政许可法和执法责任制培训，特邀市中级法院、市法制办、市局法规科人员进行授课，全体人员参训。培训结束以后，局组织了考试。

5月20日 全市县（区）征管工作会议在淮阴地税局召开。

6月15日至25日 淮阴地税局与民康油脂有限公司在全区范围内联合举办“民康”杯个人所得税知识竞赛，进一步在全区范围内普及和推广个人所得税知识。

7月23日 淮阴地税局机关全体、稽查、一分局负责人及业务骨干参加了本局组织的ISO 9000知识培训，江苏省生产力促进中心、国家注册审核员、咨询师徐杰明主讲。

8月2日 局长徐菊平、副局长韩庆实、副局长董正军带领人教科、办公室一行7人前往基层7个分局，送去纯净水慰问一线税务人员。

8月13日 淮阴地税局特邀《淮海商报》资深编辑沙克对全区信息报道员进行新闻写作知识培训。

8月23日 淮阴地税局召开公推公选副科职、副股职后备人选动员大会，局长徐菊平在会上作动员报告。8月31日对参加公推公选人员进行民主测评，最终6名参与副科职、9名参与副股职人选入围，参与下一轮笔试。

9月17日 全市征管改革暨税库银联网首次座谈会在淮阴地税局召开，市局局长陈建浦到会作重要讲话，市局副局长韦晓梅主持会议，市局征管处、计财处、人事处、信息处负责人，各县（区）局局长、分管局长等20余人参加了会议，淮阴地税局局长徐菊平在会上介绍了淮阴局作为征管改革试点单位的征管改革方案。

9月19日 淮阴地税局组织人员参加全区“第二个公民道德宣传月”活动，在黄河广场宣传税法。

10月9日 淮阴地税局召开征管改革动员大会。10月10日，全体人员参加双向选择，人员定岗。

10月14日 淮阴地税局召开ISO 9000质量管理体系管理评审会议。

11月15日至16日 淮阴地税局顺利通过由中国质量认证审核中心5名专家组成的认证审核组的第三方认证，成为全区首家通过ISO 9000质量体系认证审核的机关单位。

2005年

1月21日和24日 淮阴地税局副局长陈爱五带领人教、监察人员到城区和码头镇走访慰问30户贫困户，送去价值6000元的大米、油等生活用品。

1月25日 淮阴地税局机关党委召开保持共产党员先进性教育活动动员会，区委先进性教育活动督导组成员陈军出席，局机关党委书记韩庆实主持会议，局党组书记徐菊平作动员报告，全系统90名党员参加了动员会。

1月26日 淮阴地税局召开党风廉政教育专题讲座，特邀区纪委领导主讲，讲座开始前，全体人员集中观看了两部专题警示教育片。

1月27日 全区地税工作会议召开，局长徐菊平在会上作了《全面落实科学发展观，推进地税事业新发展》的工作报告。会上，对2004年度先进单位和个人进行了表彰，先进单位代表和排名靠后单位分别作了经验交流和表态发言，各单位负责人与本局签订党风廉政建设责任状。

2月4日 淮阴地税局机关党委进行保持共产党员先进性教育活动专题报告会，局党组书记徐菊平作了题为《继承八十二烈士遗志，践行"三个代表"重要思想，始终保持共产党员的先进性》的专题报告，全系统94名党员聆听了报告。

2月6日 淮阴地税局组织迎新春联欢活动。

2月23日 省保持共产党员先进性教育活动督导组到淮阴地税局检查先进性教育活动开展情况。

2月28日至3月2日 为进一步提高税收征管质量，学习现代化的税收管理理念和管理方法，淮阴地税局党组带领征管信息科、政策法规科和5个管理分局的负责人到常熟、惠山、溧水地税局参观学习。

3月21日至3月23日 响应区委宣传部和共青团淮阴区委号召，全区地税系统开展"关注留守孩子"捐款活动，共捐款6000元用于解决15名留守孩子学费困难问题。

3月26日 局党组书记、局长徐菊平参加全市先进性教育分析评议阶段工作会议，作为全市四家活动先进典型之一，在会上作了交流发言。

4月1日至8日 淮阴地税局机关党委召开先进性教育分析评议阶段座谈会8场，广泛征求意见和建议。

4月2日 淮阴地税局与国税局联合开展税法宣传，在街头设立咨询台，拉开了第14个税宣月序幕。

5月19日 全市地税系统在淮阴地税局召开税政工作会议，市局副局长陆挺清参加会议。

5月27日 淮安市总工会领导一行到淮阴地税局进行调研活动。

6月14日 市地税局征管处领导到淮阴地税局进行机构改革调研活动。

6月22日 全市地税系统北片思想政治工作座谈会在淮阴地税局召开。

7月1日 全市地税系统推广征管质量软件现场会在淮阴地税局召开。

7月13日 淮阴地税局召开先进性教育活动暨上半年地税工作总结会，局长徐菊平在会上作了重要讲话。会上，对在先进性教育活动中涌现出的9名优秀共产党员进行了表彰。

8月9日 市局局长陈建浦在市局征管处处长王一民的陪同下，到淮阴地税局视察“一窗式”服务情况。

8月10日 区人大副主任史国友带领人大财经委一行8人到淮阴地税局视察地税工作，局长徐菊平汇报了局上半年工作情况。

8月22日 淮阴区委书记戚寿余到淮阴地税局视察文明城市创建工作。

9月9日 淮阴地税局召开重大税务案件阳光审理现场会和经验交流会，各县（区）局分管局长、政策法规科科长观摩了会议，市局副局长韦晓梅出席了会议。

9月24日 淮阴地税局捐赠800余册图书在码头镇中心小学建立“淮阴地税局青年文明号留守孩子图书室”，共青团江苏省委、淮安市委、淮阴区委和市地税局的领导出席了揭牌仪式。

12月14日 区人大委员一行二十余人到淮阴地税局视察工作。

12月26日 区政协委员到淮阴地税局视察工作。

2006年

1月10日 在南京召开的2005年度“江苏省用户满意服务明星”表彰大会上，局长徐菊平被授予“江苏省用户满意服务明星”称号。

1月23日 全区地税工作会议召开，局长徐菊平在会上作了题为《全面落实科学发展观，为“十一五”时期淮阴地税事业发展开好局》的工作报告。

2月21日 省个人所得税检查组到淮阴地税局检查个人所得税建档情况。

3月14日 局长徐菊平、副局长陈爱五陪同市局副局长陆挺清深入企业走访调研，开展服务活动。

3月14日 局长徐菊平、副局长陈爱五陪同市局副局长陈兆田到扶贫点五里乡老郑村视察扶贫工作情况。

3月15日 全市地税系统政策法规工作会议在淮阴地税局召开。

3月22日 全市营业税地方税国际（涉外）税收工作会议在淮阴地税局召开。

4月6日 全市个人所得税、社保费、基金工作会议在本局召开。

4月28日 淮阴地税局25名税务人员在淮阴区农工商超市门前淮阴区红十字会设立的血样采集点进行了集中血样采集，光荣地成为造血干细胞志愿捐献者。

4月30日 淮阴地税局组织人员参加全市全民健身运动会万人骑车环市行活动。

6月8日 淮阴区新任副区长蒋启波、组织部部长杨维东、纪委书记蔡绍忠、宣传部部长杨恒中到淮阴地税局视察工作。

6月22日　区级机关理论研讨会在淮阴地税局召开。

9月8日　淮阴地税局被中共淮阴区委、区政府授予尊师重教先进单位称号。

10月31日　局长徐菊平和副局长张振庭参加区政府组织的行风热线活动。

11月2日至10日　淮阴地税局党组深入基层召开民主座谈会，调研了解税务干部的意见和建议。

11月21日　市局人事处到淮阴地税局对领导班子进行年终测评。

2007年

1月　淮阴地税局被中共淮阴区委、区政府授予2006年度行风暨软环境建设先进单位和2006年度责任目标考评先进集体。

2月6日　淮阴地税局召开全区地方税务工作会议，局长徐菊平在会上作了题为《创新务实，廉洁高效，促进全区地税事业又好又快发展》的工作报告。

3月3日　局团总支组织青年志愿者到黄河广场参加共青团淮阴区委组织的以"弘扬志愿精神、做新淮阴青年"为主题的青年志愿者活动。

自3月开始　为进一步方便纳税人，淮阴地税局在全区推行门临缴税刷卡。

3月26日至30日　市局检查组组织开展对淮阴地税局稽查案件复查工作。

4月2日　淮阴地税局组织税务干部走上街头，设立税法宣传咨询点，拉开了第16个税收宣传月活动序幕。

4月14日　淮阴地税局在淮阴区全区机关作风暨软环境建设会议上，被评为"2000～2006年度连续7年软环境建设先进单位"，为全区唯一获此殊荣的单位。

4月29日　淮阴地税局组织42名税务干部参加全市"万人骑车环开发区行"活动。

6月12日　市纪委领导到淮阴地税局检查廉政文化建设。

6月12日　省局纪检组长于阜宁在市局局长陈建浦的陪同下到淮阴地税局调研行政效能监察工作。

8月3日　省文明行业、文明单位考核组到淮阴地税局验收文明单位创建工作。

8月10日　淮阴地税局在"七月阳光——捐资助学"活动中向希望工程捐款2000元，用于帮扶贫困大学生。

8月14日　市纪委领导到淮阴地税局视察廉政文化示范点建设情况。

8月29日　市纪委检查组到淮阴地税局听取廉政文化示范点建设情况汇报。

8月31日　省局副巡视员唐卫平带领省局机关作风建设调研组在市局局长陈建浦和副局长韦晓梅陪同下到淮阴地税局调研指导工作。

9月17日　为落实市局《干部管理暂行规定》文件精神要求，涟水县地税局副局长刘可道、杨国祥与淮阴地税局副局长张振庭、韩庆实交流到任。

10 月 18 日 市局局长陈建浦带领副局长陆挺清、陈兆田和韦晓梅视察淮阴地税局纳税服务中心。

11 月 15 日 淮阴师范学院教学实践基地揭牌仪式在淮阴地税局隆重举行。淮阴师范学院院长詹佑邦、教务处处长崔元顺、经济管理系书记骆仁林、经济管理系主任徐宏峰，市地税局局长陈建浦、副局长韦晓梅，淮阴地税局局长徐菊平出席了揭牌仪式。淮阴地税局副局长刘可道主持了揭牌仪式，淮阴师院经济管理系 36 名学生代表和淮阴地税局全体税务干部参加了揭牌仪式。

11 月 9 日 经市委宣传部推荐，京杭运河江苏省交通厅苏北航务管理处一行 10 人，在航务处机关党总支书记蔡振中的带领下，到淮阴地税局学习交流党建工作。市委宣传部理论处处长章仪东出席交流会并作重要讲话。

11 月 10 日至 28 日 淮阴地税局以实际行动践行党的十七大精神，以打造一支政治合格、素质过硬、纪律严明、作风优良、训练有素的地税干部队伍为目标，在全系统开展以“打造蓝色方阵，践行十七大精神”为主题的税魂行动，分两批组织百名税务干部赴南京政治学院军事训练基地参加为期 10 天的全封闭式的军事化训练。

12 月 17 日至 18 日 局长徐菊平出席市第五次党代会。

12 月 26 日 淮阴地税局举行迎新联欢活动，中共淮阴区委书记戚寿余、区长葛莱和副区长蒋启波参加了联欢。

2008年

1 月 7 日 由省委组织部、宣传部联合组成的省级红旗党校检查组到淮阴地税局验收红旗党校工作。

1 月 10 日 涟水地税局副局长张振庭带队到淮阴地税局学习社保费联网征收工作。

1 月 15 日 局长徐菊平赴南京参加 2007 年度江苏省用户满意服务明星表彰大会，并作为全市唯一获评省用户满意杰出管理者上台领奖。

1 月 31 日 淮阴地税局召开全区地税工作会议，区政府副区长蒋启波出席了会议并作重要讲话。

2 月 19 日 淮阴地税局在全市地税系统综合管理考核中以第一名的好成绩喜获一等奖，这是淮阴地税局第五次在考核中名列榜首。

3 月 4 日 淮阴地税局被中共淮阴区委、区政府授予文明机关称号。

3 月 淮阴地税局一分局办税服务厅被省总工会授予“五一巾帼标兵岗”。

3 月 6 日 在淮安市纪念“三八”国际劳动妇女节 98 周年表彰大会上，淮阴地税局局长徐菊平当选首届“淮安十大女杰”；在淮阴区纪念“三八”国际劳动妇女节98周年表彰大会上，淮阴地税局四名女税务干部被表彰为首届“十行百佳”十佳女财税工作者。

3月 淮阴地税局机关委员会党校被中共省委宣传部、组织部表彰为江苏省红旗基层党校。

3月20日 在全区双拥工作会议上，淮阴地税局荣获2007年度双拥工作先进单位。

4月1日 淮阴地税局正式启动QQ在线服务，拉开第17个税收宣传月活动的序幕。

4月3日 淮阴地税局正式启用电子日志，此举使税务干部的工作绩效适时得到反映。

4月24日 局长徐菊平获得全国“五一劳动奖章”，参加在市电视台举办的淮安市“五一”庆祝活动，并接受市领导颁奖。

4月24日 省局执法检查组对淮阴地税局开展执法检查。

4月27日 局长徐菊平作为全国“五一劳动奖章”获得者的江苏省三名代表之一，赴北京参加“五一”庆祝活动，受到王兆国等党和国家领导人的接见。

4月30日 淮阴地税局王琦被淮安市人民政府表彰为市劳动模范。

5月16日至18日 由淮阴地税局承办的首届财税运动会顺利举行，此届运动会共有14个机关部门参加，区委常委、区委副书记陆益民与其他相关部门领导，市局党组成员、总经济师符晓露及部分处室领导出席了开幕式。淮阴地税局在运动会中获团体第三名。

5月23日 淮阴地税局党员缴纳“特殊党费”15963元支援四川地震灾区。此外，在财税运动会中，局五人足球和篮球项目分获第一名和第三名的佳绩，获奖运动员将所获奖金3400元全部捐赠给灾区。

6月27日至7月26日 淮阴地税局组织税务干部到淮阴师范学院参加培训，此次培训共开设三个班，即计算机、税收业务和财务会计。培训结束后，对学习效果进行了测试。

8月7日 淮阴区人大常委会副主任、党组书记葛志胜带领区人大领导及各委室负责人一行19人在淮阴地税局党组书记、局长徐菊平的陪同下视察地税工作，听取了局长徐菊平关于上半年工作情况的汇报。

8月19日至22日 市局执法检查组对淮阴地税局开展2008年度税收执法检查。

8月20日 淮阴地税局通过团区委向希望工程捐款4000元，这是局第二次参加“七月阳光 · 圆梦大学”活动。

9月1日 中央纪委、监察部《中国纪检监察报》副社长王秋林在江苏省纪委宣教室处长陈凌燕、淮安市纪委常委董跃以及淮阴区委常委、纪委书记蔡绍忠的陪同下视察淮阴地税局廉政内控机制建设工作。

9月3日 省局监察室主任马美华、副调研员张善林在淮安市局副局长陈兆田陪同下到淮阴地税局调研双述双评工作。

9月4日 省局局长李小平到淮阴地税局调研指导工作，先后视察了第五分局和纳税服务中心，并听取了淮阴地税局党组书记、局长徐菊平的工作汇报。李小平对局工作开展情况给予充分肯定，高度评价了本局制度管理、创新发展以及地税文化建设工作，认为创新意识和创新实践值得学习和推广。

9月11日 棉花庄镇给淮阴地税局送去“情系地方公正执法构建和谐促进发展”的锦旗，感谢局为该镇发展所作的贡献。

9月25日 淮安市妇联一行20人到淮阴地税局观摩。

10月1日 淮阴地税局组织30名税务人员赴刘老庄烈士陵园参加淮安市各界代表向刘老庄八十二烈士敬献花篮仪式。

10月21日 淮阴地税局纳税服务中心成立。

10月22日 省局副局长倪静石在省局纳税服务处处长崔娥、市局局长陈建浦陪同下视察淮阴地税局纳税服务中心。

10月28日 中共淮阴区委、区政府向淮阴地税局发来贺信，祝贺淮阴地税局提前两个月完成全年税收任务。截至当日，完成市县级税收40080万元，同比增收14869万元，增长58.9%。

10月28日 市法治建设工作检查组对淮阴地税局创建“开放式依法行政示范点”工作进行检查，局长徐菊平做了工作汇报。

10月30日 局长徐菊平走进淮阴区人民广播电台“勤廉时空”直播节目，宣传政策，倾听群众咨询、意见和建议。

10月31日 淮阴地税局举办“今昔对比话感恩”主题演讲比赛，24名税务人员参加了演讲，一分局的刘娟在比赛中胜出，获得第一名的好成绩。

11月 淮阴地税局在区政府外网推出在线沟通服务。

12月2日 局长徐菊平、副局长杨国祥到古寨乡查看帮扶项目——千亩订单胡萝卜田长势情况。

12月29日 淮阴地税局举行迎新春联欢活动，中共淮阴区委书记刘学军、区长葛莱、副区长蒋启波出席了联欢活动。

2009年

1月4日至8日 淮阴地税局团总支在全系统发出“捐棉衣送温暖”活动倡议，其间共收到43名税务人员捐赠的棉衣48件，其他各类衣物113件。

1月20日 淮阴地税局组织开展“献爱心、送温暖”活动，全系统共向淮阴区慈善总会捐款13500元。

1月 淮阴地税局组织开展民主评议党员活动，对全局106名党员（其中退休人员9名）进行评议。经评议，有5名为优秀党员，其余均为合格。

2月5日 全区地税工作会议召开，局党组书记、局长徐菊平做题为《坚定信心，积极应对，争创佳绩，为淮阴经济社会又好又快发展再作贡献》的工作报告，副区长蒋启波出席了会议。

2月12日 淮阴地税局在全市地税系统综合管理考核中再获一等奖，为连续六年蝉联第一名。

3月24日 淮阴地税局召开学习实践科学发展观动员大会，全系统税务人员参加了会议。局党组书记、局长徐菊平在会上作了动员报告，区委学习实践科学发展观第五检查指导小组组长朱效平出席了会议并就如何开展学习实践活动提出三点要求。

4月1日 淮阴地税局组织10名税务人员在市体育馆门前广场参加由市地税局、市国税局和团市委联合举行的“服务科学发展，推进五大建设”淮安市税收宣传月系列活动启动仪式。

4月3日 淮安市县（区）机关“五好”创建工作观摩会在淮阴地税局召开，市委副秘书长、市机关工委书记应群带领市机关工委及各县区机关工委代表一行21人到局对“五好党支部”建设工作进行实地观摩。

4月13日至19日 淮阴地税局组成11个调研小组开展“学习调研周”活动，由局党组成员分别带队走访淮阴区大中型企业，调研内容围绕推动和服务科学发展中突出问题展开。通过调研活动的开展，推动学习实践科学发展观活动的进一步深入。

4月22日 区纪委领导带领区部分单位到淮阴地税局观摩廉政文化建设工作。

4月25日 五一国际劳动节前夕，淮阴地税局被淮安市人民政府授予淮安市“五一劳动”奖状。

5月12日 区委书记刘学军、区长葛莱、副区长蒋启波等领导以及区有关部门负责人调研地税工作。刘学军肯定了地税部门在淮阴经济发展中的重要作用，对地税系统组织收入、地税工作创新、干部队伍建设等方面取得的成绩给予充分肯定。

5月18日 淮阴地税局组织人员参加全区“5·18”行政执法服务宣传日活动。

6月15日 由淮阴区人民政府拟定的《淮阴区地方税收征管保障工作实施意见》正式出台，标志着本区社会综合治税工作迈上了一个崭新的台阶。

7月22日 淮阴地税局对全区网上申报的1600户企业办税人员进行网上申报业务培训，做好省级大集中系统上线进行的前期准备。

7月31日 淮阴地税局27名部队退伍转业军人欢聚一堂，共话战友情谊，畅谈工作感受。副局长杨国祥希望他们“继续保持和发扬政治最坚定、特别能吃苦、特别能奉献的军人作风，在地税战线上再展昔日风采”。

8 月 4 日 市局局长陈建浦到淮阴地税局查看省级大集中系统上线运行情况。

8 月 21 日 在全区希望工程暨第三届"七月阳光 · 圆梦大学"资金发放仪式上，淮阴地税局被共青团淮阴区委、淮阴区教育局、淮阴区新闻中心、淮阴区广播电视局等四家单位联合授予第三届"七月阳光 · 圆梦大学"行动优秀组织奖，被淮阴区希望工程办公室授予第三届"七月阳光 · 圆梦大学"行动爱心单位称号。此届"七月阳光 · 圆梦大学"行动中，局团总支共筹集捐资助学款 1 万元，捐款额在全区 42 家捐助单位中居首位。

8 月 27 日 盐城市盐都区纪委领导带领部分单位纪检监察人员在区纪委常委常金林的陪同下到淮阴地税局调研内控机制建设工作。

9 月 8 日 市局局长陈建浦带领市局领导班子全体成员到淮阴地税局视察指导工作，先后视察了纳税服务中心、图书室、荣誉室，并饶有兴致地参观了新建成的健身馆。

9 月 9 日 淮阴地税局占地面积近 500 平方米的综合健身馆建成并投入使用。该健身馆包括羽毛球场 2 个、乒乓球台 4 张，此外还设有跑步机、组合健身器、拉力器等，可同时容纳 40 人健身。健身馆的建成为职工休闲、健身提供了一个新的平台和载体。

9 月 18 日 区委书记刘学军，区长葛莱，区政协主席王祥生，区人大党组书记、人大常委会副主任葛志胜等区四套班子领导到淮阴地税局视察工作。

10 月 15 日 全市地税系统机关作风建设座谈会在淮阴地税局召开。市局党组成员、纪检组长史以兵及市局监察室、纳税服务中心领导出席了会议，市区分局及各县本局分管纪检监察工作的领导和监察室、纳税服务中心负责人参加了会议。会上，淮阴地税局局长徐菊平就局机关作风建设情况做了经验介绍。座谈会召开前，与会人员观摩了局纳税服务中心。

10 月 21 日至 23 日 由淮阴地税局承办的全市地税系统第二届运动会田径比赛成功举行。

12 月 4 日 淮阴区地方税收保障涉税信息交换工作会议在淮阴地税局召开，副区长蒋启波出席会议。会上，淮阴地税局与财政、国税、水利、工商、国土等 27 家部门签订了涉税信息交换协议，对涉税信息交换工作的相关事宜进行确定。

12 月 10 日 区政府办公室出台《关于加强机关事业单位个人所得税扣缴工作的通知》，就进一步加强机关事业单位个人所得税代扣代缴的有关问题进行确定。

12 月 淮阴地税局被江苏省精神文明建设指导委员会评为全省未成年人思想道德建设工作先进集体，全省地税系统仅两家单位获此殊荣。

第一章　淮阴税收史略

淮阴，秦代始置郡县。尔后，“虽数度废兴，建置多变，但始终保持淮河下游重镇名区的地位。秦以后历史兴建和废弃的古城堡，在市境内见于记载的有上百处之多”（荀德麟《淮阴要览》综述）。淮阴，也因为地处重镇名区，所以多为国家和政府征纳赋税的重地。

汉代时期

淮阴经济较为发达。据 1987 年内蒙古人民出版社出版的《精选白话史记》载：当时淮水旁常有诸多妇女漂洗丝絮，市井有屠夫出卖肉类的场所，村落有纺织、酿造的经营户。那时候的赋税，主要是以粮食、什物为主。征税的机构主要由“里正”、“亭长”收缴解交到县。

魏晋、南北朝时期

淮阴是战争的前沿，同时又是部队“屯兵垦田，积蓄稻谷”的地方。所以赋税亦多于他地。（《淮阴市志 · 上册 · 古代的淮阴》）

隋唐时期

淮阴县复为淮阴郡，不久废郡为县。大业初（605 年），淮阴县首次并入山阳县。唐武德初年（618 年），恢复淮阴县建置。武德七年（624 年），淮阴县第二次并入山阳县。乾封二年（667 年），淮阴县又从山阳县划出恢复县建置。那时淮阴的税收仍是以农业税为主（分夏粮、秋粮）。另外，淮阴因“临盐场，盐税为最”（《淮阴交通史资料汇编 · 古代部分》）。

宋代时期

淮阴属淮南路，归楚州。这时的淮阴经济也比较发达。《淮阴市志》载："淮阴，在北宋时期的工商业比他地发达，贩运者居多，一般里户、村庄都有酿制、纺织。一些经济大户，他们每年都有贡赋和规定的上交税额。"后来，由于战争频繁，使赋税的征收，时续时断，时多时少。

元代时期

淮阴改名为省清河军，属淮安路录事司。当时税收，主要是税粮和科差。税粮以地、丁为征税对象，收米票。嘉靖《清河县志》卷四载："元初清河县，南北置三屯，设 3 个万户府，共屯田 35300 顷，岁得税赋数十万斛。"

明清时期

淮阴县的体制和元时一样，没有什么变化，只是当年山阳之古淮阴地多割并入清河县，这时清河县的地域有所扩大，赋税征收，除米、麦、蒜、麻、棉外，还征钱钞金银等，行一条鞭税法后，大都折征银两。

正德《淮安府志 · 卷九 · 民事》载：明正德年间，淮阴（清河）的疆域进一步扩大："东抵山阳，西抵桃源，南抵山阳，北抵清河驿。"当时地域产生了变化，贡赋征收也随之增加。正德八年（1513 年），"徭役是省属县之半"。

明天启年间，淮阴（清河）疆域基本未变。但因黄河泛滥田地被筑坝所用，地废粮少，税赋减少。"万历三十八年，实存熟地 4651 顷 31 亩 8 分 6 厘 7 毫 4 丝 7 忽。夏税本色除摊带外，本县实征银 144 两 7 钱 3 分 8 厘。另外，还征酒、醋课钞 557 锭 87 贯 800 文，商税 3017 定 2 贯 280 文。"（光绪《淮安府志 · 贡赋》）。

又据张煦侯《王家营志》说："初，明设钞关于淮安，有王家营装卸来去则例。……淮关口岸十有八，其一曰外河，实管南北陆路之冲途。……悉在该口什物征税，制票验行。"粮捐，岁包钱 600 千文；油捐，岁包钱 300 千文；八鲜捐，岁包钱 150 千文。其余杂捐，岁包钱 50 千文。店铺捐每户月收银 1 角至 1 元有差，油捐每担捐钱 40 文，八鲜捐每户月收钱 1000 文；牛捐每头抽钱 800 文。民国十九年（1930 年）起归总局征收。船捐、昔有今裁……

清代时期，淮阴的疆域较大，税收也随之增大，淮安文献丛刻乾隆《淮安府志 · 卷十二 · 赋税》说：康熙二十七年，人丁户口编田赋二项并杂办，共额征银 18644 两 2 钱 4 分 5 厘 7 毫 5 丝、闰月银 45 两 2 钱 4 分 4 厘 7 毫 7 丝（驿站、衙门官役侍工除外）。乾隆二十五年清江浦划入清河县，由此，城市的发展带来了淮阴税源的增加。

光绪《淮安府志 · 卷九 · 赋税》载，凡淮地所造之物及各处来淮贩卖之货皆有税。税率：清初沿用明制，按货售价三十赋一，即合 3.33%。税种品名有 732 种，税额分 77 个等级。征收的办法也不断改变，雍正十三年（1735 年）规定，只就府、州、县城征税，乡镇不征；乾隆九年（1744 年）特地委派税司专役前往乡集镇，按例征收。另外，自康熙五十五年至道光九年（1716 年至 1829 年），规定凡民赋之制有丁有田则有徭役税赋，谓之鞭。还在码头的天妃口、外河口、仲庄口，新渡的草湾口、永丰口等地设立关税口，货船计石输税。主要是以此验收征税，盖以巡防漏越。乾隆十一年（1746 年），户部重申关督考核章程，“查收各关税册档，原系部颁，令商人按日亲填，并非另外造送可比”。主要目的是为后任官员对前任官员是否欠税额出具印结以明确责任，确保税额。

道光十二年（1832 年），“纲盐改票盐”，王营西坝成为淮盐的集散地，十八家盐栈、七十二家盐局拔地而起，盐运分司、批验所随之移驻西坝。一时间西坝繁荣至极，此时淮阴成为纳税的重地。盐商按引纳税，酒肆、澡堂、店铺、钱庄、烟馆、赌场、妓院、茶馆、当铺按人头纳税。

光绪《清河县志 · 贡赋》载，道光十二年至二十七年（1832 年至 1847 年）的十五年间，仅西坝盐商即征收食盐税银 927 万两，杂课税银 130 万两。再加上契税、当税、牙税、牛驴猪税、烟酒税、房捐、闸税等，总数达 3000 余万两，数目大得相当惊人。清末，西坝盐业萧条，河运改道，使淮阴的税收影响极大。光绪二十八年（1902 年）重新规定，田亩按季课税，酒铺按月课税，房捐按 10% 纳税，小户每月房租不满 1000 文者免征房捐。

民国时期

税收分设为国家税和地方税。《淮阴区乡土史地》载，民国三年（1914 年），田赋、盐税、关税、常关税、统捐、厘金、矿税、契税、牙税、当税、牙捐、当捐、烟税、酒税、茶税、糖税、渔业税等 17 项列为国家税。民国十六年（1927 年），国家税仅限于盐税、当税、常关税、烟酒等税，卷烟特税、煤油税、厘金及邮局税、矿税、印花税 9 种，分别设置管理机构征收。民国二十四年（1935 年），颁布《财政收支系统法》，将国家税改称中央税，项目也有所改变。民国三十五年（1946 年）之后，规定中央税为：所得税、遗产税、印花税、特种行业税、关税、货物税、国产烟酒税、盐税、矿税等 9 种，其余列为地方税。

民国三年（1914 年）淮阴县由清河县更名，地域东抵淮安海会寺，西抵泗阳张家沟，西北至泗阳县治 90 里，北至沭阳县治 140 里，东至涟水县练湖乡 35 里，南至洪泽老子山。下设 5 个区 75 个乡，人口 424765 人。全县设立两个税务局，一个在清江浦，一个在杨庄。主要由县政府办理，另由省委派会计主任负责财政稽核，先后开征税目 17 种。其中，田赋及附加税，每亩耕田最高的征收 0.5589 元，最低的征 0.04487 元，杂地最高征 0.0598 元，最低征 0.0594 元。征收办法是随粮带征。同时规定：

1. 田赋征收处征收历年田赋。业户到柜完粮，先至计算部，报名图甲户名，由计算部查明征收册，核算应完正附税各项数目，填写计算单交由业户至收款部缴款，然后再凭取串证到发串部领串，所收款项按日缴存金库银行。

2. 契税征收处征收田房卖典契税。业户持契投税（凡田地、房产交易，无论卖典之契纸，均须投税），先核明应收正、附税各项数目，制给印收，限日取契。业户取契时，再发过户通知单，由业户持往推收所推收过户，再由推收所将通知单在回证上加章，仍交业户到契税处取回契纸，收款随时缴存金库银行。

3. 地方捐款征收处征收一切杂捐（房捐、人力车捐、娱乐捐、脚踏车捐等），制据征收，将款按日缴存金库银行。

4. 因赋推收所专办业户推收过户事宜，按亩征收，推收官印单费一角，不足一亩以一亩计，户领坵册，坵领户册，均归推收所办理。

民国二十九年（1938 年）3 月 31 日，撤销两淮市、清江城区归淮阴县，为清江区。8 月，王圩区改丁集区。9 月，吴集区撤并入渔沟区，其中原辖蒋集、葛郑、来安乡归泗阳县，徐溜区改为文科区。次年，成立淮阴县税务局，局址设在徐溜，下设田赋、税收、会计、人秘 4 个科。

民国二十八年（1939 年），日军侵占淮阴。不久，淮阴成立了伪政权。民国二十九年（1940 年）8 月，伪苏北税务总局在淮阴设立第二区税务局，负责征收地方捐税，税率基本沿用旧章。如：契税、烟酒营业牌照税、屠宰税等均未改变，营业税、牙税、房捐、车捐、筵席捐等税率或有改变，土烟土酒于民国三十二年（1943 年）4 月改为 25%，从价计征。民国三十四年（1945 年）8 月，日寇投降，均行撤除。

民国三十二年（1943 年），抗日民主政府实行农业税改革，依据淮海区行政公署制定的“九等十八级”税制征收，即按实际丈量的田亩而实行产量累进征收。细则为：根据土壤质量、田亩产量确定统一税率。其土壤分清沙土、白沙土、水沙土、火沙土、淤土与两合土。其中，两合土税率最高，水沙、火沙两种土质税率最低。

民国三十四年（1945 年），淮阴县税务局归属淮海区第四工商管理局管理。民国三十五年（1946 年），税务与财政合并，成立财政局。民国三十七年（1948 年），从财政局分出成立税务局。

1945 年 11 月苏皖地区政府成立后，共推出 8 种税收，即：粮赋、契税、盐税、货物进出口税、营业税、产销税、牙行营业税、屠宰营业税等。1947 年，因淮阴处于敌后游击环境，无法循前规定执行，产销税收入很少，有时还停征。1948 年 10 月，按照华中行政办事处《货物产销税征收暂行章程》规定，税率分别是：各种植物油、饼类 4%，各种土布缓征，酒 12%、烟 6%、迷信品 8%、棉花 20%、猪 8%、海产 10%、盐 25%。

1949 年 5 月，执行苏北行署通令《苏北区征收货物产销税暂行办法》，对税目、税率作了一些调整，并规定凡纳产销税的货物，在解放区内自由运销，不再重征。

中华人民共和国成立以后

淮阴县的税收管理主要根据党和政府在各个时期的路线、方针、政策和任务，制定不同的管理制度。

1950年至1952年，是我国国民经济恢复时期。实施《全国税收实施纲要》，根据“国家的税收政策，应以战争的供给，照顾生产的恢复和发展、国家的建设需要为原则，简化税制，实行合理负担”的精神，1950 年至 1956 年，农业税按农业人口，每人平均全年农业收入依率累进计征，实行全额累进税率。1950 年，全家每人平均农业收入从 121 斤至 3411 斤以上共分为 40 个等级，税率由 3% 至 42%，按正税 15% 附征农业税地方附加。工商税共征收 14 种税。6 月底，政务院决定，薪给报酬所得税和遗产税暂不征，地产税和房产税合并为城市房地产税，税种由 14 种又减为 11 种。当时，淮阴县税收管理机构由淮阴专区税务局兼管。开征的税种有：货物税、工商营业税、工商所得税、印花税、存款利息所得税、屠宰税、城市房地产税和使用牌照税等 18 种，当年，全县完成工商税收为 137.6 万元，农业税收 94.7 万元。

1951 年，清江区划出单列为清江市，同时成立蒋坝区，淮阴县单独成立税务局，下设税收、检查、会计 3 个股。基层税务所设蒋坝、陈集、高涧、渔沟、徐溜、大兴 6 个税务所。这一年，农业税实行查田定产，全家每人平均全年农业收入从 150 斤至 2100 斤以上共分 24 个等级，税率由 7% 至 30%，农业税附加按正税的 20% 征收。工商税，由于“合并又减半”，出现了“经济日见繁荣，税收相对下降”的新情况。全年完成工商税 21.1 万元，农业税 217.5 万元。

1952 年，农业税收每户平均全年农业收入从 150 斤至 1850 斤以上（不足 1950 斤），共分 23 个等级，税率从 7% 递增至 30%，不足 150 斤的免征。工商税收仍按 1951 年的税目税率征收。全年完成工商税 49.3 万元，农业税 217.5 万元。

1953年，全国实行修正过的新税制。夏季，中央召开的全国财政经济工作会议提出：在税收政策上要“公私企业区别对待，简繁不同”。随后，中央又颁发《农业税收暂行规定》，江苏省也颁发《江苏省 1953 年农业税施行细则》。由此，对农业生产合作社给予若干减免照顾。一般以户为单位，按农业人口、人均年收入（产量）计征农业税，税率分 24 个等级，依率计征，依法减免。对工商税的征收，采取许多区别和简繁不同的措施。对国营商业批发工业品，在本系统内调拨农产品不征收营业税；对私营批发商则征收营业税。对合作经济，在纳税上给予照顾；对新成立的手工业合作组织，定期减免营业税和所得税。淮阴县在修正新税制期间，又开征了商品流通、牲畜交易、文化娱乐等 11 个税种。年末，全县完成工商税征收 69.9 万元，农业税 169.3 万元。

1954 年至 1955 年，农业税最高税率为 30%，最低为 7%；1953 年不征附加，1954 年按正税 5% 征收地方附加，1955 年附加按正税 3% 征收。工商税按政务院颁布的《车船使用牌照税暂行条例》，征收了机动车、非机动车、机动船、非机动船使用牌照税。这两年的工商税征收分别完成 84.5 万元和 88.4 万元，农业税分别完成 208.3 和 195.3 万元。

1956 年 2 月，淮阴县机构整编，撤销张集、丁集、新渡、城南、顺河、吴集、盱宝、高涧 8 个区的建制；新增棉花、陈集、双沟三个区。同年，顺河、高涧、盱宝及蒋坝镇又划归洪泽县。该年的农业税收，由农业社统一从农业总收入中提取，并在社员所得报酬中扣除；农业税率按 6% 征收。工商税仍按修改后的新税制执行。全年完成工商税 109.3 万元，农业税 117.1 万元。

1957 年 11 月，全县撤销 8 个区级机构，62 个小乡合并为 32 个大乡。县税务局与财政局合并成立淮阴县财政局。农业税一律以社为单位按平均率计征，夏季附征率为 5%，秋季为 7%，其中上交省 2%；工商税、仔猪税率调为 3%，货品税率为 8%。全年完成工商税 104.9 万元，农业税 69.6 万元。

1958 年起，我国进入了第二个五年计划建设时期，全国的经济形势和政治形势发生了很大变化，基本上形成单一的社会经济形式。国家再次按照“保证税收、简化税制”的原则，对工商税制进行了重大的改革。1958 年 6 月，国务院发布《关于改进税收管理体制的规定》，将商业流通税、货物税、营业税、所得税 4 种税划分为中央和地方调剂分成收入，其他 7 种税划为地方固定收入。

1958 年 9 月，乡改称为人民公社，10 月又与清江市合并为淮阴市，下设 24 个公社。农业税，开始实行比例税率，直至 1987 年，税率基本没有变化。主要依据各地土质及生产状况计征，并把查田定产的 12.6% 税率调整为 11%。国务院制定工商统一税条例《草案》。但是，在“一大二公、跑步进入共产主义”浪潮冲击下，一度在城市搞利税合一试点，在农村建立公社财政、实行收入包干，撤销税务机构，裁减税务干部，简化税制。同时，在全国范围内，开展税收无差错、无偷漏、无滞欠的“三无活动”。当年，全县完成工商税 69 万元，农业税 122 万元。

1959 年起，停止征收存款利息所得税。由于受到一些人为因素的影响，工业产值下降，投机倒把盛行，加之发生旱灾、虫灾，致使农业歉收，凡此种种，对淮阴的税收带来了重大的影响。当年，仅完成工商税 77 万元，农业税 139 万元。

1960 年冬，党中央提出对国民经济实行“调整、巩固、充实、提高”的方针。淮阴县根据中央政策，开征集市交易税，对投机倒把实行补税罚款，降低工商统一税起征点，提高临时商业税加成幅度，调整工商所得税。当年，完成工商税 89 万元，农业税 135 万元。

1961 年至 1965 年，是全面建设社会主义时期。1961 年，淮阴县财税分设，成立淮阴县税务局。当年，完成工商税 76 万元，农业税 83 万元。

1962 年，农业大面积减产，又因挖淮沭新河，土地减少 21.9 万亩，所以对农业税作了调整，税率由原来的 11% 降为 8.42%。工商税收开始加大力度，对手工业、交通运输合作社统一按 8 级超额累进税率征收，合作商店所得税按 21 级全额累进税率征收，后又改为 8 级征收。当年，完成工商税 98 万元，农业税 50 万元。

1963 年，征收农业税附加，省附加为 5%，县市为 10%，随正税一并征收。淮阴县全面开征集市交易税，同时开展纳税检查和打击投机倒把分子，对获得暴利的实行罚款补税。年末，完成工商税 63 万元，农业税 55 万元。

1964 年，市县分设，淮阴县下设 29 个公社（场）。同年，成立淮阴县税务局。农业税附加为 13%，工商税仍按 1963 年规定的“凡属工业性质的社队企业，按手工业 8 级超额累进税率征收，属商业性质的社队企业，按商店 9 级，累进税率征收”。全年完成工商税 185 万元，农业税 61 万元。

1965 年，“社教运动”正在高潮，“文化大革命”即将爆发，这年淮阴县的税收受到一些影响，年末完成工商税 126.5 万元，农业税 77.2 万元。

1966 年至 1968 年，全国进行“文化大革命”，淮阴也不例外。一些工厂、企业、机关单位皆关门闹革命。刚刚恢复的税收征管制度，又被批判为“烦琐哲学”，大部分单位领导都被“整批”，整个税务机构瘫痪，税制简化，税务人员精减下放。1968 年，淮阴县税务局被撤销，成立淮阴县革命委员会生产指挥组财税科。这 3 年分别完成工商税 183 万元、253.5 万元和 181 万元，农业税 113.4 万元、105.4 万元和 110 万元。

1969 年至 1971 年，试行“国营企业综合税”。这 3 年仍受“文化大革命”的影响，所以税收还是低下，工商税收分别完成 211.5 万元、248.9 万元、258.3 万元，农业税分别完成 111.6 万元、99.4 万元、70.9 万元。

1972 年 3 月，国务院批转了财政部《关于扩大改革工商税试点报告》，1973 年全面试行，此时有很多税种进行合并。全县由过去 108 个税目减为 44 个，管理权限下放给地方，对社队企业，市县就可以决定减免税。1972 年至 1974 年 3 年的工商税分别为 416.6 万元、641.3 万元、635.4 万元，农业税分别完成 91 万元、111.7 万元、102.7 万元。

1975 年，淮阴县撤销财税科，成立财政局，下设税政、预算、农财、企财、人秘 5 个股。到下半年，开征了工商税、工商所得税、屠宰税、城市房地产税、车船牌照使用税、牲畜交易税等 6 个税种（原征收的文化娱乐税于 1975 年 10 月停止征收），打击投机倒把并补税罚款，全年工商税收完成 662.1 万元，农业税完成 102.2 万元。

1976 年 10 月，“文化大革命”宣告结束，我国进入了社会主义建设新时期，淮阴县税收征管和全国各地一样，百废待兴，相应地实行全面改革，税收征管进入了新的发展时期。全年完成工商税 694.3 万元，农业税 99.5 万元。

1977年，主要是恢复机构，建立制度。很多公社兴办了社队企业，税收征管有了进步，当年完成工商税862.9万元，农业税288.1万元。

1978年，十一届三中全会召开，党的工作重点转移到社会主义经济建设上来。1979年4月，中央提出对国民经济实行“调整、改革、整顿、提高”的方针。这年，财政部把屠宰税、城市房地产税、车船使用牌照税、集贸交易税、牲畜交易税等5种税下放给地方管理，同时采取一系列调整改革的措施，取得了良好的效果。这两年分别完成工商税844.9万元、852.6万元；农业税分别完成86.9万元、22.3万元。

1980年9月，第五届全国人民代表大会通过了《中华人民共和国中外合资经营企业所得税法》和《中华人民共和国外国企业所得税法》，这是税收法制建设的重大进展。1981年，纺织企业处于鼎盛时期，仅农垦二纺厂，县织布厂上缴利税就达财政收入的一半。1981年6月，省财政厅规定，城镇集体所有制企业实行增长利润减半征税，民政企业、水运企业按单项规定减税，社队企业放宽征收所得税，“老、少、边、穷”地区免征所得税5年。1982年，由于国民经济调整，对纺织、化纤产品限产降价，使纺织行业一落千丈。由此，导致全县企业上缴利税下滑。

1983年，淮阴县武墩乡、和平乡和一个和平农场划归清浦区。同时新增韩桥、凌桥、大兴、韩庄4个乡，至此淮阴县为30个乡、镇、场。同年，财税分家，成立淮阴县税务局。开始实行第一步利改税，开征国营企业所得税，试征增值税、建筑税、国家能源交通建设基金。当年，完成工商税1046.5万元，农业税84.6万元。

1984年，实行第二步利改税，停征工商统一税，开征产品税、营业税，逐步扩大增值税范围。国营企业由上缴利润改为上缴所得税，对营利多的国营大中型企业按55%的税率征收所得税。第二步利改税和工商税制的全面改革，突破了“保证税收，简化税制”的原则，由减弱否定税收的经济杠杆作用，转向充分发挥税收多环节、多层次、多方面的经济杠杆作用。当年，全县完成工商税1182.8万元，农业税100万元。

1985年，淮阴县税务局增设赵集中心税务所。这年的农业税开始改为按粮食“倒三七”比例价折征代金，即30%按原统购价、70%按原超购价征收农业税。税务部门坚持从“重收轻养”转变为“收养并重”。并制定了《关于加强个体屠宰户税收征管意见》。又组织人力，开展税收大检查，补交入库税款58.59万元。全年完成工商税1486万元，农业税128.6万元。

1986年，淮阴县税务局又增设杨庄、丁集、张集中心税务所和王营直属中心税务所。这年，认真贯彻国务院颁发的税收征管《条例》，使全县税收征管工作逐步进入正轨，全年完成工商税1429万元，农业税141.6万元。

1987年，淮阴县税务局根据国家工商税制，主要征收产品税、增值税、营业税、盐税、房产税、车船牌照税、城市维建设费、国营企业所得税、国营企业调节税、集体企业所得税、建筑税、屠宰税、牲畜交易税、奖金税、城乡个体工商业户所得税15种税。其中，国营企业所得税和国营企业调节税由税务局征收，属财政局征收的企业收入（不列入税收统计）。在税收征管中，税务部门还把“双增双节”活动与争创文明税务所和优秀专管员、税收征管和促产增收等活动结合起来，使全县税收工作起色很大，全年完成工商税1501.9万元，农业税158万元。

1988年，淮阴县税务局认真贯彻国务院办公厅和省政府办公厅关于加强税收工作的“两个通知”，突出抓好个体集贸税收，全年完成工商税1749.7万元，农业税179万元。

1989年，淮阴县税务局实行公开办税，并在杨庄中心所试点，从税法、征管、处罚、减免税、纪律等5个方面予以公开，又建立了12个个体户定额评定小组，聘用98个协税护税员、13个监督员。本局增设税务稽查队、检察室，加强小税种征管和新税种的征收，规定在全县范围内每头生猪征收税款不得少于30元，进一步促进了税收任务的完成，全年完成工商税1954.2万元，农业税179万元。

1990年，淮阴县税务局增设了发票管理所，在税收上做到“四保一挂”即：保收入任务完成；保征管资料、基础建设符合要求；保突击税收任务完成；保培养业务典型；将机关与挂钩所同奖同罚。还采取“企业税收欠缺市场补、三税短收小税补，总税欠缺查税补”的办法来保证总收入。当年7月份，组织全体税务干部，从早到晚在城区街道、交通路口设卡，对过往货运车、贩运机动车、无证商贩经营点、主要贸易市场进行流动税收大检查，历时1个月，共查征税款35万元，全年完成工商税2151.8万元，农业税148万元。

1991年，淮阴县税务局除了中心税务所以外，又成立了18个基层分所，由经济区域内的中心所领导。同年，局人秘分开，设人事教育股、秘书股、税政一、二股。这年因遭受洪涝灾害，工业、农业都受影响，全年完成工商税2280万元，农业税127万元。

1992年，淮阴县税务局设立税务治安办公室，1993年6月，又设立综合巡回法庭。两年间，全县税收工作主要突出内部改革。在直属所实行征、管、查三分离的试点改革；农村以中心所为单位成立稽查分队、征管在乡所、检查在中心所。又在全局实行聘用制，改中层干部任命制为聘任制，进一步调动了广大税务人员的工作积极性，保证了税收任务的完成。这两年分别完成工商税2414.1万元、3651.4万元，农业税238万元、238万元。

1994年9月28日，国、地税分设，成立淮阴县地税局，下设办公室、人教、监察、计财、税政、征管等6个股，全局共有63个税务人员，接管纳税户774户。当年，国税部门组织收入3252万元，地税部门组织省、市（县）级税收1113万元。

第二章 机构、人事

淮阴地税局自1994年成立以来，机构、人事制度进行了多次调整。1999年以前，隶属于淮阴县人民政府。1999年以后，由江苏省地方税务局、淮安市（原淮阴市）地方税务局垂直管理，同时接受中共淮阴区（原淮阴县）委、区政府的双重领导。为适应征管改革的需要，机构、人事制度也进行了相应的改革，有效地调动了全体地税干部的工作积极性。

第一节 机构沿革

淮阴县地税局

1994年9月，为适应分税制财政体制改革和社会主义市场经济发展需要，淮阴县地税局应运而生。根据《国务院关于组建国家税务总局在各地的直属税务机构和地方税务局有关问题的通知》和《国务院办公厅转发国家税务总局关于组建在各地的直属税务机构和地方税务局实施意见的通知》，淮阴县编制委员会批准淮阴县地方税务局机构设置、人员编制、职能配置方案。明确主要职责为：

贯彻执行国家的各项税收法律、行政法规和规章，并组织实施；组织编制、分配和考核各项地方税收收入计划，努力完成地方税收收入任务，并做好统计、汇总、上报工作；大力开展促产增收，积极培植税源，围绕地方经济发展计划，运用税收杠杆对经济进行宏观调控和监督，为淮阴经济发展服务；研究和制定本地区加强地方税收征管的具体办法，以及税务登记、账簿凭证、纳税申报、税款征收、发票管理、纳税检查、税务代理等税收征管规章制度，并组织实施；负责淮阴县地方税以及按营业税附征的个人所得税、城市建设维护税、教育费附加征收管理工作；监督检查本地区各部门、各单位贯彻执行国家税收法律、行政法规和规章的情况，负责地方税务系统行政复议和诉讼工作，加强税收法制建设；负责淮阴县地方税务局系统机构、人员和经费的管理；负责思想政治工作、干部教育培训工作；监督本县地方税务系统各级机关及工作人员执行国家法律、行政法规和规章情况，组织本县地方税税法宣传，开展税务咨询；承办国家税务总局、上级地方税务局、县政府交办的有关事项。

垂直管理

1999 年，根据国务院通知精神，江苏省地税系统管理体制进行重大改革，实行上级地方税务机关和同级政府双重领导，以上级地方税务机关垂直领导为主的管理体制。淮阴县地方税务局开始由江苏省地方税务局、淮阴市地方税务局垂直管理，同时接受淮阴县人民政府的双重领导，机构规格为正科级。

2001 年 2 月，经江苏省地方税务局批准，原淮阴县地方税务局更名为淮安市淮阴地方税务局。

第二节　行政机构

内设机构

淮阴县地税局成立之初，局机关设行政业务科室：办公室、人事教育股、地方企业所得税管理股、营业税管理股、地方税管理股、征收管理股、计划财务股、监察室（与纪检组合署办公）；设党群机构：纪检组（与监察室合署办公）、机关党支部。

2003 年 6 月，根据《江苏省市、县地方税务局机构改革指导意见》（苏地税发［2003］17 号）和《淮安市地方税务局县（区）地方税务局机构改革总体实施意见》（淮地税发［2003］82 号）精神，淮安市淮阴地方税务局内设 6 个职能股室：办公室、人事教育股、计划财务股、征收管理股、税政股（政策法规股）、信息管理股。按有关规定另设监察室、机关党委和工会。

至 2009 年底，淮阴地税局下设 5 个职能科室：办公室、人事教育科、计划财务科、征管信息科、政策法规科。按有关规定另设监察室、党委办公室、工会、国际税收研究会。

直属机构

淮阴县地税局成立之初设 2 个直属机构：稽查分局、直属分局。

1996 年 8 月，经淮阴县编制委员会批准成立淮阴县地方税务事务所，当年选调 10 名大中专毕业生，1999 年 6 月，经淮阴县编委批准，整编制转入县地税局。

1997 年 7 月，经中共淮阴县委批准，直属分局明确为副科级单位。

2000 年 10 月，经淮阴市地方税务局批准，成立淮阴县地方税务局检查一分局、淮阴县地方税务局检查二分局、淮阴县地方税务局检查三分局。

2001 年 3 月，经淮安市地方税务局批准，下设淮安市淮阴地方税务局稽查局、淮安市淮阴地方税务局直属分局。设立淮安市淮阴地方税务局检查一分局、淮安市淮阴地方税务局检查二分局、淮安市淮阴地方税务局检查三分局。同时，撤销淮阴县地方税务局原稽查分局、淮阴县地方税务局原直属分局。

2003 年 6 月，根据《江苏省市、县地方税务局机构改革指导意见》(苏地税发[2003]17 号）和《淮安市地方税务局县（区）地方税务局机构改革总体实施意见》（淮地税发［2003］82 号）精神，直属机构设置为：稽查局，稽查局内设检查一、二、三、四所。

至 2009 年底，淮阴地税局下设 1 个直属机构：淮安市淮阴地方税务局稽查局。

派出机构

淮阴县地税局成立之初设派出机构：王营中心地税所；赵集中心地税所：下设赵集乡地税所、高堰乡地税所、韩桥乡地税所；南陈集中心地税所：下设南陈集乡地税所、南吴集乡地税所、码头镇地税所；杨庄中心地税所：下设杨庄乡地税所、凌桥乡地税所；三树中心地税所：下设三树乡地税所、蒋集乡地税所、袁集乡地税所；渔沟中心地税所：下设渔沟镇地税所、韩圩地税所；汤集中心地税所：下设汤集乡地税所、北吴集乡地税所、西宋集乡地税所；徐溜中心地税所：下设徐溜乡地税所、韩庄乡地税所、古寨乡地税所；丁集中心地税所：下设丁集乡地税所、五里乡地税所；老张集中心地税所：下设老张集乡地税所、刘老庄乡地税所；棉花中心地税所：下设棉花庄乡地税所、王兴乡地税所、新渡乡地税所。

1994 年 10 月，增设王营镇地税所和果林场地税所，隶属王营中心地税所。

1999 年 12 月，经淮阴市地方税务局批准，原中心所更名为：淮阴县地方税务局直属分局、淮阴县地方税务局赵集分局、淮阴县地方税务局南陈集分局、淮阴县地方税务局杨庄分局、淮阴县地方税务局渔沟分局、淮阴县地方税务局丁集分局、淮阴县地方税务局徐溜分局、淮阴县地方税务局棉花庄分局。

2001 年 4 月，经淮安市地方税务局同意，对原淮安市淮阴地方税务局杨庄分局更名为淮安市淮阴地方税务局三树分局。

2003 年 6 月，根据《江苏省市、县地方税务局机构改革指导意见》（苏地税发［2003］17 号）和《淮安市地方税务局县(区)地方税务局机构改革总体实施意见》(淮地税发［2003］82 号）精神，派出机构设置为：第一税务分局（负责王营镇范围内地方税、基金、费的征收工作），第一税务分局内设征收所和管理一、二所；第二税务分局（负责赵集镇、韩桥乡范围内地方税、基金、费的征收工作）；第三税务分局（负责南陈集镇、码头镇、吴城镇范围内地方税、基金、费的征收工作）；第四税务分局（负责三树镇、凌桥乡范围内地方税、基金、费的征收工作）；第五税务分局（负责棉花庄镇、新渡乡、王兴镇、张集乡范围内地方税、基金、费的征收工作）；第六税务分局（负责丁集镇、袁集镇、五里镇范围内地方税、基金、费的征收工作）；第七税务分局（负责渔沟镇、吴集镇、西宋集镇范围内地方税、基金、费的征收工作）；第八税务分局（负责徐溜镇、刘老庄乡、古寨乡范围内地方税、基金、费的征收工作）。

2005 年 1 月，经淮安市地方税务局批准，取消全职能征管机构，实行集中征收模式，职能调整为：第一税务分局负责全区税款征收、涉税事项受理等，第二税务分局负责王营镇范围内地方税管理，第三税务分局负责赵集镇、韩桥乡、南陈集镇、吴城镇、码头镇范围内地方税管理，第四税务分局负责棉花庄镇、新渡乡、王兴镇、老张集乡范围内地方税管理，第五税务分局负责丁集镇、袁集镇、五里镇、刘老庄乡、徐溜镇、古寨镇范围内地方税管理，第六税务分局负责渔沟镇、吴集镇、西宋集镇、三树镇、凌桥乡范围内地方税管理。

2005 年 12 月，成立淮安市淮阴地方税务局第七税务分局（正股级），负责淮阴经济开发区的地方税收管理。

2008 年 11 月，成立淮安市淮阴地方税务局纳税服务中心。

至 2009 年底，淮阴地税局下设 7 个派出机构：淮安市淮阴地方税务局第一税务分局（纳税服务中心）、淮安市淮阴地方税务局第二税务分局、淮安市淮阴地方税务局第三税务分局、淮安市淮阴地方税务局第四税务分局、淮安市淮阴地方税务局第五税务分局、淮安市淮阴地方税务局第六税务分局、淮安市淮阴地方税务局第七税务分局。

第三节　党的组织

党组

1994 年 9 月，经中共淮阴县委员会批准，建立淮阴县地方税务局党组。李仁俊任党组书记，袁治兼任党组副书记，王波任党组成员、纪检组长，陈爱五、张振庭任党组成员。

1995 年 12 月，经中共淮阴县委员会批准，袁治兼任地税局党组书记，李仁俊任地税局党组副书记，刘绪祥任地税局党组副书记（保留正科级），王波任党组成员、纪检组长，陈爱五、张振庭任党组成员。

1997 年 6 月，经中共淮阴县委员会批准，李仁俊任地税局党组书记，刘绪祥任

地税局党组副书记（保留正科级），王波任党组成员、纪检组长，陈爱五、张振庭任党组成员。

1997 年 9 月，经中共淮阴县委员会批准，韩庆实任党组成员。

1999 年 7 月，经中共淮阴市地方税务局党组批准，韩庆实任党组成员、纪检组长。王波不再兼任纪检组长。

2003 年 1 月，经中共淮安市地方税务局党组批准，王波调入淮安市地税局，免去其淮阴地税局党组成员。

2003 年 3 月，经中共淮安市地方税务局党组批准，徐菊平任淮阴地税局党组书记，韩庆实任党组成员、纪检组长，陈爱五、张振庭任党组成员。

2003 年 4 月，经中共淮安市地方税务局党组批准，丁宏调入任党组成员。

2004 年 4 月，经中共淮安市地方税务局党组批准，丁宏调出，免去其党组成员，董正军任党组成员。

2007 年 9 月，经中共淮安市地方税务局党组批准，徐菊平任地税局党组书记，杨国祥任党组成员、纪检组长，刘可道任党组成员。韩庆实、张振庭调出，免去二人党组成员。

2007 年 12 月，经中共淮安市地方税务局党组批准，翟玉标任党组成员。刘可道调入市局，免去其党组成员。

2008 年 1 月，经中共淮安市地方税务局党组批准，张建勇任党组成员。

2008 年 4 月，经中共淮安市地方税务局党组批准，袁震从省局下派挂职任党组成员。2008 年 10 月，袁震调回省局另行分配工作。

2008 年 10 月，经中共淮安市地方税务局党组批准，徐菊平任地税局党组书记，杨国祥任党组成员、纪检组长，董正军、翟玉标、张建勇任党组成员。

党委、总支

1994 年 10 月，经中共淮阴县直属机关委员会批准，成立中共淮阴县地方税务局机关党支部。基层组织共设 11 个党支部：淮阴县地方税务局王营中心所党支部、淮阴县地方税务局赵集中心所党支部、淮阴县地方税务局南陈集中心所党支部、淮阴县地方税务局杨庄中心所党支部、淮阴县地方税务局三树中心所党支部、淮阴县地方税务局棉花中心所党支部、淮阴县地方税务局张集中心所党支部、淮阴县地方税务局丁集中心所党支部、淮阴县地方税务局渔沟中心所党支部、淮阴县地方税务局汤集中心所党支部、淮阴县地方税务局徐溜中心所党支部。同时纳入地方乡镇党委管理。

1994 年 10 月，经淮阴县直属机关委员会批准，同意王波任地税局机关党支部书记，卓子荣任地税局党支部副书记，周耕生任地税局支部组织委员，韩庆实任地税局党支

部纪检委员，李前尧任宣传委员。

1998年5月，经中共淮阴县委组织部批准，同意成立中共淮阴县地方税务局党总支，下设地税局机关支部，直属分局支部。王营中心所支部，王波任党总支书记，韩庆实任党总支副书记，周耕生任党总支组织委员，张运风任党总支监察委员，汪厚美任党总支宣传委员。

2002年7月，经中共淮安市淮阴区委员会批准，成立中共淮安市淮阴地方税务局委员会。

2003年6月，中共淮安市淮阴地方税务局党委下设：区局机关党支部、稽查局党支部、第一税务分局党支部、第二税务分局党支部、第三税务分局党支部、第四税务分局党支部、第五税务分局党支部、第六税务分局党支部、第七税务分局党支部、第八税务分局党支部。同时纳入地方乡镇党委管理。

2005年1月，经区委组织部批准，将淮阴地税局农村分局的党员转入区局机关党委统一管理。

2005年6月，中共淮安市淮阴地方税务局党委下设：区局机关党支部、稽查局党支部、第一税务分局党支部、第二税务分局党支部、第三税务分局党支部、第四税务分局党支部、第五税务分局党支部、第六税务分局党支部、第七税务分局党支部。

2007年10月，根据中共淮阴区机关委员会批复，中共淮安市淮阴地方税务局机关委员会成立。杨国祥任局机关委员会书记。

1994～2009年部分年份淮阴地方税务局中共党员构成情况表

表2-1　　单位：人

党员构成分类		年度			
		1994	1999	2004	2009
党员总数		52	61	95	111
正式党员		51	58	91	107
预备党员		1	3	4	4
女党员		3	4	9	18
年龄分段	45岁以下	46	49	77	62
	46至55岁	5	9	9	36
	56至60岁	1	3	6	4
	61岁以上	0	0	3	9

续表2-1

党员构成分类		年度			
		1994	1999	2004	2009
文化程度	研究生	0	0	0	1
	大学本科	0	3	12	23
	大中专	43	45	71	77
	高中以下	9	13	12	10
入党时间	1970年以前	5	5	5	5
	1971至1981年	12	16	17	17
	1982至1992年	29	23	28	31
	1993年以后	6	17	45	58

1994～2009年淮安市淮阴地方税务局中共党员情况变化统计表

表2-2 单位：人

年度	正式党员	预备党员	合计
1994	51	1	52
1995	52	1	53
1996	53	1	54
1997	56	0	56
1998	56	2	58
1999	58	3	61
2000	69	4	73
2001	82	3	85
2002	85	0	85
2003	89	2	91
2004	91	4	95
2005	95	2	97
2006	97	3	100
2007	101	2	103
2008	104	2	106
2009	107	4	111

第四节　群团组织

共青团

1994年10月，经淮阴地税局党组研究决定，报共青团淮阴县委批准，成立淮阴地税局共青团委，主要负责系统内共青团员的思想政治工作和单位的青年文明号创建工作。首任书记顾坚，委员安振淮、赵坚。

2005年换届选举，唐丽担任书记，焦婧、周建峰任委员。

工会

1994年，淮阴地税局党组明确周耕生、孙明月兼管工会工作，职工按照规定缴纳会员费。1999年全省地税系统实行垂直管理后，淮阴区总工会于2001年3月以淮工发［2001］13号文件正式批准成立淮阴地税局工会。

第一届工会（2001年3月至2003年12月），主席为周耕生（代），副主席为孙明月（代）。第二届工会（2003年12月～）主席为王琦，委员为顾坚、龚玉龙、王海涛。

2008年2月，工会换届改选，经淮阴区总工会批准，王琦为专职工会主席，顾坚为经费审查委员会主任，屠桂英为女职工委员会主任，赵坚为宣传委员。2009年8月，选举王海涛为工会副主席。

淮阴地税局工会主要负责职工维权、劳模评定及管理、职工福利以及开展单位文体活动等工作。

在党组的领导下，工会工作开展得有声有色，发挥了党联系群众的纽带作用。积极配合本局的思想教育工作，组织职工开展健康向上的文体活动。2008年5月，成功举办了淮阴区首届财税运动会，地税局、国税局、财政局、区委、区政府、区人大、区政协、区纪委等部门共220多名运动员参加比赛。开幕式上，地税局的太极拳、国税局的广播体操、财政局的健美操精彩纷呈，展现了财税人的风采。

2009年10月，淮阴地税局工会成功举办了淮安市地税系统第一届运动会田径比赛。同时，淮阴地税局的健身会馆也于2009年10月正式投入使用。健身馆配备了十几种健身器材。健身馆布置了“激励奋进、挑战自我、快乐工作”的巨型横幅，使广大职工放松身心之余在健身中受到教育，快乐中得到熏陶，深化了职场养生的工作理念。

从2007年起，局每年都组织新春联欢会。由工会牵头的文体活动节目多次参加市地税系统的文艺演出，并屡次获奖。

妇委会

2003年11月，经淮阴区妇联批准，成立淮阴地税局妇女工作委员会。王琦担任主任，李银霞和王红任委员。主要负责女职工的维权、组织女职工体检、开展女职工文体活动、创建巾帼文明岗等工作。

国际税收研究会

遵照淮安市地税局国际税收研究会在各区、县成立研究会的要求，淮阴地税局协同国税局组建淮阴区国际税收研究会，挂靠区地税局。它由全区财税金融战线、经济管理部门、税务界的专家学者，以及关心涉外税收工作和热心于国际税收学术研究的人士自愿参与组成，是一个集学术性、专业性、群众性为一体的非赢利性社会团体。

2009年9月28日，淮阴区国际税收研究会成立大会召开，大会选举淮阴区地税局局长徐菊平当选第一届国际税收研究会会长，杨国祥、李源茂当选为第一届国际税收研究会副会长，李春来当选国际税收研究会秘书长。同时，《淮阴地税资讯》作为淮安市六区、县首家自创自办的宣传报刊，创刊发行，每月发行一期。

第五节　人　　事

历任领导班子成员

1994～2009年淮安市淮阴地方税务局领导成员更迭表

表2-3

姓　名	行政职务	党组职务	任职起讫时间	备　注
袁　洽	局长（兼）	党组副书记	1994.9～1995.12	财政局局长
		党组书记	1995.12～1997.6	财政局党组书记
李仁俊	副局长	党组书记	1994.9～1995.12	主持工作
	局　长	党组副书记	1995.12～1997.6	
	局　长	党组书记	1997.6～2003.3	
王　波	副局长	党组成员、纪检组长	1994.9～1999.7	
	副局长	党组成员	1999.7～2003.1	
陈爱五	副局长	党组成员	1994.9～2007.9	
张振庭	副局长	党组成员	1994.9～2007.9	
刘绪祥		党组副书记	1995.12～1999.7	正科级
韩庆实	直属分局分局长	党组成员	1997.7～1999.7	1999.7至2003.4党组成员、纪检组长
	副局长	党组成员、纪检组长	2003.4～2007.9	

续表2-3

姓　名	行政职务	党组职务	任职起讫时间	备　注
徐菊平	局　长	党组书记	2003.3～	
丁　宏	副局长	党组成员	2003.4～2004.4	
董正军	副局长	党组成员	2004.4～	
刘可道	副局长	党组成员	2007.9～2007.12	
杨国祥	副局长	党组成员、纪检组长	2007.9～	
翟玉标	副局长	党组成员	2007.9～	
张建勇	副局长	党组成员	2008.1～	
袁　震	副局长	党组成员	2008.4～2008.10	省局挂职锻炼

主任、副主任科员

1994～2009年淮安市淮阴地方税务局主任、副主任科员表

表2-4

姓　名	职　务	任职时间
马继贤	调研员（正科级）	1994.11～1999.7
张运凤	副主任科员	1999.7～2005.10
刘绪祥	主任科员	1999.7～2002.8
李仁俊	主任科员	2003.3～
张如英	副主任科员	1995.7～1997.6
王　琦	副主任科员	2003.4～
陈爱五	主任科员	2007.12～
翟玉标	副主任科员	2005.5～2007.10

科室、分局负责人①

1994～2009年淮安市淮阴地方税务局内设机构负责人更迭表

表2-5

部　门	姓　名	职　务	任职起讫时间
办公室	卓子荣	负责人	1994.9～1994.11
		主　任	1994.11～1996.8
	宗玲珍	副主任	1994.11～1998.8
	李春来	负责人	1998.3～2003.5
	董正军	主　任	1998.8～2003.6
	翟玉标	副主任	2001.3～2003.6
		主　任	2003.6～2007.12
	石　浩	主　任	2008.1～2009.7
	孙新军	主　任	2009.7～
	唐　丽	副主任	2008.3～

① 1994～2003年，内设机构分股、室，2004年以后，明确为科、室，级别均为股级。

续表2–5

部门	姓名	职务	任职起讫时间
人事教育科（股）	周耕生	负责人	1994.9 ~ 1994.11
		科（股）长	1994.11 ~ 2003.6
	王 琦	科 长	2003.6 ~ 2004.11
	李春来	科 长	2004.11 ~ 2008.1
	尹 峰	副科长	2008.1 ~ 2009.3
		副科长（主持工作）	2009.3 ~
监察室	安振淮	负责人	1994.9 ~ 1994.11
	张运凤	主 任	1994.11 ~ 2003.6
	李春来	纪检组副组长	2003.6 ~ 2004.11
		主 任	2003.6 ~ 2004.11
	王 琦	主 任	2004.11 ~ 2008.1
	李春来	主 任	2008.1 ~ 2009.7
	石 浩	主 任	2009.7 ~
计划财务科（股）	王 琦	负责人	1994.9 ~ 1994.11
		副科长	1994.11 ~ 1996.1
		科（股）长	1996.1 ~ 2003.6
	孙明月	副科长（主持工作）	2003.6 ~ 2004.12
		科 长	2004.12 ~ 2006.5
	胡家文	副科长（主持工作）	2003.6 ~ 2006.5
		副科长	2001.3 ~ 2007.7
		科 长	2007.7 ~
营业税管理股	丁正宜	负责人	1994.9 ~ 1994.11
		股 长	1994.11 ~ 1998.8
地方企业所得税管理股	董正军	负责人	1994.9 ~ 1994.11
		副股长	1994.11 ~ 1996.1
地方税管理股	刘国顺	负责人	1994.9 ~ 1994.11
		副股长	1994.11 ~ 1998.8
税收政策股	丁正宜	股 长	1998.8 ~ 2003.6
	刘 彬	副股长	1998.8 ~ 2000.3
	孙明月	副股长	2001.4 ~ 2003.5
税政科（股）（2004年改为政策法规科）	安振淮	副科长（主持工作）	2003.6 ~ 2004.12
		科 长	2004.12 ~ 2006.5
	孙明月	科 长	2006.5 ~
	袁 峰	副科长	2005.1 ~
征收管理股	石 浩	负责人	1994.9 ~ 1994.11
		副股长	1994.11 ~ 1996.1
征收管理科（股）（2004年改为征管信息科）	石 浩	科 长	1996.1 ~ 2004.12
	刘 彬	副科长（主持工作）	2004.12 ~ 2006.5
	安振淮	科 长	2006.5 ~ 2008.1
	潘广军	副科长	2004.10 ~ 2008.1
		科 长	2008.1 ~
	徐 淮	副科长	2008.7 ~

续表2-5

部 门	姓 名	职 务	任职起讫时间
党委办公室	顾 坚	副主任（主持工作）	2007.10～2008.10
		主 任	2008.11～2009.6
	王正国	主 任	2009.7～
国际税收研究会	李春来	秘书长	2009.10～
工 会	周耕生	代主席	2001.3～2003.11
	孙明月	代副主席	2001.3～2003.11
	王 琦	副主席	2003.11～2008.1
		主 席	2008.1～
	王海涛	副主席	2009.8～

1994～2009年淮安市淮阴地方税务局直属机构负责人更迭表

表2-6

单 位	姓 名	职 务	任职起讫时间	说 明
稽查分局（1999年12月更名为稽查局）	卢海波	负责人	1994.9～1994.11	
		局 长	1994.11～2001.3	
		指导员	2001.3～2003.6	
	董正军	局 长	2001.3～2003.6	
	安振淮	副局长	1996.1～2003.6	
	刘国顺	副局长	1998.8～2003.6	
	张建勇	局 长	2003.6～2005.1	
	顾 坚	副局长	2004.10～2005.3	
	龚玉龙	副局长	2003.6～2005.1	（正股级）
		局 长	2005.1～	
	陈步楼	副局长	2003.6～	
	王正会	股 长	2005.1～2008.3	
		副局长	2008.3～	
	张义忠	股 长	2005.1～	
	左康守	股 长	2008.3～	
检查一分局（2003年6月撤销建制）	龚玉龙	局 长	2000.10～2003.6	
	顾 坚	副局长	2001.4～2003.5	
	张毅忠	副局长	2001.4～2003.5	
检查二分局（2003年6月撤销建制）	刘立祥	副局长	2000.10～2003.6	主持工作
检查三分局（2003年6月撤销建制）	吴中宏	局 长	2000.10～2003.6	
检查一所	陈步楼	所 长	2003.6～2005	（兼）
检查二所	龚玉龙	所 长	2003.6～2005	（兼）
检查三所	刘国顺	所 长	2003.6～2005.1	（副股级）
检查四所	张义忠	所 长	2003.6～2005	（副股级）

续表2-6

单　位	姓　名	职　务	任职起讫时间	说　明
直属分局（1997年7月淮阴县委批准明确为副科级单位。1999年实行垂直管理后不再明确）	韩庆实	负责人	1994.9 ~ 1994.11	
		局　长	1994.11 ~ 1999.7	
	张建勇	副局长	1994.11 ~ 1999.7	
		局　长	1999.7 ~ 2003.6	
	赵　坚	副局长	1994.11 ~ 2003.6	（副股级）
	张义忠	副局长	2000.4 ~ 2001.3	（副股级）
	顾　坚	副所长	2000.3 ~ 2001.4	
	王荣华	副所长	2000.3 ~ 2004.12	
	王淮军	副所长	2000.3 ~ 2003.6	
	潘广军	副所长	2000.3 ~ 2004.10	
	皮卫平	副所长	2000.3 ~ 2004.12	
	吴怀成	副所长	2000.3 ~ 2004.12	
	高江山	副股长	2000.3 ~ 2002.3	

1994 ~ 2009年淮安市淮阴地方税务局派出机构负责人更迭表

表2-7

单　位	姓　名	职　务	任职起讫时间	说　明
王营中心税务所（1999年12月撤销建制）	李春来	负责人	1994.9 ~ 1994.11	
		所　长	1994.11 ~ 1999.12	
	汪厚美	副所长	1994.11 ~ 1999.12	
	吴中宏	副所长	1994.11 ~ 1995.8	
	顾　坚	副所长	1994.11 ~ 1999.12	
	王荣华	副所长	1997.4 ~ 1999.12	
赵集中心税务所（1999年12月更名为赵集分局，2003年6月更名为第二税务分局，2005年1月撤销建制）	龚玉龙	负责人	1994.9 ~ 1994.11	
		所长（局长）	1994.11 ~ 2001.3	
	仇士彦	副所长（副局长）	1996.11 ~ 2003.6	
	王海涛	副局长	2001.3 ~ 2002.3	主持工作
	张宝龙	副局长	2001.4 ~ 2004.9	
	高江山	副局长	2002.3 ~ 2005.1	主持工作
南陈集中心税务所（1999年12月更名为南陈集分局，2003年6月更名为第三税务分局）	陈步楼	负责人	1994.9 ~ 1994.11	
		所长（局长）	1994.11 ~ 2003.6	
	张传周	副所长（副局长）	2000.5 ~ 2003.6	
	王淮军	局　长	2003.6 ~ 2005.1	
	时海柏	局　长	2005.1 ~ 2008.1	
	安振淮	局　长	2008.1 ~	
杨庄中心税务所（1999年12月更名为杨庄分局，2000年3月与三树分局合并更名为三树分局）	刘　彬	负责人	1994.9 ~ 1994.11	
		局　长	1994.11 ~ 1997.4	
	石洪书	副所长	1997.4 ~ 2000.3	

续表2–7

单　位	姓　名	职　务	任职起讫时间	说　明
三树中心税务所（1999年12月撤销建制与杨庄分局合并，办公场所在三树，2001年杨庄分局更名为三树分局，2003年6月更名为第四税务分局，2005年1月撤销建制）	时海柏	负责人	1994.9～1994.11	
		所长（局长）	1994.11～2000.3	
	袁　峰	局　长	2000.3～2005.1	
	孙开举	副局长	2000.3～2003.6	
棉花中心税务所（1999年12月更名为棉花庄分局，2003年6月更名为第五税务分局，2005年1月更名为第四税务分局）	吕真强	负责人	1994.9～1994.11	
		所　长	1994.11～1997.4	
	何正东	副所长（副局长）	1997.4～2000.3	
	丁祖沂	局　长	2000.3～2003.6	
	许其国	副分局长	2000.3～2003.6	
	王正国	局　长	2003.6～2009.7	
	顾　坚	局　长	2009.7～	
丁集中心税务所（1999年12月更名为丁集庄分局，2003年6月更名为第六税务分局，2005年1月更名为第五税务分局）	许其国	负责人	1994.9～1994.11	
		所　长	1994.11～1997.4	
	吴中宏	所长（局长）	1997.4～2000.3	
	王正国	局　长	2000.3～2003.6	
	石洪书	副局长	2000.3～2003.6	
	丁祖沂	局　长	2003.6～	
	孙开举	副局长	2003.6～2005.1	
渔沟中心税务所（1999年12月更名为丁集庄分局，2003年6月更名为第七税务分局，2005年1月更名为第六税务分局）	石洪书	负责人	1994.9～1994.11	
		副所长	1994.11～1997.4	
	刘　彬	所　长	1997.4～1998.8	
	王正国	副所长	1998.8～2000.3	主持工作
	时海柏	局　长	2000.3～2005.1	
	吴中宏	副局长	2000.3～2000.10	
	何正东	局　长	2005.1～2008.1	
	孙新军	副分局长	2008.1～2009.3	主持工作
		分局长	2009.3～2009.7	
	吴开宝	副分局长	2009.7～	主持工作
汤集中心税务所（1999年12月撤销建制）	袁　峰	负责人	1994.9～1994.11	主持工作
		副所长	1994.11～2000.3	
老张集中心税务所（1999年12月撤销建制）	杨寿斌	负责人	1994.9～1994.11	主持工作
		副所长	1994.11～1997.4	
	吉步林	副所长	1997.4～2000.3	
	丁祖沂	副所长	1997.4～2000.3	
徐溜中心税务所（1999年12月更名为徐溜分局，2003年6月更名为第八税务分局，2005年1月撤销建制）	吉步林	负责人	1994.9～1994.11	主持工作
		副所长	1994.11～1997.4	
	吴中宏	所　长	1995.8～1997.4	
	王文传	副所长（副局长）	1995.9～2003.7	
	许其国	所　长	1997.4～2000.3	
	何正东	局　长	2000.3～2005.1	

续表2-7

单 位	姓 名	职 务	任职起讫时间	说 明
第一税务分局（2005年1月分为第一税务分局和第二税务分局）	赵 坚	副局长	2003.6～2005.1	主持工作
	刘 彬	副局长	2000.3～2004.11	
	顾 坚	副局长	2003.6～2004.9	
第一税务分局	赵 坚	局 长	2005.1～	
	石 浩	副局长	2005.1～2008.1	
	王淮军	副局长	2005.1～	
	陆宏媛	副局长	2008.3～	
第二税务分局	张建勇	局 长	2005.1～2008.1	
	高江山	副局长	2005.1～	
	顾 坚	副局长	2005.4～2007.9	
	时海柏	局 长	2008.1～	
	何正东	副局长	2008.1～	
第七税务分局	刘 彬	局 长	2006.6	
	吴开宝	副局长	2008.7～2009.7	

历任主要领导干部简介

李仁俊 男，汉族，1951年7月生，江苏淮阴人。1976年加入中国共产党，大专学历，会计师、税务师。1972年至1976年，任生产队会计、生产队长、大队青年书记。1976年12月，任南陈集乡工办室会计。1979年至1981年，借调在淮阴县社队工业局工作。1981年12月至1988年12月，任淮阴县财政局人秘股长、农财股长。1988年12月至1989年12月，任老张集乡副乡长。1989年12月至1994年9月，任淮阴县税务局党组成员、副局长。1994年9月至2003年3月，任淮阴县（区）地方税务局党组书记、局长。2003年以后，任淮安市淮阴地方税务局主任科员。

袁 治 男，汉族，1941年11月生，江苏淮阴人。1958年8月参加工作，1981年4月加入中国共产党，高中学历。1958年8月至1984年5月，在工厂、公司做计划统计、会计工作。1984年6月至1984年11月，任淮阴县农机公司经理。1984年12月至1988年1月，任淮阴县财贸领导小组副组长、县政府办公室副主任。1988年1月至1990年4月，任淮阴县供销合作总社主任。1990年5月至1994年9月，任淮阴县财政局局长（调研员）。1994年9月至1995年12月，任淮阴县财政局局长，县地税局局长、党组副书记。1996年1月至1996年12月，任淮阴县财政局党组书记、县地税局党组书记。2002年1月退休。

徐菊平 女，汉族，1957年9月生，江苏沭阳人。1975年3月加入中国共产党，同年7月参加工作，研究生学历，高级职业经理人、经济师、税务师。1975年7月至 1978 年 12 月，在农村插队，后抽调县委工作队。1978 年 12 月至 1979 年 12 月，任淮阴市八二医院服务社会计。1980 年 1 月至 1984 年 10 月，在沭阳县五交化公司政秘股、计财股工作。1984 年 10 月至 1987 年 10 月，任沭阳县税务局人教股副股长。1987 年 10 月至 1994 年 10 月，先后任淮阴市税务局人教科、团委、税政科科员、团委副书记、副科长。1994 年 10 月至 2003 年 3 月，任淮阴市地税局税政一科、法规科科长。2003 年 3 月起，任淮安市淮阴地税局党组书记、局长（2009 年 4 月起，任淮安市地税局副调研员）。

第三章　农业税收

农业税收是相对于工商税收而言的，是国家税收的一个重要组成部分，主要包括：农业税、农业特产税、耕地占用税、契税。1994年国家实行分税制财政体制改革后，农业税收划归国家税务总局管理，作为地方税收。根据江苏省政府相关规定，2010年4月1日后农业税收由地税部门负责征收。新中国成立初期，农业税是财政收入的主要部分。1950年，淮阴县农业税占财政收入的比重为71.49%。在以后的年代中，农业税呈一种相对稳定的状态，由于经济的迅速发展，企业收入和工商税收入增长较快，以及国家施行对农民减轻负担的政策，到2009年，农业税收收入为19952万元，占财政总收入170206万元（不含土地出让金）的比重仅为11.7%。2009年以前，农业税收一直是由财政部门征收，由于它属于地方税收，所以本章做简要记述。

第一节　农业税

农业税是国家向一切从事农业生产、有农业收入的单位和个人征收的一种税。长期以来，农业税以征收实物（粮食）为主，人们习惯上称之为“公粮”。

征税对象

农业税的征税对象是农业收入，淮阴县（区）主要是粮食收入。

税率

农业税以常年产量计征。所谓常年产量是根据土地贫瘠程度状况和自然条件，在正常年景下所能达到的农作物单位面积全年收获量，并按比价关系，折合成当地的主粮，即为农业税计税的常年产量。农业税税率是税额占常年产量的比例，而不是占实际产量的比例。

1950 年，苏北行署评定农业税田亩与常年产量，将田亩按常年产量分成 30 级。每亩常产 21 斤至 40 斤为第一级，级差 20 斤，601 斤以上为第 30 级，税率 13%。

1952 年，执行政务院“查田定产，依率计征、依法减免、逐步实现统一累进，并取消一切附加”的农业税总方针。1953 年，省财政厅规定：农业税社会减免指标非灾区按应征数 7% 掌握；灾区扣除灾情减免数后按应征总额 7% 至 15% 掌握。灾情减免按受灾户当年歉收成数依照规定予以减免。

1958 年，《中华人民共和国农业税条例》正式颁布，6 月颁布的《江苏省农业税征收实施办法》规定：计税产量仍以评定的常年产量为准，常产评定后 5 年不变。

1962 年，中央决定全国农业税一律在 1961 年任务的基础上，增加 7%，支持少数地区的特大自然灾害。江苏省实行“计税常产不动，调升税率，平均增加任务”的办法，农业税连同附加的实征税额，最高不超过农业实收入的 15%。

1979 年，江苏省财政厅根据国务院减轻农民负担的精神，提出实施意见：一是减轻农业税负担，试行农业税起征点，淮阴县农业税起征点不得高于 45 元，凡是收入水平低于起征点的生产队，农业税一律免征，并从 1980 年起，一定三年不变，免税期满后，照章纳税；二是城郊种植蔬菜的纳税土地照章纳税。

1981 年，农村实行联产计酬的生产责任制，农业收益分配发生较大变化。淮阴县农业税征收采取两种办法：一是实行包干到户的生产队，由生产队按照合理负担的原则和各户承包土地面积，将依率计征税额分别落实到户，造册上报由生产队统一结算；二是采取其他形式生产责任制的生产队实行队交队结，户交户结的办法。

1985 年，省政府决定：（1）将现行农业税以征收粮食为主改为折征代金；（2）折征代金统一按粮食“倒三七”比例收购价（30% 按原统购价，70% 按原超购价）计算。

2001 年，全区开展税费改革工作，全区农民人均减负 72 元，田亩减负平均 63 元，减负率达 47%。

2004 年，淮阴区农业税税率以 7% 统一调减到 4%，农业税附加按调整后的农业税 20% 征收。

征收期限

淮阴县（区）农业税的征收期限为夏秋两季，这是根据农作物的收获季节决定的。按照夏季预征、秋季结算的原则，夏征作物少的少征，没有夏征作物的以秋征作物为主，秋征时一并缴清。实行折征代金后，一般实行夏季预征 60%，秋季缴清，有条件的纳税人也可一次缴清。

农业税地方附加

是随同农业税正税征收的一项地方附加收入，依法按照农业税正税额一定比例征收。

农业税减免

是农业税征收制度的重要组成部分，是贯彻农业税政策的一个重要方面。主要包括社会照顾减免、灾情减免以及鼓励发展生产和促进农业科学技术进步减免等方面。

2005 年以后，贯彻执行中央、省委文件精神，停止征收农业税。

农业税减免情况统计

表3-1　　单位：万公斤、万元

年份	减免税额		备　注
	主粮	金额	
1993	73.5	37.1	社会减免主粮73.5万公斤，37.1万元
1994	103.6	86	社会减免主粮73.5万公斤，61万元；灾减主粮30.1万公斤，25万元
1995	109.6	91	社会减免主粮73.5万公斤，61万元；灾减主粮36.1万公斤，30万元
1996	82	96.7	社会减免主粮73.5万公斤，86.7万元；灾减主粮8.5万公斤，10万元
1997	98.9	116.7	社会减免主粮73.5万公斤，86.7万元；灾减主粮25.4万公斤，30万元
1998	98.9	116.7	社会减免主粮73.5万公斤，86.7万元；灾减主粮25.4万公斤，30万元
1999	98.9	116.7	社会减免主粮73.5万公斤，86.7万元；灾减主粮25.4万公斤，30万元
2000	98.9	116.7	社会减免主粮73.5万公斤，86.7万元；灾减主粮25.4万公斤，30万元
2001	407	447.7	社会减免主粮184.4万公斤，202.8万元；灾减主粮222.6万公斤，244.9万元
2002	464.2	510.6	社会减免280.4万元，灾减200.3万元，其他减免110万元
	72.8	80.1	减免附加额
2003	360.9	421	社会减免284万元，灾减196万元，其他减免25万元（其中：贫困减免43300户，22万人）
	71.8	84	减免附加额
2004		276	

第二节　农业特产税

农业特产税是农业特产农业税的简称。党的十一届三中全会以后，在“决不放松粮食生产，积极发展多种经营”方针的指导下，农业特产生产取得了很大的发展，各主要农业特产品都有大幅度的增长，农业特产在农业产值中占有越来越大的比重。但农业特产与粮食等基本农产品的税赋负担不平衡，不合理的问题也越来越多。因此，客观上需要对农业特产收入统一征税。1987 年，贯彻执行江苏省人民政府颁发的《江苏省农林特产农业税征收管理办法》，征收范围主要包括：园艺收入、林木产品收入、水产收入、其他农业特产收入，税率 5% 至 8% 不等。征收办法，由乡镇政府核定到纳税单位或纳税户，乡镇财政所负责征收。1994 年，实施分税制财政管理体制，把部分应税农产品改为征收农业特产税，国务院颁布了《关于对农业特产收入征收农业税的规定》，使得农业特产税的征收更趋规范化。为促进农村税费改革的深入发展，2003 年，农业特产税改征农业税。

从 1987 年农业特产税的开征，到 2002 年底，淮阴区农业特产税收入合计 3523 万元。

第三节　耕地占用税

耕地占用税是指对占用耕地建房或者从事其他非农业建设的单位和个人征收的一种税。

耕地占用税以纳税人实际占用的耕地面积计算，按照规定税额一次性征收。

耕地占用税的税额规定如下：（1）以县为单位，人均耕地在一亩以下（含一亩）的地区，每平方米为 2 元至 10 元；（2）人均耕地在一亩至二亩（含二亩）的地区，每平方米为 1.6 元至 8 元；（3）人均耕地在二亩至三亩（含三亩）的地区，每平方米为 1.3 元至 6.5 元；（4）人均耕地在三亩以上的地区，每平方米为 1 元至 5 元，农村居民占用耕地新建住宅，按上述税额减半征收。

下列经批准征用的耕地，免征耕地占用税：（1）部队军事设施用地；（2）铁路线路、飞机场跑道和停机坪用地；（3）炸药库用地；（4）学校、幼儿园、医院、敬老院用地。

1987 年，淮阴县人民政府下发《关于耕地占用税征收管理问题的通知》，规定了耕地占用税的征用管理办法：

1. 耕地占用税的征收机关是各乡镇财政所，纳税人凭土地管理办公室代发的纳税通知书必须在 1 个月内到所在地财政所缴纳税款，逾期按日加收纳税款 5‰的滞纳金。

2. 淮阴县每平方米税额核定如下：王营镇、小营、果林场为 7 元；乡政府所在地为 5 元，其他 4 元。农民建房减半征收，其他全额征收。

3. 耕地占用税征收办法：用地单位和个人必须严格履行手续，在县土地管理部门许可后，凭土地管理办公室代发的纳税通知书缴税后取得缴款书再办理耕地使用证。王营、小营、果林场，凡占用耕地必须经县土地管理办公室与城建局共同审批。

4. 耕地占用税的分成：征收耕地占用税50%上缴中央，其余50%中30%上缴省，余下70%由县、乡分成，县、乡分成比例为6∶4。国营场圃（除果林场）耕地占用税上缴所在地财政所，分成接上述规定办理。

1997年，国家采取严厉手段保护耕地，除允许占用耕地的项目外，冻结非农业建设项目占用耕地一年。1998年继续冻结。

淮阴区从1987年开征耕地占用税，到2009年共计征收8018万元。其中，1987年至1990年征收192万元，1991年至1995年征收260万元，1996年至2000年征收1307万元，2001年至2005年征收1384万元，2006年至2009年征收4875万元。

第四节 契 税

契税是个古老的税种。契税按其征税对象、征税范围和方法等税收特征看，不属于农业税收范畴，但由于多年来一直由财政部门征收，故将其列入农业税收范畴。

1966年，契税停止征收。1993年，恢复征收契税。契税是土地、房屋不动产的所有权和使用权发生转移变动时，按当事人双方所订契约价格的一定比例向承受人征收的一次性税收。

契税的纳税人为"在中华人民共和国境内转移土地、房屋权属，承受的单位和个人"。

契税的征收范围是指在中华人民共和国境内转移土地、房屋权属的行为：（1）国有土地使用权转让；（2）土地使用权转让，包括出售、赠与和交换；（3）房屋买卖；（4）房屋赠与；（5）房屋交换。土地使用权转让，不包括农村集体土地承包经营权的转移。契税的税率为3%至5%。

契税的计税依据为（1）国有土地使用权出让、土地使用权出售、房屋买卖，为成交价格；（2）土地使用权赠与、房屋赠与，由征收机关参照土地使用权出售、房屋买卖的市场价格核定；（3）土地使用权交换、房屋交换，为所交换的土地使用权、房屋的价格的差额。前款成交价格明显低于市场价格并且无正当理由的，或者所交换土地使用权、房屋的价格差额明显不合理并无正当理由的，由征收机关参照市场价格核定。

契税的减征或免征的对象和项目有：（1）国家机关、事业单位、社会团体、军事单位承受土地、房屋用于办公、教学、医疗、科研和军事设施的免征契税；（2）城镇职工经县以上政府批准，按规定第一次购买公有住房免征契税；（3）因不可抗力损失住房而重新购买住房的，酌情准予减征或免征；（4）财政部规定的其他减征、免征契税的项目。

从 1993 年到 2009 年，淮阴区契税收入为 35121 万元，其中，1993 年至 1995 年契税收入为 23 万元，1996 年至 2000 年契税收入为 742 万元，2001 年至 2005 年契税收入为 3918 万元，2006 年至 2009 年契税收入 30438 万元。契税收入的增长随着房地产形势的好转而较快上升。

根据《财政部国家税务总局关于加快落实地方财政耕地占用税和契税征管职能划转工作的通知》（财税［2009］37 号）精神，经江苏省人民政府同意，江苏省的契税和耕地占用税的征管职能由地方财政部门划转至地方税务部门。从 2010 年 4 月 1 日起，契税和耕地占用税由地税部门负责征收管理。

1950～2005年淮阴区（县）农业税税收收入一览表

表3-2　　单位：万元

项目 / 年份		农业税
恢复时期	1950	94.7
	1951	217.5
	1952	214.9
	小计	527.1
一五时期	1953	169.3
	1954	208.3
	1955	195.3
	1956	117.1
	1957	69.6
	小计	759.6
二五时期	1958	122
	1959	139
	1960	135
	1961	83
	1962	50
	小计	529
调整时期	1963	34.9
	1964	96.3
	1965	77.2
	小计	208.4

项目 / 年份		农业税
三五时期	1966	113.4
	1977	105.3
	1978	110
	1979	111.6
	1980	19.4
	小计	539.7
四五时期	1971	70.9
	1972	91
	1973	111.7
	1974	102.7
	1975	102.2
	小计	478.5
五五时期	1976	99.5
	1977	88.1
	1978	86.9
	1979	22.3
	1980	19.4
	小计	316.2
六五时期	1981	26
	1982	22.8
	1983	84.6
	1984	100
	1985	128.6
	小计	362

续表3-2

项目 年份		农业税	项目 年份		农业税
七五时期	1986	141.6	九五时期	1996	523
	1987	158		1997	502
	1988	160		1998	500
	1989	177.8		1999	498
	1990	147.8		2000	495
	小计	785.2		小计	2518
八五时期	1991	127	十五时期	2001	2364
	1992	238		2002	3338
	1993	238		2003	2938
	1994	351		2004	1804
	1995	345		2005	369
	小计	1299		小计	10813

1986～2009年淮阴区（县）农业税收收入一览表

表3-3　　单位：万元

年份	预算科目				小计
	农业税	农业特产税	耕地占用税	契税	
1986	141.6	—	—	—	141.6
1987	158	—	4	—	162
1988	160	3	16	—	179
1989	177.8	38	31	—	246.8
1990	147.8	47	141	—	335.8
1991	127	46	22	—	195
1992	238	55	160	—	453
1993	238	59	2	6	305
1994	351	190	76	7	624
1995	345	503	—	10	858
1996	523	506	49	46	1124
1997	502	501	43	50	1096
1998	500	515	274	225	1514
1999	498	651	672	282	2103
2000	495	330	269	139	1233
2001	2364	25	55	62	2506
2002	3338	54	57	133	3582
2003	2938	—	739	220	3897
2004	1804	—	533	1287	3624
2005	369	—	—	2216	2585
2006	—	—	—	2921	2921
2007	—	—	210	6230	6440
2008	—	—	—	6000	6000
2009	—	—	4665	15287	19952

第四章 各项收入

淮安市淮阴地方税务局自1994年9月28日成立以来，紧紧围绕组织收入这个中心开展工作。伴随着淮阴经济的发展，地税收入的规模也逐年扩大，增幅持续攀升，为淮阴地方经济的发展作出了积极的贡献。1994年，淮阴县地方税务局组织各项收入1173万元（含省级税收、基金、费），经过15年的高速发展，到2009年各项收入（含省级税收、基金、费）已达77995万元，各项收入总额增长66倍，年均增幅达32.29%，高于当地GDP、财政收入的增幅，地税收入占财政收入和一般预算收入的比重也逐年增加。

第一节 地方税收收入

1995年，是淮阴县地税局成立以后征收地方税的第一个完整年度。全年以实施征管改革为突破口，克服人少事多、经费紧张、办公条件简陋等困难，围绕组织税收收入这个中心，认真探索新税制实施以来地税工作面临的新情况、新问题，不断克服地税工作中的困难，全面完成上级下达的各项收入任务。1995年，共组织入库税收收入1570万元，同比增收457万元，增长41.06%。其中：组织入库省级税收237万元，同比增收76万元，增长47.20%；组织入库市县级税收1333万元，同比增收381万元，增长40.02%，超额完成了上级下达的任务。从税种构成情况看，营业税和城市维护建设税是地方税的主体，约占70%；房产税、城镇土地使用税、车船使用税、印花税、固定资产投资方向调节税、个人所得税等税种具有相对稳定性；从税源构成情况看，来自省属驻淮企业缴纳的地方税580万元，约占43%；来自农村27个乡镇的地方税只有250万元，仅占全县地方税比重的20%；来自城区的地方税收410万元，约占37%。

1996年，国、地税征管范围进行调整，随增值税附征城建税，缴纳营业税的个体工商户及缴纳增值税的个体工商户附征的个人所得税划归地税局征管。时年正值贯彻省委、省政府“消灭财政赤字、搞好收支平衡”以及“实现财政奔小康、全县奔小康”的关键之年，面临光荣而又艰巨的税收工作任务，淮阴地税局围绕组织税收收入这个中心，加大税收执法力度，严格税收征管，扩大征管改革成果。县政府为了调动乡镇政府当家理财的积极性，在组织分管财税的乡镇长到连云港市赣榆县等地考察学习的基础上，决定设立乡镇金库，对乡镇财政实行“核定收支，自收自支，超收留用，短收不补”的财政管理体制，调动了乡镇政府关心地税、支持地税的积极性。全年组织入库税收收入2646万元，同比增收1076万元，增长68.54%。其中：组织入库省级税收602万元，同比增收365万元，增长154.01%；组织入库市县级税收2044万元，同比增收711万元，增长53.34%。

1997年，淮阴地税局共组织入库税收3770万元，同比增收1124万元，增长42.48%。其中：组织入库省级税收616万元，同比增收14万元，增长2.33%；组织入库市县级税收3154万元，同比增收1110万元，增长54.31%。全县3154万元的县级税收收入中，来自省、市属企业缴纳的有747万元，占总收入的24%，其中华能电厂缴纳544万元，占总收入的17%；来自县属企业缴纳的有307万元，占总收入的10%；来自各乡镇缴纳的有2100万元，占总收入的66%。在当年税收收入中，各乡镇入库税收继续超过县直，土地增值税实现零的突破。

1998年，淮阴地税局入库税收4997万元，同比增收1227万元，增长32.55%。其中：省级税收入库473万元，同比减收143万元，下降23.21%，完成市局583万元任务的81.13%。市县级税收入库4524万元，同比增收1370万元，增长43.44%，完成县政府4060万元任务的111.43%。

1999年，淮阴地税局本着依法治税、从严治队的方针，一手抓税收管理，一手抓队伍建设，地税工作平稳发展。全年组织入库税收收入6001万元，同比增收1004万元，增长20.09%。其中：组织入库省级税收448万元，同比减收25万元，下降5.29%；组织入库市县级税收5553万元，同比增收1029万元，增长22.75%。

2000年初，淮阴地税工作面临两个压力，一是税收任务重，二是税收秩序和税收环境较乱。面对双重压力，局党组确定以从严治队、依法治税为主线，开展各项工作，紧紧围绕组织收入这个中心，深入开展税法宣传，大力推进依法治税，深化征管改革，狠抓全系统干部职工思想政治工作和廉政行风建设。2000年，税收收入入库6346万元，同比增收345万元，增长5.75%。其中省级税收入库493万元，同比增收45万元，增长10.04%，完成市局480万元任务的102.71%。市县级税收入库5853万元，增收300万元，同比增长5.4%，完成调整后任务5850万元任务的100.05%；县本级累计入库1850万元，同比增收147万元，增长8.63%，完成调整后1850万元任务的100%；乡镇级累计入库4003万元，同比增收153万元，增长

3.97%，完成调整后4000万元任务的100.08%。

2001年是“十五”计划的开局之年，淮阴地税局继续坚持依法治税、从严治队的方针，深入开展整顿和规范税收秩序工作，大力组织收入。2001年度，入库税收收入7906万元，同比增收1560万元，增长24.58%。其中省级税收入库423万元，同比减收70万元，下降14.19%，完成市局任务535万元的79.07%；市县级税收入库7483万元，同比增收1630万元，增长27.85%，完成调整后任务6000万元的124.72%。

2002年，淮阴地税局组织入库税收收入8592万元，同比增收686万元，增长8.68%。其中：组织入库省级税收460万元，同比增收37万元，完成市局460万元任务的100%；组织入库市县级税收8132万元，同比增收649万元，增长8.67%，完成政府8000万元任务的101.65%，完成市局8130万元任务的100.02%。当年，重点税源大户入库比重大，增收明显。上海太平洋化工集团淮安元明粉有限公司、南风集团淮安元明粉有限公司这两家公司入库税收1450万元，占区本级税收的31%。2002年，淮阴区建筑、房地产市场发展良好，入库税收总量大。农村税收坚持依法治税，日趋规范，税收减少较多。乡镇地税收入“水分”已全部挤光，走上良性发展的轨道。

2003年，淮阴地税局坚持依法治税，切实加强税收管理，认真落实各项管理措施，克服“非典”疫情和洪涝灾害给组织收入工作带来的不利影响。2003年，共组织入库地方税收10790万元，比上一年增收2198万元，增长25.58%。其中，省级税收入库485万元，比上一年增收25万元，增长5.43%，完成市局下达年度计划475万元的102.11%；市县级税收入库10305万元，比上一年同期增收2173万元，增长26.72%，完成市局下达年度计划9180万元的112.25%，完成政府下达年度计划9500万元的108.47%。

2004年，淮阴地税局组织入库地方税收14539万元，比上一年增收3749万元，增长34.75%。其中：省级税收入库526万元，比上一年增收41万元，增长8.45%，完成市局下达年度计划510万元的103.14%；市县级税收入库14013万元，比上一年增收3708万元，增长35.98%，完成市局下达年度计划11600万元的120.8%，完成政府下达年度计划任务11800万元的118.75%。

2005年，淮阴地税局共组织入库地方税收18276万元，比上一年增收3737万元，增长25.7%。其中：省级税收入库778万元，比上一年同期增收252万元，增长47.9%，完成市局下达年度计划580万元的134%；市县级税收入库17498万元，比上一年增收3485万元，增长24.87%，完成政府下达计划16400万元的106.7%。

2006年，淮阴地税局共征收入库税收22311万元，比上一年增收4035万元，增长22.08%。其中：省级税收入库868万元，同比增收90万元，增长11.57%，完成市局下达895万元任务的96.98%；市县级税收入库21443万元，同比增收3945万元，增长22.55%，完成市局下达20900万元任务的102.60%，完成政府下达

21000万元任务的102.11%。2006年度，淮阴地税局征收的各项收入总量达31571万元，同比增收6372万元，增长25.29%，首次突破3亿元大关。

2007年，淮阴地税局共征收入库地方税收31231万元，比上一年增收8920万元，增长39.98%。其中：入库省级税收1185万元，同比增收317万元，增长36.52%，完成市局下达960万元任务的123.44%；入库市县级税收30046万元，同比增收8603万元，增长40.12%，完成市局下达24900万元任务的120.67%，完成区政府下达25000万元任务的120.18%。入库的市县级地方税收中，一般预算收入实现24214万元，同比增收6612万元，增长37.56%，完成市局下达20500万元任务的118.12%。2007年，淮阴地税局征收的各项收入达43069万元，同比增收11498万元，增长36.42%，收入总量历史性突破了4亿元大关。

2008年，淮阴地税局组织收入再创历史新高，各项收入总量达65082万元，同比增收22013万元，增长51.11%。全年组织入库税收47991万元，同比增收16760万元，增长53.66%。其中：省级税收入库1772万元，同比增收587万元，增长49.54%，完成市局下达1300万元任务的136.31%；市县级税收入库46219万元，同比增收16173万元，增长53.83%，完成市局下达38000万元任务的121.63%，完成区政府下达40000万元任务的115.55%。市县级税收中，一般预算收入实现38445万元，同比增收14231万元，增长58.77%，完成市局下达32500万元任务的118.29%。

2009年，淮阴地税局组织入库税收56507万元，同比增收8516万元，增长17.74%。其中：省级税收入库2001万元，同比增收229万元，增长12.92%，完成市局下达1980万元任务的101.06%；市县级税收入库54506万元，同比增收8287万元，增长17.93%，完成区政府下达53500万元任务的101.88%。市县级税收中，一般预算收入实现47991万元，同比增收9546万元，增长24.83%，完成市局下达45000万元任务的106.65%。2009年，淮阴地税局组织各项收入总量77995万元，同比增收12913万元，增长19.84%。税收收入及其他各项收入均创历史新高。

1994～2009年淮安市淮阴地方税务局收入征收情况一览表

表4–1　　单位：万元

年份	收入总量	税收			其他收入			
		总计	省级	市县级	总计	其中		
						教育费附加	社保费	其他基金收入
1994	1173	1113	161	952	60	9	—	51
1995	1668	1570	237	1333	98	20	—	78
1996	2824	2646	602	2044	178	78	—	100
1997	4003	3770	616	3154	233	101	—	132

续表4-1

年份	收入总量	税收			其他收入			
		总计	省级	市县级	总计	其中		
						教育费附加	社保费	其他基金收入
1998	5321	4997	473	4524	324	106	—	218
1999	6486	6001	448	5553	485	107	—	378
2000	7753	6346	493	5853	1407	142	864	401
2001	10704	7906	423	7483	2798	277	2056	465
2002	12170	8592	460	8132	3578	313	2827	438
2003	15611	10790	485	10305	4821	415	3793	613
2004	20701	14539	526	14013	6162	547	4866	749
2005	25199	18276	778	17498	6923	677	5412	834
2006	31571	22311	868	21443	9260	1223	6910	1127
2007	43069	31231	1185	30046	11838	1277	9438	1123
2008	65082	47991	1772	46219	17091	1595	13963	1533
2009	77995	56507	2001	54506	21488	2041	18220	1227
合计	331330	244586	11528	233058	86744	8928	68349	9467

第二节　基金、费征收

淮阴地税局成立后，除了征收地方税收外，还负责征收教育费附加、地方教育附加、人民教育基金等。1994 年至 2009 年，先后受淮阴地方政府的委托，代征粮食风险基金、市场物价调节基金、防洪保安资金、人民防空建设费、残疾人就业保障金、工会费、社会保险费等。在人少事多、税种多、税额小、征收难度大的情况下，淮阴地税局积极承担地方政府委托的代征任务，组织收入成绩也十分显著，实属难能可贵。

1995～2009年淮安市淮阴地方税务局基（资）金、费收入统计表

表4-2　　单位：万元

基金名称	1995年	1996年	1997年	1998年	1999年	2000年	2001年	2002年
教育费附加	20	78	101	106	107	142	277	313
地方教育附加	22	27	32	67	133	125	130	145
防洪保安资金	30	16	14	23	36	44	55	51
残疾人就业保障金	—	—	—	—	2	6	5	7
工会费	—	—	—	—	—	—	—	—
粮食风险基金	5	7	16	24	35	30	52	59
市场物价调节基金	9	38	54	83	153	175	198	149
其　他	12	12	16	21	19	21	25	27
合　计	98	178	233	324	485	543	742	751

续表4-2

基金名称	2003年	2004年	2005年	2006年	2007年	2008年	2009年
教育费附加	415	547	677	1223	1277	1595	2041
地方教育附加	127	171	226	372	373	518	692
防洪保安资金	79	110	172	219	221	339	215
残疾人就业保障金	7	19	9	4	23	104	159
工会费	40	45	56	56	71	106	128
粮食风险基金	113	118	164	230	245	343	—
市场物价调节基金	208	261	175	220	137	56	—
其　他	39	25	32	26	53	67	33
合　计	1028	1296	1511	2350	2400	3128	3268

2002～2009年淮安市淮阴地方税务局社保费收入统计表

表4-3　　单位：万元

社保费名称	2002年	2003年	2004年	2005年	2006年	2007年	2008年	2009年
养老保险	1960	2428	2836	3492	4856	6488	10326	12722
医疗保险	520	890	1673	1520	1582	2198	2786	4509
失业保险	310	446	309	307	372	560	546	603
工伤保险	21	15	25	48	50	113	178	220
生育保险	16	14	23	45	50	79	127	166
合　计	2827	3793	4866	5412	6910	9438	13963	18220

第三节　省级、市县级税收收入概述

省级税收情况

省级税收收入主要是由金融保险营业税和省级国有企业所得税两税种组成，主要税源单位是各商业银行、农村信用社和盐业公司、新华书店。省级税收从1994年至2009年的15年共入库税收11528万元，1994年入库161万元，2009年入库2001万元，年均增幅达20%。省级税收的发展和主要税源单位的变化与淮阴区经济发展是息息相关的。1994年至1995年，税收稳步增收，到1996年历史性的突破600万元大关，这和华能淮阴电厂的建设步调是一致的。随着华能淮阴电厂的开工建设和投产，该厂贷款和还款都进入高峰，建设银行杨庄办事处实现的金融保险营业税从无到有，扩大税收规模。从2004年开始，随着淮阴区房地产业发展、商品房按揭贷款规模的扩大，金融保险营业税规模迅速扩大，2009年金融保险营业税入库1973万元。

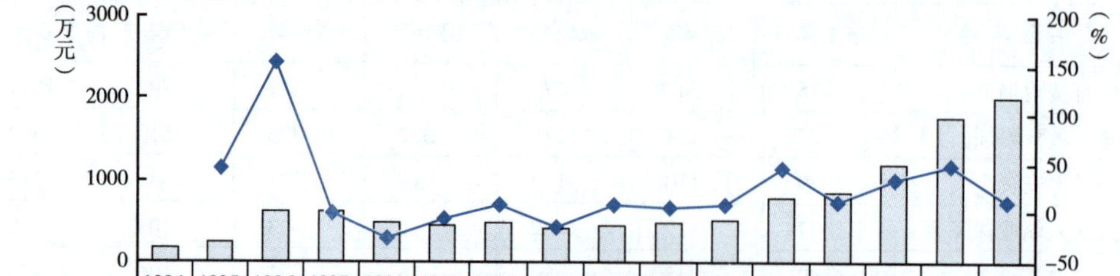

	1994	1995	1996	1997	1998	1999	2000	2001	2002	2003	2004	2005	2006	2007	2008	2009
入库额	161	237	602	616	473	448	493	423	460	485	526	778	868	1185	1772	2001
增长		47.2	154	2.326	-23.2	-5.29	10.04	-14.2	8.747	5.435	8.454	47.91	11.57	36.52	49.54	12.92

图4-1　1994～2009年淮安市淮阴地方税务局省级税收收入情况

市县级税收情况

市县级税收收入是地方财政的主要收入，地税收入除省级税收外都是市县级税收。从1994年至2009年,市县级税收总入库233058万元,1994年入库952万元,2009年入库54506万元，年均入库15537万元，年均增幅30%，具有高基数高增长的特点。从发展变化看，1995年至1998年，市县级税收高速增长，增幅高达40%。在此阶段，地税机构刚成立不久，各类征管改革和措施都落实到位，分税制的实施，调动了地方政府抓收入的积极性，乡镇金库的实施也激发了乡镇政府组织税收的积极性。1996年，乡镇收入首次超过了县本级税收。之后，随着改革的深入、亚洲金融危机的爆发、国家一系列刺激经济政策的出台、淮阴区盐化工业和房地产业的发展等多种因素，从2003年开始又一轮更快的发展，区本级税收大幅度超过乡镇税收，市县级税收总额迅速上升，总额超过了亿元大关，到2009年市县级税收已逾5亿元大关。

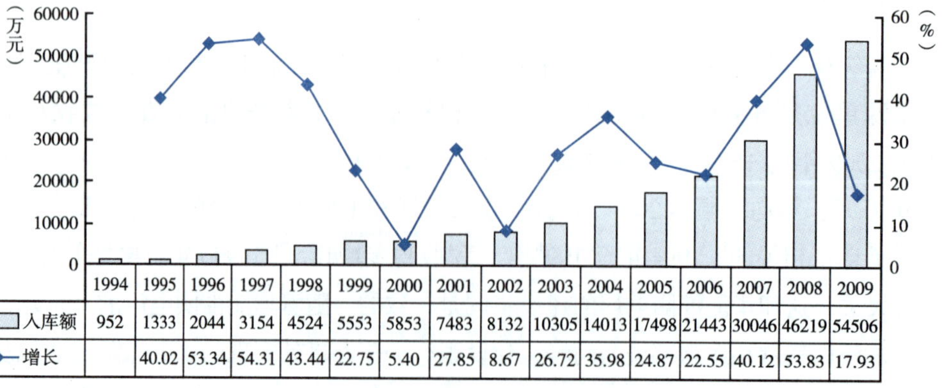

	1994	1995	1996	1997	1998	1999	2000	2001	2002	2003	2004	2005	2006	2007	2008	2009
入库额	952	1333	2044	3154	4524	5553	5853	7483	8132	10305	14013	17498	21443	30046	46219	54506
增长		40.02	53.34	54.31	43.44	22.75	5.40	27.85	8.67	26.72	35.98	24.87	22.55	40.12	53.83	17.93

图4-2　1994～2009年淮安市淮阴地方税务局市县级税收收入情况

1994～2009年淮安市淮阴地方税务局市县级税收中乡镇级和区（县）本级收入占比统计表

表4-4 单位：万元

年代	市县级		区（县）本级			乡镇级		
	收入	增幅%	收入	增幅%	占比%	收入	增幅%	占比%
1994	952	—	—	—	—	—	—	—
1995	1333	40	879	—	—	454	—	—
1996	2044	53	987	12	48	1057	133	52
1997	3154	54	1101	12	35	2053	94	65
1998	4524	43	1580	44	35	2944	43	65
1999	5553	23	1703	8	31	3850	31	69
2000	5853	5	1850	9	32	4003	4	68
2001	7483	28	3447	86	46	4036	1	54
2002	8132	9	4679	36	58	3453	-14	42
2003	10305	27	6548	40	64	3757	9	36
2004	14013	36	9212	41	66	4801	28	34
2005	17498	25	12476	35	71	5022	5	29
2006	21443	23	15245	22	71	6198	23	29
2007	30046	40	20474	34	68	9572	54	32
2008	46219	54	31692	55	69	14527	52	31
2009	54506	18	33302	5	61	21204	46	39

第四节　地税收入分析

地税收入和当地GDP的关系

1994～2009年淮阴区地税收入增幅和GDP增幅比较表

表4-5

年代	GDP		地税收入		地税收入高于GDP百分比	地税收入占GDP比重
	总量（亿元）	增幅%	总量（万元）	增幅%		
1994	14.18	—	1173	—	—	0.85
1995	18	27	1668	42	15	0.93
1996	21.76	21	2824	69	48	1.30
1997	28	29	4003	42	13	1.43
1998	29.8	6	5321	33	26	1.79
1999	33.8	13	6486	22	8	1.92
2000	38.7	14	7753	20	5	2.00

续表4-5

年代	GDP		地税收入		地税收入高于GDP百分比	地税收入占GDP比重
	总量（亿元）	增幅%	总量（万元）	增幅%		
2001	44.46	15	10704	38	23	2.41
2002	50.17	13	12170	14	1	2.43
2003	56.35	12	15611	28	16	2.77
2004	63.28	12	20701	33	20	3.27
2005	75.09	19	25199	22	3	3.36
2006	89.4	19	31571	25	6	3.53
2007	105.09	18	43069	36	19	4.10
2008	131.81	25	65082	51	26	4.94
2009	152.5	16	77995	20	4	5.11
合 计	952.39	17.16	331330	32.29	16.7	3.53

从1995年至2009年，地税收入占GDP的年均比重为3.53%，并且表现出逐年增加的趋势，1995年的地税收入比重为0.93%，到2009年比重增加到5.11%。

市县级税收和财政收入的比较

1994～2009年淮安市淮阴地税局市县级税收和财政收入统计表

表4-6　　单位：万元

年 份	财政收入		市县级税收		税收占比%
	总 量	增幅%	总 量	增幅%	
1994	4619	—	952	—	21
1995	7120	54	1333	40	19
1996	9200	29	2044	53	22
1997	11400	24	3154	54	28
1998	13700	20	4524	43	33
1999	16200	18	5553	23	34
2000	17600	9	5853	5	33
2001	20500	16	7483	28	37
2002	25100	22	8132	9	32
2003	30600	22	10305	27	34
2004	35800	17	14013	36	39
2005	46100	29	17498	25	38
2006	61600	34	21443	23	35
2007	100700	63	30046	40	30
2008	136000	35	46219	54	34
2009	170200	25	54506	18	32
合 计	706439	27.18	233058	30.97	33.2

续表4-6

年 份	一般预算收入		地税一般预算收入		一般预算收入占比%
	总 量	增幅%	总 量	增幅%	
1994	—	—	—	—	—
1995	—	—	—	—	—
1996	—	—	—	—	—
1997	—		—	—	—
1998	—	—	—	—	—
1999	10600	—	4500	—	42
2000	10800	2	4700	4	44
2001	13600	26	5200	11	38
2002	14600	7	6200	19	42
2003	17700	21	8100	31	46
2004	19800	12	11600	43	59
2005	24500	24	14400	24	59
2006	33000	35	17600	22	53
2007	53400	62	24200	38	45
2008	77000	44	38400	59	50
2009	100200	30	48000	25	48
合 计	375200	25.2	182900	26.7	48.7473

1994 年至 2009 年，淮安市淮阴地税局组织市县级税收 233058 万元，地税收入从 1994 年的 952 万元增加到 2009 年的 54506 万元，年均增幅达 30.97%，比财政收入增幅高 5.77 个百分点。其中 2008 年税收增幅最高，增幅为 54%，比财政收入增幅高 19 个百分点；税收增幅最低的是 2000 年，增幅 5%，比财政收入增幅低 4 个百分点。从 1997 年到 2009 年的 13 年中，有 8 年税收增幅高于财政增幅，有 5 年低于财政增幅，最高是 1997 年，税收增幅比财政增幅高 30 个百分点，最低的是 2007 年，税收增幅比财政增幅低 27 个百分点。

市县级税收占财政收入平均比例为 33.54%，基本达到 1/3 的比重。其中：占比最高的是 2004 年，占比达 39%，占比最低是 1996 年，占比只有 22%。

从 1999 年至 2009 年，淮安市淮阴地税局组织地税一般预算收入 182900 万元，收入总量从 1999 年的 4500 万元，增加到 2009 年的 48000 万元，年均增幅达 26.7%，比财政一般预算收入增幅高 1.5 个百分点，占财政一般预算收入的比重达 48.7%。

国地税收入和财政收入对比

从 1994 年至 2009 年，淮阴区财政收入年均增幅 27.18%，地税市县级税收收入年均增幅 30.97%，国税收入年均增幅 21.84%，地税年均增幅比财政收入年均增幅高 3.79 个百分点，比国税收入年均增幅高 9.13 个百分点。国税收入、地税收入、财政收入三项年均占财政总收入的比例是 37：33：30，基本是国、地、财“三分天下”。1995 年，地税收入占财政收入比例为 19%，2009 年上升为 32%。国、地税收入比较，已由机构分设时的 7：3，提升到目前的国、地税收入基本平衡。

1994～2009年淮阴区（县）国、地税收入和财政收入对比统计表

表4–7　　单位：万元

年份	财政收入		地税市县级税收			国税收入		
	总　量	增幅%	总　量	增幅%	占财政收入比例%	总　量	增幅%	占财政收入比例%
1994	4619	—	952	—	21	2636	—	57
1995	7120	54	1333	40	19	4330	64	61
1996	9200	29	2044	53	22	5400	25	59
1997	11400	24	3154	54	28	6300	17	55
1998	13700	20	4524	43	33	6600	5	48
1999	16200	18	5553	23	34	7300	11	45
2000	17600	9	5853	5	33	8800	21	50
2001	20500	16	7483	28	37	9100	3	44
2002	25100	22	8132	9	32	11500	26	45
2003	30600	22	10305	27	34	10700	至7	35
2004	35800	17	14013	36	39	13200	23	37
2005	46100	29	17498	25	38	18400	39	40
2006	61600	34	21443	23	35	26300	43	43
2007	100700	63	30046	40	30	39500	50	39
2008	136000	35	46219	54	34	40200	2	30
2009	170200	25	54506	18	32	51000	27	30
合计	706439	27.18	233058	30.97	33	291266	21.84	41

税收分预算级次对比情况

1994～2009年淮安市淮阴地方税务局分级次收入统计表（一）

表4–8　　单位：万元

年　份	税收总收入		省级税收		市县级税收	
	总　量	增幅%	总　量	增幅%	总　量	增幅%
1994	1113	—	161	—	952	—
1995	1570	41	237	47	1333	40
1996	2646	69	602	154	2044	53
1997	3770	42	616	2	3154	54
1998	4997	33	473	–23	4524	43
1999	6001	20	448	–5	5553	23

续表4-8

年份	税收总收入		省级税收		市县级税收	
	总量	增幅%	总量	增幅%	总量	增幅%
2000	6346	6	493	10	5853	5
2001	7906	25	423	–14	7483	28
2002	8592	9	460	9	8132	9
2003	10790	26	485	5	10305	27
2004	14539	35	526	8	14013	36
2005	18276	26	778	48	17498	25
2006	22311	22	868	12	21443	23
2007	31231	40	1185	37	30046	40
2008	47991	54	1772	50	46219	54
2009	56507	18	2001	13	54506	18
合计	244586	29.7	11528	18.2	233058	30.7

1994～2009年淮安市淮阴地方税务局分级次收入统计表（二）

表4-9　　单位：万元

年份	市县级税收		区本级税收			乡镇级税收		
	总量	增幅%	总量	增幅%	占市县级比重	总量	增幅%	占市县级比重
1994	952	—	—	—	—	—	—	—
1995	1333	40	879	—	66	454	—	34
1996	2044	53	987	12	48	1057	133	52
1997	3154	54	1101	12	35	2053	94	65
1998	4524	43	1580	44	35	2944	43	65
1999	5553	23	1703	8	31	3850	31	69
2000	5853	5	1850	9	32	4003	4	68
2001	7483	28	3447	86	46	4036	1	54
2002	8132	9	4679	36	58	3453	–14	42
2003	10305	27	6548	40	64	3757	9	36
2004	14013	36	9212	41	66	4801	28	34
2005	17498	25	12476	35	71	5022	5	29
2006	21443	23	15245	22	71	6198	23	29
2007	30046	40	20474	34	68	9572	54	32
2008	46219	54	31692	55	69	14527	52	31
2009	54506	18	33302	5	61	21204	46	39
合计	232106	29.7	145175	30	63	86931	31.6	37

市县级税收中，区本级税收和乡镇级税收的年均占比为63∶37，区本级税收占比高于乡镇级占比26个百分点。区本级税收和乡镇级的税收占比是随着经济发展、

重点税源、税收政策、税收征管手段的变化在不同的年度有所不同。1994 年至 1995 年，区本级税收占比高于乡镇级税收；1996 年至 2001 年，区本级税收占比小于乡镇级税收；2002 年至 2009 年，区本级税收占比又大幅度超过乡镇级税收；至 2009 年，区本级税收和乡镇级税收占比为 61 : 39。区（县）本级与乡镇级地税收入的交替上升，直至平稳发展，反映了依法治税的进程。

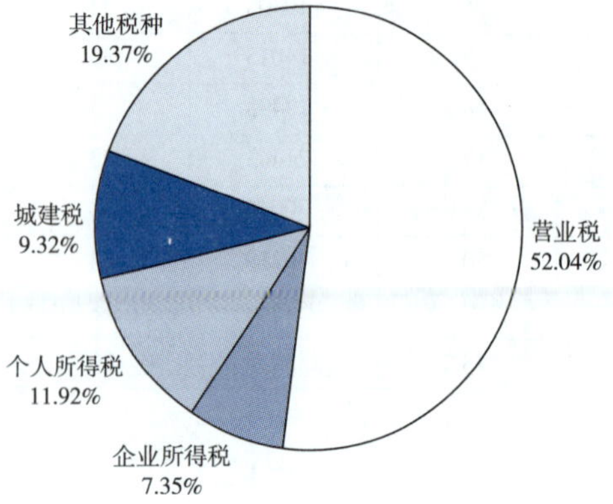

图4-3 1994年淮安市淮阴地方税务局各税种收入比重图

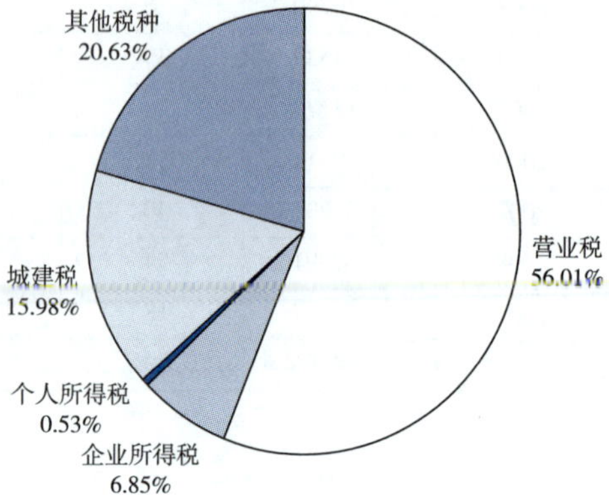

图4-4 2009年淮安市淮阴地方税务局各税种收入比重图

分税种情况

机构分设以来，地税部门负责征收的税种有 12 个。营业税、所得税、城建税是地税部门的主体税种，1994 年到 2009 年，主体税种入库税收 207928 万元，年均主体税种收入占总收入的比重为 85%。到 2009 年，主税种入库税收占税收总收入的比重为 51%，下降 34 个百分点。主体税种下降的是企业所得税和城建税，小税种上升的主要是资源税和土地使用税、土地增值税。

营业税 营业税一直是地方税收的最主要税种。该税入库税收总量达 114500 万元，入库税收收入一直占据地税税收收入的 50% 左右，年均占比达 47%。1994 年，营业税收入为 638 万元，占当年税收收入 1139 万元的 56.01%。2009 年，营业税收入为 29407 万元，占当年税收收入 56507 万元的 52.04%。十五年来，该税的主导地位一直没有变化。随着淮阴区经济的持续、快速、健康发展，营业税收入也保持较快的增长速度。十五年来，该税年平均增幅达 29.09%，其中增长最快的 2008 年，营业税增幅达 74.14%。

企业所得税 企业所得税是地税征收的第二大税种。除 2009 年因为所得税税率调整和国际金融危机的影响外，企业所得税一直保持较高速增长。淮阴地税局从建局起就非常重视企业所得税的征管，按照“分类管理、优化服务、核实税基、完

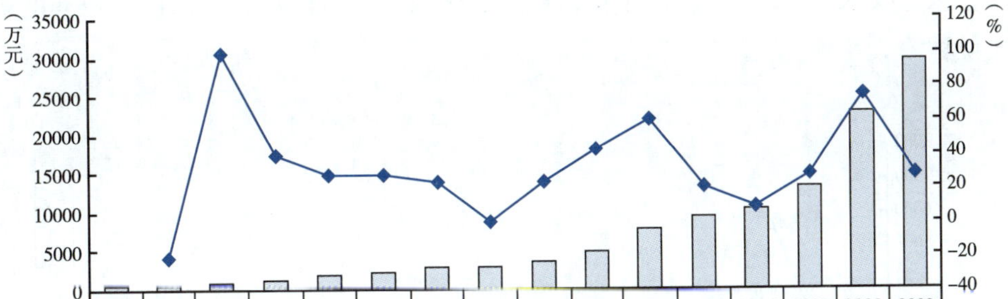

	1994	1995	1996	1997	1998	1999	2000	2001	2002	2003	2004	2005	2006	2007	2008	2009
入库额	638	501	1001	1394	1774	2256	2776	2786	3425	4894	7834	9420	10282	13173	22939	29407
增长		-21.47	99.80	39.26	27.26	27.17	23.05	0.36	22.94	42.89	60.07	20.25	9.15	28.12	74.14	28.20

图4-5　1994～2009年淮安市淮阴地方税务局营业税收入情况

善汇缴、强化评估、防范避税”的工作要求，认真做好企业所得税的征收管理。十五年来，该税年平均增幅为30.34%，入库税额由1994年的不足百万元增至2009年的4153万元，其中该税入库最多的2008年，入库税额达7779万元。

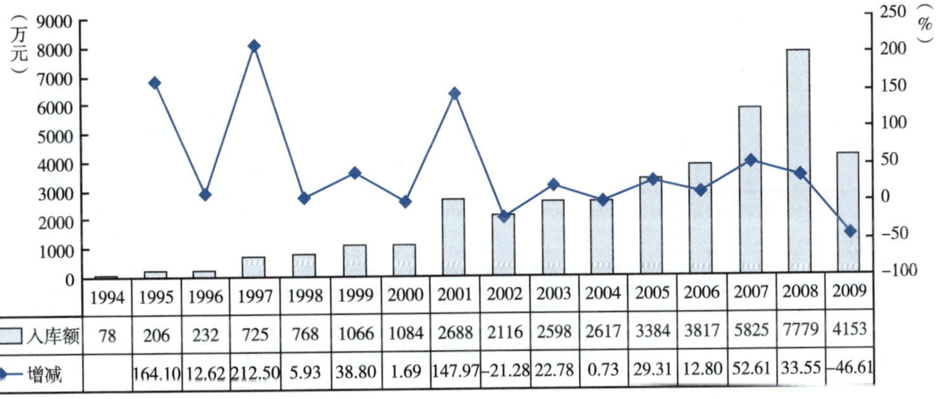

	1994	1995	1996	1997	1998	1999	2000	2001	2002	2003	2004	2005	2006	2007	2008	2009
入库额	78	206	232	725	768	1066	1084	2688	2116	2598	2617	3384	3817	5825	7779	4153
增减		164.10	12.62	212.50	5.93	38.80	1.69	147.97	-21.28	22.78	0.73	29.31	12.80	52.61	33.55	-46.61

图4-6　1994～2009年淮安市淮阴地方税务局企业所得税收入情况

个人所得税　从征收入库数据看，个人所得税已由当初的“小不点”逐渐发展壮大。1994年，淮阴地税局入库个人所得税仅为6万元，1995年为16万元。到2009年，该税收入已达6733万元，年平均增幅达59.71%，是淮阴地税局税收增幅较大的税种之一。1994年，该税的收入只占当年税收收入的0.53%，到2009年，占税收的比重已达11.92%，一跃成为地税的主体税种之一。

城市维护建设税　一直是地方税的主体税种之一。十五年来，该税保持较快的增长速度，年平均增幅为26.44%。地税局建立的最初几年，该税收入占税收收入的比重为15%左右。进入21世纪以后，该税占税收收入的比重虽有所下降，但税收总量仍居前列，城市维护建设税仍然是淮阴地税局的主体税种之一。2009

年，该税收入为5267万元，排在营业税、个人所得税之后，是淮阴地税局的第三大税种。

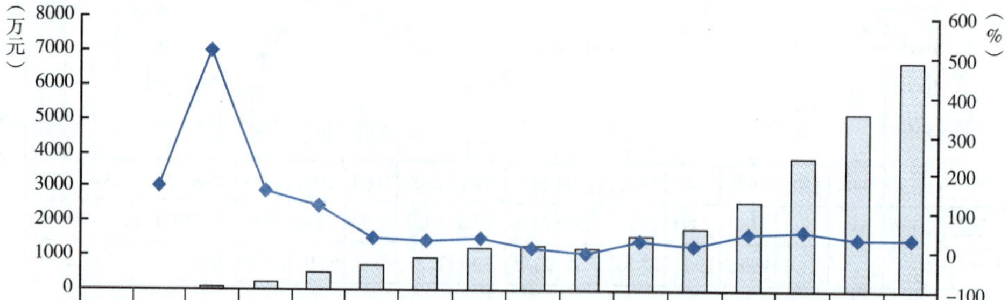

	1994	1995	1996	1997	1998	1999	2000	2001	2002	2003	2004	2005	2006	2007	2008	2009
入库额	6	16	98	247	535	715	914	1226	1294	1231	1574	1826	2600	3905	5201	6733
增减		166.67	512.5	152.04	116.6	33.645	27.832	34.136	5.5465	−4.869	27.864	16.01	42.388	50.192	33.188	29.456

图4-7 1994～2009年淮安市淮阴地方税务局个人所得税收入情况

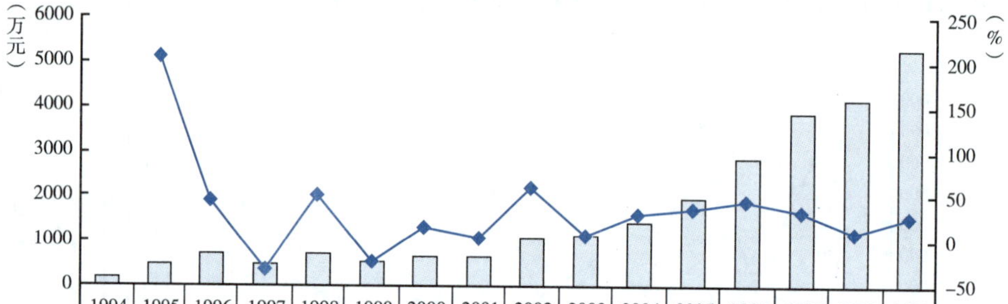

	1994	1995	1996	1997	1998	1999	2000	2001	2002	2003	2004	2005	2006	2007	2008	2009
入库额	156	477	687	475	719	549	638	657	1057	1121	1444	1976	2873	3867	4182	5267
增减		205.77	44.03	−30.86	51.37	−23.64	16.21	2.98	60.88	6.05	28.81	36.84	45.39	34.60	8.15	25.94

图4-8 1994～2009年淮安市淮阴地方税务局城建税收入情况

资源税 原来是一个比较小的税种，该税1994年至1996年三年的收入分别为2万元、4万元和5万元。进入新世纪以后，随着华东地区最大地下盐岩资源的探明和开采，淮阴区盐化工行业蓬勃发展起来，资源税的收入迅速增长。十五年来，该税年平均增幅达64.86%，2009年资源税收入为3613万元，排在营业税、个人所得税、城市维护建设税、企业所得税之后，成为淮阴区地税第五大税种。

城镇土地使用税 是比较稳定的税种，呈逐年增长态势，年平均增幅达35.94%。原因一是淮阴区经济发展快速，新办企业增多；二是城镇土地使用税政策调整，征收标准提高；三是淮阴地税局采取切实可行的措施，强化城镇土地使用税征管，促进税收增长。

土地增值税 原来是小税种，但随着房地产市场的发展，该税从无到有，从小到大，增长快速，为增加地方财政收入起到积极的作用。1997年，淮阴地税局首次有土地增值税收入入库，当年仅入库4万元。2004年后，随着淮阴区房地产行业的迅速发展，土地增值税收入呈现出高增长态势，其中2005年增幅达179.17%。2009年，淮阴地税局土地增值税收入首次突破2000万元大关，达2029万元，增长113.80%。

房产税 房产税占税收的比重逐年增加。随着淮阴经济的发展，企业数量增多，个人营业性用房增加，淮阴地税局采取税源监控措施，加强房产税征管，该税收入增长较快。十五年来，房产税年平均增长幅度为24.33%。2009年，该税收入首次突破千万元大关，达1521万元。

印花税 印花税收入迅速增长，年增长幅度为40.13%。印花税收入从1994年的6万元，增长到2009年的947万元。印花税虽是个小税种，但却呈现出较强的生命力。

车船使用税 占地税收入的比重较小。1994年至1996年，该税收入分别为42万元、65万元和77万元。1997年，该税收入首次超过百万元，此后直至2003年，该税保持10.10%的年增长速度。2003年后，自行车税停止征收，该税收入迅速下滑。2007年8月1日前，在新车船税条例未执行前，车船税基本处在停征状态。2009年，该税收入为236万元。

固定资产投资方向调节税 该税虽是个小税种，但在地税局成立最初几年的艰难时期，它为增加地方财政收入起到了一定的作用。1994年、1995年，该税收入为55万元、69万元，超过当时的个人所得税收入。1999年是该税收入的最高峰，达162万元。2000年后，因政策调整，该税暂停征收。

屠宰税 屠宰税曾经是乡镇税收的主税种。该税为淮阴区农村税收的重要来源。从1994年到2000年，该税年平均增幅达47.98%。1999年，该税收入为866万元，占地税税收收入的比重达14.43%。2001年该税停征。

分产业征收变化情况

淮阴地税局成立十五年来，产业税收有了明确统计数据是在2001年以后。从2001年至2009年产业税收数据看，淮阴区各产业税收发生较大的变化。十五年来，淮阴区经济发生了翻天覆地的变化，新兴产业迅速发展，产业结构逐渐趋于合理，第三产业所占比重迅速提高，整体经济实力明显增强。2001年至2009年，第三产业税收以37.63%的年平均增长

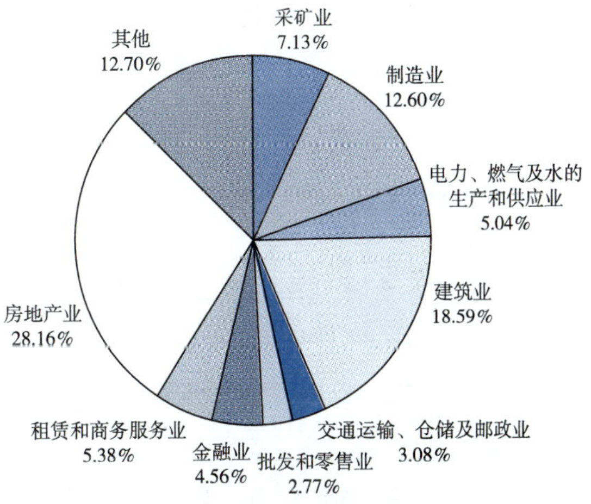

图4-9 2009年淮安市淮阴地方税务局各产业税收占比图

1994 ~ 2009 年淮安市淮阴地方税务局税收分税种情况一览表

表4-10

单位：万元

年份	合计	营业税	企业所得税	个人所得税	城建税	资源税	房产税	印花税	土地使用税	土地增值税	车船使用税	固定资产投资方向调节税	屠宰税
1994	1113	638	78	6	156	2	58	6	26	—	42	55	46
1995	1570	501	206	16	477	4	67	8	37	—	65	69	120
1996	2646	1001	232	98	687	5	153	69	53	—	77	70	201
1997	3770	1394	725	247	475	49	174	97	57	4	106	120	322
1998	4997	1774	768	535	719	18	216	31	46	2	125	105	658
1999	6001	2256	1066	715	549	11	166	40	35	—	135	162	866
2000	6346	2776	1084	914	638	2	199	43	52	—	148	7	483
2001	7906	2786	2688	1226	657	29	204	44	104	—	132	—	36
2002	8592	3425	2116	1294	1057	69	209	173	109	—	140	—	—
2003	10790	4894	2598	1231	1121	231	274	149	130	11	151	—	—
2004	14539	7834	2617	1574	1444	187	311	179	151	144	98	—	—
2005	18276	9420	3384	1826	1976	414	395	212	224	402	23	—	—
2006	22311	10282	3817	2600	2873	998	695	383	359	298	6	—	—
2007	31231	13173	5825	3905	3867	1077	847	479	1490	551	17	—	—
2008	47991	22939	7779	5201	4182	2675	877	752	2472	949	165	—	—
2009	56507	29407	4153	6733	5267	3613	1521	947	2601	2029	236	—	—
合计	244612	114500	39136	28121	26171	9384	6366	3612	7946	4390	1666	588	2732
2009年占比		52.04	7.35	11.9	9.32	6.39	2.69	1.7	4.6	3.6	0.4	0.0	0.00
年均占比		46.81	16	11.5	10.7	3.84	2.60	1.48	3.25	1.79	0.68	0.24	1.12

速度迅速增长。2001年，第三产业税收占税收总量的比重为31.46%，到2009年，第三产业税收占税收总量的比重已达56.64%。房地产业、金融业、租赁和商业服务业带动税收快速增长。

淮阴区第三产业蓬勃发展的同时，第二产业也有所发展。在采矿业和建筑业等强势产业的拉动下，第二产业税收也以较快的速度增长。2001年至2009年，第二产业税收平均增长幅度为20.75%，其中采矿业税收增幅达85.27%。

采矿业 2002年以前，采矿业入库税收非常少，2001年采矿业入库税收占税收总量的比重不足1%。2002年以后，淮阴区地下丰富的盐岩资源被探明，此后，盐资源的开采迅速走上快车道。2001年至2009年，采矿业税收以85.27%的年增长速度迅速增长。2003年，采矿业税收首次突破200万元大关，达233万元；2005年，采矿业税收突破400万元大关，达430万元；2006年，采矿业税收突破1000万元大关，达1021万元；2008年，采矿业税收突破3000万元大关，达3040万元；2009年，采矿业税收突破4000万元大关，达4027万元。

建筑业 建筑业是淮阴区传统的优势产业，长期以来，对税收的贡献一直很高，建筑业入库税收占税收总量的比重保持在20%左右。进入21世纪以来，随着淮阴区城市建设速度的加快，建筑业的发展迅速。2001年至2009年，建筑业入库税收年平均增长幅度为21.60%。2004年，建筑业入库税收突破4000万元大关，达4243万元；2005年，建筑业入库税收突破5000万元大关，达5154万元；2006年，建筑业入库税收突破6000万元大关，达6029万元；2008年，建筑业入库税收突破9000万元大关，达9290万元；2009年，建筑业入库税收突破亿元大关，达10505万元。

房地产业 1994年至2000年，淮阴区房地产开发刚刚起步，房地产开发规模偏小，房地产企业入库税收占税收总量的比重不高。2000年以后，淮阴区房地产开发迅速升温，2004年至2009年，房地产业持续走强，对税收的贡献加大，并成为淮阴区税收的支柱产业。2001年至2009年，房地产业入库税收以年平均62.64%的速度高速增长。2001年，房地产业入库税收占当年税收总量的比重为4.11%；2009年，房地产业入库税收占当年税收总量的比重已达28.16%。从房地产业入库税额上看，淮阴区房地产业经历着跳跃式发展。2001年，房地产业入库税收为325万元；2003年突破千万元大关，达1581万元；2005年，突破3000万元大关，达3178万元；2007年至2009年这三年，更是淮阴区房地产开发销售的高峰期，入库税额分别为6451万元、13167万元和15910万元。

第五章 计划、会计、统计管理

税收计划、会计、统计是税收工作的重要环节，它贯穿税收工作的主线。1994年至2009年，淮阴地税局收入计划管理实现由刚性"任务"的目标管理向应收尽收、税源调查、分析预测转变；统计分析由单纯比对向综合分析、理性分析转变；会计核算进行系统改革。努力使计划、会计、统计管理服务于地税中心工作，保证地税工作顺利开展。

第一节 计划管理

税收计划管理

淮阴历来是农业大区（县），在新中国成立后长达几十年时间，一直以农业经济为主，直到1974年，最后一次市县分设，淮阴县政府才从市区迁出，驻地为今王营镇。也正是从那时起，才着手发展乡办、县办工业企业，工业经济起步晚，经济税源贫乏。1982年，实行"分灶吃饭"财政体制改革，以1981年财政收支为基数，时逢淮阴纺织业鼎盛时期，1982年受国民经济调整影响，对纺织、化纤产品限产降价，纺织行业一落千丈。实行"分灶吃饭"财政体制第一年，县财政就背上赤字的包袱，以后逐年增大，财政捉襟见肘，甚至连工资也不能正常发放，直至1994年实行分税制财政体制改革，财政状况逐年好转，但仍很困难。

在财政经济困难的大背景下，税收工作处于"企业要松绑，财政要收入"的两难境地。1994年至2000年，淮阴地税收入计划一直以"任务"形式下达，形成刚性考核指标，对不完成任务的实行"一票否决"。税收工作一直以组织收入为中心，年初下达任务，签订责任状，层层分解，至每一个人头，月月考核，一季度要达"25%"，二季度"双过半"，三季度达"75%"，年终忙"冲刺"，组织收入的弦一天也不放松。

2000年以后，由于城市化建设的拉动以及招商引资工作的开展，淮阴经济出现新的生机，地税收入计划日趋理性。淮阴地税局在整顿税收秩序，坚持依法治税的原则下，提出“淡化收入任务考核，强化征管质量考核”，强调“依法治税，应收尽收，不收过头税，制止越权减免税”。注重税源调查、收入预测、动态分析和加强税收检查工作，收入计划管理更趋理性、科学、合理。随着地税工作运行机制的进一步完善，组织收入计划年年超额完成。

1994～2009年淮安市淮阴地方税务局分级次税收收入计划完成情况统计表

表5-1　　单位：万元

年度	省　级			市县级			其中：乡镇级		
	计划	完成	占比%	计划	完成	占比%	计划	完成	占比%
1994	—	161	—	—	952	—	—	—	—
1995	200	237	118.50	1200	1333	111.08	400	454	113.5
1996	260	602	231.54	1750	2044	116.80	960	1057	110.10
1997	600	616	102.67	2700	3154	116.81	1700	2053	120.76
1998	583	473	81.13	4060	4524	111.43	2480	2944	118.71
1999	510	448	87.84	5300	5553	104.77	3600	3850	106.94
2000	480	493	102.71	5850	5853	100.25	4000	4003	100.08
2001	535	423	79.07	6000	7483	124.72	3600	4036	112.11
2002	460	460	100.00	8130	8132	100.02	3200	3453	107.91
2003	475	485	102.11	9500	10305	108.47	3600	3757	104.36
2004	510	526	103.14	11800	14013	118.75	4400	4801	109.11
2005	580	778	134.14	16400	17498	106.70	3925	5022	127.95
2006	895	868	96.98	21000	21443	102.11	5450	6198	113.72
2007	960	1185	123.44	25000	30046	120.18	7310	9572	130.94
2008	1300	1772	136.31	38000	46219	121.63	11830	14527	122.80
2009	1980	2001	101.06	53500	54506	101.88	17150	21204	123.64

重点税源管理

抓重点税源的税收分析与管理一直是淮阴地税工作的重点。1994年至2000年，除省、市属驻淮单位外，本土企业寥寥无几，年纳税10万元以上的企业就被纳入重点税源管理，纳税最多的也没有超过50万元。地税工作采取“以小补大”的方针，重点抓个体工商户、集贸市场及零散税收，农村税收主要抓好屠宰税与自行车税的管理。由于这些小税种面广量大，在构建协税护税网络建设中，难免出现“摊派”

与“收过头税”的问题，在1999年整顿税收秩序后，这些问题逐步得到纠正。

2000年以后，原有的本土重点税源户相继消失，房地产开发企业及招商引资企业逐步被纳入重点税源管理，重点税源户标准提高到50万元以上。

2001年,《淮阴区地税局重点税源监控管理办法》出台实施,确定重点企业24户，首次开始实行专职管理员制度，并将此项工作纳入全局目标责任制考核范畴。

2002年，按照“高收入、大行业”的原则，局重新确定33户重点监控户，涉及元明粉、饮食、金融、建筑、房地产、运输六大行业，呈现国有、集体、有限、私营的多元化企业形式，纳税总量占到全局的四分之一强。对重点企业实行一月一监控，半年一调查，对收入、成本、效率、产量、税收等经济指标进行预测分析，实现以监控税，以监促收。

2009年，淮安市淮阴地税局重点税源监控户共73户。

淮阴地税局历年重点税源企业入库税收情况：

1995年重点税源企业入库税收统计表

表5-2 单位：万元

序号	企业名称	入库税款	序号	企业名称	入库税款
1	华能淮阴电厂	352.69	11	淮阴县建筑工程公司	16.22
2	淮阴棉纺织厂	48.94	12	淮阴县建安总公司	12.88
3	淮阴县制糖厂	41	13	中国银行淮阴县支行	30.81
4	淮阴市第二制药厂	42.57	14	建设银行淮阴县支行	16.66
5	淮阴县化肥厂	31.44	15	工商银行淮阴县支行	30.89
6	淮阴市染织总厂	17.71	16	农业银行淮阴县支行	68.75
7	淮阴县植物油厂	13.39	17	淮阴县保险公司	21.48
8	华能淮阴电厂实业公司	58.54	18	淮阴县邮电局	29.45
9	淮阴县医药公司	11.41	19	淮阴县房地产开发公司	12.54
10	淮阴县供电局	24.26	20	淮阴市建行杨庄办事处	157.61

1996年重点税源企业入库税收统计表

表5-3 单位：万元

序号	企业名称	入库税款	上年入库	同比增收	同比增长%
1	淮阴县供电局	26.00	24.26	1.74	7.17
2	淮阴市第二制药厂	35.18	42.57	-7.39	-17.36
3	淮阴制糖厂	38.77	41.00	-2.23	-5.44
4	淮阴县民康油脂有限公司	11.82	13.39	-1.57	-11.73
5	淮阴县自来水公司	15.00	13.40	1.60	11.94
6	淮阴市染织总厂	4.48	17.71	-13.23	-74.70
7	淮阴县医药公司	12.49	11.41	1.08	9.47
8	淮阴县化肥厂	31.03	31.44	-0.41	-1.30
	合计	174.77	195.18	-20.41	-10.46

1997年重点税源企业入库税收统计表

表5-4　　　　　　　　　　　　　　　　　　　　　　　　　　单位：万元

序号	企业名称	入库税款	上年入库	同比增收	同比增长%
1	淮阴县供电局	31.00	26.00	5.00	19.23
2	淮阴市第二制药厂	13.00	35.18	-22.18	-63.05
3	淮阴制糖厂	52.00	38.77	13.23	34.12
4	淮阴县民康油脂有限公司	5.00	11.82	-6.82	-57.70
5	淮阴县自来水公司	21.00	15.00	6.00	40.00
6	淮阴县盐业公司	12.00	9.00	3.00	33.33
7	淮阴县棉纺织厂	22.00	7.00	15.00	214.29
8	淮阴市无线电厂	4.00	2.00	2.00	100.00
9	淮阴县建筑工程公司	27.00	3.00	24.00	800.00
10	淮阴县医药公司	10.00	12.49	-2.49	-19.94
	合　计	197.00	160.26	36.74	22.93

1998年重点税源企业入库税收统计表

表5-5　　　　　　　　　　　　　　　　　　　　　　　　　　单位：万元

序号	企业名称	入库税款	上年入库	同比增收	同比增长%
1	淮阴县供电局	37.52	31.00	6.52	21.03
2	淮阴市第二制药厂	15.00	13.00	2.00	15.38
3	淮阴制糖厂	51.45	52.00	-0.55	-1.06
5	淮阴县民康油脂有限公司	13.54	5.00	8.54	170.80
6	淮阴县自来水公司	22.05	21.00	1.05	5.00
7	淮阴县盐业公司	14.00	12.00	2.00	16.67
8	淮阴县棉纺织厂	41.47	22.00	19.47	88.50
9	淮阴市无线电厂	12.00	4.00	8.00	200.00
10	淮阴县建筑工程公司	34.57	27.00	7.57	28.04
	合　计	241.60	187.00	54.60	29.20

1999年重点税源企业入库税收统计表

表5-6　　　　　　　　　　　　　　　　　　　　　　　　　　单位：万元

序号	企业名称	入库税款	上年入库	同比增收	同比增长%
1	华能淮阴电厂	426.34	598.44	-172.10	-28.76
2	华能电厂实业总公司	38.63	43.37	-4.74	-10.93
3	淮阴县供电局	48.55	37.52	11.03	29.40
5	淮阴棉纺织厂	50.96	41.47	9.49	22.88
6	淮阴县新华书店	24.08	12.34	11.74	95.14
7	淮阴市第一人民医院	61.42	35.27	26.15	74.14
8	淮阴县电信局	139.81	52.87	86.94	164.44
9	淮阴县邮政局	24.67	11.20	13.47	120.27
10	淮阴县制糖厂	69.46	51.45	18.01	35.00

续表5-6

序号	企业名称	入库税款	上年入库	同比增收	同比增长%
11	淮阴县自来水公司	26.81	22.05	4.76	21.59
12	淮阴县建安总公司	46.62	27.31	19.31	70.71
13	淮阴县建筑工程公司	48.33	34.57	13.76	39.80
14	淮阴县房地产开发公司	46.07	14.56	31.51	216.41
15	淮阴县民康油脂公司	19.31	13.54	5.77	42.61
16	中国银行淮阴县支行	46.16	34.78	11.38	32.72
17	淮阴县财产保险公司	53.34	50.47	2.87	5.69
18	中国农业银行淮阴县支行	32.71	106.22	−73.51	−69.21
19	中国建设银行淮阴市杨庄支行	123.88	159.94	−36.06	−22.55
20	中国工商银行淮阴县支行	57.01	53.39	3.62	6.78
21	中国建设银行淮阴县支行	41.71	37.47	4.24	11.32
	合　计	1425.87	1438.23	−12.36	−0.86

2000年重点税源企业入库税收统计表

表5-7　　单位：万元

序号	企业名称	入库税款	上年入库	同比增收	同比增长%
1	华能淮阴电厂	474.93	426.34	48.59	11.40
4	淮安白玫糖业有限公司	37.83	69.46	−31.63	−45.54
5	江苏省电信有限公司淮阴区分公司	163.82	139.81	24.01	17.17
6	淮安市黄河自来水公司	32.81	26.81	6.00	22.38
7	江苏省电力公司淮安市淮阴供电公司	38.18	48.55	−10.37	−21.36
8	江苏民康油脂有限公司	25.30	19.31	5.99	31.02
9	淮阴棉纺织厂	74.14	50.96	23.18	45.49
10	江苏三淮建设工程公司	84.12	48.33	35.79	74.05
11	淮安市淮阴苏源电力实业开发有限公司	31.35	21.23	10.12	47.67
12	江苏省烟草公司淮安市淮阴区公司	37.30	16.81	20.49	121.89
13	江苏移动通信有限责任公司淮阴分公司	40.88	10.32	30.56	296.12
14	淮安市第一人民医院	39.86	61.42	−21.56	−35.10
15	江苏淮安双鹤药业有限责任公司	13.11	19.59	−6.48	−33.08
16	淮安市淮阴区兴达通信有限责任公司	30.40	9.65	20.75	215.03
17	淮安市新年华大酒店	37.07	11.41	25.66	224.89
18	淮安邮政局淮阴分局	31.65	24.67	6.98	28.29
19	淮安市江洲建设工程总公司	42.96	7.63	35.33	463.04
21	淮安市淮阴区农电有限公司	55.51	42.3	13.21	31.23
23	淮安市淮阴区新华书店	11.45	24.08	−12.63	−52.45
	合　计	1302.67	1078.68	223.99	20.77

2001年重点税源企业入库税收统计表

表5-8 单位：万元

序号	企业名称	入库税款	上年入库	同比增收	同比增长%
1	华能淮阴电厂	577.49	474.93	102.56	21.59
2	上海太平洋化工（集团）淮安元明粉有限公司	453.24	2.96	450.28	15212.16
3	南风集团淮安元明粉有限公司	344.76	5.21	339.55	6517.27
4	淮安白玫糖业有限公司	278.31	37.83	240.48	635.69
5	江苏省电信有限公司淮阴区分公司	177.44	163.82	13.62	8.31
6	淮安市黄河自来水公司	177.04	32.81	144.23	439.59
7	江苏省电力公司淮安市淮阴供电公司	140.28	38.18	102.10	267.42
8	江苏民康油脂有限公司	186.15	25.3	160.85	635.77
9	淮阴棉纺织厂	62.72	74.14	-11.42	-15.40
10	江苏三淮建设工程公司	56.55	84.12	-27.57	-32.77
11	淮安市淮阴苏源电力实业开发有限公司	53.96	31.35	22.61	72.12
12	江苏省烟草公司淮安市淮阴区公司	49.65	37.3	12.35	33.11
13	江苏移动通信有限责任公司淮阴分公司	46.15	40.88	5.27	12.89
14	淮安市第一人民医院	45.21	39.86	5.35	13.42
15	江苏淮安双鹤药业有限责任公司	27.10	13.11	13.99	106.71
16	淮安市淮阴区兴达通信有限责任公司	31.74	30.4	1.34	4.41
17	淮安市新年华大酒店	29.19	37.07	-7.88	-21.26
18	淮安邮政局淮阴分局	34.46	31.65	2.81	8.88
19	淮安市江洲建设工程总公司	25.58	42.96	-17.38	-40.46
20	中国人寿保险公司淮安市淮阴支公司	21.03	3.11	17.92	576.21
21	淮安市淮阴区农电有限公司	23.58	55.51	-31.93	-57.52
22	中国人民保险公司淮安市淮阴支公司	14.54	9.14	5.40	59.08
23	淮安市淮阴区新华书店	16.06	11.45	4.61	40.26
24	淮安市淮阴区医药公司	10.29	7.79	2.50	32.09
	合计	2882.52	1330.88	1551.64	116.59

2002年重点税源企业入库税收统计表

表5-9 单位：万元

序号	企业名称	入库税款	上年入库	同比增收	同比增长%
1	上海太平洋化工（集团）淮安元明粉有限公司	799.79	453.24	346.55	76.46
2	南风集团淮安元明粉有限公司	615.30	344.76	270.54	78.47
3	江苏华能淮阴发电有限公司	559.87	577.49	-17.62	-3.05
4	江苏省淮阴辉煌太阳能有限公司	348.90	139.8	209.10	149.57
5	江苏省电信有限公司淮阴区分公司	203.47	177.44	26.03	14.67
6	江苏苏佳房地产开发有限公司	194.67	30.30	164.37	542.47
7	淮安市鑫龙房地产开发有限公司	136.74	47.80	88.94	186.06
8	淮安市佳业建设工程有限公司	126.64	124.60	2.04	1.63

续表5-9

序号	企业名称	入库税款	上年入库	同比增收	同比增长%
9	淮安市淮阴苏源电力实业开发公司	126.10	53.96	72.14	133.69
10	淮安市第一人民医院	111.60	45.21	66.39	146.86
11	淮安市淮阴区农村信用合作社联合社	100.17	7.72	92.45	1197.53
12	中国人民保险公司淮安市淮阴支公司	89.03	14.54	74.49	512.32
13	江苏三淮建设工程公司	88.69	56.55	32.14	56.83
14	江苏淮州建设工程公司	86.58	30.10	56.48	187.63
15	淮安市飞翔城镇建设开发有限公司	81.96	0	81.96	
16	江苏民康油脂有限公司	79.55	186.15	–106.60	–57.27
17	江苏省盐业集团淮安有限公司淮阴分公司	75.37	8.23	67.14	815.81
18	淮安市供电局淮阴供电分局	73.05	140.28	–67.23	–47.93
19	江苏移动通信有限责任公司淮阴分公司	72.25	46.15	26.10	56.56
20	淮安市富豪房地产开发有限公司	70.74	0	70.74	
21	江苏中淮建设工程有限公司	68.97	0	68.97	
22	淮安市淮阴区农电有限公司	64.60	23.58	41.02	173.98
23	江苏省烟草公司淮安市淮阴区公司	64.15	49.65	14.50	29.20
24	淮安市淮阴区新华书店	61.03	16.06	44.97	280.04
25	中国人寿保险公司淮安市淮阴支公司	60.58	21.03	39.55	188.08
26	中国建设银行淮安市城北支行	60.10	7.91	52.19	659.86
27	淮安市淮阴区兴达通信有限责任公司	59.35	31.74	27.61	86.99
28	扬州市海华房地产开发有限公司淮安分公司	58.45	0	58.45	
29	中国建设银行淮阴市杨庄办事处	55.98	5.42	50.56	932.79
30	江苏淮安白玫糖业有限公司	53.68	278.31	–224.63	–80.71
31	江苏省淮阴棉纺织厂	52.26	62.72	–10.46	–16.67
32	江苏淮安双鹤药业有限责任公司	51.89	27.1	24.79	91.46
33	淮安市淮阴区苏源送变电工程有限公司	51.39	0	51.39	
	合计	4802.90	3007.84	1795.06	59.68

2003年重点税源企业入库税收统计表

表5-10

单位：万元

序号	企业名称	入库税款	上年入库	同比增收	同比增长%
1	上海太平洋化工（集团）淮安元明粉有限公司	1722.57	799.79	922.78	115.38
2	南风集团淮安元明粉有限公司	728.88	615.30	113.58	18.46
3	淮安市鑫龙房产有限责任公司	356.22	136.74	219.48	160.51
4	江苏华能淮阴发电有限公司	627.06	559.87	67.19	12.00
5	淮安市淮阴苏源电力实业开发有限公司	299.45	126.10	173.35	137.47
6	淮安市淮阴圣展房地产开发有限公司	138.44	34.49	103.95	301.39
7	江苏省电信有限公司淮阴区分公司	253.35	203.47	49.88	24.51
8	江苏圣创房地产开发有限公司	153.44	194.67	–41.23	–21.18

续表5-10

序号	企业名称	入库税款	上年入库	同比增收	同比增长%
9	江苏民康油脂有限公司	131.80	79.55	52.25	65.68
10	淮安市富豪房地产开发有限公司	273.11	70.74	202.37	286.08
11	淮安市冠万房地产开发有限公司	136.52	14.57	121.95	836.99
12	淮安市第一人民医院	131.44	111.60	19.84	17.78
13	淮安市佳业建设工程有限公司	131.08	126.64	4.44	3.51
14	淮安市淮阴区新华书店	120.82	61.03	59.79	97.97
15	淮安通胜房地产开发有限公司	120.42	9.07	111.35	1227.67
16	淮安市飞翔城镇建设开发有限公司	103.56	81.96	21.60	26.35
17	江苏中淮建设集团有限公司	99.59	68.97	30.62	44.40
18	江苏省淮阴辉煌太阳能有限公司	94.47	348.90	–254.43	–72.92
19	江苏三淮建设工程公司	81.86	88.69	–6.83	–7.70
20	中国农业银行淮安市城北支行	73.77	35.58	38.19	107.34
21	中国人民保险公司淮安市淮阴支公司	73.09	89.03	–15.94	–17.90
22	江苏省电力公司淮安市淮阴供电公司	64.29	73.05	–8.76	–11.99
23	淮安市区农村信用合作联社	150.95	100.17	50.78	50.69
24	江苏省烟草公司淮安市淮阴区公司	78.00	64.15	13.85	21.59
25	江苏淮安白玫糖业有限公司	57.97	53.67	4.30	8.01
26	淮安邮政局淮阴分局	56.90	47.20	9.70	20.55
27	淮安市万星房地产开发有限公司	56.81	3.23	53.58	1658.82
28	中国建设银行淮安市城北支行	54.82	60.10	–5.28	–8.79
29	江苏淮安双鹤药业有限责任公司	51.09	51.89	–0.80	–1.54
30	江苏省盐业集团淮安有限公司淮阴分公司	51.08	75.37	–24.29	–32.23
	合计	6472.85	4385.59	2087.26	47.59

2004年重点税源企业入库税收统计表

表5-11　　单位：万元

序号	企业名称	入库税款	上年入库	同比增收	同比增长%
1	上海太平洋化工（集团）淮安元明粉有限公司	1154.23	1722.27	–568.04	–32.98
2	江苏华能淮阴发电有限公司	935.80	627.06	308.74	49.24
3	南风集团淮安元明粉有限公司	801.85	728.88	72.97	10.01
4	淮安市富豪房地产开发有限公司	487.69	274.11	213.59	77.92
5	淮安市鑫龙房产有限责任公司	481.78	357.22	124.56	34.87
6	淮安通胜房地产开发有限公司	316.71	121.42	195.29	160.84
7	淮安市温州侨信房地产有限公司	278.87	66.38	212.49	320.10
8	江苏省电信有限公司淮阴区分公司	260.21	101.35	158.86	156.75
9	淮安市平安房地产开发有限公司	195.88	0.51	195.38	38650.42
10	淮安市淮阴苏源电力实业开发有限公司	195.40	242.40	–47.01	–19.39
11	淮安市第一人民医院	170.70	131.44	39.26	29.87

续表5-11

序号	企业名称	入库税款	上年入库	同比增收	同比增长%
12	淮安盛祥泰房地产发展有限公司	169.49	0.07	169.42	238563.39
13	淮安市华发置业有限公司	164.44	0.40	164.04	40703.73
14	淮安市淮阴圣展房地产开发有限公司	154.18	139.44	14.75	10.58
15	淮安市冠万房地产开发有限公司	146.60	137.52	9.09	6.61
16	江苏民康油脂有限公司	140.27	82.75	57.53	69.52
17	江苏三淮建设工程公司	133.21	81.86	51.35	62.73
18	淮安市江洲建设工程有限公司	127.61	38.67	88.95	230.04
19	江苏淮安双鹤药业有限责任公司	123.24	51.09	72.16	141.24
20	淮安市淮阴区兴淮房地产开发有限公司	99.56	18.25	81.31	445.62
21	江苏淮阴辉煌太阳能有限公司	94.53	94.47	0.06	0.07
22	江苏省烟草公司淮安市淮阴区公司	93.23	78.00	15.22	19.52
23	江苏省电力公司淮安市淮阴供电公司	89.05	64.29	24.77	38.52
24	淮安市远洋置业有限公司	79.85	0.81	79.04	9768.56
25	中国建设银行淮安市城北支行	78.30	54.82	23.49	42.84
26	中国建设银行淮安市杨庄支行	76.94	16.64	60.30	362.43
27	淮安市淮阴区新华书店	76.63	120.82	-44.19	-36.57
28	江苏中淮建设集团有限公司	74.79	99.59	-24.80	-24.90
29	淮安市江淮房地产开发有限公司	69.62	20.86	48.76	233.73
30	淮安市淮阴区农村信用合作社联合社	68.49	150.95	-82.46	-54.63
	合计	7339.17	5624.30	1714.87	30.49

2005年重点税源企业入库税收统计表

表5-12

单位：万元

序号	企业名称	入库税款	上年入库	同比增收	同比增长%
1	上海太平洋化工（集团）淮安元明粉有限公司	2034.14	1154.23	879.91	76.23
2	江苏华能淮阴第二发电有限公司	1262.33	9.22	1253.11	13590.89
3	江苏前程房地产开发有限公司	693.28	60.65	632.63	1043.1
4	南风集团淮安元明粉有限公司	686.30	801.85	-115.55	-14.41
5	淮安市鑫龙房产有限责任公司	556.45	481.78	74.67	15.5
6	淮安市华发置业有限公司	395.76	164.44	231.32	140.67
7	江苏华能淮阴发电有限公司	389.71	935.80	-546.09	-58.35
8	淮安市淮阴苏源电力实业开发有限公司	365.07	195.40	169.68	86.84
9	淮安市淮阴圣展房地产开发有限公司	338.61	154.18	184.43	119.62
10	江苏省电信有限公司淮阴区分公司	333.46	260.21	73.25	28.15
11	淮安市富豪房地产开发有限公司	319.28	487.69	-168.41	-34.53
12	淮安市平安房地产开发有限公司	292.81	195.88	96.93	49.48
13	中国建设银行股份有限公司淮安杨庄支行	283.14	76.94	206.20	267.99
14	淮安市冠万房地产开发有限公司	274.24	146.60	127.64	87.06

续表5-12

序号	企业名称	入库税款	上年入库	同比增收	同比增长%
15	淮安市第一人民医院	247.80	170.70	77.10	45.17
16	淮安淮阴华尔润红星盐矿有限公司	216.40	0.00	216.40	—
17	淮安万邦香料工业有限公司	175.13	9.92	165.22	1666.3
18	江苏淮安双鹤药业有限责任公司	153.38	123.24	30.14	24.45
19	淮安市远洋置业有限公司	153.12	79.85	73.27	91.76
20	江苏省电力公司淮安市淮阴供电公司	121.02	89.05	31.97	35.9
21	淮安市区农村信用合作联社	115.03	1.88	113.15	6010.28
22	淮安市华阳置业有限公司	107.84	59.01	48.83	82.74
23	淮安海螺水泥有限责任公司	105.59	68.08	37.51	55.11
24	淮安市淮阴区大北农饲料有限公司	102.48	7.74	94.74	1224.84
25	中国工商银行淮安市城北支行	90.52	55.06	35.46	64.41
26	淮安市东方自来水有限公司	89.85	59.66	30.19	50.6
27	江苏省烟草公司淮安市淮阴区公司	82.99	93.23	-10.24	-10.98
28	淮安市同顺建筑装饰工程有限公司	74.02	0.00	74.02	—
29	福建省福清市第二建筑工程公司	73.27	25.17	48.09	191.04
30	淮安盛祥泰房地产发展有限公司	71.90	169.49	-97.59	-57.58
31	淮安市黄河水电安装有限公司	70.63	23.55	47.08	199.95
	合　计	10275.56	6160.50	4115.06	66.8

2006年重点税源企业入库税收统计表

表5-13　　单位：万元

序号	企业名称	入库税款	上年入库	同比增收	同比增长%
1	华能淮阴第二发电有限公司	2176.87	1262.33	914.54	72.45
2	上海太平洋化工（集团）淮安元明粉有限公司	1509.82	2034.14	-524.32	-25.78
3	淮安市富豪房地产开发有限公司	1007.89	319.28	688.61	215.68
4	华能淮阴发电有限公司	960.77	389.71	571.06	146.53
5	南风集团淮安元明粉有限公司	815.83	686.30	129.53	18.87
6	淮安市淮阴力源电力实业开发有限公司	774.25	365.07	409.18	112.08
7	淮安市鑫龙房产有限责任公司	537.28	556.45	-19.17	-3.45
8	淮安市冠万房地产开发有限公司	512.98	274.24	238.74	87.06
9	中国石化集团江苏石油勘探局淮安采输卤管理处	501.24	0.00	501.24	—
10	江苏省电信有限公司淮阴区分公司	331.79	333.46	-1.67	-0.50
11	江苏平安房地产开发有限公司	323.06	292.81	30.25	10.33
12	淮安万邦香料工业有限公司	297.99	175.13	122.86	70.15
13	中国建设银行股份有限公司淮安杨庄支行	294.71	283.14	11.57	4.09
14	淮安淮阴华尔润红星盐矿有限公司	272.64	216.40	56.24	25.99
15	淮安市曙光房地产开发有限公司	225.53	0.00	225.53	—
16	淮安市第一人民医院	221.90	247.80	-25.90	-10.45

续表5-13

序号	企 业 名 称	入库税款	上年入库	同比增收	同比增长%
17	淮安市华发置业有限公司	217.52	395.76	-178.24	-45.04
18	江苏淮安双鹤药业有限责任公司	195.95	153.38	42.57	27.75
19	淮安海螺水泥有限责任公司	181.98	105.59	76.39	72.35
20	中国移动通信集团江苏有限公司淮阴区分公司	162.59	61.60	100.99	163.94
21	江苏省电力公司淮安市淮阴供电公司	144.10	121.02	23.08	19.07
22	江苏汇丰房产实业有限公司	138.70	0.00	138.70	—
23	淮安市区农村信用合作联社	124.07	115.03	9.04	7.86
24	中国建设银行股份有限公司淮安城北支行	118.07	44.57	73.50	164.91
25	淮安盛祥泰房地产发展有限公司	117.77	71.90	45.87	63.80
26	江苏省烟草公司淮安分公司淮阴区市场营销部	114.57	31.60	82.97	262.56
27	淮安市东方自来水有限公司	110.16	89.85	20.31	22.60
28	中国工商银行股份有限公司淮安城北支行	106.86	90.52	16.34	18.05
29	淮安市同顺建筑装饰工程有限公司	97.60	74.02	23.58	31.86
30	福建省福清市第二建筑工程公司	95.50	73.27	22.23	30.34
31	江苏前程房地产开发有限公司	92.05	693.28	-601.23	-86.72
32	中国农业银行淮安市城北支行	77.87	67.84	10.03	14.78
33	江苏银行股份有限公司淮安淮阴支行	76.26	59.06	17.20	29.12
34	淮安市华阳置业有限公司	76.14	107.84	-31.70	-29.40
35	中国人民财产保险股份有限公司淮安市淮阴支公司	73.81	62.52	11.29	18.06
36	江苏圣创房地产集团有限公司	72.73	27.16	45.57	167.78
	合 计	13158.85	9882.07	3276.78	33.16

2007年重点税源企业入库税收统计表

表5-14　　单位：万元

序号	企 业 名 称	入库税款	上年入库	同比增收	同比增长%
1	上海太平洋化工（集团）淮安元明粉有限公司	2921.31	1509.82	1411.48	93.49
2	华能淮阴第二发电有限公司	2742.22	3137.64	-395.42	-12.60
3	淮安市鑫龙房产有限责任公司	2055.82	537.28	1518.54	282.64
4	南风集团淮安元明粉有限公司	1416.24	815.83	600.41	73.60
5	淮安市淮阴力源电力实业开发有限公司	802.69	774.25	28.43	3.67
6	中国石化集团江苏石油勘探局淮安采输卤管理处	760.35	501.24	259.11	51.69
7	淮安市富豪房地产开发有限公司	546.49	1007.89	-461.40	-45.78
8	淮安市第一人民医院	484.44	221.90	262.54	118.31
9	淮安市华发置业有限公司	446.51	217.52	228.99	105.27
10	淮安同业房地产开发有限公司	417.90	54.24	363.66	670.41
11	中国建设银行股份有限公司淮安杨庄支行	361.32	294.71	66.61	22.60
12	江苏省电信有限公司淮阴区分公司	336.33	331.79	4.53	1.37

续表5-14

序号	企 业 名 称	入库税款	上年入库	同比增收	同比增长%
13	江苏平安房地产开发有限公司	306.98	323.06	–16.08	–4.98
14	淮安市水利房地产开发有限公司	277.67	13.52	264.15	1953.26
15	淮安市振达钢管制造有限公司	276.22	58.66	217.56	370.85
16	江苏汇丰房产实业有限公司	260.27	138.70	121.57	87.65
17	中国移动通信集团江苏有限公司淮阴区分公司	253.75	162.59	91.16	56.07
18	淮安淮阴华尔润红星盐矿有限公司	239.07	272.64	–33.57	–12.31
19	淮安市万星房地产开发有限公司	223.04	2.84	220.20	7752.64
20	江苏前程房地产开发有限公司	221.18	92.05	129.13	140.29
21	淮阴师范学院	217.01	29.28	187.73	641.07
22	淮安盛祥泰房地产发展有限公司	207.35	117.77	89.57	76.06
23	中国建设银行股份有限公司淮安城北支行	185.01	118.07	66.95	56.70
24	江苏省电力公司淮安市淮阴供电公司	183.06	144.10	38.96	27.04
25	江苏白玫化工有限公司	172.90	6.20	166.70	2690.17
26	中国工商银行股份有限公司淮安城北支行	169.10	106.86	62.24	58.24
27	淮安市冠万房地产开发有限公司	163.65	512.98	–349.32	–68.10
28	淮安市苏兴建设工程有限公司	153.46	4.87	148.59	3050.17
29	淮安市江淮房地产开发有限公司	152.53	1.92	150.61	7849.68
30	中国农业银行淮安市城北支行	148.22	77.87	70.35	90.34
31	淮安市区农村信用合作联社	145.38	124.07	21.30	17.17
32	江苏淮阴辉煌太阳能有限公司	127.91	62.26	65.65	105.45
33	淮安市互信建筑装饰工程有限公司	123.47	37.67	85.80	227.73
34	淮安海螺水泥有限责任公司	121.11	181.98	–60.87	–33.45
35	淮安市民生实业有限公司	120.48	68.65	51.83	75.49
36	江苏省烟草公司淮安分公司淮阴区市场营销部	118.51	114.57	3.94	3.44
37	淮安友文人造板制造有限公司	102.11	49.78	52.33	105.12
38	中国人民财产保险股份有限公司淮安市淮阴支公司	101.07	73.81	27.26	36.93
39	淮安市华钢房地产开发有限公司	98.18	0.83	97.35	11760.38
40	淮安万邦香料工业有限公司	97.21	25.75	71.47	277.58
41	江苏汇丰房产实业有限公司淮阴区分公司	94.28	0.00	94.28	—
42	江苏银行股份有限公司淮安淮阴支行	93.17	76.26	16.91	22.18
43	淮安市高速公路建设指挥部	91.75	965.45	–873.70	–90.50
44	淮安市东方自来水有限公司	88.82	110.16	–21.34	–19.37
45	江苏淮安双鹤药业有限责任公司	88.42	195.95	–107.52	–54.87
46	淮安市翔和翎物流有限公司	85.72	1.77	83.95	4747.94
47	淮安市淮阴区财工运输有限公司	84.84	1.03	83.81	8166.90
	合 计	18884.50	13678.08	5206.43	38.06

2008年重点税源企业入库税收统计表

表5-15 单位：万元

序号	企业名称	入库税款	上年入库	同比增收	同比增长%
1	淮安市鑫龙房产有限责任公司	3467.91	2055.82	1412.10	68.69
2	上海太平洋化工（集团）淮安元明粉有限公司	2711.73	2921.31	-209.57	-7.17
3	中国石化集团江苏石油勘探局淮安采输卤管理处	2117.84	760.35	1357.49	178.54
4	华能淮阴第二发电有限公司	1469.23	2111.29	-642.06	-30.41
5	南风集团淮安元明粉有限公司	1400.35	1416.24	-15.89	-1.12
6	淮安市曙光房地产开发有限公司	2087.35	50.31	2037.04	4048.97
7	淮安市富豪房地产开发有限公司	861.94	546.49	315.45	57.72
8	江苏环宇置业有限公司	799.45	25.07	774.38	3088.86
9	淮安市淮阴力源电力实业开发有限公司	796.14	802.69	-6.54	-0.82
10	淮安市颐丰置业有限公司	780.01	44.43	735.58	1655.57
11	淮安国华房地产开发有限公司	656.12	25.96	630.16	2427.49
12	淮安市淮阴盐矿	553.82	57.57	496.25	861.98
13	华能淮阴发电有限公司	534.96	630.93	-95.96	-15.21
14	淮安益兴置业有限公司	526.76	29.59	497.17	1680.18
15	淮安市浙商投资建设有限公司	516.15	0.03	516.12	1985086.85
16	江苏汇丰房产实业有限公司淮阴区分公司	467.14	94.28	372.86	395.50
17	江苏平安房地产开发有限公司	448.74	306.98	141.75	46.18
18	中国建设银行股份有限公司淮安杨庄支行	442.21	361.32	80.89	22.39
19	淮安市世邦房地产开发有限公司	424.93	22.22	402.71	1812.03
20	淮安盛祥泰房地产发展有限公司	412.45	207.35	205.10	98.92
21	淮安市淮阴区农电服务有限公司	408.27	50.84	357.43	703.03
22	淮安市第一人民医院	400.01	484.44	-84.43	-17.43
23	淮安扬帆房地产开发有限公司	368.82	31.59	337.24	1067.61
24	中国移动通信集团江苏有限公司淮阴区分公司	354.71	253.75	100.96	39.79
25	淮安淮阴华尔润红星盐矿有限公司	341.91	239.07	102.84	43.02
26	淮安市振达钢管制造有限公司	314.55	276.22	38.33	13.88
27	江苏省电力公司淮安市淮阴供电公司	305.31	183.06	122.25	66.78
28	中国电信股份有限公司淮安淮阴区分公司	301.63	336.33	-34.70	-10.32
29	江苏白玫化工有限公司	298.82	172.90	125.92	72.83
30	淮安同业房地产开发有限公司	297.27	417.90	-120.63	-28.86
31	中国工商银行股份有限公司淮安城北支行	293.99	169.10	124.89	73.85
32	江苏淮阴辉煌太阳能有限公司	286.66	127.91	158.75	124.11
33	淮安市怡华房地产开发有限公司	261.49	0.64	260.85	40441.88
34	中国建设银行股份有限公司淮安城北支行	257.26	185.01	72.25	39.05
35	淮安市区农村信用合作联社	241.53	145.38	96.15	66.14
36	淮阴师范学院	235.75	217.01	18.73	8.63
37	江苏兴淮建设工程有限公司	213.13	11.79	201.34	1707.95
38	淮安市淮阴光明农电有限公司	211.26	22.18	189.07	852.28
39	中国农业银行淮安市城北支行	205.14	148.22	56.92	38.40

续表5-15

序号	企 业 名 称	入库税款	上年入库	同比增收	同比增长%
40	淮安市万星房地产开发有限公司	189.12	223.04	-33.92	-15.21
41	淮安海螺水泥有限责任公司	181.32	121.11	60.21	49.71
42	中国人民财产保险股份有限公司淮安市淮阴支公司	163.35	101.07	62.28	61.61
43	江苏银行股份有限公司淮安淮阴支行	129.55	93.17	36.38	39.05
44	淮安市江淮房地产开发有限公司	126.72	152.53	-25.80	-16.92
45	淮安市温州侨信房地产有限公司	115.05	7.04	108.01	1534.84
46	淮安市翔和翎物流有限公司	113.71	85.72	27.99	32.65
47	淮安市华发置业有限公司	111.27	446.51	-335.24	-75.08
48	淮安市民生实业有限公司	108.66	120.48	-11.81	-9.81
49	中国银行股份有限公司淮安淮阴支行	107.22	64.17	43.05	67.09
50	淮安市吉安物流有限公司	106.14	72.01	34.14	47.40
51	淮安市东方自来水有限公司	102.61	88.82	13.79	15.52
52	江苏省烟草公司淮安市公司淮阴营销部	101.45	118.51	-17.05	14.39
53	江苏民康油脂有限公司	99.79	22.56	77.23	342.29
54	中华联合财产保险股份有限公司淮安市淮阴支公司	97.73	58.89	38.83	65.94
55	淮安市黄河水电安装有限公司	94.27	44.76	49.51	110.61
56	江苏翔宇电力装备制造有限公司	93.96	64.96	28.99	44.63
57	江苏双汇物流有限公司	87.66	0.00	87.66	—
58	淮安市淮阴医院	84.87	29.69	55.18	185.85
59	江苏淮阴一品梅纸制品有限公司	84.68	27.49	57.19	208.03
60	淮安市飞翔城镇建设开发有限公司	80.94	28.77	52.17	181.30
	合 计	29452.81	17914.86	11537.95	64.40

2009年重点税源企业入库税收统计表

表5-16　　单位：万元

序号	企 业 名 称	入库税款	上年入库	同比增收	同比增减%
1	淮安中业地产有限公司	967.91	48.65	919.26	1889.54
2	华能淮阴第二发电有限公司	1919.23	1469.23	450	30.63
3	上海太平洋化工（集团）淮安元明粉有限公司	1760.73	2711.73	-951	-35.07
4	淮安国华房地产开发有限公司	1619.41	656.12	963.29	146.82
5	江苏环宇置业有限公司	1101.37	799.45	301.92	37.77
6	淮安市鑫龙房产有限责任公司	1076.13	3467.91	-2391.78	-68.97
7	中国石化集团江苏石油勘探局淮安采输卤管理处	2440.96	2117.84	323.12	15.26
8	淮安益兴置业有限公司	966.52	526.76	439.76	83.48
9	淮安市淮阴力源电力实业开发有限公司	944.78	796.14	148.64	18.67
10	华能淮阴发电有限公司	930.79	534.96	395.83	73.99
11	淮安市世邦房地产开发有限公司	859.66	424.93	434.73	102.31
12	淮安市富豪房地产开发有限公司	722.62	861.94	-139.32	-16.16

续表5-16

序号	企业名称	入库税款	上年入库	同比增收	同比增减%
13	淮安市振达钢管制造有限公司	676.06	314.55	361.51	114.93
14	江苏汇丰房产实业有限公司淮阴区分公司	643.57	467.14	176.43	37.77
15	淮安天喜置业有限公司	628.13	0.42	627.71	149454.76
16	江苏省电力公司淮安市淮阴供电公司	609.42	305.31	304.11	99.61
17	淮安豪景房地产开发有限公司	597.49	80.13	517.36	645.65
18	淮安市颐丰置业有限公司	554.41	780.01	–225.6	–28.92
19	江苏省盐业集团淮盐矿业有限公司	551.08	25.82	525.26	2034.31
20	江苏怡宁置业有限公司淮安分公司	543.58	9.43	534.15	5664.37
21	江苏淮阴辉煌太阳能有限公司	540.38	286.66	253.72	88.51
22	淮安盛祥泰房地产发展有限公司	535.95	412.45	123.5	29.94
23	淮安市第一人民医院	482.35	400.01	82.34	20.58
24	淮安市浙商投资建设有限公司	465.56	516.15	–50.59	–9.80
25	江苏天山建设集团有限公司	463.4	4.38	459.02	10479.91
26	中国移动通信集团江苏有限公司淮阴区分公司	462.04	354.71	107.33	30.26
27	江苏平安房地产开发有限公司	458.06	448.74	9.32	2.08
28	江苏白玫化工有限公司	441.21	298.82	142.39	47.65
29	淮安市区农村信用合作联社	429.47	241.53	187.94	77.81
30	南风集团淮安元明粉有限公司	419.18	1400.35	–981.17	–70.07
31	淮安淮阴华尔润红星盐矿有限公司	396.14	341.94	54.2	15.85
32	淮安市淮阴盐矿	361.55	553.82	–192.27	–34.72
33	中国工商银行股份有限公司淮安城北支行	352.49	293.99	58.5	19.90
34	中国建设银行股份有限公司淮安杨庄支行	350.21	442.21	–92	–20.80
35	中国电信股份有限公司淮安淮阴区分公司	322.39	301.63	20.76	6.88
36	淮安市淮阴光明农电有限公司	304.9	211.26	93.64	44.32
37	中国建设银行股份有限公司淮安城北支行	297.52	257.26	40.26	15.65
38	淮安祥龙房地产开发有限公司	291.92	4.82	287.1	5956.43
39	淮阴师范学院	284.41	235.75	48.66	20.64
40	中国农业银行股份有限公司淮安城北支行	259.5	205.14	54.36	26.50
41	淮安市怡华房地产开发有限公司	257.6	261.49	–3.89	–1.49
42	淮安万邦实业有限公司	252.43	75.06	177.37	236.30
43	淮安市华阳置业有限公司	250.31	1.18	249.13	21112.71
44	淮安同业房地产开发有限公司	250.17	297.27	–47.1	–15.84
45	江苏翔宇电力装备制造有限公司	247.31	93.96	153.35	163.21
46	江苏淮安双汇食品有限公司	231.1	18.23	212.87	1167.69
47	江苏省烟草公司淮安市公司淮阴营销部	205.49	101.45	104.04	102.55
48	淮安市吉安物流有限公司	188.72	106.14	82.58	77.80
49	江苏双汇物流有限公司	183.13	87.66	95.47	108.91
50	淮安海螺水泥有限责任公司	179.06	181.32	–2.26	–1.25
51	中国银行股份有限公司淮安淮阴支行	176.36	107.22	69.14	64.48

续表5-16

序号	企业名称	入库税款	上年入库	同比增收	同比增减%
52	淮安市黄河水电安装有限公司	170.13	94.27	75.86	80.47
53	淮安市万星房地产开发有限公司	168.3	189.12	–20.82	–11.01
54	江苏民康油脂有限公司	165.32	99.79	65.53	65.67
55	淮安友文人造板制造有限公司	159.81	111.48	48.33	43.35
56	淮安市温州侨信房地产有限公司	157.96	115.05	42.91	37.30
57	中国人民财产保险股份有限公司淮安市淮阴支公司	157.05	163.35	–6.3	–3.86
58	江苏银行股份有限公司淮安淮阴支行	147.93	129.55	18.38	14.19
59	江苏白玫糖业有限公司	144.46	63.65	80.81	126.96
60	淮安市翔和翎物流有限公司	140.7	113.71	26.99	23.74
61	淮安市冠万房地产开发有限公司	140.04	8.71	131.33	1507.81
62	淮安扬帆房地产开发有限公司	136.41	368.82	–232.41	–63.01
63	淮安市淮阴医院	132.33	84.87	47.46	55.92
64	淮安市民生实业有限公司	129.97	108.66	21.31	19.61
65	淮安市淮阴区农电服务有限公司	127.97	408.27	–280.3	–68.66
66	江苏亘盛建设工程有限公司	112.92	5.98	106.94	1788.29
67	淮安市淮阴区兴淮房地产开发有限公司	107.37	13.26	94.11	709.73
68	江苏淮阴一品梅纸制品有限公司	102.24	84.68	17.56	20.74
69	中华联合财产保险股份有限公司淮安市淮阴支公司	97.34	97.73	–0.39	–0.40
70	淮安中绿园林机械制造有限公司	90.75	61.51	29.24	47.54
71	江苏前程房地产开发有限公司	85.95	79.42	6.53	8.22
72	淮安富泰革基布有限公司	81.36	69.36	12	17.30
73	中国人寿财产保险股份有限公司淮阴区支公司	81.34	36.12	45.22	125.19
	合计	33291.81	27448.43	5843.38	21.29

第二节 会计管理

税收会计是核算与监督税收资金运动的专业会计，它是以直接负责税款征收、入库业务的税务机关为会计主体，以货币为主要计量单位，对税收资金及其运动进行连续、系统、全面、综合的核算与控制，为税收工作及时、准确地提供信息资料，以保证税收政策法规的正确贯彻执行和征收税款及时、足额入库的一种税收管理活动。

税收会计的核算

税收会计的核算对象是税收资金及其运动，即税务部门组织征收的各项收入的应征、征收、减免、欠税、上解、入库和提退等运动的全过程。

税收资金可分为资金来源和资金占用两类。税收资金来源分为应征税金、多缴税金和暂收款三种。资金占用形态有代征税金、待解税金、在途税金、减免税金、入库税金、提退税金、损失税金和保管款等八种。

税收会计总账科目共有十八个。其中：资金来源类科目四个，即应征税收、应征其他收入、多缴税收、暂收款；资金占用类科目十四个，即待征税收、待征其他收入、减免税金、上解税收、上解其他收入、待解税收、在途税收、入库税收、入库其他收入、提退税金、待处理损失税金、损失税金核销、待清理呆账税金、保管款。税收会计记账方法采用“借贷记账法”，会计核算单位有上解单位、入库单位、双重业务单位、现金业务单位。

税收会计凭证是记录税收业务发生的最初书面证明，它是会计核算的原始凭证，是填列记账凭证和登记明细账的依据。它分为应征凭证、减免凭证、征解凭证、入库凭证、提退凭证和其他凭证。

税收会计账簿分为总分类账、明细分类账、日记账、辅助账。税收会计可采用记账凭证和科目汇总两种核算方法。

税收会计报表主要有《税收资金平衡表》、《入库税金明细表》、《应征税收明细报表》、《待征税金变动情况报表》、《待处理呆账税金明细报表》、《提退税金明细报表》、《查补税金及税款滞纳金、罚款收入明细报表》、《减免税金明细报表》、《滞纳金明细报表》等。

税收会计制度

1995 年，江苏省地税局转发《国家税务总局印发税收会计核算办法的通知》，凡使用计算机的地区，要按《办法》进行会计核算，手工核算的地区，结合当地实际提出修改意见。根据总局和省局的文件精神，从 1995 年淮阴县地税局开始进行税收会计改革。基层分局作为上解单位，淮阴县地税局作为入库单位进行核算，上解单位用手工上报应征和上解汇总单,入库单位则进行全面的计算机核算。2001 年开始，上解单位也开始用计算机进行核算。2004 年，随着征管改革的到位，实现全区集中征收模式，取消基层上解单位，由淮阴地税局做全面的税收会计核算，全局只有一个入库单位，全面反映税收资金全过程的运动情况，实现真正意义上的会计核算。

第三节　统计管理

税收统计指标的主要分组方法有：按税种分组、按征收单位分组、按国民经济行业分组、按企业登记注册类型分组、按主要税种的税目分组。

税收统计报表主要有《税收收入分税种分级次完成情况表》、《税收收入分行业统计表》、《税收收入分企业类型统计表》、《营业税分企业类型统计报表》、《企业所得税分企业类型统计报表》、《个人所得税分项目统计报表》、《资源税分企业类型统计表》、《涉外税收税额统计报表》、《税收欠税分企业类型统计报表》、《清理其他呆账税金分行业统计报表》等种类。

税收统计分析是运用税收统计资料对统计内容进行概括评析、推断、预测的过程，也是通过统计资料发现问题，揭示矛盾，总结原因并提出建议措施的过程。淮阴地税局紧密联系经济税收实际运行情况，不断改进统计分析办法，经常开展专题分析、系统分析，充分发挥税收分析为领导决策服务、为经济良性发展服务的作用。2008 年，《税收分析若干问题的探讨》一文，在《江苏地税》杂志上发表。

第四节　票证管理

税收票证，简称“税票”，是指税务机关组织税款、基金、费用及滞纳金、罚款等各项收入时使用的法定收款、退款凭证。

税收票证管理根据财政部 1986 年 10 月制定的《税收票证管理暂行办法》的规定，进行税收票证的领发、开具、结报、缴销、盘点、核算、检查等工作，基本上都是手工操作。同时，配备具有安全条件的票证专用库房和票证保险专用箱柜，并有专人负责票证的管理工作，票管人员和用票人经常检查票证安全情况，做好防盗、防火、防潮、防虫蛀、防鼠咬和防丢失等工作。

1998 年，国家税务总局出台实施《税收票证管理办法》，江苏省出台相关的补充规定，地税部门每年按季度和半年开展税收票证专项检查和抽查，并对检查结果进行内部通报，予以促进税收票证管理水平。同年，开始使用转账完税证、罚款收据和征税、退库专用章。

税收票证种类共有转账完税证、现金完税证、定额完税证、税收退还书、印花税票、车船使用税完税、免税标志、税收保证金收据、代扣代收税款凭证、个人所得税完税证明和印花税票销售凭证十一种，视同现金管理的税收缴款书凭证及征税专用章、退库专用章、印花税收讫专用章三种章戳。

列入税收票证管理的其他票证包括车船使用税标志、税票调换证、固定资产投资方向调节税零税率项目凭证、纳税保证金收据、印花税票销售凭证和定额票证等六种。

1999 年，淮安市地方税务局《税收票证管理操作规程》、《基金票据管理暂行办法》、《税收票证管理制度》开始颁发和实施，此后，由纯手工开票向微机开票逐步过渡，票证的联次和种类逐渐减少，征管模式也越来越规范。印制的票证由开始的必须垫复写纸的普通纸到含复写功能的有碳纸，再到后来的无碳复写纸，纸张的质量有很大的提高，填写方便、复写均匀，提高开票水平，也有利于后来的微机开票的大力推广。

2000年，根据《淮安市地税系统新征管软件应用税收计会统、票证管理暂行规定》的要求，应用计算机征管系统软件，对所有库存票证进行盘点清理，不可利用的票证按规定手续及时销毁，其他票证适时、准确录入票证管理系统，保证机内外票证一致。加强了税收票证管理，规范对作废票证的审批手续，同时开始推行用机器开票，逐步减少手工完税证的开具，实行以机控税、以票管税，规范票证填开，保证国家税款及时安全入库。同年，受淮安市淮阴区政府委托征收各项社会保险费，根据票证管理办法的规定印制和使用社会保险费现金收据和专用缴款书，按规定及时划缴入库。

2002年，根据《淮安市地方税务局关于进一步加强税收及基金（费）票证管理工作的通知》的规定，新改进后的征管软件正式投入使用，手工票证账与计算机票证账并轨运行，并逐渐磨合，及时归档票证资料。同时，淮安市区财税库行联网系统正式投入运行，纳税人申报的税款、基金、社会保险费统一使用新的联网专用税收通用缴款书，实现一票多税（费）。

2003年，根据国家税务总局《关于使用税收计会统报表管理系统（TRS软件）的通知》，票证报表开始使用TRS系统，自动计算汇总上报报表，解决原报表软件陈旧、功能欠缺、软件不统一的问题。该报表数据交流和共享性提高，实现一套报表能多人同时操作；操作灵活，交换自如，数据包以文本形式存在，报表可直接转换成EXCEL格式；报表的拾取功能、统计图功能、打印功能，便捷实用，增加动态分析功能。

2004年，根据ISO 9000质量管理体系要求，税收票证管理规程经修订后编入作业指导书，制定《税收票证管理工作规范》，从目的、适用范围、岗位职责、工作规范、相关文件、记录六个方面对编制计划、票证领发、票证保管、票证使用、票证结报缴销、票证作废停用损失处理、票证核算、票证销毁、票证检查、违规处罚等方面做全面规定。

2005年，对票证模块数据全面清理，并对系统进行进一步的升级和完善，票证的领、用、存、作废、缴销、损失、停用上缴等流程实现数据统计电子化，自动生成《票证结报手册》、《税收票证永存报告表》和各类《税收票证分类出纳账》等核算数据，另外加强对现金类票证的管理。同年，网上申报软件开始推广，明确对网上申报方式税收票证管理的要求。

2006年，根据国家税务总局个人年收入12万元以上自行申报政策，制定符合淮阴地税实际的票证管理规定，为已建档的个人所得税纳税人提供完税证明，规范个人所得税完税证明、现金完税证的开具和管理。

2007 年，根据《江苏省地方税务局关于做好货运发票税控系统推广工作的通知》的规定，针对货运发票税控系统使用专门的货运专用现金完税证，对相关系统进行初始化设置，把货运代开票系统和征管系统有机结合起来，确保税控系统的成功上线，规范货运完税证的领用和结报。

2009 年，根据《TIPS 及 3.0 系统下票证管理办法（试行）》的规定，对税收票证的设计、印制、计划、领发、保管、填用、结报缴销、作废、停用、盘点、损失处理、核算、检查等各个环节及 TIPS 扣款业务做详细的规定，对各种票证的结报时间、结报程序进行详细说明，要求由专人对账，将对账单按出项、进项逐笔核对，并采用按开票人按次汇总的记账方式，做到日清月结，破解待报解预算收入专户管理中银行端扣款、银行记账以及纳税人申报常出错的难题，填补现行票证管理的空白，确保税款及时、安全、足额入库。

第六章 征收管理

税收征收管理，是税务机关依据税法指导纳税人正确履行纳税义务，并对征纳税过程进行组织、管理、监督、检查等的过程。建局后，淮阴地税局积极贯彻实施《中华人民共和国税收征管法》(以下简称《征管法》)，不断深化征管改革，完善分级分类各项管理制度。在税源调查基础上，加强个体、集贸市场税收征管，清理漏征漏管，完善源泉扣缴、委托代征、协税护税等地方税收保障制度。逐步建立税源管理、纳税评估、税收分析、纳税检查四位一体联动的地税征管机制，税收征管向精细化、规范化、科学化方向发展，不断提高征管效能。

第一节 《征管法》的贯彻实施

税收征管法律制度的演变

新中国成立后30多年的时期内，我国没有一部完整的税收征管法律制度。一些征管规定大多散于各税种法规中，显得分散、简单和不健全。1986年4月21日，国务院发布《中华人民共和国税收征收管理暂行条例》，自1986年7月1日起执行。这个条例是国家税收管理工作的一项重要立法，是国家运用法律手段加强税收管理的一项重要措施，也是国家税收征管制度逐步实现系统化、法制化的一个重要步骤。1992年9月4日，第七届全国人大常委会第27次会议通过《中华人民共和国税收征收管理法》，自1993年1月1日起施行。这是我国第一部统一的税收征收管理法律，也是我国第一部统一的税收程序法，“法治、公平、文明、效率”的治税思想开始确立，税收征管法制建设逐步加强。

2001年4月28日，九届全国人大常委会第21次会议修订通过了《中华人民共和国税收征收管理法》修正案，自 2001 年 5 月 1 日起实施，其实施细则于 2002 年 10 月 15 日起配套施行。新《征管法》紧紧围绕“依法治税，从严治队”，认真贯彻了“加强征管、堵塞漏洞、清缴欠税、惩治腐败”的精神，是国家税收法制建设的一个重大突破，标志着依法治税又迈上了一个新台阶。

贯彻实施《征管法》

淮阴地税局成立伊始，就提出依法治税的理念，把学习贯彻《征管法》作为重要工作来抓，抓好全员培训学习。1994 年和 2001 年，在两次《征管法》出台之初及其后几年间，为准确理解和把握《征管法》的精神实质，通过多层次、多方式的培训活动,促使广大税务干部研究、熟悉《征管法》。新《征管法》及其细则实施以来，先后多次举办专题培训班、专题讲座，组织全体税务干部进行《征管法》业务考试。并将《征管法》的学习与其他相关税收政策法规的学习相结合，融会贯通，推动《征管法》学习不断深入，提高税务干部对《征管法》的全面综合理解和运用能力。

广泛进行宣传。坚持集中宣传和日常宣传相结合。每年税收宣传月期间，采取税法讲座、发放宣传资料、设咨询点、开公示栏等多种形式宣传征纳双方的权利和义务，宣传办税程序和法律责任。日常工作中，结合“三五”普法和“四五”普法，先后多次向各级党政领导干部、企业负责人、财务管理人员讲解税收征管法及其实施细则。

加强执法管理，提高干部执法水平。1996 年至 2001 年，制定了税收执法的一系列规范性文件，对税收执法程序、执法文书等税收执法工作的各个环节和步骤提出明确标准和要求。层层签订《税收执法责任书》，实行税收执法责任制、一票否决制和执法过错责任追究制度。同时，大力推行公开办税制度，公开办税程序和各部门职能，公开接受纳税人监督，以公开促公正，保证了税收执法的程序规范和公正、准确。2001 年以后，逐步将执法管理纳入目标责任制考核。

推进依法治税

新《征管法》实施以来，淮阴地税局认真贯彻，狠抓落实，加强基础管理，优化税收服务，加强执法队伍建设，保证了税收收入的及时足额入库。

加强征管基础管理，提高税收管理水平。把加强征管基础管理作为贯彻落实《征管法》的一项重要内容，一是加强部门配合，搞好信息交流。积极主动地与有关部门联系，争取部门配合，提高涉税信息共享面。二是不断加大信息技术投入，提高税收管理信息化水平。建立起上连省局、下通各基层征管单位的计算机局域网络，将纳税人的涉税信息录入计算机，实现信息共享。税收信息化网络已广泛应用于税务登记、纳税申报、税款征收、执法管理等税收工作的各个环节，税收征管日趋科学化、信息化和规范化。三是大力推广税控装置。从2001年开始，在饮食行业进行税控机试点成功后，逐步扩大推广范围，截至2009年底，建筑、交通运输、饮食、娱乐、广告、旅馆、出租车等行业都开始使用税控装置，充分发挥了以“机”管税、以票管税的作用，税源监控得到进一步加强。四是认真落实税收管理员制度。对全区所有税源，按地域划分成若干个征管责任区，每个责任区对应确定管理员，明确管理员的工作职责、要求和标准。

建立科学的征管机制。科学整合资源，合理设置征管机构，理顺征、管、查之间的关系。同时，按照岗责明晰、精细规范的要求，进一步细化、完善各个环节的岗位职责和流程。2004年下半年起，淮阴地税局建立了ISO 9000质量管理体系，将征收管理、纳税服务和质量管理结合起来，用质量管理的理念与要求来管理税收工作，在税务登记、纳税申报、税款征收、发票管理、纳税服务、减免税管理、核定征收、纳税评估、重点税源监控、税收执法等涉及税收工作的各个不同岗位和环节上，进行质量管理与流程控制，规范税收征管的各个环节。

优化税收服务。依法维护纳税人合法权益，将保护纳税人合法权益提升为尊重和服务纳税人，并采取了一系列措施。通过开展形式多样的宣传与培训活动，提高纳税人的维权意识，如举办培训班、公告税法、免费发放税收资料、网上送税法，以及利用电子显示屏、触摸屏、税法宣传栏等，多形式、多角度、多层次地宣传新《征管法》，帮助纳税人充分了解各项税法规定和享有的合法权益，知悉税务机关、税务人员的职责权限，增强纳税人的法律意识和维护自身权益意识。通过落实责任追究，推进纳税人权益保障工作。畅通纳税人法律救济渠道，在办公场所醒目位置设立意见箱，公开举报电话，网上开通局长信箱等，为纳税人提供税收法律援助，对侵害纳税人合法权益的单位和个人，实行一票否决制，切实保障纳税人的合法权益。

整顿税收秩序

1999年，淮阴地税局着手整顿和规范税收秩序，尤其是农村税收征管秩序，成为以后三年税收工作的重点。其背景是地税收入任务在连续数年高基数增长的前提下，农村地方税税源没有实质性增长，乡镇政府迫于收入任务压力，先后出现了“无税空转”、“费转税”、“异地转引税款”等不正常的扰乱税收征管秩序的现象。淮阴地税局先后召开三次整顿税收秩序大会，坚持“宽严结合，双管齐下”的工作方针。宽即不向下压指标、逼任务，要求各分局在排查税源的基础上，突出应收尽收，不收过头税。严即对税务干部要求严，对征管质量考核严，突出对税干自征税款考核。双管齐下，即对外堵水分，对内查责任。针对以往乡镇收入中的虚假现象，从年初开始，反复向地方党政领导宣传税法，陈述虚假收入的危害，逐步达成共识。一方面严管税票、发票，不该收的钱一分不能收，不能开的票一份不准开，有效杜绝了“无税空转”和“费转税”现象，少数乡镇超越本地征管范围到外地去转引税款、拉税网税的问题，也得到遏制，税务干部自征税款取得新突破，增幅明显。同时结合地税工作中暴露出来的税收执法和征收管理方面存在的问题，开展税收执法队伍整顿，全面推进岗位责任制和过错追究制，着力整顿对征管范围内税户、税源、应征税款的管理，规范发票、票证的领用、填开、入库。做到岗位责权分明，规范执法行为，不多征，不少征，不乱征，不以税谋私，突出依法治税的原则。2001 年，原定乡镇地方税收入任务 3300 万元，在坚持依法治税、整顿税收秩序的原则下，实际入库地方税 2264 万元，全年挤压水分近 1100 万元。

2001 年底，国家税务总局为贯彻落实国务院整顿和规范市场经济秩序会议精神，进一步整顿和规范税收秩序，发出通知，把税务机关作风建设作为整顿和规范税收秩序的着力点，清理纠正违法违规的税收文件，强化个人所得税专项检查，开展对建筑业、房地产业、加油站等三类企业的税收检查。淮阴地税局对此次专项整顿工作十分重视，以稽查局为主体，抽调部分机关业务骨干组成若干检查小组，结合实际年度所得税汇算清缴，对全区范围内三类企业全面检查，取得了较好效果。此后，以专项检查和清理漏征漏管户为主要内容的规范税收秩序的行为，成为淮阴地税局经常性工作。

第二节　征管改革

征管模式的变化

淮阴县地方税务局成立之初，在征管模式上延续了专管员管户制度，其特点是“一员进厂，各税统管”，征收、管理、稽查三项职能集于一身。

1995 年，淮阴县地税局在征管改革的道路上探索前进。在“抓好试点，突出重点，稳步推进，全面靠拢”的原则下，征管模式和基础建设方面全面启动，分步实施，逐步向新的征管模式靠拢。采取先城区后农村，先手工操作后微机，先征管、检查两分离，后征收、管理、稽查三分离的实施步骤。对农村，要求突出抓纳税申报秩序的建立和加强内部基础工作。城区从 1995 年 3 月起，直属分局按照征管、检查两分离的要求，对人员进行重新分工组合，取消专管员管户制度，变管户为管事。全局二分之一人员负责征收管理，主要从事开票征收、计统、票证发票管理、税务登记和税务咨询；三分之二的人员负责检查，检查对象轮换，从根本上解决一人管户，征管查一肩挑的局面。针对改革中出现的实际问题，制定和完善了一系列工作制度和考核办法，既明确了责任，又调动了工作人员的积极性。

经过近一年的实践，征管改革试点取得明显成效：征管工作程序化、规范化，征纳双方协调一致，建立了良好的纳税秩序；纳税申报率迅速提高，改革前纳税申报率不到50%，改革后，遵期上门申报率达到90%以上；税款收入稳定增长，大起大落现象没有了；同时促进了地税干部的廉政建设和行风建设。

1998年，继续推进和深化征管改革，坚持“巩固提高，规范统一”的原则，城区逐步向征管、稽查外分离过渡，农村所有征收分局，建立办税服务厅，实行集中征收，乡镇设立征收点，定期巡回征收税款。

1999年，全面实施农村税收征管改革，建立起“以申报纳税和优化服务为基础，以计算机网络为依托，集中征收，重点稽查”的新的征管模式，对原有10个农村中心税务所简并为8个税务分局，分局设立“两所一厅”，即征收管理所、稽查执行所和办税服务厅，办税服务厅人员隶属征收管理所。征收管理所的职责是负责接受办理纳税人的税务登记、定额的审查和核定、纳税申报与税款征收、纳税人财务与账簿的管理、发票发售与管理、接受纳税人停歇业、减免税以及缓缴税款的申请与报批事宜，并向纳税人提供涉税表证单书的发售和税收法律知识的咨询服务。征收管理所同时负责税收计、会、统工作和税收票证管理工作，负责办税服务厅所有日常事务及管理工作。稽查执行所的职责是按照县级稽查局以及本分局的部署与指导，进行日常税收稽查和专项及专案稽查工作，负责稽查对象的甄选、稽查计划的制订、一般性案件的调查、审理和定案，重大案件的初步审理和调查、上报工作，负责对征收期后由征收管理所转交的逾期未申报入库税款的催报催缴工作，负责税收保全和强制执行措施的实施以及其他需要执行的事项。稽查人员比例占到全体税务人员的40%以上。

2004年9月，按照征管模式、机构、信息系统统一的原则及市局“机构扁平化、人员专业化”的征管改革要求，把绩效考核纳入税收管理的各环节，进一步完善各项考核指标体系和方法，强调以结果为标准，对个人的绩效评价体现在劳动、知识、技能等要素参与价值分配，解决“干多干少一个样，干好干坏一个样”的弊端。以纳税服务为主线、计算机技术为支撑、专业化管理为手段、流程优化为导向，建立“统一登记、集中征收、属地管理、一级稽查”的征管新体系，使职责明确、监控有力、高效廉洁、服务优质，进而使税收征管全面实现规范化、专业化、信息化，最终实现科学化。最大限度激发干部工作的积极性、主动性、创造性，促进工作质量、效率和服务水平的提高。

2009年，按照优化流程、整合系统、专业化管理、规范化运作的要求，重组现有征管机构。在城区设立第一、第二税务分局，农村设立第三至第六税务分局，淮阴经济开发区设立第七税务分局。第一分局为征收分局，负责全区所有纳税人税务登记、纳税申报与税款征收工作；第二至第七分局负责税收管理工作，稽查局专司稽查职能，全面确立了征、管、查三分离的征管模式。

申报方式的变化

1995 年，淮阴县地税局在实施征管改革之初，即提出让纳税人主动上门申报的做法与要求，纳税人自觉、主动上门申报率逐渐提高。

1999 年起，全面推行纳税人自行申报制度，即由纳税人自行到办税服务厅报送申报资料并缴纳税款。积极推行邮寄申报、代理申报等切实可行的新型申报手段，促进纳税人自觉履行纳税义务，对不主动履行义务的纳税人严格加收滞纳金并予以处罚。对分局所在地以外的乡镇固定个体业户税收，由办税服务厅根据定额核定和停歇业情况，将税票打印后，征收点负责征收。征收期结束后，对逾期未缴纳税款的均移交稽查执行所按规定处理，以加大对拖欠税款行为的处罚力度。对乡镇协税护税力量组织的市场、屠宰、车船等税收统一由征收点集中到大厅缴纳。同时借助社会协税护税力量，采取多种方式征收税款。

2002 年 10 月，淮安市地税局印发了关于推广应用电子申报工作实施方案，在全市纳税人中推广应用电子申报方式。所谓电子申报，就是使用全省统一的电子申报系统，利用计算机网络，将申报表及其他涉税资料传送到指定的税务网站，同时根据预先签订的协议，税务机关通过网络直接将纳税人申报的税款从纳税人指定的银行账户上划缴入库，真正实现纳税人足不出户就能完成申报缴税。电子申报方式首先在淮阴地税局重点税源企业及“三资企业”中推行，以后在其他纳税人中逐渐推开。

在对企业实行电子申报的同时，对“双定”个体工商户推广使用银行划卡缴税方式，要求实行定期定额征收的个体户在农行开设账户，由银行发给银行卡，纳税人预先存上定额税款，主管税务机关定期通知银行进行扣缴入库，纳税人不再办理纳税申报，缴款即视同申报。

随着信息化的不断发展，电子申报方式越来越得到纳税人的认可，企业电子申报率逐年上升，到 2008 年，企业电子申报率已达 85% 以上。

涉税审批方式的变化

2003 年 10 月，根据淮安市地税局《关于简化办税程序，改革行政审批的意见》，淮阴地税局从 11 月 1 日起，对办税程序实行简化，对行政审核、审批办法进行改革。

在法律法规规定的框架内，简化办税程序，下放审核、审批权限。对所有涉税审批事项一律前移至办税服务厅，开展“一站式”服务。对需层报市局、省局、总局审核、审批的项目，一律由县（区）局预先进行审核、审批，然后按规定程序和权限层报有权税务机关审核、审批。强化审核、审批责任，严肃审核、审批过错责任追究，规范审核、审批程序。

第三节　专业管理

税务登记

税务登记是税收征收管理的首要环节，是税务机关对纳税人的基本情况及生产经营项目进行登记管理的一项基本制度，是税务机关对纳税人实施管理、了解掌握税源情况的基础。

税务登记管理包括设立登记、扣缴税款登记、变更税务登记、停业复业登记、注销登记、外出经营报验登记等内容。

1994 年 9 月，国、地税分设之初，淮阴地税局管辖 747 户企业，其中国有企业 219 户，集体企业 503 户，私营企业 25 户。当时的税务登记管理权限按以下标准划分：

1. 凡有缴纳增值税（包括既缴纳增值税又缴纳营业税）义务的纳税人，其税务登记管理一律由国家税务局负责。

2. 只有缴纳营业税及其他地方税义务的纳税人，其税务登记管理由地方税务局负责。

3. 集中缴库单位的税务登记由国家税务总局负责。

从 1996 年 5 月 1 日起，根据《国家税务总局关于调整国家税务局地方税务局税收征管范围的通知》（国税发［1996］37 号）文件精神，对征收管理范围作了相应调整，并就税务登记管理作出以下规定：

国、地税对纳税人实施统一代码、分别登记、分别管理。凡 1996 年 4 月 30 日前已办理税务登记的，只缴纳营业税的纳税人的原税务登记资料全部移交地方税务局；缴纳增值税、消费税的纳税人，由国税局提供税务登记资料，地税局复印留存。1996 年 5 月 1 日以后新办的企业和个体纳税人，一律按调整后的征管范围实行分别登记。即只要缴纳地方税的纳税人，都要办理地税税务登记。

按照上述政策规定，淮阴县地税局在 1996 年下半年，开展了税务登记换证工作，全县换证户达 3000 户。年底，淮阴县地税局在全市税务登记换证工作中荣获“特等奖”。

在以后历年的征管工作中，在税务登记工作方面，注重利用各种专项工作进行漏征漏管户的清理，成为正常登记以外扩大管户范围的一个重要措施。

2001年10月，因2月淮阴县并入淮安市区更名为淮安市淮阴区，原淮阴县地税局更名为淮安市淮阴地税局，进行了一次本辖区范围内的换证。

2002年以后，通过加强与工商部门和国税部门的信息交流，并将相关登记信息及时反馈给基层征管分局，及时办理税务登记证并纳入正常税户管理。2004年，全区累计税务登记达11406户。

2005年，根据国家税务总局《税务登记管理办法》规定，条件允许的地方可以实行联合办证，会同区国税局召开联席会议，商讨了联合办证的有关事宜，决定自2005年7月1日起在全区范围内实施国、地税联合办理税务登记。采取一个机关受理、一套登记资料、一个税号管理、一份证件通用、一次收费完毕。凡需要办理税务登记的纳税人，只需向国税局或地税局一个部门申报办理税务登记，由受理税务机关核发一份由国税局和地税局共同认可的税务登记证件。个体工商业户、个人独资（合伙）企业、事业单位以及只缴纳营业税的改组改制企业等，只涉及地税部门征管的纳税人，只在地税机关办理相关登记。对于办理的税务登记所需的相关资料，双方根据各自的管理需要列举目录收集齐全，并于次日予以交换，保证纳税人及时纳入正常税户管理。

2006年，根据国家税务总局关于做好税务登记证件换证的有关要求，结合省市局文件精神，与区国税局召开联席会议，对税务登记换证的有关细节问题予以明确，具体包括换发税务登记的时间、地点、范围、程序、所需资料、工本费、违章处理等，并在新闻媒体上公告。强调此次换证国税部门以增值税、消费税户为主，地税部门以营业税户为主。

账簿凭证管理

账簿、凭证是税务机关确定纳税人、扣缴义务人是否正确履行纳税义务或扣缴义务的主要凭据，是税务检查的主要对象，是税务机关依法征税、依率计征的基础。

1. 对账簿的管理

账簿 又称会计账簿，是由一定格式的账页组成的，能够对全部经济业务活动进行全面、系统、连续、分类地记录和核算的簿籍。

账簿的分类，按照《中华人民共和国会计法》第15条及《征管法》实施细则第22条规定，账簿可以分为总账、明细账、日记账和其他辅助性账簿。

总账 全称为总分类账簿，是根据一级会计科目开设，分类登记全部经济业务活动的总括核算资料。按照《征管法》实施细则第22条的规定，总账必须采用订本式账簿。

明细账 全称为明细分类账簿，是根据总账科目所属的二级明细科目设置，用于分类登记某一类经济业务活动明细核算资料的分类账簿。

日记账 也称为序时明细账簿，按照经济业务活动发生时间的先后顺序，逐日逐笔登记经济业务的账簿。按照《征管法》实施细则第22条的规定，日记账必须采用订本式账簿。日记账不得用银行对账单或其他方法代替。

其他辅助性账簿 是指除总账、明细账、日记账以外的其他账簿，也称备查账簿，是为备忘、备查而设置的，其作用主要在于对总账、明细账、日记账中没有记录或者记录不完整的经济业务活动加以补充登记。

账簿的设置和启用 按照《征管法》实施细则第22条、第23条的规定，从事生产经营的纳税人应当自领取营业执照之日起15日内设置账簿。生产经营规模小又确无建账能力的个体工商户，可以聘请注册会计师或者经税务机关认可的财会人员代为建账和办理账务。

按照《征管法》实施细则第25条的规定，扣缴义务人应当自税收法律、行政法规规定的扣缴义务发生之日起10日内，按照所代扣代缴的税种，分别设置代扣代缴、代收代缴税款账簿。

启用账簿时，应当在账簿封面上写明单位名称和账簿名称，在账簿扉页上应当附启用表，内容包括：启用日期、账簿页数、记账人员和会计机构负责人、会计主管人员姓名，并加盖名章和单位公章。

账簿的保管 按照《征管法实施细则》第29条的规定，"账簿、记账凭证、报表、完税凭证、发票、出口凭证及其他有关涉税资料应当保存10年。但是法律、行政法规另有规定的除外"。

按照财政部、国家档案局1998年发布的《会计档案管理办法》的规定：企业账簿的保管期限：总账、明细账、日记账、辅助账簿的保管年限为15年，其中日记账的现金和银行存款日记账的保管年限为25年。行政事业单位的账簿保管期限：总账、明细账、日记账的保管年限为15年，其中现金出纳账、银行存款账的保管年限为25年。

2. 对财务会计制度及其处理办法的管理

从事生产经营的纳税人应当自领取税务登记证之日起15日内，将其财务会计制度或者财务、会计处理办法和会计核算软件报送税务机关备案。

纳税人、扣缴义务人的财务会计制度或者财务、会计处理办法与国务院财政、税务主管部门有关税收的规定抵触的，依照国务院财政、税务主管部门有关税收的规定计算应纳税款、代扣代缴、代收代缴税款。

发票管理

税务机关为发票的管理机关，地税部门管理的发票主要是营业税应税项目范围内的普通发票。发票是税务机关进行税收控管的重要手段，自淮阴地税局成立以来，始终重视发票管理工作，从发票的印制、领发、保管、使用、缴销各环节制定相关制度，定人定责，规范发票管理，定期进行发票审核，对所审核出的问题定期通报，与平时绩效考核挂钩。

根据市地税局文件《关于在个体饮食业中使用定额发票的通知》(淮地税发[1996]91号)，个体饮食业从1996年11月1日起一律使用“江苏省淮阴市饮食业定额发票”，票面有壹元、伍元、拾元、伍拾元、壹佰元、伍佰元、壹仟元。实行承包、租赁经营的国有、集体饮食业比照个体饮食业使用定额发票。

1996年11月，根据市局文件《关于进一步做好全市普通发票换版工作的通知》(淮地税发[1996]92号)，省地税局苏地税发[1996]124号《关于转发国家税务总局〈关于进一步做好普通发票换版工作的通知〉的通知》精神，从1997年1月1日起，全市地方税收纳税人统一使用水印纸印刷的套印地方税务局监制章的普通发票。原用底纹纸印刷的普通发票，使用截止日期为1996年12月31日，逾期一律作废。换发发票专用章与“发票准购证”。由于当年全面换发税务登记证，纳税人的识别号发生了变化，因此相应地做好重新刻制、发放发票专用章及“发票准购证”的工作。发票专用章刻有新的税务登记证号码。

2000年，在发票管理方面加强了内外两条线的控管，对内在地税系统内部结合征管质量考核定期进行发票盘点、清理和稽核，并将发票集中到征管分局进行发放和对外填开，严格了发票销票单制度。对外，紧紧抓住建安、运输、饮食服务三大系列发票，严密控管，防欠堵漏。对企业领取的建安发票，一律收回存所监开，或由地税人员填开，并即时征收税款。对运输发票，进行了开票点清理整顿。对饮食服务业发票，先后进行了电脑开票和税控收款机的推广使用，停止了手工票的使用。

2003年，在发票管理方面严格实行发票销号单销票制度，在门临[①]填开发票上，按照省局下发的《临时经营发票管理使用暂行办法》要求，明确开票人员的岗位职责，细化开票有关操作程序及规定。由专人负责发票审核，审核范围包括是否超范围填开，是否附征个人所得税等。规定填开金额2000元以上的，需附身份证复印件和接受单位开票证明，填开金额10000元以上的运输或建安发票，需附合同或协议书复印件。

从2004年1月1日起，淮阴区纳税人使用的地税普通发票除“江苏省淮安市事业单位经营收入专用发票”、“江苏省淮安市管理费专用发票”、“江苏省淮安市医疗门诊收费发票”以及货物运输业发票仍保留使用手工填开发票外，其他发票一律取消手工填开发票，确定以电脑发票、卷式发票和定额发票为淮阴区地税普通发票的主要票种。电脑发票为电脑外挂式税控装置开具的发票，发票基本联次为三联；卷式发票为税控专用收款机开具的发票，发票基本联次为两联；定额发票为发票票

① “门临”指临时经营户到办税服务窗口(门市)开具发票。

面金额固定的撕开式发票，发票基本联次为两联。具体分行业、分票种可使用的发票品种为：（1）建筑业发票；（2）文化体育业、娱乐业、服务业发票；（3）房地产业发票；（4）货物运输业发票。

从2004年7月1日起，全省使用全国统一式样的新版公路、内河货物运输业统一发票，分自开和代开两种。自开发票由自开票纳税人领购和开具，代开发票由代开单位领购和开具。代开发票由税务机关代开时，税务机关为代开单位。代开票纳税人应当到税务机关指定的代开单位办理代开发票事宜。货运发票采用压感纸，并按总局新颁布的全国统一发票分类代码和发票号码规则印制。新版货运发票不再使用SW字样的水印防伪用纸，发票监制章和发票编码不再使用荧光油墨套印。其抵扣联和发票联使用彩色加无色荧光纤维无碳复写纸印制，抵扣联和发票联套印“江苏省地方税务局发票监制章”。

2004年，根据市局普通发票改革的文件通知，确定了“稳步推进，分步实施”的原则，逐步取消手工发票，全面推行收款机和电脑税控器填开发票，并统一了税控机管理后台，进一步规范了税控机管理。在房地产业、服务业（包括饮食业、旅馆业、广告业、事务所等）、娱乐业、文化体育业和运输业、建筑安装业实施了发票改革，确定淮阴地税局普通发票“定额发票、收款机发票、电脑税控发票”三位一体的管理格局。

自2005年4月1日起，全省范围内由地税机关管理的普通发票统一换版，新版发票采用新的发票编码规则印制，并采用程序防伪和物理防伪相结合的方式，刮奖发票和带有抵扣联的普通发票必须采用数字印刷方式印刷。

2006年，在发票管理上，对于新办证直管户①，发票管理窗口根据纳税人申请及其经营项目准确鉴定其发票购领资格，核定其发票领购数量。对于连续三个月未缴销发票的纳税人，征收分局将信息传递给相关管理分局，由管理人员对其发票使用情况进行检查并督促其验旧缴销，切实做到以票管税。在税务机关统一代开票的管理上，积极落实市局新政策，实行三类管理。一是对于下岗再就业户门临开票按照营业执照、税务登记证、居民身份证、减免税审批表予以审核；二是涉及对分包单位需要开票的由分包人提供总分包合同，代扣代缴税款凭证，居民身份证；三是对于其他人员开票，仅提供《代开发票申请表》即可，简化手续，方便纳税人。

税控装置是具有正确反映纳税人收入情况、住所和有关数据的正确生成、案例传递及可靠存储，并能实现税收控制和管理的器具及支持该器具的管理系统，如税控收款机、税控计价器等。2003年，淮阴地税局在餐饮、娱乐、服务行业推广税控收款机的基础上，对原来使用电脑发票的纳税户全面推广使用税控装置。

① “直管户”指只缴纳地方税的纳税户，是相对于国税局的共管户而言的。

纳税申报

自1995年起，淮阴地税局逐渐建立起规范的纳税申报制度，设立开放式的申报征收厅，纳税申报率大幅度上升，由不足50%上升到90%以上。

1997年4月，地税局组织企业办税人员集中培训，主要培训《税收征管法》及各税种单行税法的有关纳税规定，使企业办税人员熟练掌握地方税收的有关业务，熟练进行纳税申报。培训工作分三批进行，城区二批，农村一批，从4月份始全面开展，至9月底结束。

2003年，在原有网上申报的基础上，淮阴地税局完成了个体户划卡申报，与农行、国库进行了联网，实现了开票信息的自动传输、自动销号，对城区个体工商户一律实行划卡缴纳税款的方法。淮阴地税局与农行签订《委托代扣税款协议书》，个体工商业户则与农行签订《委托代缴税款协议书》，每月征收期按照既定的工作流程划缴税款。

2004年1月，在委托农行进行城区个体户划卡缴税的基础上，与区邮政局合作，对全区718户个体户实现了划卡缴税，实现了全区个体定额户（城区1502户、农村1108户）100%的划卡缴税面。6月调整个人所得税征收起点后，定额户减至700余户，定额税款近8万元。为简化程序，淮阴地税局推行简并征期、简化申报方式，减少纳税人上门申报纳税时间的做法。

2005年，淮阴地税局作为淮安市局网上申报的试点单位，对具备网上申报条件的纳税人，进行了动员培训，网上申报企业达790户，网上申报企业缴纳税款占企业入库税款的95%以上。

同时，推行多元化申报方式，拓宽服务途径。区分不同服务对象，采取不同服务形式。对个体户采取自动划卡申报缴税，只要个体户每月在所在储点储足当月应缴税款的金额，就可以“足不出户”自动解决申报纳税的问题。对个别规模小、硬件差的小企业，建立了自助申报室。

第四节　分类管理

个体税收及集贸税收管理

1997年1月，正值春节前市场营销旺季。在地税局提议下，由县政府牵头组织，税务部门主导，公、检、法、交警、交通、财政、工商、城管、街道等积极参加的王营城区个体税收大检查开始。以五人一组，由派出所、居委会作向导带队入户，分地段分区域在王营城区进行拉网式检查，查工商登记、查税务登记、查营业额，对无证经营、偷税逃税者查实情况，追补税款并依法处理，共查补税款15万元。

从1998年1月17日至27日，开展为期10天的集贸市场税收竞赛活动，共征收集贸市场税收20.5万元。

1999年8月，王营中心所抓住暑假期间各类培训班增多的时机，清查城区各书法、美术等培训班及其他学科辅导班，加强税收征管，共检查各类培训班16家，查补税款3万余元。

2000年，淮阴地税局要求各分局必须按照总局《个体工商户定期定额管理办法》的规定，按比例分行业确定部分典型经营户，对典型户经营情况进行调查测算，并以此为依据确定个体工商户的纳税定额。对个体工商户纳税定额的确定，必须经由分局人员集体研究决定，并报局批准备案方可公布，同时对每月征收情况及时报本局审核。对个体工商户进行登记造册，有证户一律纳入微机管理，并建立“四账一册”，即《非正常户管理台账》、《停歇业台账》、《市场集贸税收征收台账》、《违章处理登记台账》和《临时户征收底册》，个体征管辐射面不断扩大，个体税收在地税总收入中占有30%的重要位置。截至2000年9月底，全县农村个体工商户办理税务登记证2397户，定额管理户1999户，非正常户和未达起征点户398户。

2000年，共组织了4次对个体定额税收征管情况的专项检查，对检查中发现的定额偏低、人情税、漏征漏管情况及时下发通报，通知整改，对整改不及时的分局和人员予以通报批评，并在目标考核时予以处理兑现。直属分局检查二所，利用节假日和平时休息时间，开展漏征漏管清理工作，共清理漏征漏管户545户，查补入库税款9.8万元。渔沟分局一直把个体税收征管放在重要位置，个体工商户由原来305户，增加到402户，月征收税款由原来的12700元增加到22430元。赵集、陈集、棉花等单位通过加大征管力度，个体定额户和月定额税款都比以往有较大提高，月征收税款都超过万元。

2002年，开展对个体户和集贸市场的清理整顿工作。对个体工商户实行民主评税，将所有固定纳税户纳入计算机管理，做好私营个体业户的建账建制工作。对集贸市场税收征管在调查研究的基础上，区分各种档次，有针对性地制定出各类集贸市场税收管理办法，建好征收台账，加强旺季巡查征收。狠抓春节前后个体集贸市场税收旺季征收，开展征收竞赛活动。

2003年，在个体税收征管方面，做好业户自报、典型调查、民主评议、定额下达等各环节工作，杜绝简单化、随意操作的现象。在下达定额之前，必须将其核定的定期定额户及不足起征点户报区局审批，经审批后的业户定额在各分局征收大厅予以张贴公布，做到“阳光操作”。

2006年，对定期定额征收的个体户全部实行“大定额”，对涉及定额调整的个体户营业税户的发票购领资格重新进行鉴定。对定额在起征点以上的纳税户，推广使用税控装置，根据纳税人的要求提供电脑发票与20%以内的定额发票；对下岗再就业户实行税控开票、监开票、定额免税票三种供票方式；对不足起征点户，严格控制其发票领用。

2006年，在饮食、洗浴、娱乐三个行业中推广电子定税，制定分行业《电子定税测算表》，对三个行业纳税人征税户全面进行调查，对其经营规模、经营地段、经营档次、经营状况等条件设定科学合理的参数，测算较为准确的营业额，为税收定额打下坚实的基础。通过电子定税，个体税收定额上升30%。

2007年，结合税务登记换证工作，全面对辖区内个体工商户进行梳理和排查，同时做好个体典型调查工作，及时调整个体税收定额，当年调整个体定额60余户，月增加定额税收近10000元。

从2008年底至2009年，根据省市局关于国、地税对个体工商户实施联合征管的文件精神，对共管个体工商户原则上比照国税局核定定额，对国税核定起征点以上的共管户，依据国税定额重新核定了个人所得税定额，并对城建税、教育费附加依增值税核定情况进行了核定。

代扣代缴、委托代征管理

自1995年起，淮阴地税局开始建立各类代扣代收代征税款制度，运用社会力量加强地税征管。1999年，通过对农村建筑市场进行全面排查，提出委托代征强化管理措施，将民房建安营业税委托城建、土地代征，城区出租房税收委托居委会代征，运输车船税收委托公路和车辆管理部门代征。同年，在工资薪金个人所得税征收方面，建立代扣代缴制度，加强高收入时期和高收入人员的检查，个人所得税1至12月共入库714万元，同比增长33%。

2001年6月，淮阴地税局牵头召开全区行政事业单位个人所得税代扣代缴工作会议，地税局、财政局、监察局三部门联合发文《关于加强行政事业单位个人所得税代扣代缴工作的通知》，并发放代扣代缴证书80多份，代扣代缴面达90%，解决了行政事业单位个人所得税扣缴问题。强化对重点企业和高薪收入者个人所得税征管，加强对重点企业个人所得税控管，建立重点企业档案，加强高薪收入者基础管理，将供电、金融、通讯、保险、卫生等行业列为重点控管对象，建立个人收入档案，将资料贮入计算机管理。当年个人所得税累计入库1226万元，同比增收312万元，增长34%。

2006年，加强协税护税网络建设。在确定委托代征资格前，对委托代征单位的财务会计制度执行情况、开票人员文化水平和发票保管等情况予以调查落实，条件具备的签订委托代征协议。加强税收政策培训，编制税收政策小册子，使开票人员掌握相关税收政策。适时跟踪管理，定期对委托代征单位开票情况、税款申报缴纳情况等进行检查与督导，按季出具委托代征单位评价报告。加强发票审核，在管理分局进行跟踪管理的基础上，区局对委托代征单位的发票开具情况进行二次审核，防止基层分局在管理上存在疏漏或流于形式，对审核出的问题区分不同类别，视具体情况分别进行处理。

欠税管理

淮阴地税局成立伊始即重视欠税管理，1997年，全局共组织清理欠税100余万元。

1998年8月，淮阴县政府召开清理欠税专题会议，常务副县长王祥生指示，将有无欠税作为一票否决内容，凡有欠税的单位不得购车、盖楼，不得评为先进，主要领导不得提拔使用，并引咎辞职，同时通过报纸、电台、电视台公布情况，公开曝光，加强舆论监督。当年清理欠税130万元。

2000年，将全县所有欠税企业进行排队梳理，按企业发展现状和实际情况，分企业、分税种、分层次、有重点的清欠，要求欠税企业制订切实可行的清缴计划。税务系统内部实行清欠目标责任制，将清欠任务明确到人，落实到具体企业，督促企业按计划清缴入库。在控制新欠上，狠抓纳税申报管理，发限期申报通知书，对未经批准或缓缴期满仍未缴纳税款的企业，加收滞纳金，对屡催无效的，依法采取税收保全措施，予以强制执行。直属分局对供电局和新世纪建筑安装公司分别清缴欠税50万元和11万元。

2003年，根据省局《欠税管理暂行办法》的要求，淮阴地税局坚持“实事求是、分类管理、准确核算、及时清理”的原则，对基层分局上报的欠税金额与征管信息系统进行仔细核对，登记欠税台账，并且保证征收分局与征管及计财三家数字相一致。对于欠税的纳税人，及时下发催缴税款通知书，逾期仍未缴纳的，依法采取税收强制执行措施。对4户欠税企业依法从其开户银行扣缴税款，有力地震慑了欠税户。第一分局全年清理陈欠税145万元，无新欠税发生。根据新《征管法》及其实施细则的规定，淮阴地税局结合地方实际制定了《欠税公告暂行办法》，对每季度末累计欠税总额在5万元（含）以上的且符合公告条件的纳税人，由税务分局分户填报《公告纳税人欠税情况呈报表》，报区局核准公告，经区局核准后，按期下发《纳税人欠税公告》，由各分局于季后15日在办税服务厅或有关新闻媒体进行公告。

2004年，在每月征收期后，督导管理分局及时催缴未按期入库税款，并对征管信息系统内新欠税款进行适时监控，征收局和管理局及时沟通，分析欠税原因，采取清欠措施，最大限度地减少新欠税款的形成。管理分局与征收分局核算的欠税信息按月进行核对，保证欠税的户数、税种、金额准确无误。另外，对于产生的欠税，及时制订清欠计划，采取清欠措施。对欠税户按季予以公告，在进行公告前，管理分局对纳税人欠税数额及其他有关情况及时进行调查核实，填写《欠税公告告知书》，告知纳税人的欠税金额，然后管理分局填写《欠税信息确认表》和《欠税信息汇总表》报区局审批予以公告。2004 年，对 1 户企业作出停限供发票，4 户企业采取银行扣款的强制执行措施；2006 年，对 13 户欠缴税款的纳税人进行了公告，对 3 户非正常户欠税层报省局予以公告；2007 年，对欠税纳税人进行公告 14 户次，清理欠税 118 万元，实现了当年无新欠；2008 年，清理陈欠 7 户次，入库税款和滞纳金 21 万元；2009 年，利用政府招商引资、拆迁补偿等机会，对某房地产有限公司陈欠税款成功进行清理，清缴入库税款 996710.01 元，滞纳金 1304971.60 元，占陈欠税款的 40.51%。

漏征漏管户清理

清理漏征漏管户一直是税收征管工作的一项重要内容。1998 年，县地税局组织了三次较大规模的漏征漏管清理工作，一季度与工商部门配合，抓住工商执照验证、换证的契机，适时组织了漏征漏管户的清查，并与工商部门确定了联席会议制度和信息交换办法、渠道；二季度结合年度税务登记证验证工作进行清查；下半年，全国性开展清理漏征漏管户工作，在县报刊登了清查漏征漏管户通告，并连续在县电视台、广播电台播出。与工商、国税、派出所配合，全县共清理出漏征漏管户 765 户，补征税款 46.54 万元，罚款 2.14 万元。

2001 年，各分局借税务登记证换证之机，清理漏征漏管户，直属分局划片包干到人，乡镇分局深入到村组清漏。

2002 年，淮阴地税局定期从工商部门取得有关业户登记资料，及时反馈给基层征管分局，按工商登记信息及时清理税务登记并纳入正常税户管理，同时与国税部门不定期地沟通情况，互通有无，防止漏征漏管。

2004 年，完善与工商、国税部门的信息交换制度，将所有固定纳税户纳入计算机管理，及时掌握税户的开业、变更等情况，提高了登记率，漏征漏管现象得到遏制。

税源调查

1996 年起，全县各税务所都注重地方税源的调查工作，逐乡逐户逐个税种进行调查。

2000 年，建立税源登记资料，从应税车船、猪羊，到固定、流动税源，细到税目，实到税种，建立分户档案，完善各类台账，绘制税源分布情况表，掌握基本纳税户。

2001 年，做好重点税源监控工作，注重调查研究，认真排查属地税源，切实做到应收尽收；局党组深入基层调查研究，与基层分局干部一起研究分析税源结构，查找征管中的薄弱环节，指导分局制定相关工作措施，全年安排机关各股室多次深入各自挂钩分局所在地排查分析税源。各分局对本地税源进行了多次排查，借助地方乡、村、组三级协税护税网络，组织人员分行业、分街道、分村组、分乡镇属地税源进行排查，建立了详实、完整的税源基础资料，掌握税源变化趋势，对税源做到心中有数。

2004年，各分局印制税源排查表，安排税务干部和代征人员深入企业、个体户及各村组，通过对管理范围内的税源按行业、按系统、按税种进行普遍细致地调查分析，建立翔实的税源登记资料，搞好分户档案，全面掌握税源变化趋势的第一手资料，对全年税源做到心中有数，为最大限度挖掘税源潜力，有的放矢开展税收征管工作，减少税收流失，清欠堵漏打下基础。

2007年初，组织计财、税政、征管和各管理分局，在全区范围内深入到各重点税源户、重点行业、各乡镇等对当年税源情况进行调查分析，及时掌握了税源分布、结构和变化情况。根据税源动态变化情况，加强税收收入预测分析，定期、不定期召开税收分析会议，有意识地加强经济与税收的相关分析。

2008年，对上年缴纳地方税收50万元以上的企业，逐户调查其当年税收预计实现情况；对开工建设和正在销售的楼盘，逐户调查了解投资规模、开发进度，掌握房地产税源分布情况；对重点工程项目实行建档跟踪管理，了解项目名称和工程进度，掌握税收实现及入库情况；对可能影响当年税收的政策性因素进行详细排查，进行科学测算。通过税源调查，摸清税源底数，查找出收入增长点，制定切实可行的征管措施，保持收入持续稳定增长。

2009年，按月组织税源调查，按月召开税收分析会。分析税源变化，提高预测的准确性。根据税源排查和征管、经济等指标，将收入计划分解下达到基层分局。按期考核税收任务完成情况，结合当期经济发展的特点和重点企业的情况，利用各种统计方法，预测税收收入，保障税收入库的计划性。

协税护税管理与税收征管保障工作

依靠社会力量齐抓共管，是淮阴县地税局成立之初的主要征管办法。特别是农村的自行车税、屠宰税、城区出租房屋的相关税收等，一般都委托乡镇、居委会、村组代为征收。为此，淮阴县政府相继出台了关于委托代征地方税收与建立协税护税网络方面的两份文件，加大了地方税收征管的力度。1996年起，各乡镇逐渐建立起税收、协税、护税网络，明确村支部书记、村长、会计及各组组长为协税员，各乡镇设2至3名代征员，局对全县100多名代征员每年进行专门的地税业务培训。依靠地方政府的支持，2000年以后逐步建立起了以地方政府领导，以淮阴地税局为主导，由财政、工商、国税、城建等部门参加的协税护税新网络，推动了地税工作的顺利开展。

2006年，针对各征收分局征收点回撤后乡镇开票不方便的事实，区地税局委托各乡镇财政所开票征收所在地零散税收，有效地对零散税源进行控管。

2008年10月，江苏省政府出台了《江苏省地方税收征管保障办法》，根据省政府精神，结合本地实际情况，淮阴地税局向区政府提交了《关于进一步加强地方税收征管保障工作的建议》，分别从信息交换、重点行业管理、委托代征管理、规范考核等方面提出了征管建议，得到区政府领导的高度重视。2009年6月，在《建议》基础上形成了《区政府关于加强地方税收征管保障工作的意见》，对全区27个政府部门的协税、护税责任进行了具体明确，建立信息传递机制和奖惩机制，完善地方税收保障机制。

征管资料管理

1995年，建立地税系统税户税源档案，实行一户一卡。自1996年起，每年初在调查地方税税源的过程中，全县各税务所在乡镇政府配合下，对地方税税源建立了分税种台账。2000年，在征管台账建设方面，总结了历年经验，逐步在全系统建立起完整的税源台账，包括税户和各税种税源分布情况及明细台账、征收台账（包括企业、个体、集贸市场征收台账）、管理台账（包括核定、申报、欠税、缓缴、减免及亏损弥补台账）、稽查台账（包括举报、立案、检查、审理、执行等台账）组成的系列台账，做到层层有台账，人人有台账，事事有台账。

征管质量管理

1995年，建立地方税收征管质量考核办法，从税收征管的各个环节、程序上提出量化考核指标，奖优罚劣，激励征管水平提高。2000年初，提出淡化收入任务考核，强化征管质量考核。2000年10月，开展了为期10天的征管质量跟踪检查。全县分为城乡两大块，乡镇又分南北两大片，由分管局长带队，抽调机关业务骨干，各分局主要人员参与，交叉互查，内查征管资料，外查各乡镇一个集贸市场、个体一条街、一户乡镇企业。

2003年，淮阴地税局开展征管措施落实年活动，活动主要围绕新《征管法》及其细则以及近年来颁布的征管制度是否落实到位，并贯穿全年。在税务登记、申报征收、欠税管理、发票管理、个体税收管理、综合业务等方面规定了征管具体内容与要求，同时规定了相关考核办法。征管质量考核，主要抓住"五率"，即登记率、准期申报率、遵期入库率、处罚率、欠税率，考核方式上，坚持内查与外查相结合。

2004年，制定了《规范化管理综合考核》办法，科室对分局按月考核，局党组每月随机抽取 2 至 3 个分局全面考核，对查出的问题，不仅按规定对分局相关责任人、分局长进行处罚，对科室检查人员一并追究其连带责任。2004 年 8 月，ISO 9000 质量管理体系在地税系统正式启动，税收征管每一环节对应一个流程，更加规范，征管质量提升效果明显。

2005 年以后，每年结合市局规范化考核办法，对本区规范化管理不断修订补充相关内容，结合 ISO 9000 质量管理体系文件与业务流程，逐渐完善，按月或按季考核，奖优罚劣，坚持责任追究，征管质量逐年提高。

2008 年，根据市地税局《关于进一步加强税收征管基础工作的通知》，进一步从严要求，涉税文书使用规范，文书填写齐全完整，对停业户管理要求停业真、调查实，对非正常户管理要求谨慎认定、调查周密、领导把关，对企业注销，要求进行清算检查等。

纳税评估

2002 年底，江苏省地税局为了加强税收征管，强化税源监控，规范纳税评估管理，制定了《纳税评估管理暂行办法》。自 2003 年起，纳税评估作为税源管理的一种有效尝试，在淮阴地税局正式兴起。各分局设立专职纳税评估岗位，由熟悉税收业务的专职或兼职人员负责纳税评估工作，明确具体职责，规范纳税评估流程，按照选择评估对象、评估分析、询问核实、评定处理、提出管理建议的先后顺序展开评估，各环节制定具体的指标体系，使得纳税评估具有可操作性。

2005 年，国家税务总局制定《纳税评估管理办法（试行）》，并出台了纳税评估相关通用分析指标和分税种特定分析指标及其使用方法，淮阴区纳税评估走上规范化轨道，成为税源管理的有效手段。在纳税评估工作中做到"四个结合"：一是推进纳税评估与加强培训相结合。组织了两次对纳税评估业务的集中培训，选取典型评估案例，重点进行讲解，对纳税评估各个环节进行评析，对各环节所必需的表证单书予以明确，确保评估分析疑点在评估中得以全面反映，做到评估结论清晰、定性准确，符合移送条件的，移送稽查部门查处。二是加强纳税评估与促进征管质量相结合。通过《纳税评估建议书》等多种形式，加强纳税评估与日常征管之间信息的定期联系沟通，建立反馈机制，以纳税评估来促进税收征管质量的提高。三是推进全面评估与深化重点评估相结合，制订年度纳税评估工作计划，分阶段、有步骤地开展评估，同时根据各阶段的具体情况确定评估重点，特别加强对货物运输发票、税控机读卡信息、房地产行业的审核，对出现异常疑点的企业及时开展约谈和质询。四是加强纳税评估与强化税源监控相结合。将重点企业和个人所得税重点税源全部纳入税源监控范围，并在监控过程中按照纳税评估的要求，对企业的多项指标，分行业、分税种按月进行细致分析，适时掌握税源变动情况。

2006 年，在纳税评估中，通过掌握各种信息资料，建立纳税评估指标体系，运用科学的分析方法，对企业纳税申报的真实性、准确性作出判断，并适时处理，切实提高征管水平。

2007 年，随着纳税评估软件的全面应用，机关职能科室结合总局制定的《纳税评估暂行办法》和省局制定的《纳税评估工作规程》，按月督导管理分局开展纳税评估工作，对评估工作中不断出现的问题适时予以解决。要求税收管理员每人每年评估不得低于 15 户次，且每年对重点税源户评估至少一次。到年底，淮阴地税局共计评估 320 余户，当年评估缴纳税款 220 万元。

2008 年，纳税评估注重运用外部信息，通过部门协作，取得国税局增值税、消费税“两税”信息，运用于日常评估，进行数据比对，通过国、地税信息交换补征城建税等税款 80 多万元。

2009 年，评估工作在继续重视外部数据分析比对的基础上，注重对纳税评估工作的指导与辅导，职能科室人员与评估人员一同参与评估分析，提出核查思路，与评估人员共同撰写、修改评估案例。进行纳税评估优秀案例评选，评估质量有所提升，评估问题率、入库税款有较大幅度提高。

第七章　税政管理

自1994年国、地税机构分设后，淮阴地税局主要负责营业税、企业所得税、个人所得税、地方税以及基金费征收管理工作。淮阴地税局认真贯彻落实国家税、费政策，依托信息化技术，强化管理手段，更新服务理念，政策执行水平和服务纳税人水平都得到提高。

第一节　营业税管理

营业税是对在中华人民共和国境内提供应税劳务、转让无形资产或者销售不动产的单位和个人所取得的营业额征收的一种流转税，是淮阴地税局征收的主体税种之一。1993年，国务院在1984年9月18日发布的《中华人民共和国营业税条例（草案）》的基础上，重新修订、颁布《中华人民共和国营业税暂行条例》，将营业税划分为交通运输业、建筑业、金融保险业、邮电通信业、文化体育业、娱乐业、服务业、转让无形资产、销售不动产九类税目。1993年12月27日，财政部颁布《中华人民共和国营业税暂行条例实施细则》，并从1994年1月1日起施行。2008年11月5日，国务院第34次常务会议修订通过新的《中华人民共和国营业税暂行条例》，并于2009年1月1日起施行。

交通运输业

它是指使用运输工具或人力、畜力将货物或旅客送达目的地，使其空间位置得到转移的业务活动。征收范围包括：陆路运输、水路运输、航空运输、管道运输、装卸搬运，税率为3%。

2003年10月17日，贯彻国家税务总局发布《关于加强货物运输业税收征收管理的通知》，整顿和规范货物运输业税收管理秩序，着重加强发票管理。

自2004年8月起，对新办货运企业实行纳税辅导期管理制度。纳税辅导期一般不少于6个月，纳税辅导期结束后，主管地税分局对新办货运单位在纳税辅导期内的实际经营、财务核算、发票使用和保管以及申报缴税等情况进行审查评估，经区地税局审核同意，方可转为正式自开票纳税人。2004年12月，淮阴地税局对全区公路、水路货物运输行业税收管理设置营运收入开票金额“警戒线”，公路运输每月7500元/吨，水路运输按净吨位计算，每月500元/吨。对货物运输营运收入在“警戒线”标准以内的，为正常范畴，按正常程序供票（开票）征税。对货物运输营运收入在“警戒线”标准以上，未超过30%的，为警戒范畴，由主管地税分局列为关注对象，对该户供（开）票情况进行审核，并采取发票协查等措施加强管理。对货物运输营运收入超过“警戒线”标准30%的，为监控范畴，由主管地税分局纳入检查重点，严密监控企业运营情况，认真核查，有针对性、有重点地实施纳税评估，对有代开、虚开发票行为或其他税务违法行为的，停止其使用货物运输业发票，并依法进行处理，情节严重的，移送稽查部门处理。

建筑业

它是指建筑安装工程作业。征收范围包括：建筑、安装、修缮、装饰、其他工程作业，税率为3%。自1994年1月起，对建筑业总承包人将工程分包或者转包给他人的，以总承包额减除分包或转包的价款后的余额为营业额缴纳营业税，并由总承包人代扣代缴分包或转包营业税。2002年9月，国家税务总局对建筑业劳务中混合销售政策进行明确。纳税人销售自产货物提供增值税应税劳务并同时提供建筑业劳务，在列举范围内的，地税部门仅对纳税人提供建筑业劳务部分征收营业税，对销售部分由国税部门征收增值税。销售货物和提供劳务划分不清的全部征收增值税。

2003年1月,《江苏省地方税务局关于进一步明确建筑业营业税计算依据的通知》规定，纳税人提供营业税“建筑业”劳务，对在工程设计图纸上所列设备清单上标明，且在列举范围内的设备可以扣除设备价值。2006年，淮阴地税局制订《淮阴区建筑业营业税征收管理办法》，根据淮阴区固定资产投入逐年高速增长形势，创新建筑业税收管理模式，实行建筑业项目登记制度。从事建筑业的纳税人，工程项目达到30万元以上的，都必须到区地税局进行工程项目登记，以备税务机关跟踪检查。项目登记的内容包括：工程名称、施工单位名称、负责人、工程预算、结算方式等。严格入场施工报备案制度。施工企业在申请入场施工前，须到税务部门进行报备案，将施工项目名称、工程建设周期、预计造价、施工单位、联系人员、外经证等各项涉税资料收集备案，由主管税务分局登记台账。

金融保险业

它是指经营金融、保险的业务。征收范围包括：金融、保险，税率为5%。1997年1月1日起，金融保险业营业税税率由5%调整为8%，提高部分由国税局负责征收。自2001年起，税率由8%每年下调一个百分点，分三年从8%降低到5%，下调部分为国税局征收的中央财政收入。

邮电通信业

它是指专门办理信息传递的业务。征收范围包括：邮政、电信，税率为3%。自2003年1月起，电信业务分为基础电信业务和增值电信业务。自2008年1月1日起至2010年12月31日，邮政企业代办金融业务收入免征营业税。

文化体育业

它是指经营文化、体育活动的业务。征收范围包括：文化业、体育业，税率为3%。2002年6月1日起，原属“娱乐业”税目征收的网球、垒球、帆船、碰碰船、攀岩、漂流、乒乓球、羽毛球、钓鱼、棋牌室、划船、游泳、滑冰、健身房项目，按“文化体育业”税目，依3%的税率征收营业税。

娱乐业

它是指为娱乐活动提供场所和服务的业务。征收范围包括：歌厅、舞厅、卡拉OK歌舞厅、音乐茶座、台球、高尔夫球、保龄球、游艺等娱乐场所，以及娱乐场所为顾客进行娱乐活动提供服务的业务，税率为5%至20%。自1994年1月起，经营台球、高尔夫球、保龄球、游戏机，税率为15%；经营歌厅、舞厅、卡拉OK歌舞厅、音乐茶座、游艺及其他娱乐业税率为10%。1999年1月，高尔夫球、保龄球适用税率调整为10%。1999年7月，游戏机税率调整为18%；歌厅、舞厅、卡拉OK歌舞厅、练歌房、夜总会适用税率调整为13%；台球、音乐茶座、网球、壁球、射击、射箭、飞镖、跑马、狩猎、帆船、游艇、碰碰船、漂流、卡丁车、攀岩、蹦极、陶吧及其他娱乐项目适用税率调整为10%；乒乓球、羽毛球、钓鱼、棋牌室、划船、游泳、滑冰、健身房适用税率调整为5%。自2000年1月起，对电子游戏厅一律按20%税率征收营业税。自2001年5月起，对台球、高尔夫球、保龄球、夜总会、歌厅、舞厅、射击、狩猎、跑马、游戏等娱乐行为的营业税税率统一按20%执行。自2002年6月起，江苏省娱乐营业税征收范围仅限于歌厅、舞厅、卡拉OK歌舞厅（包括练歌房、夜总会）、音乐茶座（包括酒吧）、台球、高尔夫球、保龄球、游艺（如射击、狩猎、跑马、游戏机、蹦极、卡丁车、热气球、动力伞、射箭、飞镖等），按

20%的税率征收营业税。自2003年1月起，单位和个人开办网吧取得的收入按“娱乐业”税目征收营业税。自2004年7月1日起，台球、保龄球减按5%的税率征收营业税。2009年12月28日经省政府批准,江苏省娱乐业营业税除高尔夫球适用10%税率外，其他娱乐项目适用5%税率，调整后的税率从2010年1月1日起执行。

服务业

它是指利用设备、工具、场所、信息或技能为社会提供服务的业务。征收范围包括：代理业、旅店业、饮食业、旅游业、仓储业、租赁业、广告业、其他服务业，税率为5%。自2001年1月起，对个人按市场价格出租的居民住房，出租后仍然用于居住的，其应缴纳的营业税暂按3%的税率征收。自2003年1月起，广告代理业营业额由“代理者向委托方收取的全部价款和价外费用减去付给广告发布者的广告发布费后的余额”，调整为“以其全部收入减去支付给其他广告公司或广告发布者的广告发布费后的余额”。自2003年1月起，将旅游企业组织境外旅游按差额计征营业税政策扩大到境内旅游。旅游企业组织旅游团在中国境内旅游的，以收取的全部旅游费减去替旅游者支付给其他单位的房费、餐费、交通、门票，或支付给其他接团旅游企业的旅游费后的余额为营业额。

转让无形资产

它是指转让无形资产的所有权或使用权的行为。征收范围包括：转让土地使用权、转让商标权、转让专利权、转让非专利技术、转让著作权、转让商誉，税率为5%。自1994年1月1日起，对科研单位取得的技术转让收入免征营业税。自1999年10月起，对单位和个人从事技术转让、技术开发业务和与之相关的技术咨询、技术服务取得的收入免征营业税。自2003年1月起，单位和个人转让其受让的土地使用权的，以全部收入减去土地使用权受让原价后的余额为营业额。

销售不动产

它是指有偿转让不动产所有权的行为。征收范围包括：销售建筑物或构筑物、销售其他土地附着物，税率为5%。自1994年1月1日起，对个人无偿赠予不动产行为不征收营业税，对单位无偿赠予不动产行为按规定征收营业税。自2003年1月1日起，取消销售经济适用房免征营业税政策。

自2005年6月1日起,个人将购买不足2年的住房对外销售的,全额征收营业税；个人将购买超过2年（含2年）的普通住房对外销售的免征营业税，非普通住房对外销售的，按售房收入减去购买房屋的价款后的余额征收营业税。从2005年6月1日起，淮阴区普通住房须同时满足以下标准:（1）住宅小区建筑容积率1.0以上（含

1.0）;（2）单套建筑面积在 144 平方米以下（含 144 平方米）;（3）实际成交价格在同区域住房平均交易价格 1.44 倍以下（含 1.44 倍）。自 2006 年 6 月 1 日起，个人将购买不足 5 年的普通住房对外销售的,按全额征收营业税；个人将购买超过 5 年（含 5 年）的普通住房对外销售的免征营业税，非普通住房对外销售的，按售房收入减去购买房屋的价款后的余额征收营业税。2009 年 1 月 1 日至 12 月 31 日期间，个人将购买不足 2 年的非普通住房对外销售的，按全额征收营业税；个人将购买超过 2 年（含 2 年）非普通住房或者不足 2 年的普通住房对外销售的，按售房收入减去购买房屋的价款后的余额征收营业税；个人将购买超过 2 年（含 2 年）的普通住房对外销售的免征营业税。

第二节　企业所得税管理

企业所得税是对企业的生产、经营所得和其他所得征收的一种税，是淮阴地税局征收的主体税种之一。1993 年 12 月 13 日，国务院发布《中华人民共和国企业所得税暂行条例》，自 1994 年 1 月 1 日起实施。条例规定，企业所得税的纳税人为在中华人民共和国境内除外商投资企业和外国企业以外，实行独立经济核算的企业和组织，征税对象为纳税人在纳税年度内来源于中国境内、境外的生产经营所得和其他所得。企业所得税实行比例税率，税率为 33%。对年应纳税所得额在 3 万元（含 3 万元）以下的企业,减按 18% 的税率征收企业所得税；年应纳税所得额在 10 万元(含 10 万元）以下，3 万元以上的企业，减按 27% 的税率征收企业所得税。2007 年 3 月 16 日，中华人民共和国第十届全国人民代表大会第五次会议通过《中华人民共和国企业所得税法》，统一内、外资企业所得税，将纳税人分为居民企业和非居民企业，实行法人所得税制，税率为 25%，自 2008 年 1 月 1 日起实施。企业所得税法规定，符合条件的小型微利企业，减按 20% 的税率征收企业所得税；国家需要重点扶持的高新技术企业，减按 15% 的税率征收企业所得税。

应税收入管理

纳税人应税收入包括销售货物收入，提供劳务收入，转让财产收入，股息、红利等权益性投资收益，利息收入，租金收入，特许权使用费收入，接受捐赠收入，其他收入。1995 年,国家税务总局明确规定,企业收到的财政性补贴和其他补贴收入，除国务院、财政部和国家税务总局规定不计入损益外，一律并入收到补贴年度的应纳税所得额。自 1999 年起，企业所得税核定征收依据从销售（营业）收入总额调整为全部收入总额。

2003年，淮阴地税局加强建筑安装企业税收管理，明确施工企业所得税处理方法。规定施工企业在施工中由建设单位提供材料的,建设单位在购买材料时记入“库存商品”，将材料提供给施工方时记入“预付账款”科目。施工方收到材料时，按照合同确定的价值作为“预收账款”入账。施工企业工程结算收入中必须包含建设方提供的材料价款，并以此作为企业所得税应税收入。

自2008年1月1日起，对纳入预算管理的事业单位、社会团体的财政拨款、行政事业性收费、政府性基金明确为不征税收入。符合条件的居民企业之间的股息、红利等权益性投资收益以及在中国境内设立机构、场所的非居民企业，从居民企业取得与该机构、场所有实际联系的股息、红利等权益性投资收益，明确为免税收入。2008年10月9日，国家税务总局对企业资产处置视同销售问题发函予以明确。企业用于市场推广或销售、用于交际应酬、用于职工奖励或福利、用于股息分配、用于对外捐赠及其他改变资产所有权属的用途，应按规定视同销售确定收入。在上述情形下，属于企业自制的资产，应按企业同类资产上一年同期对外销售价格确定销售收入；属于外购的资产，可按公允价值确定销售收入。企业将资产用于生产制造或加工另一产品、改变资产形状结构或性能、改变资产用途（如自建商品房转为自用或经营）、将资产在总机构及其分支机构之间转移及其他不改变资产所有权属的用途，可作为内部处置资产，不视同销售确认收入，相关资产的计税基础延续计算。

税前扣除项目管理

企业所得税税前扣除项目，是企业准确核算应纳税所得额的关键。1994年以来，国家税务总局相继出台一系列税前扣除项目管理办法，使企业所得税税前扣除项目管理日益规范化、精细化。

工资税前扣除管理。《中华人民共和国企业所得税暂行条例》实施后，淮阴区实行计税工资和工效挂钩工资两种工资扣除标准。纳税人支付给职工的工资，按照计税工资标准扣除的，计税工资月扣除最高限额1994年为500元/人；1995年上调为600元/人；1996年至1999年，计税工资的月扣除限额调整为660元/人；2000年至2006年6月30日，计税工资月扣除最高限额为960元/人。从2006年7月1日起，全省企业所得税税前允许扣除的计税工资最高标准统一调整为每人每月1600元。经有关部门批准实行工资总额与经济效益挂钩办法的企业，其工资发放在工资总额增长幅度低于经济效益的增长幅度、职工平均工资增长幅度低于劳动生产率增长幅度以内的，在计算应纳税所得额时准予扣除。1994年11月，《国家税务总局关于企业所得税几个业务问题的通知》规定，对实行工效挂钩企业在“两个低于”范围内提取的工资总额，经主管税务机关审定，可按实际提取数扣除。执行工效挂钩工资扣除标准的，工效挂钩的基数、比例必须报经主管税务机关审查备案，其中城镇集体企业工效挂钩的基数、比例必须经主管税务机关核准。2004 年 6 月 30 日，国家税务总局取消工效挂钩企业税前扣除工资的审批规定。从 2006 年起，经批准实行工效挂钩的企业，在经批准的工效挂钩办法规定的工资额内，其实际发放的工资额可在当年企业所得税前扣除。企业按批准的工效挂钩办法提取的工资额超过实际发放的工资额部分，不得在企业所得税前扣除，也不再用于建立工资储备基金结转以后年度使用。

淮阴地税局对企业工资税前扣除进行严格管理。对工效挂钩企业工效挂钩的基数、比例每年逐户按照规定进行审核、审批。自 2004 年起，对实行计税工资企业计税人员与劳务用工的界定进行规范。规定企业必须与劳动者签订劳动合同，企业与劳动者签订的劳动合同，须经劳动部门鉴证后，方可认定为合法有效合同，否则，发生的工资性支出不得在税前扣除。企业的一切工资性支出，包括企业列入管理费的各项补助等，在确定计税工资和挂钩工资时，全部将其计入工资总额。2004 年取消工效挂钩企业税前扣除工资审批后，淮阴地税局立即调整管理方法，将工资税前扣除事先审批转入后续管理,在纳税人提取的效益工资总额是否符合“两低于”原则、是否在效益工资总额范围内按实际发放的工资数额扣除等方面进行重点管理。要求纳税人在年度纳税申报时，附报行使出资者职责的有关部门制定或批准的工效挂钩方案，对以企业集团名义审批的工效挂钩方案，对每个独立纳税人按“两低于”和实际发放的原则进行审核检查。自 2008 年起，取消计税工资和工效挂钩工资扣除标准规定，企业发生的合理的工资薪金支出，准予在企业所得税前扣除。

“三项经费”税前扣除管理。“三项经费”是指工会经费、职工福利费、职工教育经费。企业所得税暂行条例规定，纳税人的职工工会经费、职工福利费、职工教育经费分别按照计税工资总额的 2%、14% 和 1.5% 计算扣除。

1994 年至 2007 年，淮阴区职工福利费支出税前扣除标准按企业所得税暂行条例规定，以职工计税工资总额的 14% 计算扣除。

1994 年至 2004 年，工会经费支出按条例规定标准计算扣除。自 2005 年起，淮阴区建立工会组织的企业事业单位、社会团体，按每月全部职工工资总额的 2% 向工会拨交经费，凭工会组织开具的《工会经费拨缴款专用收据》在税前扣除。凡不能出具《工会经费拨缴款专用收据》的，其提取的职工工会经费不得在企业所得税前扣除。

2006 年 9 月 8 日，财政部、国家税务总局联合下发的《关于企业技术创新有关企业所得税优惠政策的通知》中规定，对企业当年提取并实际使用的职工教育经费，在不超过计税工资总额 2.5% 以内的部分，可在企业所得税前扣除。只提取而未实际投入使用的，需作纳税调整。2008 年 1 月 1 日起实施的企业所得税法对“三项经费”税前扣除重新作出规定，企业拨缴的工会经费，不超过工资薪金总额 2% 的部分，准予扣除；企业发生的职工福利费支出，不超过工资薪金总额 14% 的部分准予扣除；企业发生的职工教育经费支出，不超过工资薪金总额 2.5% 的部分准予扣除，超过部分准予在以后纳税年度结转扣除。

利息支出税前扣除管理。纳税人在生产、经营期间，向金融机构借款的利息支出，按实际发生数扣除；向非金融机构借款或者集资的利息支出，按照不高于金融机构同类、上一年同期贷款利率计算的数额以内的部分准予扣除。江苏省地税局对税前扣除利息的标准根据人民银行上一年同期贷款利率逐年进行调整。1995 年，规定企业集资利息支出年利率不超过 15% 的部分，准予扣除。1997 年，规定企业集资的利息支出，经批准年利率在不超过 10% 的范围内，可以在计算企业所得税时扣除，超过部分，应并入企业的应纳税所得额。1998 年，将企业集资利息支出税前扣除标准调整为不超过年利率的 7.2%。自 2002 年起，省地税局不再对利息支出税前扣除标准作出规定。

纳税人为其他独立纳税人提供与本身应纳税收入无关的贷款担保等，因被担保方还不清贷款而由该担保纳税人承担的本息等，不得在担保企业税前扣除。企业为购置、建造和生产固定资产、无形资产而发生的借款，在有关资产购建期间发生的借款费用，应作为资本性支出计入有关资产的成本；有关资产交付使用后发生的借款费用，按规定标准在发生当期扣除；纳税人借款未指明用途的，其借款费用应按经营性活动和资本性支出占用资金的比例，合理计算应计入有关资产成本的借款费用和可直接扣除的借款费用。从事房地产开发业务的纳税人为开发房地产而借入资金所发生的借款费用，在房地产完工之前发生的，应计入有关房地产的开发成本。

财产损失税前扣除管理。企业所得税暂行条例实施后，为做好各类财产损失税前扣除审批工作，淮阴地税局根据省地税局文件精神，逐步完善财产损失审核、审批制度，支持企业发展。1995 年，根据财产损失种类，规范各类财产损失申请审批表，明确企业申请财产损失审批附报资料，统一规定财产损失报批时限。1997 年，国家税务总局《企业财产损失税前扣除管理办法》出台，明确可税前扣除财产损失的范围以及审批机关和权限，规定未经税务机关批准的财产损失一律不得在税前扣除。2000 年，国家税务总局出台《企业所得税税前扣除管理办法》，淮阴区规定除坏账准备金外，企业提取的其他任何形式的准备金均不得在所得税前扣除。企业发生坏账损失，应先冲抵坏账准备金，不足冲抵的部分可在当年所得税前扣除。2005 年，国家税务总局 13 号令颁布《企业财产损失所得税前扣除管理办法》，该办法规范需审批财产损失的上报数据、税务机关受理与审核程序和时间，将企业的各项财产损失按财产性质和申报扣除程序进行分类。规定企业在经营管理活动中因销售、转让、变卖资产发生的财产损失、各项存货发生的正常损耗以及固定资产达到或超过使用年限而正常报废清理发生的财产损失，由企业在财产损失发生当期自行申报扣除。2006 年，对企业财产损失涉税鉴证业务进行规范，要求企业在报批财产损失时，必须附报有资质的税务师事务所经济鉴证证明。2009 年 4 月 11 日，《国家税务总局关于企业资产损失税前扣除政策的通知》再次对执行新的企业所得税法后，企业财产损失类型、报批资料要求及报批程序等进行明确和规范。

汇算清缴管理

企业所得税汇算清缴工作，是企业所得税管理的重要环节。1996 年，汇算清缴开始试行纳税人自缴自核的方法。2002 年，江苏省地税局在全省推行“一主八附”企业所得税年度纳税申报表。为使纳税人正确掌握新申报表的逻辑、钩稽关系，按时高效完成企业所得税年度纳税申报，淮阴地税局由税政股牵头，组织对全区企业所得税汇缴纳税人和相关税务人员进行新申报表培训，并要求基层税务人员对纳税人报送的申报表进行逐户审核，确保汇算清缴申报质量。为加强企业所得税征收管理，进一步规范企业所得税汇算清缴工作，2005 年，淮阴地税局开始使用企业所得税汇算清缴汇总表管理系统，对纳税人汇算清缴数据进行信息化管理，为税源分析提供可靠数据，成为企业所得税政策管理的一个重要工具，使汇算清缴的管理迈上一个新台阶。2005 年 12 月，国家税务总局印发《企业所得税汇算清缴管理办法》，提出“明确主体，规范程序，优化服务，提高质量”的 16 字工作方针，明确实行查账征收和实行核定应税所得率征收企业所得税的纳税人，无论是否在减税、免税期间，也无论盈利或亏损，都必须按照规定进行企业所得税汇算清缴。

2006 年，国家税务总局对企业所得税年度纳税申报表进行修订。修订后的年度纳税申报表包括“一主十四附”及“企业技术开发费加计抵扣应纳税所得额计算明细表”,将允许扣除的公益、救济性捐赠的计算基数从“纳税调整前所得”调整为“纳税调整后所得”。该申报表比原使用的申报表增加 6 张附表，同时简化主表，便于纳税人准确核算和掌握税收政策，满足税务部门审核、评估等管理要求。此外，该表的最大变化是在主表统一的前提下，对执行不同会计制度的纳税人分别设计不同的附表。

2008 年，《企业所得税法》实施后开始启用新的企业所得税年度纳税申报表。新申报表由原来的 1 个主表 14 个附表减少到 1 个主表 11 个附表。与旧申报表相比，新企业所得税年度纳税申报表的结构、逻辑关系、编制原理都发生了非常大的变化。其中最大的变化是新表的主表是以企业会计核算为基础、以税法规定为标准进行纳税间接调整，从而确定应纳税所得额，而不是按照原来的直接按税法规定计算填报收入和成本费用，在此基础上再进行纳税调整。

企业所得税分类管理

为进一步加强企业所得税管理，从2004年开始，对房地产企业实施单项管理。2004年1月，根据国家税务总局《关于房地产开发有关企业所得税问题的通知》，淮阴地税局进一步将有关房地产企业收入、成本、费用的核算、预售收入预交所得税的核算进行细化和规范。2004年2月，在全区开展房地产企业纳税情况调查，分析房地产企业所得税征管存在的问题。下发《关于加强房地产开发企业企业所得税征收管理的通知》，对淮阴区范围内房地产开发企业销售收入确认、预售收入确认、开发产品视同销售收入、成本费用扣除等有关企业所得税问题进行进一步明确，确定淮阴区房地产开发企业所得税应税所得率为10%，开发产品的成本利润率确定为15%。自2004年4月1日起，正式启用淮阴区“房地产开发销售预收款凭据”，规定原企业自制预收款凭据一律停止使用。2006年，对房地产开发企业开发产品预售收入、合作建房、成本费用扣除、征收管理等企业所得税问题进行明确，规定对房地产企业采取核定征收企业所得税的标准和方法，确定淮阴区房地产企业所得税核定征收应税所得率为15%。2008年，对房地产企业所得税预缴问题进行规范，允许房地产企业预售收入按15%的利润率计算预计利润时，扣除相关的期间费用、营业税金及附加后，再计入当期利润总额。2009年，对房地产企业开发经济适用房、限价房和危改房企业所得税政策进行明确。同时，要求房地产开发企业合理确定计税成本对象，并在开工前报区地税局备案。

第三节　个人所得税管理

个人所得税是对个人应税所得征收的一种税。1980年9月10日，第五届全国人民代表大会第三次会议通过并公布《中华人民共和国个人所得税法》，开征个人所得税。1993年10月31日，第八届全国人民代表大会常务委员会第四次会议《关于修改〈中华人民共和国个人所得税法〉的决定》第一次修正，1994年1月1日起经修订后的个人所得税法正式实施。此后，1999年8月30日、2005年10月27日、2007年6月29日、2007年12月29日全国人大常委会又先后四次对个人所得税法进行修订。

个人所得税是淮阴地税局征收的主体税种之一，征收范围包括：工资、薪金所得，个体工商户的生产、经营所得，企事业单位的承包经营、承租经营所得，劳务报酬所得，稿酬所得，特许权使用费所得，利息、股息、红利所得，财产租赁所得，财产转让所得，偶然所得，经国务院财政部门确定的其他所得。个人所得税的税率，根据应税项目的不同，分别实行超额累进税率和比例税率。工资、薪金所得，适用九级超额累进税率，税率为5%至45%；个体工商户的生产、经营所得和对企事业单位的承包经营、承租经营所得，适用五级超额累进税率，税率为5%至35%；稿酬所得，适用比例税率，税率为20%，并按应纳税额减征30%；劳务报酬所得，适用比例税率，税率为20%，对劳务报酬所得一次收入畸高的，可以实行加成征收，具体为应纳税所得额超过20000元至50000元的部分，依照税法规定计算应纳税额后再按照应纳税额加征五成，超过50000元的部分加征十成；特许权使用费所得，利息、股息、红利所得，财产租赁所得，财产转让所得，偶然所得和其他所得，适用比例税率，税率为20%，个人所得税费用扣除标准根据应税项目和应纳税所得额分别实行定额扣除、按比例扣除和据实扣除。1994年至2003年，国内个人工资、薪金所得费用扣除标准为800元/月；自2004年1月1日起，江苏省工资、薪金所得按1200元/月标准予以税前扣除；自2006年1月1日起，国家税务总局将工资、薪金扣除标准调整到1600元/月；自2008年3月1日起，工资、薪金所得费用扣除标准调整为2000元/月。个体工商户生产经营所得和企事业单位承包、承租经营所得费用扣除标准1994至2005年为800元/月；自2006年1月1日起调整为1600元/月；2008年3月1日起调整为2000元/月。劳务报酬所得、稿酬所得、特许权使用费所得，每次收入不超过4000元的，减除费用800元；超过4000元的，减除20%的费用。财产租赁所得允许扣除在财产租赁过程中缴纳的税费及部分财产修缮费用。财产转让所得允许扣除财产原值及财产转让过程中缴纳的税费。利息、股息、红利所得，偶然所得，经国务院财政部门确定的其他所得不得扣除任何费用，按全额征收个人所得税。

工资薪金收入管理

1995年，淮阴地税局根据国家税务总局《个人所得税代扣代缴暂行办法》，制定淮阴县个人所得税代扣代缴办法，规定代扣代缴义务人的权利、义务、责任。制定《关于加强个人所得税代扣代缴管理的工作意见》，通过采取加强组织领导、广泛开展税法宣传、以点带面抓落实、加强源泉控制、定期开展专项检查等措施，加强个人所得税代扣代缴管理。自2002年起，在全区私营企业业主、个人独资和合伙企业投资者、独立或合伙执业的律师等高收入人群中，选取前20名作为个人所得税重点纳税人，建立税收征管档案，实行个人所得税重点监控管理。2004年7月，与江苏民康油脂有限公司合作，举办“民康”杯个人所得税有奖知识竞赛。2004年8月，淮阴地税局在ISO 9000工作流程中，制定《个人所得税代扣代缴工作规范》和《个人所得税建档管理工作规范》，强化个人所得税代扣代缴和建档管理。纳税人办理税务登记时，由税务机关在“税务登记证”上加盖“代扣代缴义务”印章，同时为纳税人办理扣缴税款登记和发放“个人所得税扣缴义务人证书”，注明个人所得税代扣代缴事项，并在征管信息系统中录入代扣代缴信息。2005年，淮阴地税局利用个人所得税管理软件，建立个人所得税扣缴义务人申报支付个人收入明细表制度。对全区电力、烟草、邮电通信、金融保险行业和国家机关、社会团体实行个人所得税全员全额扣缴申报管理。扣缴义务人按月对其向个人支付的一切应纳税收入（包括现金、实物、有价证券），不论个人是否属于本单位职工，个人取得的收入是否达到费用扣除标准，均实行明细申报。自2006年1月1日起，淮阴区个人所得税全员全额扣缴管理和明细申报扩大至全区各个行业和单位。2006年11月6日，国家税务总局印发《个人所得税自行纳税申报办法（试行）》，规定年所得12万元以上的纳税人，自2006年1月1日起无论取得的各项所得是否足额缴纳个人所得税，均应于纳税年度终后3个月内向主管税务机关办理纳税申报；从中国境内两处或两处以上取得工资薪金所得、从中国境外取得所得、取得应税所得无扣缴义务人的纳税人，从2007年1月1日起均应于取得所得后向税务机关办理纳税申报。2006年12月，淮阴地税局制定个人所得税自行纳税申报工作方案，提出统一思想、提高认识、加强领导、明确职责、优化服务、注重保密的工作要求，确保全面顺利开展首次年所得12万元以上自行纳税申报工作。自2006年12月自行申报工作准备阶段起到2007年3月31日申报期结束，共向各类企业和个人发放自行申报宣传资料2354份，接受纳税人各类咨询732人次，受理12万元以上纳税人自行申报318人，补缴个人所得税828860.39元，办理退税117.19元。2007年11月15日，淮阴地税局成立“年所得12万元以上自行纳税申报工作领导小组”，全面负责淮阴区12万元以上纳税人自行申报工作的组织和领导。2009年11月至12月，淮阴地税局利用2个月时间，组织专门力量对省三甲医院——淮安市第一人民医院开展个人所得税代扣代缴纳税评估，评估入库个人所得税265083.29元。

个体经营者管理

自1996年7月起，个体经营者个人所得税划归地税局征收管理。淮阴地税局对个体经营者个人所得税主要采取核定和附征两种方式进行征收管理。其中，个体工商户和集贸市场税收主要采取核定征收方式，根据营业额的大小，核定纳税人应纳税额；未采取核定征收方式征收个人所得税的个体工商户和从事临时经营的纳税人，采取附征方式，一律在征收营业税或城市维护建设税的同时按营业（销售）收入附征收个人所得税。自2002年7月1日起，淮阴区个人所得税附征率执行淮安市全市统一标准。自2003年10月1日起，集贸市场税收暂停征收。

淮安市个人所得税附征率表（自2002年7月1日起执行）

表7-1

行　业	附征率	行　业	附征率
零售批发业、交通运输业	1%	建筑安装业	1.8%
加工修理业	1.5%	其他行业	2%

个人独资和个人合伙企业

《国务院关于个人独资企业和合伙企业征收所得税问题的通知》规定，自2000年1月1日起，对个人独资企业和合伙企业停止征收企业所得税，其投资者的生产经营所得，比照个体工商户的生产、经营所得征收个人所得税。2000年12月，淮阴地税局根据国务院和国家税务总局文件精神，结合淮阴区实际，制定个人独资和个人合伙企业个人所得税征收管理办法。实行查账征收的个人独资、合伙企业的生产经营所得比照个人所得税的“个体工商户的生产、经营所得”应税项目，适用5%至35%的五级超额累进税率，计算征收个人所得税。不符合查账征收条件的个人独资、合伙企业，实行核定应税所得率和定额两种办法征收个人所得税。自2008年1月1日起，个人独资、合伙企业执行新的应税所得率标准。

2000年至2007年淮阴区个人所得税应税所得率表

表7-2

行　业	应税所得率（%）	行　业	应税所得率（%）
工业、交通运输、商业	5	娱乐业	20
建筑业、房地产开发业	7	其他行业	10
饮食服务业	7		

2008年淮阴区个人所得税应税所得率表

表7-3

行　业	应税所得率（%）	行　业	应税所得率（%）
农、林、牧、渔业	3	饮食业	8
制造业	5	娱乐业	20
批发和零售贸易业	4	房地产开发业	15
交通运输业	7	其他行业	10
建筑业	8		

特定对象个人所得税管理

自1996年1月1日起,对从事建筑安装业的承包人,如其承包工程财务核算准确,能提供正确、合法的有效凭证，按承包实际收入征收个人所得税；如果财务核算不健全，不能提供正确、合法的有效凭证，按承包人承揽工程造价的 1% 附征个人所得税。自 2006 年 7 月 1 日起，建筑安装企业实行项目工程承包的，对承包人按工程承包总额的 0.8% 预征个人所得税，年终由纳税人或其供职单位到主管税务机关进行汇算清缴；个人直接从事建筑安装业务的，按工程总额的 1.8% 预征，年终由纳税人到主管税务机关进行汇算清缴。自 2007 年 7 月 1 日起，对外地到淮阴区从事建筑安装工程作业的单位和个人，凡未设立会计账簿，或者不能准确、完整进行会计核算的，按工程收入的 1% 征收个人所得税。

自 1998 年 1 月 1 日起，保险企业营销员每月取得的佣金收入在扣除实际缴纳的营业税税额后，按其余额 15% 扣除营销费用，再按税法所规定的费用扣除标准和适用税率，按劳务报酬所得计征个人所得税。自 2002 年 8 月 1 日起，保险业营销员每月取得的佣金收入扣除实际缴纳的营业税金及附加后，按其余额扣除 25% 的营销费用。2006 年 6 月 1 日起，国家税务总局发文明确，将保险业营销员每月佣金收入的 40% 作为展业成本，不征收个人所得税。

自 1999 年起，企业供销人员取得的供销承包收入，不论采取何种形式，均在减除规定的承包费用扣除标准后，按“工资、薪金所得”项目征收个人所得税。承包费用扣除标准为：承包收入中包含工资、奖金、补贴、津贴、差旅费、业务招待费的，按承包收入的 30% 作为承包扣除费用；承包收入中包含奖金、差旅费、业务招待费，但不包含工资、补贴、津贴的，按承包收入的 40% 作为扣除费用；承包收入中仅包含业务招待费的，按承包收入的 80% 作为扣除费用。自 2006 年 1 月 1 日起，企业供销人员取得的供销承包收入中，包含为开展供销业务所发生的各项费用，个人不再在单位报销费用的，可按承包收入的 50% 扣除各项费用。自 2006 年 7 月 1 日起，淮安市范围内，对企业供销人员的个人所得税按收入总额的 3% 实行预征，年度终了后由供销人员（或财务人员）到主管税务机关办理汇算清缴，多退少补。

第四节　其他地方各税管理

城市维护建设税

它是以增值税、消费税、营业税实际缴纳税额为计税依据，专用于城市维护建设而征收的一种税。1985 年 2 月 8 日，国务院发布《中华人民共和国城市维护建设税暂行条例》，并从 1985 年起开征。1994 年 9 月国、地税机构分设后，城市维护建设税明确为地方税种，地税局仅负责纯营业税企事业单位的城市维护建设税征管。

自1995年2月起，缴纳增值税、消费税的企事业单位的城市维护建设税划归淮阴地税局征管。自1996年7月起，个体工商户、集贸市场的城市维护建设税划归淮阴地税局征管。1994年至2004年，淮阴区城区及建制镇城市维护建设税适用税率为5%；其他地区城市维护建设税税率为1%。从2005年1月起，经淮安市地税局报省地税局批准，淮阴区城市维护建设税适用城市标准，税率由5%和1%一律调整为7%。

房产税

1986年9月15日，国务院正式发布《中华人民共和国房产税暂行条例》，从1986年10月1日起施行。房产税的计税方式有两种：一是按房产余值计征，税率为1.2%；二是对出租房产按租金计征，税率为12%。淮阴区房产税主要采取两种方式进行管理：一是企业和个体工商户自行申报，地税局直接征收；二是对城区个人出租房产委托街道居委会代征。2000年，为配合住房制度改革，对个人出租的住房，如果出租后仍用于居住的，房产税税率由12%调整为4%。2003年，为加强房产税征收管理和税源监控，淮阴地税局组织实施全区范围内的房产税税源普查，并将普查结果录入征管信息系统，利用数据库登记信息与纳税人申报信息进行比对，提高房产税征管质量。自2004年起，房产税税源普查每年举行一次，并根据新的普查结果及时更新征管系统信息，确保税源数据库数据质量。自2006年起，对具备房屋功能的地下建筑、地方人防设施等征收房产税，取消对转租房产按租金差额征收房产税的规定。自用的地下建筑，以房屋原值的50%作为应税房产原值；商业和其他用途的地下建筑，以房屋原值的70%作为应税房产原值。与地上房屋相连的地下建筑，如房屋的地下室、地下停车场、商场的地下部分等，将地下部分与地面房屋视为一个整体按地上房屋的规定征收房产税；出租的地下建筑，按出租地上房屋建筑的规定征收房产税。自2007年起，根据江苏省人民政府规定，淮阴区个人出租房屋不论房屋的性质以及出租后的用途，只要房屋所有权属于个人的，房产出租应缴税费均按5%的综合征收率征收，其中房产税按征收税费总额的60%入库。自2009年1月1日起，《城市房地产税暂行条例》废止，外商投资企业、外国企业和组织以及外籍个人，依照《中华人民共和国房产税暂行条例》缴纳房产税。

城镇土地使用税

它是对在城市、县城、建制镇和工矿区范围内，使用土地的单位和个人，以其实际占用的土地面积征收的一种税。1988年，国务院正式颁布《中华人民共和国城镇土地使用税暂行条例》，并于同年11月1日起施行。江苏省根据国家有关规定，制定施行细则，自1989年1月1日起施行。

1994年至1995年，淮阴区城镇土地使用税单位税额仍沿用1989年城镇土地使用税开征以来的单位税额。淮阴县城所在地王营镇每平方米年税额0.3元；其他建制镇每平方米年税额为0.2元。1996年，经原淮阴县人民政府批准，对全区土地使用税征收范围和单位税额进行调整。王营镇全境（包括华能淮阴电厂、农垦淮阴棉纺织厂），果林场的场圃、果林村、营北村、林庄村，开发区的小营村、杨井村、左庄村纳入淮阴县城区土地使用税征收范围，每平方米年税额调整为0.4元；其他建制镇年税额调整为每平方米0.3元。2001年2月，原淮阴县正式更名为淮安市淮阴区，根据《市政府关于调整市区城镇土地使用税税额标准及等级范围的通知》，经淮阴区人民政府批准，对全区城镇土地使用税税额标准及等级范围作如下调整：淮阴区古黄河以北，九江路以南，西安路以东，承德路以西范围内的土地为一等土地。珠江路以南，九江路以北，沈阳路以西，西安路以东范围内的土地为二等土地。城区其他地段及建制镇范围内的土地为三等土地。城镇土地使用税年征收标准分别为：一等土地1.5元/平方米；二等土地1元/平方米；三等土地0.6元/平方米。2007年1月，根据《市政府关于调整城镇土地使用税税额标准的通知》，淮阴区再次对全区城镇土地等级范围进行调整。南至古黄河，东至宁连路，西至徐宿淮盐高速路，北至宁连高速公路淮阴北绕城段，为城市二等土地；高速公路环以内，除二等以外的土地为城市三等土地。城镇土地使用税税额标准按照《淮安市城镇土地使用税税额标准》执行。从2009年12月1日起，对在城镇土地使用税征税范围内单独建造的地下建筑用地暂按应征税款的50%征收城镇土地使用税。其中，取得地下土地使用权证的，按土地使用权证确认的土地面积计算应征税款；未取得地下土地使用权证或地下土地使用权证上未标明土地面积的，按地下建筑垂直投影面积计算应征税款。

2001至2006年淮阴区城镇土地使用税土地等级税额表

表7-4　　　　单位：元/平方米

土地等级	范　　围	年税额
一　等	淮阴区古黄河以北，九江路以南，西安路以东，承德路以西范围内	1.5
二　等	珠江路以南，九江路以北，沈阳路以西，西安路以东范围内	1
三　等	城区其他地段及建制镇	0.6

2007年淮阴区城镇土地使用税土地等级税额表

表7-5　　　　　　　　　　　　　　　　　　　　　　　　　单位：元/平方米

土地等级	范　围	年税额
二　等	南至古黄河，东至宁连路，西至徐宿淮盐高速路，北至宁连高速公路淮阴北绕城段	5
三　等	高速公路环以内，除二等以外的土地	4
建制镇	城区以外的建制镇	2

2009年淮安市城镇土地使用税税额表

表7-6　　　　　　　　　　　　　　　　　　　　　　　　　单位：元/平方米

市区（含淮阴区、楚州区）		县　城	建制镇、工矿区、农场、林场
等　级	单位税额	单位税额	
一等土地	6	3	
二等土地	5	2.5	2
三等土地	4	—	
四等土地	3	—	

车船使用税

是对行驶于公共道路的车辆和航行于国内河流、湖泊或领海口岸的船舶，按照其种类、吨位和规定的税额计算征收的一种税。1986年9月15日国务院正式发布《中华人民共和国车船使用税暂行条例》，并于1986年10月1日起在全国施行。1994年至2006年，淮阴地税局征收车船使用税主要采取三种方法：一是由纳税人自行申报，地税局直接征收；二是对个人拥有及社会零星分散的车船委托公安、车管部门代征；三是对面广量大的车船如自行车、手扶拖拉机等，委托乡（镇）政府或村委会、居委会代征。自2003年2月起，经江苏省人民政府批准，全省暂停征收自行车车船使用税。2006年12月29日，中华人民共和国国务院令第482号发布《中华人民共和国车船税暂行条例》，自2007年1月1日起施行。原《中华人民共和国车船使用税暂行条例》和《车船使用牌照税暂行条例》同时废止。将车船使用税和仅对外商投资企业、外国企业及外籍个人征收的车船使用牌照税合并为一，将纳税人由“拥有并且使用车船的单位和个人”改为“车辆、船舶的所有人或者管理人”，同时调整税目分类和税额标准，取消非机动车船的征税，扩大机动车船的纳税范围，将财政拨付经费的行政事业单位和社会团体的车船纳入应税范围。规定法定扣缴义务人。从事机动车交通事故责任强制保险业务的保险机构为扣缴义务人，在销售机动车交通事故责任强制保险时代收代缴。2007年7月，江苏省人民政府发布《江苏省〈中华人民共和国车船税暂行条例〉实施办法》，明确江苏省车船和船舶车船税税额。自2007年起，淮阴地税局征收车船税主要采取两种方法：一是由纳税人自行申报，地税局直接征收；二是委托淮阴区销售机动车交通事故责任强制保险的保险机构代扣代缴。

固定资产投资方向调节税

是对在中华人民共和国境内单位和个人用于固定资产投资的各种资金征收的一种特别税。1991 年 4 月 16 日，国务院发布《中华人民共和国固定资产投资方向调节税暂行条例》，从 1991 年起施行。固定资产投资方向调节税的开征，对固定资产领域的重复建设起到一定的抑制和调节作用，并为国家鼓励发展的产业和重点基础设施建设提供一定的资金保证。1999 年，在经济下滑、需求不足、投资萎缩背景下，为鼓励投资和扩大内需，促进经济发展，国务院决定自 1999 年 7 月起减半征收固定资产投资方向调节税。自 2000 年 1 月 1 日起，固定资产投资方向调节税在全国暂停征收。

2007年江苏省车船税车辆税额表

表7-7

税　　目	计税单位	年税额	备　　注
大型客车	每　　辆	600元	指核定载客人数大于或者等于20人的载客汽车
中型客车	每　　辆	480元	指核定载客人数大于9人且小于20人的载客汽车
小型客车	每　　辆	360元	指核定载客人数小于或者等于9人的载客汽车
微型客车	每　　辆	180元	指发动机汽缸总排量小于或等于1升的载客汽车
载货汽车	自重每吨	60元	包括挂车、牵引车
三轮汽车低速货车	自重每吨	24元	
摩托车	每　　辆	60元	包括轻骑
专项作业车、轮式专用机械车	自重每吨	60元	专项作业车是指装置有专用设备或器具，用于专项作业的机动车。轮式专用机械车是指具有装卸、挖掘、平整设备的轮式自行机械

2007年江苏省车船税船舶税额表

表7-8

税　目	计税标准	计税单位	年税额	备　注
机动船舶	净吨位小于或等于200吨	每吨	3元	拖船和非机动驳船分别按机动船舶税额的50%计征，其中拖船按发动机功率每1471瓦折合净吨位1吨计算
	净吨位201吨至2000吨	每吨	4元	
	净吨位2001吨至10000吨	每吨	5元	
	净吨位10001吨以上	每吨	6元	

土地增值税

是对单位和个人转让房地产所取得的增值额征收的一种税。1993 年 12 月 13 日，国务院发布《中华人民共和国土地增值税暂行条例》，决定从 1994 年 1 月 1 日起开征土地增值税。财政部于1995年1月27日颁布《中华人民共和国土地增值税暂行条例实施细则》。

淮阴地税局根据《国家税务总局关于土地增值税若干征管问题的通知》精神，结合淮阴区实际情况建立一整套土地增值税征收管理制度。一是对从事房地产开发的纳税人开发的普通标准住房和从事非房地产开发的纳税人，按照《中华人民共和国土地增值税暂行条例》规定按次据实征收土地增值税。二是对从事房地产开发的纳税人除开发的普通标准住房外，在项目全部竣工结算前，统一按销售收入预征土地增值税，待项目竣工结算后进行土地增值税清算。从事房地产开发纳税人在每月申报缴纳销售不动产营业税的同时，必须按照预征规定申报缴纳土地增值税。自1996年5月起，预征率为1%。2004年根据《江苏省地方税务局关于确定江苏省土地增值税预征率的通知》，淮阴区从2004年4月1日起调整土地增值税的预征率，普通住宅，预征率为0.5%；营业用房、写字楼、高级公寓、度假村、别墅等，预征率为2%。从事房地产开发的纳税人既开发建造普通住宅又开发建造其他类型商品房的，其销售收入应分别核算，否则从高按照2%的预征率实行预征。自2009年12月1日起，淮阴区对普通住宅的预征率再次进行调整，对房地产开发纳税人建造的普通住宅,预征率由0.5%调整为1%。三是加强核定征收管理。自2007年9月起，单位转让旧房及建筑物和个人转让非住宅类的其他类型的旧房及建筑物，既没有评估价格，又不能提供发票的，按转让收入的3%核定征收土地增值税；个人转让非普通住宅，既没有评估价格，又不能提供购房发票的，按转让收入的1%核定征收土地增值税；房地产开发企业项目竣工结算后，因账证不全难以准确进行土地增值税清算或者在规定的清算期限内未办理清算手续的，建造的普通标准住宅按取得收入的0.5%计征土地增值税，建造的普通住宅按取得收入的1%计征土地增值税，建造的营业用房、写字楼、高级公寓、度假村、别墅等按取得收入的2%计征土地增值税。房地产开发企业建造的项目中，包含普通标准住宅、普通住宅或其他商品房的收入应分别核算，否则，从高按取得收入的2%核定征收土地增值税。自2008年11月1日起，为减轻个人住房交易税收负担，经国务院批准，对个人销售住房暂免征收土地增值税。自2009年12月1日起，对核定征收土地增值税的房地产企业建造的普通住宅，按取得收入的1.5%计征土地增值税。

资源税

是对开采资源或者生产的资源型产品征收的一种税。1993年12月25日国务院发布《中华人民共和国资源税暂行条例》，1993年12月30日财政部发布《中华人民共和国资源税暂行条例实施细则》，并于1994年1月1日起施行。淮阴区主要是对砖瓦行业生产砖瓦所使用的黏土和赵集镇盐化工企业开采的液体盐和生产的元明粉征收资源税。黏土资源税税额为1元/吨；1994年1月1日至2007年1月31日期间，液体盐单位税额为3元/吨。从2007年2月1日起，液体盐资源税暂减按2元/吨征收；从1997年元月1日起，江苏省恢复对芒硝水征收资源税，税额为3元/吨，1999年1月1日起，芒硝水资源税改按元明粉计征，税额为3元/吨。

印花税

是对经济活动和经济交往中书立、领受的凭证征收的一种税。1950年1月政务院发布《全国税政实施要则》，规定印花税为全国统一开征的税种之一。1950年12月，政务院正式发布《印花税暂行条例》。1958年，全国人大常委会101次会议原则通过，由国务院颁布试行的《工商统一税条例（草案）》将货物税、交易流通税、营业税和印花税合并简化为工商统一税。1988年8月，国务院发布《中华人民共和国印花税暂行条例》，规定自1988年10月1日起全国范围内恢复征收印花税。1998年，江苏省地税局印发《印花税征收管理暂行办法》，规定对于确实不能完整提供购销合同或提供购销合同不实的纳税单位和个人，可采取核定计税的办法征收印花税。自2001年起，淮阴地税局实行核定征收印花税。

淮阴区核定征收印花税计税依据和核定比例表

表7–9

应税凭证类型	计税依据	核定比例	税　率	适用对象
购销合同	产品销售收入	110%	3‰	工　业
购销合同	商品销售收入	40%	3‰	商　业
购销合同	房地产经营收入	100%	3‰	房地产开发业
建筑安装工程承包合同	工程结算收入	100%	3‰	建筑安装业
货物运输合同	货物运输收入	100%	5‰	运输业
财产保险合同	保费收入	100%	1‰	保险业
借款合同	借款金额	100%	0.5‰	金融业

屠宰税

是对税法规定的几种牲畜，在发生屠宰行为时，向应税屠宰单位和个人征收的一种税。1950年1月，政务院颁布《全国税政实施要则》，将屠宰税列为全国统一开征税种。同年12月19日，政务院公布《屠宰税暂行条例》，各省相继颁布《稽征办法》，屠宰税作为一个统一的税种在全国开征。1994年1月23日，国务院将屠宰税下放给地方管理。同年初，江苏省人民政府颁布《江苏省征收屠宰税暂行办法》，自1994年1月1日起施行。屠宰税是1994年税制改革后第一个下放地方管理的税种。自2001年1月起，屠宰税停征。

城市房地产税

是对属于中外合资经营企业、中外合作经营企业、外国企业和外商的房屋、土地按照房价、地价或租价的房地产所有人或使用人征收的一种税。1951年8月8日，政务院发布《中华人民共和国城市房地产税暂行条例》，自公布之日起施行。1984年，国务院决定将城市房地产税划分为房产税和土地使用税两个税种，对内资企业和个人征收。对外商投资企业和外国企业继续征收城市房地产税，其税率分为两类：按照房产余值计算应纳税额的，适用税率为1.2%；按照房产租金收入计算应纳税额的，适用税率为18%。1994年国、地税机构分设后，城市房地产税由国税局负责征收。自1996年起，城市房地产税改由地税局负责征收。自2001年起，对涉外企业出租房产租金收入比照房产税有关规定按12%的税率从租征收城市房地产税。2008年12月31日，《中华人民共和国国务院令》第546号宣布《城市房地产税暂行条例》自2009年1月1日起废止。外商投资企业、外国企业和组织以及外籍个人，依照《中华人民共和国房产税暂行条例》缴纳房产税。

车船使用牌照税

1951年9月，政务院颁布《中华人民共和国车船使用牌照税暂行条例》并于公布之日起施行。自1996年7月起，该税种改由淮阴地税局征管，仅对外商投资企业、外国企业及外籍个人继续征收车船使用牌照税。车船使用牌照税征收管理比照车船使用税，车船使用牌照税的适用税额比照车船使用税执行。自2007年1月1日起停征。

第五节　减免税管理

企业年检

它是指对取得“社会福利企业证书”、“校办企业证书”、“劳动就业服务企业证书”、“资源综合利用企业证书”的企业以及安置失业下岗职工再就业企业实行年度检查制度。年检企业每年在规定期限内，按照年检要求填报年检报告表及有关附列资料，淮阴地税局分别会同区国税局、民政局、劳动局、教育局、经贸委等单位，根据民政福利企业、校办企业、劳动就业服务企业、安置失业下岗职工再就业企业及资源综合利用企业年检制度等，对企业上报资料进行审核并到企业进行实地调查。社会福利企业、资源综合利用企业从 1995 年开始进行年检；校办企业年检从 1995 年开始至 2004 年校办企业减免税取消后结束；劳动就业服务企业年检从 1995 年开始至 2007 年结束；安置失业下岗职工再就业企业年检从 2003 年开始至 2009 年结束。通过年检对企业投资主体、生产经营项目、实现利润、减免税金流向、安置“四残”人员、下岗失业人员等情况进行监控，对年检不合格企业及时提出整改意见，对未整改或整改后仍不合格的取消减免税资格。年检合格的企业，由年检人员及其主管单位签字盖章，报上级主管部门审批后，作为企业申请减免税的前提条件。年检报告书为减免税的审批提供依据。宣传国家的税收优惠政策，严格管理，在审批减免税前会同有关部门进行资格认定，每户审核把关，对未通过年检的纳税人不得办理减免税；对享受技术转让减免营业税的纳税人，技术合同须经过淮阴县级以上的科技主管部门进行认定；对享受医疗事业税收优惠政策的非营利性医疗机构和营利性医疗机构须经卫生主管部门进行资格认定。

减免税审批

自 1994 年国、地税机构分设起至 2002 年，企业减免税申请报淮阴地税局后，由税政部门审核，经局主要领导同意后即发文批准。2003 年 4 月，为加强减免税审批管理，淮阴地税局制定减免税集体审议制度，成立淮阴地税局减免税审批管理委员会。委员会下设办公室，负责减免税的审核。企业减免税申请经减免税审批管理委员会办公室审核后，一律报送减免税审批管理委员会集体讨论决定。2005 年 4 月，淮阴地税局根据淮安市地方税务局《关于简化办税程序，改革行政审批的意见》，大胆解放思想，转变观念，提出服务纳税人新理念。为方便纳税人办理涉税事宜，提高地税部门办事效率，对行政审核、审批办法进行改革。凡属政策性（包括各税种条例、细则列举）的免税项目，一律由基层地税分局审核确认后，直接给予免税照顾。凡属经批准才能给予减免税的项目，属区局权限内的，在纳税人当年申请减免税时，由区局办税服务大厅窗口受理，并按要求对其资料进行审核，符合条件的，直接进行审批。纳税人凭减免税批准文件在各申报期进行免税申报，并在年度结束后将全年减免税款情况报区地税局备案；属上级审批权限的，纳税人按期缴纳税款，年度结束再向区地税局提出减免税申请，由区地税局按减免税程序报上级地税部门审批。自 2006 年 3 月起，淮阴地税局根据省地税局转发国家税务总局《税收减免管理办法（试行）》要求，对减免税期限超过一个纳税年度的，实行一次性审批，每年定期进行核查。在减免税批复下达后，纳税人按规定进行正常申报，但涉及的减免税税款可不入库。

事后监督

减免税改由办税大厅窗口直接审批后，为加强减免税管理，淮阴地税局制定减免税事后监督工作流程。办税大厅窗口根据纳税人申请资料审核批准减免税后，需每月上报减免税统计资料，并在审批后将申请资料传递至区地税局管理分局，由管理分局指派 2 名以上税务人员进行减免税实地核查并出具调查意见。本局减免税审批管理委员会根据窗口审批及管理分局调查意见，对减免申请进行合议。不符合减免税审批条件的，指令窗口取消减免税；符合减免税条件的，窗口归档资料，管理分局进行跟踪管理，每年组织专项督查。

2001～2008年淮阴地税局减免税统计表

表7–10

单位：万元

	2001	2002	2003	2004	2005	2006	2007	2008
营业税	26	—	312	67	562	148	65	69
企业所得税	35	215	180	137	78	69	—	2
个人所得税	—	—	22	51	89	53	39	32
城建税	—	—	1	4	14	10	4	5
房产税	—	—	13	—	—	—	—	—
合　计	61	215	528	259	743	280	108	108

第六节　基金、费管理

社会保险费

包括基本养老保险费、医疗保险费、失业保险费、工伤保险费和生育保险费。1999 年 1 月 22 日，国务院令第 259 号公布《社会保险费征缴暂行办法》。2000 年 6 月 6 日，江苏省人民政府发布《省政府办公厅关于社会保险费改由地方税务部门征收的通知》，规定从 2000 年 7 月 1 日起，全省社会保险费统一改由地税部门征收。自 2000 年 8 月起，淮阴区机关、事业、企业单位及其职工社会保险费正式划转淮阴地税局征收；个体工商户等灵活就业人员应缴纳的社会保险费由地税部门委托社保部门征收。自 2002 年 7 月 1 日起，淮阴区城镇企业缴纳基本养老保险费比例由原来的 20% 调整为 21%。2006 年 10 月至 2009 年 2 月，个体工商户等灵活就业人员社会保险费改由委托中国银行淮阴区支行征收。自 2009 年 3 月起，个体工商户等灵活就业人员社会保险费由淮阴地税局直接征收，不再委托其他单位代征。

2000 年 8 月淮阴地税局征收社会保险费后，加强社会保险费日常征缴管理。各社会保险费缴费单位或个人在规定期限内，按月向区社会保险经办机构申报上月全部职工工资总额，由社会保险经办机构依法计算并核定缴费单位或个人当期应缴纳的社会保险费。每月 26 日前，区社会保险经办机构将核定的当月社会保险费征收数据提交地税局征收服务厅及委托代征单位，由征收服务厅及委托代征单位在次月征收入库。

教育费附加

以单位和个人实际缴纳的增值税、消费税、营业税税额为计算依据，按 3% 的征收率，分别与“三税”同时计算缴纳。自 1994 年起，外商投资企业和外国企业暂不征收教育费附加。教育费附加开征以来，视同税收管理。自 2001 年 8 月起，江苏省对生产企业自营或委托外贸企业代理出口自产货物，增值税改为实行免、抵、退税管理办法，对于出口货物应予免征或退还的增值税，可以用内销货物的应纳税款来抵顶。因此，企业在出口货物免抵增值税的同时，也减少教育费附加。2005 年 2 月，国家税务总局正式发文规定，经国家税务局审核批准的当期免抵的增值税税额应纳入教育费附加的计征范围。这一政策消除了由于自 2001 年 8 月起增值税实行免、抵、退税管理，教育费附加受影响的因素。2004 年 2 月 1 日至 2004 年 7 月 31 日，对属于增值税一般纳税人的家禽加工企业和冷藏冷冻企业加工销售禽肉产品实行增值税即征即退政策，并减免教育费附加。自 2005 年下半年起，对增值税、消费税、营业税实行先征后返、先征后退、即征即退办法的，随“三税”附征的教育费附加一律不予退（返）还。

地方教育附加

以单位和个人实际缴纳的增值税、消费税、营业税税额为计算依据，按 1% 的征收率，分别与“三税”同时计算缴纳。原名“教育地方附加费”，1995 年 1 月开征，自 2003 年 7 月 1 日起更名为“地方教育附加”。

地方教育基金

原名“人民教育基金”，1995 年起开征，自 2003 年 7 月 1 日起改为地方教育基金。征收范围为淮阴区境内的国家机关、社会团体、事业单位在职人员，各类内资企业的在职职工，“三资”企业的中方在职职工，个体工商户以及其他有工资收入的个人；征收标准为月工资性收入（以国家统计局劳动工资的统计口径为准）在 401 ~ 500 元的每月征收 1 元；501 ~ 600 元的每月征收 2 元；601 ~ 700 元的每月征收 3 元；701 至 800 元的每月征收 4 元；800 元以上的每月征收 5 元。地方教育基金实行个人负担，所在单位负责代扣代缴并向主管地税机关一次性申报缴纳全年基金的办法。

市场物价调节基金和粮食风险基金

分别于 1989 年 1 月 1 日和 1995 年 1 月 1 日开征。在淮阴区范围内，有销售收入或营业收入的企事业单位、个体工商户，均应按销售额或营业额的一定比例缴纳市场物价调节基金和粮食风险基金。淮阴地税局主要负责对企事业单位的征收，个体工商户该项基金的征收则由区工商局负责。根据省政府的文件精神，从 2008 年 9 月 1 日起，市场物价调节基金和粮食风险基金在全省范围内停征。

防洪保安资金

征收范围是一切有销售收入的全民、集体、私营企业、银行、保险部门及各类信托投资公司。对流通企业（零售业）和工、交企业按上年销售收入的 1‰征收，流通企业（批发业）按上年销售收入的 0.5‰征收，银行（含信用社）按上年利息收入的 0.6‰征收，保险公司按上年保费收入的 0.6‰征收，各类信托投资公司、财务公司、证券公司等非银行金融机构按上年业务收入的 1‰征收，其他行业的各类企业按上年销售收入或营业收入 1‰征收。2008 年下半年，受国际金融危机影响，为减轻企业负担，淮阴区防洪保安资金在原征收标准上实行减半征收。

残疾人就业保障金

1997 年开始征收。淮阴区机关、团体、企事业单位和其他城乡各类经济组织，应按不低于本单位上年末从业人员总数 1.5% 的比例安排残疾人就业。未按从业人数 1.5%（低于 1.5%）比例安置残疾人就业的单位，每少安排一人，按上年度本区职工人均工资的 90% 缴纳残疾人就业保障金。淮阴地税局负责本区企业及有纳税义务的社会团体、事业单位应缴纳的保障金征收。为简便计算，对安置残疾人就业未达规定比例的单位，淮阴地税局根据单位从业人数采用核定人均征缴标准方法征收残疾人就业保障金。1997 年至 2005 年，核定标准为按单位从业人数，每人每年缴纳 80 元；自 2006 年起，按单位从业人数，每人每年缴纳 232 元。

人民防空建设资金

2002 年开始征收。在淮阴区王营镇、开发区范围内，各类企业、实行自收自支和企业化管理的事业单位，按上年末在职职工每人每年 13 元标准缴纳，个体工商户按每户每年 60 元的标准缴纳。

工会经费

2002 年，淮阴地税局开始代征淮阴区工会收缴的工会经费。淮阴区内除由财政统发工资的机关、全额拨款事业单位外，其他机关和各类性质的企业、事业单位建立工会组织的，按单位全部职工工资总额的 2% ×40%缴纳工会经费。

文化事业建设费

自 1997 年 1 月起，由地税机关征收。缴纳娱乐业、广告业营业税的单位和个人按应纳娱乐业、广告业营业税的营业额的 3% 缴纳文化事业建设费。

第八章　稽查管理

淮阴地税局稽查局自成立以来，始终坚持“以查促收、以查促管”的工作方针，以组织收入为中心，积极开展日常检查、专项检查、专案检查，查处税收违法行为，打击涉税犯罪；稽查模式由“两级稽查”向“一级稽查”过渡；完善选案、实施、审理、执行“四分离”的工作体系；依托信息化，不断创新稽查方式和手段，推行查前告知、查中辅导、查后回访、阳光审理等彰显人性化的稽查方法，大力推进依法治税过程，努力打造一支素质高、业务精、敢打硬仗、高效廉洁的稽查队伍。自1994年成立至2009年，共查补税款7031万元。

第一节　组织机构

淮阴县地方税务局稽查分局于1994年9月28日成立，2000年4月，成立淮阴地方税务局检查一分局、检查二分局、检查三分局，业务上隶属于稽查局管理。检查一分局主要分管王营镇范围内的检查，检查二分局主要分管运南片即杨庄、凌桥、赵集等乡镇的检查，检查三分局主要分管运北片即渔沟、丁集、宋集等乡镇的检查。2003年5月机构改革，合并检查分局成立淮阴地方税务局稽查局。新成立的稽查局制定了一系列税务稽查工作管理规程，规范税务稽查工作职责、稽查内容、定案方法和稽查文书，开始探索实行检查与定案分离、大要案集体审议等制度。2005年8月，成立重大税务案件阳光审理委员会。

第二节 税收检查

1994年国、地税机构分设后，基于征管基础工作孱弱及收入任务压力大的因素考虑，突出稽查主角地位，工作重点转向监督检查，赋予税务稽查机构必要的立案权、检查权、处罚权、入库权。坚持“以查促管、以查促收”的工作方针。

1995年，围绕组织收入这一中心，检查模式多样并存。有分局检查组自查、请挂钩股室帮助查、各职能股相互配合支持查、稽查分局主动查和协助查等共同形成合力，全年查补税款入库351万元，占全年收入的35.6%。特别是个人所得税，基本靠检查收缴入库。

1996年，税收任务压力较大，特别是淮阴县主体产业纺织、茧丝绸受国际、国内市场影响，企业资金紧张，效益滑坡，发展困难，陷入极度困境。在如此不利的情况下，检查分局和税检室紧密结合，检查重点企业，重点稽查纳税钉子户、难缠户和偷税抗税行为。帮助赵集运输站、淮阴县水泥厂、染织总厂、糖厂等企业理清账目，建好账册，追缴税款；稽查沈渡砖瓦厂、袁集食品站等单位的账目，追补欠税；严肃处理渔沟、王营等处的抗税案件；查处赵集食品站职工、大兴乡、张集乡村民无证屠宰、贩运生猪的偷税案件。全年共查补税款41.90万元。突出生猪税收的管理，强化税务稽查，促进收入任务的完成。

1997年，稽查局和各基层所稽查联络员保持密切联系，强化收入计划管理，定期召开稽查工作会议，指导并配合基层所开展稽查工作，检查357户纳税户，查补税款487万元。当年稽查局主要检查方面：

1. 开展城区个体税收大检查。由淮阴县政府牵头发动，税务、公检法、交警、交通、财政、工商、城管、街道等联合开展城区个体税收大检查，共查补税款15万元。

2. 加强对集贸市场的检查，促进集贸市场税收征管。

3. 加强企业所得税汇算清缴检查。检查户数185户，检查面达52%，查补地方各税136万元，其中集体企业所得税30万元，国有企业所得税25万元，入库率82%。

4. 对中介机构专项检查。检查会计师事务所、审计师事务所、律师事务所、税务师事务所、价格事务所等13家，查补税款2.61万元。

5. 开展个人所得税专项检查。检查19个单位，查补税款77.50万元。

6. 开展房地产企业专项检查。检查4户企业，查补税款150万元。

7. 开展固定资产投资方向调节税专项清查，查补税款34.30万元。

8. 开展车船使用税专项检查，完善委托代征制度。

9. 配合财政、物价部门进行“三大检查”。检查全县重点企业189户，查补税款32万元。

10. 清理欠税。对其中两户欠税不缴的企业采取保全措施，查封账户，扣缴税款。全年清欠100余万元。

4月15日至16日，全省地税稽查工作会议在淮阴县召开。淮阴县地税局稽查分局在会上作题为《税检紧配合，仗剑显神威》的专题发言。

1998年，稽查局工作重点：

1. 加强元旦、春节前后旺季税收检查，加强集贸市场检查，带票征收，仅两节税收入库49.70万元，针对元旦、春节各单位奖金、分红、股息、红利等个人收入集中兑现这一有利时机组织检查，查补入库个人所得税12.50万元。

2. 开展各类专项检查。重点加强对金融保险业的专项检查，查补地方工商各税200多万元；狠抓个人所得税的专项检查，选择建筑行业项目经理个人所得税这一重点难点，集中检查，采取政策宣传（开会）、自我申报（谈话）、税款入库、催缴税款、强制执行等一系列措施，对全县近50项工程项目、55名项目经理进行重点检查，查补税款51万元，同时开展房地产企业营业税、建筑业营业税、交通运输业营业税等专项检查，仅房地产业营业税就查补96.30万元。

3. 加强企业所得税汇算清缴。检查206户，检查面达58%，查补地方各税96万元，集体企业所得税32万元，国有企业所得税22万元。

4. 堵漏清欠，依法治税。根据国务院提出的“加强征管、堵塞漏洞、惩治腐败、清缴欠税”十六字方针，大力清理压缩欠税，建立清欠目标责任制，对有意拖欠屡催无效的，依法采取税收保全措施，予以强制执行。完成清理欠税130万元。

1999年，进一步突出稽查工作，重点检查、专项检查、平时检查相结合，突出重点，以查促收。

1. 开展企业所得税汇算清缴工作，根据淮阴县实际，将核定征收企业所得税的企业、各类事务所、省市属企业的三产单位作为检查重点。在农村，以中心所为单位，打破地域界限，实行交叉检查，对乡镇重点企业和“三大户”——砖瓦厂、供销社、食品站进行汇算清缴检查。全县汇缴户数403户，检查户数165户，检查面达40.90%，查补地方各税296万元，其中集体企业所得税73万元，国有企业所得税18万元，入库率达82%。对金融保险业进行专项检查，查补税费19万元。

2. 开展建筑业专项检查，督促清欠入库31万元。

3. 开展个体饮食业税收突击检查，着重通过检查发票入手，查补税款37万元。

4. 对全县物资系统进行检查，查补税款4万元。

5. 帮助乡镇基层税务所“拔钉子”、“医难症”，查补、清欠税款35万元。

6. 进行生猪类税收突破性检查，与乡镇组成联合调查组，调查生猪发展现状，建立健全生猪档案，组织上路检查，全年生猪类税收共入库866万元（不在稽查局入库）。

2000年，围绕组织收入这个中心，搞好稽查外分试点，充实稽查力量，加大稽查力度。经淮安市局批准，成立三个检查分局作为局派出机构，同原征收分局相分离，检查分局的检查管辖范围与若干征收分局对应，互不隶属。全局稽查工作以提高征管质量为宗旨，以组织收入为中心，实行日常税收检查与专项检查相结合，重点查办案件及人民来信来访举报案件与严厉打击各类偷逃税行为相结合，查补税款与治理税收环境相结合，提高入库率、处罚率、查补比率等“三率”硬指标，以此指导全县税收稽查工作。全年检查各类纳税户 56 户，查补税款、罚款 534 万元，其中税款 481 万元，罚款 53 万元。税款入库率 94%，处罚率 10.30%，查补比率 8%。全年接受信访、举报案件 12 起，查处 12 起，查补税款 36 万元。

2001 年，共检查纳税户 169 户，其中，国有企业 44 户，集体企业 48 户，私营经济 34 户，个体经济 13 户，股份制经济 8 户，港澳台投资企业 1 户，其他经济 21 户。查补金额 728 万元。

1. 完善稽查体系，建立检查秩序。检查重点企业和行业，全年共对 169 户企事业单位进行税收检查，查补地方各税 728 万元，占全局税收 11.37%。

2. 企业所得税汇算清缴检查，重点稽查 133 个企事业单位，查补地方各税 567 万元，查补企业所得税 47 万元。

3. 个人所得税专项检查，强化对行政事业单位的税收检查，查补入库个人所得税 38 万元。

4. 以整顿农村地方税收征管秩序为重点，严肃认真地挤压“水分”。

5. 部门配合，打击偷税、抗税，抓好信访案件的查处各工作。3 月，组建“公安局驻地税治安办公室”，公安、税干配合，依法治税，被称为“税警 110”。全年查处案件 15 起，查补税款 11 万元，拘役 1 人。

2002 年，全面使用新的稽查模块，提高稽查工作效率。税务稽查为新一轮征管改革工作的重点，在全市率先全面使用计算机稽查模块，用科学的手段、规范的方法，从“选案”、“实施”、“审理”、“执行”，全过程严格按照计算机程序操作，环环相扣，步步衔接，既减少稽查选案的盲目性和随意性，又降低稽查成本，提高稽查工作的效率。实行“岗位设置细化、岗位分工优化、岗位职责明确化”工程，定岗定人，明确责任，改变以往形式上的“四分离”为实质上的“四分离”。在工作衔接上，建立四本台账，即案源台账、检查台账、审理台账和执行台账，加大对计划和任务落实情况的督察和考核。初步实现稽查工作法制化、规范化、制度化。具体表现在：

1. 稽查质量提高，在查结的 184 户案件中，无一户申请行政复议和听证，无一户提起行政诉讼，入库率和结案率均在 99% 以上，人均检查入库税收 18 万元，各项指标均超过淮安市局规定的标准。全年共计查补地方税 407 万元，完成全年任务的 134%，比上年同期增加 28%。

2. 专项检查卓有成效。2002 年，开展对中介机构、高收入者，餐饮、娱乐等行业的税收专项检查，主要对工商、税务中介、房地产评估，各类事务所等单位进行检查，高收入者主要针对企业承包人、医务人员、教师、明星企业家等。共检查中介机构5户，结案5户，查补入库税款、滞罚收入4万元；高收入者检查5户，结案5户，查补入库税款、滞罚收入50万元；餐饮业检查4户，结案4户，查补入库税款、滞罚收入5万元；娱乐业检查1户，结案1户，查补入库税款、滞罚收入1万元。合计检查15户，结案15户，查补入库税款、滞罚收入60万元。对全区9户加油站进行专项检查，查补入库税款28万元。

3. 税警联合，严厉打击各种偷逃税款的犯罪行为，整顿、规范税收秩序，营造良好的税收环境。税务治安办公室协助稽查办案10件，查补、追缴税款30余万元。

4. 查处涉税信访、举报案件。受理涉税案件10件，查补税款22万元。

2003年，稽查局共检查各类案件177件（其中专项稽查案件59件，占33%），结案率100%；全年查补总额419.39万元，入库总额416.38万元（其中：税款277.32万元，罚款125.10万元，滞纳金5.75万元，其他收入8.21万元），查补入库率99%，完成年任务的136%；税务案件处罚率82%，公告税务违法案件19件，公告率11%；提请审理重大税务案件18件，重大案件提请审理比例为10%；移交司法审理1件。

1. 运用现代化信息手段，与公安、工商等部门联手合作，严厉打击各种偷税行为。联手查处涉税案件11起，移送司法部门1起，查补税款及追缴税款46万元，严厉打击涉税违法犯罪，起到“查处一个，震慑一片，教育一方”的效果。

2. 设立举报中心，加强信访案件的查处工作。制定信访工作制度，实行分管局长专人负责制，以案源综合为枢纽，联结各职能单位形成信访工作网络。来信来访及时登记，按规定程序办理。设立一个举报中心，并向社会公布举报电话（0517—84928239），在大门醒目处悬挂举报信箱，并在农村分局设立分理处，接待举报人对税务违法案件的举报，由专人负责登记，专业检查组实施检查。当年，共受理各类举报案件8起（其中淮安市局转办案件4件），查处举报案件8件，查补入库税款18.81万元，滞纳金0.02万元，罚款0.17万元，举报案件查处率、查补税款入库率均为100%。

3. 推进稽查体制改革，着力打造“服务型”稽查，严格规范执法行为。税收稽查由随意型执法理念向制度型转变、由执法管理型向执法服务型转变，稽查手段由“权威性执法”向“人性化执法”转变。根据纳税人权利和义务对等及公平、公正、公开的原则，稽查局要求将“服务”贯穿到整个工作中，主要做到“三个到位”：一是查前到位，即在检查前进行税收政策辅导，试行“查前告知”，给企业自查自纠的机会。如对上海太平洋（集团）淮阴元明粉有限公司通过查前告知入库税款69万元，及时纠正了该企业工作失误，避免更大损失。二是查中到位，即检查中严格按程序办事，规范执法，强化服务，适时为企业进行税收筹划。如在检查新淮建筑公司时，发现该企业多缴营业税款数十万元，检查人员除在稽查报告中详细陈述并及时与管理部门联系退库或抵缴外，还对财务人员就账务问题进行辅导。三是查后回访，即建立查后适时回访制，进行有效跟踪，辅导纳税人及时调整账目，避免重复犯错。

2004 年，淮阴地税稽查局共检查各类案件 163 件，查补税款 421 万元。税务违法公告 18 起，公告率 11%，提请审理重大税务案件 17 起，重大案件审理提请比例 11%。

一抓个人所得税检查。加强与国税部门的协调与配合，在制定税收专项检查计划时，与国税部门互通信息，在对共管户实施检查时，与国税稽查部门联合进户，各税统查，分别入库。合计稽查 39 户，查补税款 60 万元，罚款 32.50 万元。二抓汽车市场专项检查。稽查 9 户，查补税款 4.70 万元。三抓所得税汇算清缴重点检查。对 64 户企业进行所得税汇算清缴重点检查，查补税款 67 万元，罚款 31 万元。四抓货物运输业及运输发票专项检查。与国税一起加强联系，形成合力。共检查 7 户货物运输业，查补入库税款 0.6 万元。五抓医药生产及购销企业税收专项检查。查补入库税款 5.50 万元。六抓建安、房地产企业税收专项检查。查补税款 64.30 万元。

同时，设立举报中心，抓好信访案件查处。设立举报机构 1 个，由专职、兼职各 1 人从事信访举报工作，配置专用计算机 1 台，做到“三快四专”，即快查、快审、快结、专设举报电话、专人接待来访、专设举报登记簿、专门回复反馈举报人。全年共受理各类举报案件 6 起，其中淮安市局转办案件 2 件。查补入库总额 14.44 万元，其中查补入库税款合计 5.26 万元，查补入库滞纳金合计 0.29 万元，查补入库罚款合计 8.89 万元。年度举报案件查处率为 100%，结案率为 100%，查补税款入库率为 100%。

2005 年，共安排检查各类案件 107 件，有问题户数 104 件，查实率 97%，结案率 100%，查补总额 254.94 万元（其中：税款 155.69 万元，罚款 94.39 万元，滞纳金 4.86 万元）；入库总额 254.94 万元，入库率为 100%，处罚率为 100%，税务违法案件公告 12 起，公告率为 11%，均超过淮安市局规定标准。

2005 年 8 月，淮阴地税局成立重大税务案件阳光审理委员会，专门审理重大税务案件。

对个人所得税进行专项检查：对电力、烟草、银行业三个行业 2002 年至 2004 年扣缴个人所得税情况进行全面检查。检查结案 15 户，其中包括电力行业 4 户，烟草行业 1 户，银行业 4 户。查补入库 53.41 万元，其中：个人所得税 16.52 万元，营业税 7.56 万元，企业所得税 0.03 万元，罚款 14.67 万元，滞纳金 1.25 万元。

对行政单位、事业单位、医疗卫生系统和教育系统，检查 22 户，查补税款、罚款、滞纳金 28.7 万元，其中含个人所得税 10.4 万元，入库 28.7 万元。

房地产业专项检查 4 户，查补收入合计 29.38 万元，其中，查补税款 21.78 万元，处以罚款 6.52 万元，加收滞纳金 1.08 万元，均全部入库。

摩托车生产及销售企业检查 2 户，结案 2 户，有问题 2 户，查补收入合计 0.07 万元，其中，查补税款 0.03 万元，处以罚款 0.03 万元，加收滞纳金 0.01 万元，均全部入库。

2006 年度，稽查局安排检查各类案件 78 件，有问题户数 77 件，结案 77 件，结案率 100%；查补总额 240.44 万元（其中：税款 156.27 万元，罚款 76.25 万元，滞纳金 7.64 万元，教育费附加 0.28 万元），入库率为 100%；处罚率为 100%；税务违法案件公告 8 件。选择文教、卫生系统等 15 户行政事业单位进行个人所得税专项检查，查补入库税款 30.9 万元，罚款 15.07 万元，滞纳金 0.54 万元。

对房地产业税收专项检查，结案 4 户，有问题 4 户，查补收入合计 19.25 万元，其中，查补税款 16.1 万元（个人所得税 3.1 万元，土地增值税 10.34 万元，房产税 0.3 万元，其他各税 2.36 万元），处以罚款 2.98 万元，加收滞纳金 0.17 万元，入库收入合计 19.25 万元，查补税款、罚款入库率为 100%。建筑安装业的税收专项检查，共计安排专项检查 6 户，结案 6 户，有问题 6 户，查补收入合计 23.61 万元，其中，查补税款 13.69 万元（营业税 0.52 万元，企业所得税 6.95，个人所得税 3.19 万元，房产税 1.96 万元，其他各税 1.07），处以罚款 9.12 万元，加收滞纳金 0.8 万元，入库收入合计 23.61 万元，查补税款、罚款入库率为 100%。

全年受理、查处各类信访举报案件 5 件，其中区直接受理 2 件，淮安市局交办的举报案件 3 件，结案 5 件。合计查补 16.12 万元，其中：查补税款 10.71 万元，罚 5.36 万元，滞纳金 0.05 万元，入库率为 100%。

做好“公路、内河货物运输业统一发票”协查工作。2006 年，对收到的各地国税部门的公路、内河货物运输业统一发票包括代开的发票进行认真核查，共收到异地国税部门寄来的协查货运发票 3189 份，涉税金额为 23.80 万元。

2007 年，从头紧起，抓好个人所得税专项检查工作，全年检查涉及个人所得税 34 户，查补入库个人所得税 82.44 万元，处以罚款 42.22 万元。

餐饮业专项检查安排 4 户企业，查结 4 户，有问题 4 户，有问题户检查期内申报税款 44.80 万元，查补收入合计 3.16 万元，其中，查补税款 2.17 万元（营业税 0.12 万元，企业所得税 0.9 万元，个人所得税 0.5 万元，其他各税 0.65 万元），处以罚款 0.99 万元。调减亏损企业申报亏损额 22.29 万元。

进行建筑安装业、房地产业的税收专项检查，共计安排专项检查 4 户，结案 4 户，有问题 4 户，查补收入合计 41.27 万元，其中，查补税款 37.79 万元（个人所得税 1.73

万元，土地增值税 32.94 万元，其他各税 3.12 万元），处以罚款 3.18 万元，加收滞纳金 0.3 万元。入库收入合计 37.87 万元，查补税款、罚款入库率为 92%。

安排所得税汇算清缴 11 户，查补入库税款 11.56 万元，处以罚款 5.98 万元。

受理、查处各类信访举报案件 4 件，其中淮阴区直接受理 2 件，淮安市局交办的举报案件 2 件，结案 4 件，结案率为 100%。查补税款 7.11 元，罚款 5.93 元，滞纳金 0.96 元，入库率达到了 100%。举报案件奖励基金账户设在淮阴地税局财务科，2007 年度应计奖案件 1 件，入库税款 2.89 万元，处以罚款 1.51 万元，根据规定支付举报奖金 0.03 万元。

对纳税人实行查前告知 63 户，收回《税务稽查告知书》63 份，有自查补缴税款 26 户，自查补申报入库税款 117.8 万元，滞纳金 1.4 万元，教育费附加 2.2 万元。安排检查各类案件 78 件，结案 76 件，有问题户数 76 件，查补总额 234.53 万元（其中：税款 162.53 万元，罚款 66.68 万元，滞纳金 5.32 万元），均全部入库，入库率为 100%，处罚率（户数）为 100%，税务违法案件公告 8 件。

2008 年，结合淮阴区实际，稽查局配合个人所得税全员全额建档工作，开展驻淮直属企事业单位个人所得税检查工作。对江苏省淮阴卫生学校、淮阴电信局、淮阴供电公司等企事业单位进行税收检查。如 2008 年 3 月 17 日开始，对江苏省淮阴卫生学校 2007 年度纳税情况进行专项检查，查补税款 17.93 万元，处以罚款 9.39 万元，教育费附加合计 0.22 万元，总计 27.54 万元，且全部入库。

1. 打击制售假发票和非法代开发票专项整治工作。与区公安局、区国税局于 4 月 22 日至 24 日组织为期二天的“射狐”行动，成功抓获携带代开、传递建筑安装假发票 1 人，散发代开假发票名片 2 人，公安局没收违法所得 7000 余元。税、警联手，一举端掉制售假发票窝点，将犯罪嫌疑人董某抓获，并在其打字社及其暂住处查获并扣押大量的空白“发票”、用于制造假发票的计算机、打印机等工具。地税稽查局迅速介入，与公安刑警大队成立联合检查组，立即立案进行侦查，随后又将犯罪嫌疑人刘某抓获。从犯罪嫌疑人董某电脑中查获“发票”数据 81 张，票面金额 1000 余万元，后根据这一线索，先后查获非法制造的假发票 64 份，查实的涉案票面额 4000 余万元，涉税金额 140 余万元。犯罪嫌疑人刘某由检察机关以“出售非法制造假发票罪”向法院提起公诉。董某、陈某、程某、干某被公安局淮阴分局采取强制措施。

2. 协助四分局追回税款 50 余万元。两个外地到淮阴建安企业，开具假发票 7 份、套票1份，偷税50万元，稽查局通过内查外调，追回税款。

3. 统筹安排，突出重点，扎实推进分级分类检查和解剖式检查工作，引入风险管理概念，强化对重点税源的监控力度，减少重大税收流失，提高税务稽查对完成税收中心任务的保障力度。分级分类稽查控制重点税源，减少重大税收违法案件的发生，较好地减少和排除内外干预对稽查执法的干扰，实现稽查资源的合理调配，提高稽查质效，避免各级稽查部门多头检查、重复检查，减轻纳税人负担，统一执法尺度和标准，提升税务稽查部门形象。

4. 从税务登记数据库调查房地产企业，逐户发放《淮安市淮阴地方税务稽查局税务稽查查前告知书》、《淮安市淮阴地方税务局地方各税自查申报表》，通过自查，查补税款合计34.4万元，其中：营业税14.57万元，城建税1.62万元，房产税0.3万元，土地使用税3.84万元，印花税3.49万元，土地增值税3.46万元，企业所得税4.05万元，其他税费3.07万元。

同时，与淮阴区国税局稽查局召开联席会议，组成联合检查组，分别对淮安市华钢房地产开发有限公司、淮安通胜房地产开发有限公司进行检查。

5. 打造"铁案稽查、精品案例"，推行标准化稽查卷宗。在检查方式和方法、稽查取证，实行统一的稽查底稿、汇总封面及标准化卷宗。

2009年，安排各类检查案件42户，淮安市局安排检查A类企业4户。查补入库税款总额1187.56万元。其中，稽查查补入库500.24万元(税款393.59万元，处以罚款71.34万元，加收滞纳金35.31万元)。通过"查前告知"，纳税人自查补报入库税款687.32万元。

1. 建筑安装业：检查户数3户，查补税款8.09万元，其中：营业税0.35万元，企业所得税4.13万元，个人所得税0.92万元，其他各税2.69万元。处以罚款4.85万元，另外调减亏损企业申报亏损额29.73万元。

2. 劳务中介业：检查户数4户，查补税款合计4.79万元，其中：营业税0.07万元，企业所得税1.56万元，个人所得税3.13万元，其他各税0.03万元。处以罚款4.05万元。

3. 建筑规划设计行业：检查户数1户，查补税款0.10万元，处以罚款0.09万元。

4. 区域税收专项整治：从4月开始，对运输行业共20户企业进行专项检查，取消6户运输企业自开票纳税人资格，限期整改1户。查补税款合计6.84万元，其中：营业税0.13万元，其他各税6.71万元。处以罚款2.89万元。

5. 分级分类检查。对A类企业发放《淮安市淮阴地方税务局稽查局税务稽查查前告知书》、《淮安市淮阴地方税务局地方各税自查申报表》，发放查前告知书及自查表21户，通过自查，6户有问题，自查税款合计34.46万元，滞纳金2.54万元。

6. 加强信访举报案件工作的受理查处。修订完善《淮阴地税局违法案件举报管理办法》、《淮阴地税局违法案件举报奖励办法》、《举报案件保密制度》。切实抓好制度的落实工作，建立健全包括《举报登记台账》、《税务稽查案件实施台账》、《案件转办、交办台账》、《举报奖励登记台账》等台账的登记，严格按规定办事。坚持“举必查、查必果、奖励兑现、取信于民”的原则，做好举报案件的查实工作，做到件件有回复。

第三节　稽查管理

检查模式由建局之初“两级稽查”向“一级稽查”过渡，最终建立起选案、实施、审理、执行四个环节相分离的税务稽查体系。依法开展税收日常检查、专项检查和专案检查。重点查处大案要案，集中力量开展分级分类检查，强化稽查管理，规范操作流程，打击偷税逃税等涉税违法行为。依托信息化，创新创优稽查方法和手段，提高稽查工作的质量和效率。

审理五审制

稽查案件审理实行“五审制”，即：检查人员自审、检查组互审、审理股初审、审理小组复审、区局重大案件审理委员会会审。

检查人员自审：案件主查人和协查人对案件的检查程序，稽查方法、手段进行回头看，检查实施文书是否齐全、手续是否完备、签字盖章是否符合税务稽查工作规程和标准化卷宗的要求，检查取证与稽查报告涉及的事项是否完整。这样，避免了检查人员与材料整理人之间的脱节。

检查组互审：检查组与检查组之间的检查案件实行交叉互审，对检查实施阶段的材料进行互审互核，审查检查人员检查的税种是否齐全、计税依据是否准确、适用税率是否正确、计算是否精确等，互审后再移交审理股，以防止检查过程中的盲点与差错。

审理股初审：审理股接收检查执行股移交来的检查卷宗进行分配，实施初审，全面审理检查程序的合法性、处理依据的正确性、引用法律条文的准确性、手续资料的完备性，尤其是使用税务稽查工作规程、税收征管法及实施细则、涉税条例条款运用是否到位。一般案件由审理股定案执行，对查补税额达到稽查局规定移交稽查局审理小组审理标准的一律移交。

审理小组复审：根据稽查局规定，查补税额达到标准的检查案件，均要移交稽查局案件审理小组审理，此类案件一般违法情节复杂，违法事实较多，查补（处罚）的税款较大，审理小组对案件要更加严格把关，对检查材料进一步进行审理，对违法性质进行严格的定性处理，合理使用处罚的自由裁量权，做到处罚宽严适度。对达到区局规定移送标准的稽查案件，及时移送区局重大案件审理委员会审理。

区局重大案件审理委员会会审：稽查局在案件调查终结后，对达到重大税务案件标准的，及时填写《重大税务案件审理提请书》，将所有与案件有关的材料一并移交审理委员会办公室。审理委员会办公室将对所有送审案件进行复查，复查后移交审理委员会全体讨论。案件审理结束后，由审理委员会制作税务处理（处罚）决定书，交稽查局执行。

四联动机制

基于探索“打击型稽查”向“服务型稽查”转型，打造和谐淮阴地税形象，对纳税人履行必要的稽查程序后，继续做好税案全过程的监控及跟踪服务，提高稽查效率。通过稽查案件的事后管理，对内，为征管部门提供管理信息和建议，促进税收管理质量向精细化迈进；对外，为纳税人提供辅导、约谈和提示，促使企业按章纳税，提高税法的遵从度。

1. 实行稽查局内部审理与检查联动机制。进入企业进行纳税检查后，审理人员及时跟进，与检查人员互动，同检查进度互补，及时提供补充资料信息。在完成检查资料的收集、整理、签字盖章后，即完成检查资料的初步审理工作。节省时间，提高稽查效率，检查结束，审理结束。达到重大案件审理标准的，集体讨论后交重大案件审理委员会审理。

2. 实行稽查局与征管部门之间的联动机制。一是实行一案一议，及时反馈征管信息。对当月查处的案件，定期进行典型案件分析，查找税案产生的原因，并从征管角度分析管理漏洞，提出征管工作建议。二是实施行业稽查剖析，强化行业税收管理。在行业分类稽查的基础上，总结行业管理的经验予以推广，分析行业管理的漏洞并提出合理化建议。三是及时将案件处理结果及剖析与建议等信息传递给征管部门，为及时调整管理方法、修正、维护管理数据等提供第一手可行性资料。

3. 实行稽查局与企业之间的联动机制。制定“一听”、“二访”“三看”制度，建立税企沟通平台，实行与企业之间的联动。“一听”即听取纳税人对稽查执法公正、廉政纪律、服务质量等方面的意见和建议；“二访”即和管理部门联手对重点行业、重点企业进行定期询访，对查后企业进行不定期稽查回访；“三看”即看查出的问题是否及时进行纠正，看整改的问题是否重犯，看提出的建议及整改措施是否落实到位。实行查前告知、约谈、辅导、查后回访等制度，共同营造和谐的纳税环境。

4. 实行稽查局与公安、国税等部门之间的联动机制。建立与公安、国税等部门的联动机制，利用各方优势，资源整合，更好地发挥稽查效力。在税务检查中，开展取证等执法行为时往往会碰到权限受制、刚性不足的尴尬局面，但通过与公安、司法、国税等部门的联动可以弥补这一不足，顺利解决税务检查外围取证难等问题。

推行标准化稽查

稽查局制定《内部管理规定》，明确各自岗位职责，推行标准化稽查底稿，着力打造“精品卷宗”。检查人员在接到分配的案件时，实行网上查询该纳税人的基本情况和详细登记情况，取得其年度财务会计报表和纳税申报情况等资料，从静态资料中获得信息，发现疑点，做到心中有数，有的放矢。再制定稽查计划和检查方法，确保计划正确，方法得当。按照市局稽查局的要求，一户进入，各税统查。稽查局在做好查前准备等各项工作的同时，还在检查方式和方法、稽查取证、实行统一的稽查底稿、汇总封面及标准化卷宗等方面进一步加强和完善，做到强化证据意识，打造“铁案”稽查。推行“标准化”稽查，应用标准化稽查工作底稿，实现对税收执法权的监督。采用统一标准的固定 A4 纸表格形式，分税种分行业设计工作底稿，并将所有稽查取证过程纳入计算机管理。每户检查执行结束，制作《稽查建议书》，转管理局一份，稽查局留存一份。2005 年，淮阴地税稽查局制作 107 份《稽查建议书》，2006 年 77 份，2007 年 76 份。便于和管理局、征收局的数据维护，做到以查促管，以查促收。参加每季度分别有四位副局长牵头召集的征、管、查以及区局职能科室联席会议，现场提出问题，解决问题，实现信息畅通、配合得当、分工不分家的工作目的。

为了在执法工作中做到大公无私，秉公执法，杜绝腐败现象的发生，实施“每周一练，每月一会”计划，每周选择一个“涉税议题”进行书面分析案情、笔试练习。每月召开一次“典型案例分析”会议，每个检查组一一汇报检查工作情况，选择一个典型案例进行现场分析、处理。包括检查遇到的难题、疑点，行业共性问题，成功经验、优秀做法，评讲典型案例，达到“以一例带多案”的稽查效果。

各年查补税款一览表

表8-1

年　别	稽查人数（人）	稽查查补收入（万元）
1994	2	298
1995	4	351
1996	4	315
1997	4	487
1998	4	301

续表8-1

年　别	稽查人数（人）	稽查查补收入（万元）
1999	4	296
2000	4	534
2001	9	728
2002	9	407
2003	25	419
2004	25	421
2005	15	255
2006	15	240
2007	15	235
2008	15	538
2009	14	1188
合　计	168	7013

附〔案例分析〕

开超市：一年竟然没用一度电

一　案件基本情况：超市经营疑点重重

淮阴地税稽查局接到群众信件举报，辖区某超市2004年度有偷逃国家税款的嫌疑，请稽查部门查处。稽查局派两名检查人员对该单位进行检查。

案源资料：该单位为国有企业，法人代表姚某，注册资本150万元。经营方式为租赁经营，房屋产权属某事业单位，主要经营副食品、粮油制品、冷藏冷冻食品加工、批零及百货零售；税务登记代码：32080263812345—0。该单位被查前无税收违法记录。查看2004年度会计报表，利润表中当年实现销售460余万元，亏损3万元。资产负债表反映固定资产原值597万元，累计折旧97万元，在管理费用中列支的工资、福利等约10万元，营业面积450余平方米，职工80人。管理资料反映：纳税情况正常。检查人员讨论研究拟定检查方案，从查固定资产和工资费用入手，对地方各税进行统查。

二 基本案情及办案过程

初 查

对该企业拥有和使用的固定资产情况进行检查，从固定资产总账和明细账入手，财务负责人朱某拿来固定资产总账且说没有设置明细账，一个企业怎么可能不按规定设置明细账？固定资产总账上仅反映一个总额，看不出明细项目，2002年至2003年账簿上记载的金额几乎相同。

检查人员又对职工工资问题进行检查，检查该企业的3个月凭证，发现该超市每月均通过工资表发放工资，未发现有以其他形式发放工资、补贴的情况。检查人员又检查春节和中秋期间的凭证，该企业也未在春节、中秋节发放补贴。

对会计报表进行分析，审核该企业2004年度的会计报表及附注资料，发现作为一个主营净菜加工、销售和冷冻食品的企业，“管理费用—电费”一栏全年数字竟为“0”，检查人员到经营店面实地查看。在面积不到400平方米的营业大厅内，摆放4个大冷藏柜，食品柜中间又摆放3个冷冻柜，每个冷柜都摆满冷藏、冷冻食品。

检查人员随即询问财务负责人朱某，朱某解释：固定资产账面价值较高是历年滚存下来的数字，具体的明细内容应该是企业购置的冰柜和冷藏柜，因为当时是统一购置入账，所以就没有设置明细账；营业员都是下岗工人，每月的工资较低；至于没有电费，是因将冰柜、冷藏柜承包给一个贸易公司，协议规定电费全部由贸易公司负责缴纳。朱某还主动向检查人员提供该企业与贸易公司签订的“承包协议”。

细 查

经过分析后，检查人员决定仍从查清固定资产账入手，寻找突破口，力求能有所收获。检查人员到审计部门了解获悉，该企业原来是事业单位的下属单位，后来才租赁给姚某经营。该企业在2002年以前确实是由事业单位代管，后决定将其承包给姚某经营，在2002年承包时进行了审计，审计资料显示，事业单位的房屋无偿转给该超市，且在2002年承包时全部转到该超市名下，有关账目也按规定进行了转账。经他们提供的资料，该超市使用的房屋价值为487万元，在转账时提折旧97万元，按规定超市按照房屋原价和计提的折旧分别入账，检查人员将上述数额与在超市账上摘抄的数额相核对，发现数额刚好吻合。

既然掌握487万元为房屋价值的确凿证据，那么该超市“固定资产”账上剩余的10万元即为企业包括冰柜在内的所有其他固定资产。从常理推断，那么多冰柜的价值就远远不止10万元，这个问题怎么解释？怀疑是该企业为逃避缴纳房产税。

再　查

贸易公司负责人在慑于税法的威严之下，终于道出事情的真正原委。原来，超市为逃避承包费方面的税收，故意与该某贸易公司签订一份虚假的合同，称该超市将冰柜、冷藏柜承包给贸易公司，协议规定电费全部由贸易公司负责缴纳。朱某主动向检查人员提供该超市与贸易公司签订的承包“协议”，而这份协议是专门用来对付税务部门检查的。

在掌握了事业单位和某贸易公司提供的证据材料后，检查人员再次来到该超市，重点就该超市与某贸易公司的往来进行逐笔核查，发现该超市都是在每月底与某贸易公司结算承包费，全年共结算12次，每次均有该公司制作的内部凭证，上面详细列明冰柜柜组当月用电量、销售额及超市应收取的承包费，手续非常完备。

检查人员将贸易公司提供的往来账目，与该超市的银行存款日记账逐一核对，发现超市账上少列来源于贸易公司的承包费收入达8笔，金额12万余元。面对这确凿的证据，朱某和姚某的心理防线一下子垮了。

原来，该超市为弥补工资和部分费用的不足，私自将冰柜的承包费转移到“小金库”中，形成一个账外账，该账主要用来发放给职工的补贴等，而且账外账是由超市领导集体研究决定的。由于设立“小金库”，该超市不仅在纳税上讨便宜，而且还解决了部分招待费和福利费的开支问题，因此，设立这个“小金库”既达到偷税目的，企业的部分领导和职工又从中得到利益，领导方便、职工满意。

至此，检查人员一举查清该超市将取得的租金收入全部计入“小金库”，2004年偷逃地方各税的违法事实。

三　案件的处理及处罚结果：咎由自取

介于上述违法事实，经审理后，根据《中华人民共和国税收征收管理法》依法作出处理决定和处罚决定，对该单位处以补缴地方各税，并按规定加收滞纳金，对所偷税款处以百分之五十的罚款。

根据《中华人民共和国税收征收管理法》第六十四条第二款规定，决定追缴该单位未申报租金收入的营业税、城建税、滞纳金，并对该单位处未申报缴纳营业税、城建税税款百分之五十的罚款。

根据《中华人民共和国税收征收管理法》第六十三条第一款规定，决定追缴该单位未申报缴纳承包费等收入的营业税、城建税、滞纳金，并对该单位处未申报缴纳营业税、城建税税款百分之五十的罚款。

根据《国务院关于教育费附加征收问题的紧急通知》第 1 条规定，决定责令补缴教育费附加。

根据苏地税发［1994］065 号《关于城市企业按“三税”的 1% 开征教育地方附加费的暂行规定》第 1 条规定，决定责令其补缴地方教育附加。

根据《中华人民共和国税收征收管理法》第六十四条第二款规定，决定追缴该单位未申报缴纳的印花税、滞纳金，并对该单位处未申报缴纳印花税税款百分之五十的罚款。

根据《中华人民共和国税收征收管理法》第六十四条第二款规定，决定追缴该单位未申报缴纳的房产税、滞纳金，并对该单位处未申报缴纳土地使用税税款百分之五十的罚款。

根据《中华人民共和国税收征收管理法》第六十九条和《国家税务总局关于贯彻〈中华人民共和国税收征收管理法〉及其实施细则若干具体问题的通知》（国税发［2003］47 号），决定责成该单位限期补扣应扣未扣的个人所得税，并对该单位处应扣未扣税款百分之五十的罚款。

根据《中华人民共和国发票管理办法》三十六条第一款第四项、第二款之规定，对该单位未按规定取得发票的行为处以 3000 元的罚款。

四　案件的分析与建议

思　考

此案案值虽小，但偷税的手段非常之典型，留给我们很多的思考。

1. 加强学习，提高稽查人员的业务素质。作为专司偷、逃、骗税案件查处的税务稽查部门所面临的挑战也愈加严峻，这就要求检查人员不仅要具备过硬的业务知识，更要研究新问题，掌握新知识，只有这样，才能从根本上提高稽查工作水平和质量。

2. 善于发现疑点，一追到底。稽查人员必须在面对这些枯燥乏味的报表、账簿中，发现疑点和异常。在发现疑点和异常后，更要对其进行深入分析，准确排除疑点，或者找出形成异常的原因，一追到底。

3. 充分利用现有《征管法》赋予税务机关的检查权，全面搜集证据。一要充分使用《征管法》赋予的实地检查权。二是根据分析疑点进行外围搜集证据。三是对银行账户的检查权。

4. 重视税法宣传，建好协税护税网络。全社会人人都行动起来，组成一个全方位的、牢不可摧的协税、护税网络，那就会提高税收征管质量，起到最大可能地防止偷税、逃税、抗税等不法行为的发生。

《开超市：一年竟然没用一度电》一文，于 2005 年 6 月 10 日在《中国税务报》第八版“法制视点”中刊登。

第九章　纪检、监察

淮阴地税局的纪检监察工作是由党的纪律检查和税务行政监察两部分组成的。在实际工作中，实行合署办公、两项工作一起抓的方式。从淮阴地税局成立之日起，局党组就提出“为人民服务，受人民监督”的口号，发挥纪检监察职能，把反腐倡廉、廉洁从税作为队伍建设的首要工作来抓，坚持一抓教育，二抓制度建设，三抓违规查处的工作方针和“不给每一个税干犯错误的机会”的理念，卓有成效地加强地税干部队伍建设，推进地税工作有力开展。在纪检监察工作方面，实行党组一把手负总责、分管领导各司其职、齐抓共管的工作模式。局党组明确提出“党组成员人人都是纪检组长”的理念，即除了纪检组长抓好日常的纪检监察工作外，其他党组成员也分别对所分管的廉政工作负责，实行连带责任追究制。

第一节　廉政教育

1995 年，淮阴地税局党组在全系统开展一系列行风廉政建设活动。一是制定、完善一系列内部规章制度和纪律要求；二是向社会发公开信和征求意见书，认真听取意见和建议；三是定期召开行风监督员座谈会，通报工作，在电视上公布廉政纪律，接受监督；四是纪检、监察人员经常走访纳税人和乡镇领导，听取对地税干部工作和行风情况的意见；五是每月二十三日召开廉政对照会议，开展批评和自我批评，总结经验教训，警钟长鸣。本局党组在地税局成立一周年之际，专门开会研究，决定不搞庆典，只在系统内部开展“我爱地税事业”演讲活动，把精力用在抓收入上，有一些单位主动来表示庆贺，都被谢绝。在当年的行风廉政建设评比中本局名列全县榜首。

1996年，淮阴县地税局明确提出，杜绝“吃、拿、卡、要、报”现象，全年召开三次廉政评议会，邀请各乡镇领导、纳税人和其他社会各界人士提意见、写评语、做鉴定，做到警钟长鸣。

2001年，全面开展纠风治乱活动，主要治理以下五种行为：一是利用职务便利，吃、拿、卡、要、报的；二是乱设卡，乱收税的；三是开人情票，收人情税的；四是乱开税票，丢失税票的；五是办税不文明不公开的。通过各项措施，着力实施对税收执法权和税收管理权的“两权”监督。

同年，构造温馨和睦、清正廉明的反腐保廉家庭防线。定期开展“五好文明”家庭评比活动；有计划地走访部分职工家庭，借以掌握职工在工作以外的表现，有针对性地开展教育活动；在全系统深入开展“廉内助”评比活动，将防腐倡廉的触角延伸到税务干部的夫妻之间。

2003年，局开展“坚持两个务必”主题教育活动，进行预防职务犯罪的警示教育。以党风廉政建设推动作风建设，为税收的中心工作服务，为淮阴区的经济发展服务。

2004年3月，组织一次由全系统人员参加的闭卷考试，考试内容涵盖《规范化管理违规处罚规定》、《公开承诺》、《文明规范用语》、《税务人员廉洁自律若干规定》等地税系统内多项纪律制度和管理规定。在考试和阅卷过程中，坚持公平、公正、公开的原则，对查出的5名作弊人员给予0分处理，并在系统内进行通报，严肃纪律，确保考试的公正性。8月，在全系统开展为期一个月的电教月活动。活动中，本局围绕“增强纪律观念，自觉接受监督”这一主题，以电化教育为载体，组织广大税务人员观看《勤廉风采》、《警钟》、《蜕变》、《落日的猖狂》等一系列正反典型电教片，以生动形象的形式，对广大地税系统的党员干部进行党风党纪教育，给税务人员以警醒。

2005年，淮阴地税局把进一步对全系统地税工作人员加强思想道德教育和纪律教育放到重要位置，努力提高税务人员拒腐防变自觉性。主要抓以下几点：一是认真传达中纪委五次全会、省纪委七次全会和全国税务系统、省、市地税系统党风廉政工作会议精神，引导大家以自己的实际行动从根本上遏止腐败现象的产生，使部门和行业风气普遍好转。二是学习领会《中国共产党党内监督条例（试行）》和《中国共产党纪律处分条例》，有针对性地组织党员、干部通过通读原文、座谈讨论、观看录像、聆听辅导等多种形式进行学习，深刻领会其精神实质，并进行相关测试，增强大家新形势下反腐倡廉的意识，自觉接受各种监督。三是认真学习贯彻落实中共中央关于《建立健全教育、制度、监督并重的惩治和预防腐败体系实施纲要》和国家税务总局制定的《建立健全税务系统惩治和预防腐败体系的实施意见》，将其列入党组中心组的学习计划和干部培训的教学计划，纳入保持共产党员先进性教育活动之中，将全区地税系统党员干部的思想和行动统一到实施纲要和实施意见的精神上来，落实到工作生活当中。四是运用各级纪检领导的讲话和报纸杂志与本地区、本系统的反面教材告诫全体干部职工，做到警钟长鸣。

2007年，围绕“提高党员素质、加强基层组织、服务人民群众、促进各项工作”的目标要求，在全体党员中开展“弘扬清廉新风、共建和谐地税”主题教育活动，兴起学习贯彻党章的高潮。在全区地税系统开展廉政文化作品征集活动，活动期间共收到税务干部廉政文学、书画等作品75件。其中，廉政文化征文13篇、毛笔书法作品20篇、钢笔书法作品18篇、绘画作品3篇、摄影作品6件、小小说5篇、诗歌9首、小品1部。创新载体，在全市率先创建地税局机关党校，作为基层党的思想政治建设的主要阵地和廉政文化建设的重要载体，对全局党员干部进行政治理论教育和党性教育，围绕“廉政”主题开展一系列文化教育活动，让“廉政”影响渗透到机关各个层面。3月，区局被区委、区政府评为全区唯一的行风暨软环境建设连续7年先进单位。

2008年，在全系统深入开展“纠风促廉”主题教育活动，通过组织学习、自查自纠、剖析典型案件、开展批评和自我批评等途径，加强对税务人员的教育，进一步强化“聚财为国、执法为民”税收工作宗旨，牢固树立征纳双方法律地位平等的理念、公正执法是最佳服务的理念、纳税人正当需求应予满足的理念。

2009年，淮阴地税局根据省局要求，在全系统开展“加强道德修养坚持廉洁从税”主题教育活动，重点围绕“三集中三查找六纠正”要求，以分局和机关为单位，召开专题民主生活会，征求意见和建议，走访广大纳税人，召开行风监督员座谈会，找出存在的问题与不足。通过活动开展，强化“聚财为国、执法为民”的税收工作宗旨意识。开办廉风讲堂，每月组织税务人员观看一次廉政警示教育片，聆听一次专题教育党课，党课内容突出廉政和作风建设主题，解读廉政热点事件，及时传达学习上级相关文件精神。

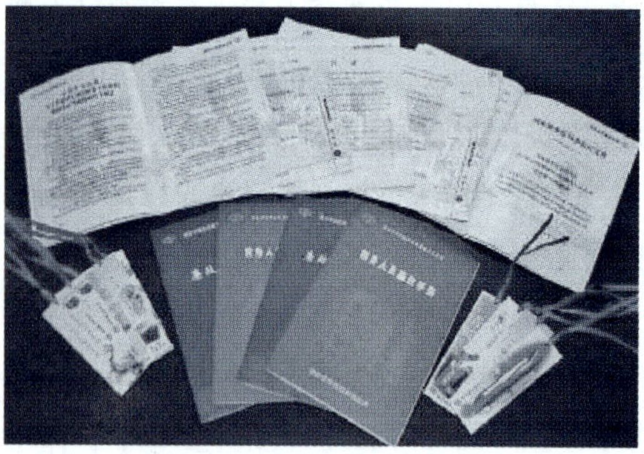

第二节　制度建设

1994年，淮阴地税局制定地税干部廉洁勤政8项规定以及票证审计等15项规章制度，规范工作行为。运用各种方式完善监督制约机制，坚持“四抓”：一抓教育，在廉洁从税、无私奉献上下工夫；二抓制度，严格规范税务人员言行；三抓对照，坚持每月二十三日“廉政对照日”制度；四抓检查，通过走访纳税人，重点检查税务人员工作纪律执行情况，开展内查。针对地税干部分散、独立上岗工作多、缺乏他人直接监督的特点，10月，聘请51名各乡镇纪检书记和公司、工厂的纪检负责人当廉政监督员。此外，通过电视公告、召开座谈会、走访纳税人等多种形式接收社会各界的监督。

1997年，在内部强化票证审计，杜绝以票谋私，开人情票，收人情税，把牢票证填开、票证审核、税款报解和纳税检查四关，实行开票自核、中心所复核、本局查核的三级审核制度，确保地税干部依法征税，增强责任心。在外部监督方面，采取走出去的方法，监察人员到机关、下企业，走访行风监督员，调查纳税人，掌握税务人员的工作效率、服务态度，了解税务人员有无利用手中权力在社会上进行“吃、拿、卡、要、报”，杜绝不廉现象。从6月开始，在全系统实施“禁酒令”。

1998年至2002年，淮阴地税局为更好地开展纪检监察工作，继续出台了一些措施。具体做法主要有：（1）公开税务干部纪律。主要公布国家税务总局制定的“税务人员廉洁自律若干规定（15个不准）”以及局制定的“执法服务承诺制”、“禁酒令”。（2）举报电话公开。在管辖范围内公布举报电话，局长室为4926182，监察股为4925312以及分局号码，接受群众的举报和投诉。（3）深化软环境整治工作，狠抓行业作风转变，明确三条纪律，即：一是任何人在软环境建设中被查出问题，经核查属实，立即待岗；二是对基层分局在软环境建设中出现问题，实行一票否决；三是代征人员出现问题，立即予以辞退，所属分局局长负连带责任。此外，加大明察暗访力度，对检查出的问题在责令整改的同时，对直接责任人和分管领导给予一定的处罚。

2003年，淮阴地税局自4月开始，严格考勤纪律，上下班实行指纹签到，杜绝旷工、迟到、早退现象；上班后实行去向登记，杜绝在班不在岗、在岗不办事现象。为规范办税服务厅人员的执法行为，在8个征收分局的办税服务厅安装监控器，由纪检、监察部门负责对办税服务厅人员的执法行为进行实时监控，发现问题及时纠正。自2003年起，纪检监察实行一周一次的督察日制度，做到发现问题及时纠正，并做好一月一次的通报工作。4月至5月，结合税法宣传月活动，以分局为单位召开的民主生活会，广泛向乡镇领导、监督员、纳税人征求对地税系统行风进行评议，与会人员提出意见、建议、批评有10多条，同时还向纳税人发放意见征求表3次计500余份。为进一步规范地税干部公正执法，树立地税干部良好形象的6条禁令出台：

1. 严禁违规扩大征收范围和提高征收标准；
2. 严禁违规检查、违规罚款；
3. 严禁开人情票、收人情税；
4. 严禁向纳税人吃、拿、卡、要、报；

5. 严禁向纳税人强行征订和摊派报刊；

6. 严禁工作日中午饮酒。

2008 年 9 月 1 日和 9 月 3 日，中央纪委、监察部《中国纪检监察报》副社长王秋林在江苏省纪委宣教室处长陈凌燕、淮安市纪委常委董跃以及淮阴区委常委、纪委书记蔡绍忠的陪同下，省局监察室主任马美华、副调研员张善林在淮安市局副局长陈兆田的陪同下，先后到淮阴地税局调研廉政文化建设工作、电子廉政档案工作、勤廉“双述双评”工作，并给予了充分的肯定。

第三节　日常监督

1996 年，淮阴地税局建立两个监督机制，在内部实施“12365 监督体系”，在外部采用请进来、走出去的方式，在社会上聘请 52 名行风廉政监督员，全年召开 3 次行风廉政评议会。局领导及纪检监察、人教部门不定期地走出去、下基层，明察暗访，调查了解税务人员行风廉政实际情况，做到警钟长鸣。据不完全统计，全年 30 个基层所共拒收礼品 137 次，拒吃请 365 人次。

1999 年 8 月至 9 月，局组织纪检、监察、人教部门下基层，以分局、中心所为单位，邀请纳税户上门评议行风。组织人员暗访巡查，对暗访出问题的所、局进行通报批评，对第二次发现问题和上级部门检查发现的问题，对责任人所在单位的领导进行处罚。全年有 5 位基层负责人被罚款和通报批评。

2006 年，淮阴地税局认真落实总局党组制定的《税务系统领导班子和领导干部监督管理办法（试行）》的要求，坚持“两手抓，两手都要硬”的方针，发挥局党组的廉政建设表率作用，把党风廉政建设和行业作风建设贯穿于税收工作的全过程，以税收执法权、行政管理权“两权”监督制约为抓手，扎实推进各项税收工作。

2008 年，淮阴地税局在全市地税系统首家引入税收管理员和税务稽查员“勤廉双述双评”机制，税收管理员向纳税人公开述职述廉，增强税务干部工作的透明度。

此前多年，税务干部述职述廉活动仅局限于每年底在科级以上领导干部中开展。局党组考虑到基层税务干部和纳税人在工作上直接接触，手中或多或少有一定的权力，为了有效防止权力寻租（即以权谋私）行为，局党组决定在每年年底，由局纪检监察部门牵头，以基层分局为单位，组织全体

基层干部开展双述双评活动，邀请乡镇党委、政府、人大代表、纳税人代表等参与并对税务干部进行测评。优化部门权力内控机制，作为淮阴区15家部门权力内控先行试点单位，按照“工作有程序、程序有控制、控制有标准”和“事有专管之人、人有专司之职、时有限定之期”的要求，对行政职权进行清理，并将所有审批权下放到服务大厅办理。排查廉政风险源，强化对权力实时监控，增强全体人员廉政风险防范意识，使部门权力透明、规范、高效运行。创新廉政建设举措，为全体地税工作人员建立电子廉政档案，利用现代化手段有效加强对税务人员廉政守纪情况的监督。电子化廉政档案的建立，实现了对税务干部廉政档案的自动化管理。具有检索迅速、查找方便、可靠性高、存储量大、保密性好等优点，克服了传统的廉政档案在管理方式上存在着交叉记载、重复记载、多本记载和容易产生漏缺等缺点，具有较强的时代特色，将税务干部的基本情况、家庭情况、告诫谈话、信访举报以及民主测评等情况载入档案，只要轻点鼠标，全局每个干部的自然情况、工作简历、家庭信息、住房情况、重大事项报告、经济责任、廉政承诺、处分奖励等内容就会立刻清晰完整地呈现眼前。

第四节　信访举报

信访举报，是淮阴地税局切实解决纳税人反映问题的重要渠道。为进一步加大工作力度，局党组采取一系列措施。一是成立信访工作领导小组，配备专职、兼职信访工作人员，力求把每一件信访件处理得更好。二是对内加强教育与管理力度，认识到信访工作的重要性，树立全心全意为纳税人服务的思想，优质服务，文明服务。三是把查处偷逃抗税违法行为作为稽查工作的重点来抓，拓宽举报渠道，设置“三卡四箱”（即投诉卡、测评卡、联系卡，举报箱、测评箱、投诉箱、便民箱），设立举报中心，公布举报电话，专人受理、专簿登记举报，并通过报刊、电台、电视台、地税公告等形式进行宣传。以案源为枢纽，联结各职能单位，形成信访工作网络，以信访举报为平台，坚持做到“三快四专”，三快即快查、快办、快结；四专即专设举报电话、专人接待来访、专设举报登记簿、专门反馈奖励举报人。四是严格执行有关廉政规定，对所有检查的纳税人每户均有《廉政情况反馈表》。检查后适时回访以监督税务干部的廉洁自律情况。

2004年，淮阴地税局收到信访举报案件2起，完结2起，结案率达到100%。淮阴地税局以对组织负责、对税务干部负责的工作态度，对每一件事都能认真、细致地进行调查、走访，做到实事求是，一丝不苟，圆满处理来信、来访和上级交办的各项工作任务。尤其是对原三树分局代征员徐某反映凌桥乡代征员李某在工作期间利用职权，欺上瞒下、以税谋私一事，局党组接到举报后十分重视，立即安排由监察、人教组成的调查组，对反映的情况进行调查核实。调查小组历时20天，对涉及的7名举报人一一进行走访调查核实，经过认真细致的工作，证明所反映的情况不实，并及时将这一结果与举报人进行反馈，举报人表示接受调查结果。与此同时，认真落实区全民创业调研服务活动中纳税人反映的问题，4月至5月，共完成16户纳税人反映的情况调查和反馈，对纳税人提出的问题给予全面解释，纳税人均表示接受。

1994年至2009年，淮阴地税局共收到纪检监察信访件27件。其中2000年，信访件5件为历年最多；2007年至2009年，实现零信访。

自1994年以来，局处理各类违规违纪人员9人。涉及税务干部违纪4人，其中违反财经纪律被通报批评2人、挪用税款2人，分别被记大过处分或留职察看处分。地方政府聘用的代征人员违法违纪5人，分别被予以辞退处理。

第五节　作风效能建设

1998年2月，淮阴地税局主要负责人首次与各基层税务所负责人签订行风廉政建设工作目标责任状。6月，为更好地方便与服务纳税人，增强纳税服务意识，在全县范围内实行公开办税。6月和7月两个月，淮阴局在全系统开展一次大规模的作风整顿，就行风建设意义、税收政策执行、服务行为、在班纪律等方面进行总结、自查，就问题析思想、定措施、抓改进。8月和9月两月，以基层中心所为单位，召开民主生活会，邀请乡纪委书记、部门领导、纳税人参加，听税干总结，说社会意见。广泛征求纳税人意见，发放征求意见信近200封。

1999年是全省地税系统民主评议年。从年初开始，全局从思想、作风、组织纪律、公正执法、优质服务、文明高效、廉洁自律方面进行自查自纠，在狠抓重点的基础上多管齐下，扎扎实实开展行风评议工作。一是走访乡镇基层，调查了解税务人员言行，写出考察报告，提出整改意见。二是由本局监察股组织，以中心所、分局为单位，分片召开民主生活会。三是请社会各界评议地税行业作风。地税局与淮阴县廉政办联手，在《淮阴报》上刊登地税行风廉政建设评议表，分七个方面请社会各界给予具体评议，评议表直接寄至淮阴县廉政办，共收到评议表2482份，满意和较满意率达97.9%。四是地税干部评议党组行风建设工作开展情况。由职工对局领导是否重视行业作风建设和纠风工作，是否起到廉洁自律表率作用，是否依法治税、依法征税，有无“吃、拿、卡、要、报”现象和有无违反国家、省、市政府规定另立项目向纳税户乱收费现象等方面进行书面评议，此表共收回83份。五是在9月上旬，局组织三个小组，由局党组成员带队，走访淮阴县直83个部、委、办、局征求对地税工作和地税干部执法、廉政意见。六是向淮阴县人大代表发送公开信和征求意见表，共收到人大代表暗访批评建设意见表50多份，提出建议、批评20多条。七是邀请纳税户上门评议行风。

2000年，局根据“执好法、带好队、服务好”的要求，就地税执行税收法律政策情况、服务承诺制落实情况、对纳税人投诉和意见处理情况等七个方面，请社会各界给予具体评议。聘请廉政监督员100名。4月，结合税法宣传月活动的开展，召开廉政监督员会议，会上发放征求意见表40多份，征求意见10多条。9月，向淮阴县直有关部门发放征求意见信54封。11月，结合淮阴县委、淮阴县政府对机关作风整顿时机，向监督员发放征求意见信37封。局党组在系统内向职工发放征求意见表100份，收回87份。

2001年10月，开展“满意在地税优质服务百日赛”活动。突出地税系统作风与效能建设。

2004年，根据《规范化管理违规处罚规定》、《公开承诺》、《文明规范用语》、《税务人员廉洁自律若干规定》等地税系统内多项纪律制度和管理规定，特邀行风监督员对全系统行风和软环境建设情况开展全方位的突击检查，重点检查上下班有无迟到早退、外出去向登记是否规范真实、办公区域是否整洁卫生、着装挂牌制度是否执行到位、接待办税和来访人员是否热情周到以及各项服务设施是否齐全等。检查结束以后，根据检查组反馈的情况，淮阴地税局正视存在的不足，及时将检查结果在系统内进行公开通报，对被查出的6名违反纪律规定的人员，根据《规范化管理违规处罚规定》给予通报批评和罚款的处理，个人最多被罚款400元，共计罚款金额1800元，使全系统人员在思想上再一次敲响警钟，认识到行风和软环境建设的重要性。

2004年至2009年，淮阴地税局制定了《规范化管理违规处罚规定》及一系列内部管理制度。查处有违规行为1300多人次（含连带责任追究），罚款29万元。被查处违规数量和罚款数额呈逐年递减的趋势。所罚款项被用于扶贫、捐助汶川地震灾区与其他公益事业。

2009年10月15日，淮安市地税系统机关作风建设座谈会在淮阴地税局召开。淮安市局党组成员、纪检组长史以兵及淮安市局监察室、纳税服务中心领导出席了会议，市局各分局及淮安各区局分管纪检监察工作的领导和监察室、纳税服务中心负责人参加了会议。会上，淮阴地税局局长徐菊平就淮阴局机关作风建设情况作了经验介绍。座谈会召开前，与会人员观摩了淮阴地税局纳税服务中心。

第十章　队伍建设

“要想收好税，必先带好队”是淮阴地税局始终如一贯彻的理念。建局以后，淮阴地税局以“建一流班子，带一流队伍，创一流业绩”为目标，坚持以人为本从严治队的方针，高举邓小平理论伟大旗帜，深入开展“三个代表”重要思想和科学发展观的学习教育活动，积极探索政治思想工作的新方法、新路子，大力开展精神文明创建工作，教育和引导地税干部树立正确的世界观、人生观和价值观，培养一支政治过硬、业务熟练、作风优良的干部队伍，有力地推进了淮阴地税事业的健康快速发展。

第一节　思想政治工作

1994年淮阴地税局成立初期，由于地税征收范围大、税种多、税额小，条件差、人手少，有的干部思想不太稳定，为此，淮阴地税局党组在全系统开展一系列的思想政治教育活动。局党组在系统内提出明确奋斗目标，即建一流班子、带一流队伍、创一流业绩，培育和倡导“艰苦奋斗、务实创新、敬业奉献、廉洁守纪、争创一流”的地税精神，塑造“团结、精干、廉洁、高效”的社会形象。坚持“两手抓，两手都要硬”的方针，围绕组织收入的中心任务，切实把思想政治工作摆在地税干部队伍建设的首位。针对现实思想问题，从释疑解惑、调节心理、理顺情绪、振奋精神入手，进行及时有效的政治工作，充分发挥服务和保障作。

“三爱一树立”教育活动

建局后，局党组立即开展“爱祖国、爱岗位、爱税收、树立税收新形象”系列教育活动，通过会议、讲座、录像、讨论等形式，提高广大税务干部职工的思想认识。

1995 年 5 月，淮阴地税局党组对全系统税务干部开展服务意识教育，提出“勤于政务，当好公仆，上级为下级服务，干部为群众服务，城区为农村服务，征税人为纳税人服务”的要求。在教育活动中，每周进行两个半天学习。并结合实际，以德论人，狠抓考核，促进税收任务完成，要求做到讲团结、顾大局、识大体，加强沟通，积极配合，讲廉洁，不谋私利，不以物喜，不以己悲，遇事不推诿，勇挑重担，为地方经济发展作出积极贡献。

1996 年，局党组围绕“建一流班子，带一流队伍，创一流业绩”的目标，开展三方面的思想教育。一是把“三爱一树立”的活动贯穿于地税工作的全过程，组织观看电影《孔繁森》，开展“我爱地税”的征文活动；二是进行传统教育，组织瞻仰周恩来纪念馆，祭扫“刘老庄八十二烈士墓”，激发税务干部缅怀革命前辈，继承革命传统，发扬革命精神；三是进行勤政廉政教育，组织收看《省勤政先进事迹报告会》、《欲海浮沉》、《巨浪淘沙》等影片，教育广大税务干部弘扬不怕艰苦、为国聚财、坚持原则、秉公执法的高尚精神。

1997 年，局党组学习水冲港精神，结合实际，开展“艰苦奋斗，比勤俭节约；务实创新，比吃苦奉献；树立形象，比文明征税；讲究整洁，比环境卫生”系列教育活动。通过教育，进一步树立地税干部正确的人生观、世界观和价值观，促进他们爱岗敬业，无私奉献，艰苦奋斗精神，完成和超额完成税收任务。

“三讲”教育活动

1998 年，淮阴地税局党组开展“讲政治、讲学习、讲正气”三讲教育活动，并详细制定文明形象标准，任务完成标准，先进模范标准。

1999 年，连续深入开展以“讲学习、讲政治、讲正气”为主要内容的党性党风学习教育活动。讲学习，重点解决理论学习问题，高举邓小平理论伟大旗帜，用邓小平理论武装头脑，指导地税工作实践；坚持学习与本职工作相关的业务知识，提高业务能力。讲政治，做到同党中央保持高度一致，全面贯彻落实党的“一个中心，两个基本点”的基本路线和方针政策，使地税部门体现以经济建设为中心，为地方社会稳定和经济发展作出贡献。讲正气，就是要有光明正大的作风和胸襟坦荡的情操，具体落实到现实生活和实际工作中，保证树立正气，打击歪风邪气，做到光明正大做人，脚踏实地工作，公正廉洁做官。

在学习活动中，联系实际，深入开展开门整风，重点反思，深入搞好对照检查工作；加强沟通，注重质量，努力开好领导班子民主生活会；结合实际，广泛开展“五讲、五比、五树立”活动。即：讲政治，比素质，以良好的精神风貌昭示纳税人，树立奉献者形象；讲纪律，比廉洁，以良好的职业道德感昭纳税人，树立执法者的形象；讲文明，比效率，以优质的服务态度接待纳税人，树立服务者的形象；讲业务，比技能，用优异的工作业绩回报纳税人，树立进取者形象；讲秩序，比卫生，以良好的办税环境接待纳税人，树立文明者的形象。

通过学习，共查找到6条存在的主要问题，都一一地制定了整改计划。

“三个代表”重要思想教育活动

2000年,局党组根据上级的部署要求,积极开展“三个代表”重要思想教育活动。在时间上利用每周五集中学习讨论，在形式上采取集中报告，分组讨论，大会上交流，民主测评。在教育活动中，还进行机构优化，7个分局领导岗位实行竞争上岗，7名优胜者上岗，同时对7个分局原有工作人员进行轮岗。

2001年，继续深入学习“三个代表”重要思想，在学习中，坚持集体学习与个人自学相结合，专题辅导与座谈讨论相结合，学习与实践相结合，检查与考核相结合,利用简报形式来促进学习,并将学习教育活动贯穿到地税工作的始终。通过教育，使全体地税干部思想上有明显提高，政治上有明显进步，作风上有明显改变，纪律上有明显增强。

2001年，贯彻《全国税务系统思想政治工作条例》，实行“一岗双责”制，建立中心组学习制度等，使思想政治工作更加制度化、常态化。

2001年至2002年，巩固“三个代表”重要思想学习教育活动成果，开展了“党员生日”纪念活动。有针对性地开展“入党为什么，当官做什么，身后留什么”的人生思考，在全系统组织“人该怎么做，权该怎么用，法该怎么执”的大讨论。将思想政治工作渗透到淮阴地税工作的各个环节中，富有成效地保证了淮阴地税各项工作任务的圆满完成。

先进性教育活动

2005年1月20日至6月30日，淮阴地税局党组根据省、市的安排和部署，在全系统党员队伍中进行共产党员的先进性教育活动。

为推动先进性教育活动的开展，淮阴地税局党组制定先进性教育活动实施方案。对开展先进性教育活动指导思想、基本原则、目标要求、方法步骤和采取措施等都做了明确规定，还成立一把手负总责的领导小组，保证领导力量到位、工作责任到位、工作机制到位、检查指导到位。与此同时，还制定领导责任制度、领导带头制度、领导干部联系点制度，完善阶段考核细则，包括会议签到、学习安排、信息简报、学习记录、学习笔记、心得体会、讨论记录、征求群众意见记录等具体要求，建立考勤、请销假、督察、补课等制度，提高了广大党员的学习自觉性，每个党员都写下三万字以上的学习笔记和体会文章，并通过上级验收。

在深入开展先进性教育活动大讨论中，始终坚持高标准、严要求，牢牢抓住学习实践“三个代表”重要思想这一主线，以《保持共产党员先进性教育读本》为基本教材，努力用“三个代表”重要思想武装党员。还根据不同层面党员的状况，因人施教，有针对性地确定学习内容、学习专题和学习方法，保证全局参加先进性教育的覆盖面达到 100%。保证全体人员全方位、全时段参与。为推动先进性教育活动深入开展，还开展“做先行、树形象、争一流”主题实践活动，开展以“弘扬雷锋精神，甘当时代先锋”为主题的党课活动。设立意见箱，召开社会监督员、纳税人代表座谈会，广泛征求社会各界意见。全局先后发放《征求意见表》862 份，收回 856 份；召开党员、群众、服务对象、退休人员座谈会共 12 次 138 人；设立意见箱 10 个，征求到意见 17 条。

军营教育活动

2007 年 11 月，淮阴地税局组织全体税务干部分批前往南京政治学院开展为期十天的拓展训练。训练的主要内容是站军姿、立队列、小拉练、实弹射击、心理训练、团队互信精神的磨炼等。其间，还邀请学院教授讲解国内国际形势。通过此次军营教育活动，进一步培养了全体税干的组织纪律性、团队精神、吃苦耐劳的精神素养。

2008 年，淮阴地税局重点开展了以演讲为主要形式的干部自我教育活动，全年共分四个主题进行演讲。先以分局为单位组织演讲，然后推荐几名干部参加区局的演讲比赛。全年的四个主题分别是“打造阳光心态、构建和谐地税；学会知恩感恩，弘扬奉献精神；争创集体荣誉，塑造团队精神；坚持廉洁从税，树立良好形象”。全系统 119 名税干分别参加了演讲。通过这种自己教育与身边同事教育相结合的活动，增强了团队的活力和税干的语言表达能力。

科学发展观学习实践活动

2009 年 3 月 24 日至 12 月 10 日，淮阴地税局党组按照统一要求，分四个阶段在全系统实施“学习实践科学发展观”集中教育活动。

参加此次学习实践科学发展观活动的党员干部、职工共 116 人。第一阶段为学习调研阶段，从 2009 年 3 月 24 日到 5 月 18 日，主要工作是成立领导机构、制定学习活动方案、广泛动员部署、积极组织学习、开展专题调研、组织“科学发展大家谈”活动；第二阶段为分析检查阶段，从 5 月 18 日到 7 月 17 日，召开座谈会、广泛征求意见和建议、召开专题民主生活会、组织生活会、组织群众评议、分析检查报告；第三阶段为整改落实阶段，从7月17日到8月20日，制定整改落实方案、解决突出问题、组织群众进行满意度测评、学习活动总结；第四阶段为巩固提高、回头看阶段，从8月20日到12月20日，组织再次查找问题，深化细化具体措施、明确目标、坚持科学发展。

通过学习，全体税务干部对科学发展观有进一步的认识，并联系实际做到“六个结合”：学习实践活动与全力以赴抓收入，为淮阴经济社会发展奠定财力基础结合起来；与一心一意谋发展，发挥税收调节职能服务发展大局结合起来；与内外并举抓法治，营造良好的税收法治环境结合起来；与改革创新抓管理，提高税务管理质量和效率结合起来；与规范高效抓服务，铸造淮阴地税品牌结合起来；与齐心聚力抓队伍，巩固提升地税文化建设成果结合起来。有效地促进了地税工作的创新发展、科学发展。

第二节　精神文明创建

1994年淮阴地税局建局以后，围绕“三个一流”的目标，坚持两个文明一齐抓的指导方针，大力开展“三爱一树立”活动，不断把精神文明创建活动引向深入。

创建文明行业

1995年，淮阴地税局被江苏省地税局授予“文明单位”称号。局直属税务所被授予省“文明税务所”、“青年文明号”称号；王营中心所被授予市“青年文明号”，精神文明创建工作有一个良好的开端。

1996年，继续深入开展“三爱一树立”活动，推行执法服务承诺制度，包括着装上岗、限时服务、第一人接待、使用文明语言、禁讲服务忌语等。年底，淮阴县地方税务局直属分局被人事部、国家税务总局授予“全国税务系统先进集体”称号，淮阴县地税局也被淮阴市地税局授予“先进单位”称号。

1997年，在进一步抓好干部队伍素质提高的同时，深入开展“建文明窗口，树地税新形象”活动，提倡勤政廉政，文明办税，纠正行业不正之风，并将此作为精神文明建设的重要任务来抓。“建文明窗口”就是把每一个地税机关建成“文明、廉政、高效、整洁”的窗口。“树地税形象”就是要求每一个地税工作人员树立良好个人形象，树立地税系统的良好群体形象，树立地税部门的良好外观形象。立足实际，为改革和发展的大局服务，为发展地方经济服务，为纳税人服务。提倡人人是窗口，个个是形象，对内抓队伍、促征管，对外抓服务、树形象，把精神文明创建活动引向深入。

1998年，淮阴地税局进一步明确创建目标，即争创全省文明行业。创建方式与方法上，采取学、议、看、考相结合。学，读原文，看材料，吃透精神，领会精神；议，在学的基础上，开展大讨论，敞开思想，畅所欲言，各抒己见，加深理解；看，组织大家到爱国主义教育基地瞻仰周恩来纪念馆、八十二烈士陵园，参观经济发展好的典型，小康户、村、亮点工程等，启发大家用老一辈无产阶级革命家的精神和崇高的思想品德武装头脑，牢固树立全心全意为人民服务的观点，做一个名副其实的人民公仆；考，不定期组织对税干廉政法规和税务廉政纪律制度规定的考试，加深理解，增强自觉性。经常开展专题讲座，广泛开展“五讲、五比、五树立”活动，进行作风整顿，提高服务质量，使税务干部的服务意识、文明素质、办事效率、征管质量有显著提高，使征纳关系、纳税秩序、服务环境、服务质量和地税形象都有很好改观，顺利通过县级、市级文明行业验收。

1999年至2000年，以改进工作作风为切入点，深入开展文明行业创建工作。提出地税机构实行垂直管理后，要始终坚持“三服务”：即服务改革开放大局，服务地方经济发展，服务广大纳税人。围绕优化服务，改善环境，在全系统广泛开展如何搞好“三服务”的大讨论，从改善服务态度入手，尊重纳税人，贴近纳税人，服务纳税人，全面履行服务承诺，努力改进地税机关工作作风。并接受社会监督，认真落实整改，努力树立地税干部的良好形象，实实在在地争创文明行业。至2000年底，淮阴地税局被省委、省政府授予“1999至2000年度”省“文明行业”称号。

2001年至2002年，贯彻江苏省地税局《全省地税系统精神文明建设三年规划》和《江苏省文明行业创造和管理办法》的文件精神，进一步抓创建工作各项制度、规范和措施的落实。加强基层一线窗口单位的创造工作，抓好创建工作示范点单位的巩固提高工作，更好地发挥示范、辐射效应，努力把文明行业创建向基层单位延伸、向机关内部延伸。大力开展争先创优活动，深入开展创“文明单位”、“青年文明号”、“巾帼示范岗”，以及争当“征管能手”、“稽查能手”、“服务标兵”、“廉政模范”、“优秀公务员”、“优秀廉内助”等活动，增强“天天都是创建日，处处都要显真情”的意识，不断深化文明创建内涵，提高文明创建质量，促进全系统两个文明建设的健康协调发展。

2003年以后，把精神文明创建与规范化管理综合考核相结合，把精神文明创建活动作为教育人、凝聚人、团结人的思想政治工作过程，使精神文明创建活动更加制度化、经常化、长效化，淮阴地税局继续蝉联江苏省“2003至2004年度文明行业”称号。

2006年，淮阴地税局服务中心，被中华全国妇女联合会授予“全国巾帼文明岗”称号。

2008 年，为了使在精神文明创建与争先创优活动中涌现的先进集体和先进人物成为广大地税工作人员的学习榜样，发挥好先进典型的鼓舞、教育、激励的作用，带动和影响更多的人加入先进行列，淮阴地税局出台了《荣誉制度》，使精神文明创建活动成为争先创优、推动淮阴地税工作可持续健康发展的不懈动力。

打造学习型机关

2003 年，淮阴地税局党组为适应形势发展，着力打造学习型机关。以构建税收文化为载体，全面推动学习型机关的建设，提升税干的创新能力，实现知识创新、体制创新、管理创新。采取一周一学，一学一试的方式。即：每周五下午为集中学习日，分别以机关和各分局为单位，一次学习一个专题，由专人负责讲课，人人做好学习笔记，结束后进行考试。

在学习的内容上，一是理论学习，二是文化学习，三是业务学习。在学习中还采取多视角、全方位的方法，制定一系列奖惩考勤制度，使之形成天天学、月月学、年年学和全员学、队伍学、终身学的良好氛围。

创建先进党支部

2005 年，淮阴地税局党组围绕“地税五个一”的建设目标，积极开展党支部创先活动。全系统 86 名党员干部组成 29 个活动小组，始终坚持“三会一课”制度，先后深入到淮安双鹤药业有限公司、江苏民康油脂有限公司等 90 户企业广泛征求意见，宣传税收政策，开展为民服务活动。每个党支部每年都召开 20 多次座谈会，累计发放征求意见表 430 份，征求到各类有益的意见 79 条。此活动受到省督导组的充分肯定，并作为先进典型在全市大会上做工作经验介绍。年末，局党组被市、县评为先进党组。

2006 年，淮阴地税局党组确定党支部、党小组对落后村的贫困户进行扶贫，各支部踊跃进村，慷慨解囊，对码头镇玉坝村 521 名生活困难的农民，统一代缴医疗统筹基金，还协助市局对五里镇老郑村进行扶贫。年末，取得显著成绩，受到中共淮安市委、市政府的表彰。

2007 年，淮阴地税局为打造全省红旗党校，从党校的建立、师资到学员学习时间等方面予以保证，组织党校开展日常的党员教育活动，开办网上党校，在局网页上设置党校专栏。网上党校由机关工委办公室负责日常管理维护，保证内容适时更新。

第三节 奉献社会

扶贫济困

1995年以后，淮阴地税局一直坚持与经济相对落后的乡镇、贫困村组结对帮扶。1996年，帮扶赵集镇沟北村，本着“扶贫重在扶志”的原则，帮助该村理清思路，发展优势项目。资助3万元资金，协调贷款1万元，使该村办起粉丝加工厂、山鸡养殖场；采购5000吨化肥，帮助该村办起生产资料销售门市；帮助该村宣传销售粉丝10000公斤，其中一次性销售给华北油田3000公斤。为倡导科技致富，还拿出1000多元购买科技书籍赠送给该村。当年该村集体经济纯收入达5.1万元。

帮助贫困村、贫困户解决生活困难的行动，自1994年以来一直没有间断过。此后多年，地税局一直坚持与贫困乡村结对帮扶。

1997年，帮扶五里乡，为1户农户解决1台变压器发展粮油加工业。

1998年至2000年，结对帮扶王兴镇肖荡村，投入无偿资金5万元，有偿资金10万元，化肥50吨，帮助该村建蔬菜大棚30个，种植麦套瓜6.67公顷、地膜花生26.68公顷、稻椒轮作4.14公顷，培植草菇2222平方米，饲养猪2200头，使该村如期脱贫致富。

2001年，结对帮扶吴城镇淮泗村，投入帮扶资金15万元，帮助该村建成木材加工专业村。同时解决该村吃水难的问题。

2004年，慰问10户下岗困难职工，送去价值1000元的食用油和2000元的慰问金。

2005年，对码头镇玉坝村20个贫困户每户给予200元的生产资料补贴。

2006年，结对帮扶五里镇老郑村，在市局的支持下，帮助老郑村购置一台80至100千瓦的变压器，新建渠西电站一座，修复渠东旧电站一座，并将全村闸、洞、桥修葺一新，使93.38公顷的土地旱涝保收。全年累计投入资金105.8万元。

2009年1月，局组织“送温暖，献爱心、捐款济困”活动，向淮阴区慈善总会捐慈善款项达13500元。给结对帮扶的古寨乡20户困难群众送去大米1100余公斤，食用油150余公斤，糕点、糖果、水果50多公斤，给退休老干部、老党员送去价值1500多元的大米和年货。

2008年至2009年，帮助徐溜镇韩庄村发展村级集体经济，实现村集体收入“零”

的突破。帮扶古寨乡古西村、九房村、对口村，投入帮扶资金 5 万元，实现 368 户农民脱贫致富。

情系灾区

在 1998 年的抗洪救灾战斗中，淮阴地税局员工向灾区捐款 5300 元。

2003 年 7 月 15 日，副局长陈爱五带领有关人员前往淮沭河大堤，向奋战在抗洪一线的干部群众送去价值 3000 多元的抗洪救灾物资。次日，全体职工向防洪指挥部捐资 18450 元。

2003 年 12 月 30 日，地税局职工到西宋集镇慰问遭龙卷风袭击后贫困户的生产生活情况，送去价值 3000 多元的食用油和其他慰问品。

2008 年四川汶川特大地震发生后，地税局干部职工自发捐款 19100 元，集体捐款 5000 元，全体党员又缴纳“特殊党费”15963 元，财税运动会上获奖运动员的 3400 元奖金，全部捐给灾区。

文明关爱

2001 年，在精神文明创建中开展“扶弱助困、文明关爱”的行动，每个单位都结对 1 至 2 名帮扶对象，为失学儿童送希望，为下岗职工传技能，为特困户送温暖，为孤寡老人、残疾人送服务等。

2001 年起，先后捐款 8600 元，资助贫困生罗正娣完成三年高中学业，使她成功考取南京工业大学。

2001 年到 2004 年，多次向北京路小学、西坝小学赠送税法知识卡通读物和学习用品。

2002 年，协调资金 30 万元，帮助吴城镇中心小学建教学楼两栋。协调资金 10 万元，资助南陈集镇小学建办公楼一栋。先后与南京市地税局、淮安市地税局在吴城镇小学、南陈集镇小学、码头镇小学创建“春蕾班”。

2005 年，捐款 6000 元解决农村 15 名留守儿童学费困难问题。捐赠 800 余册图书给码头镇中心小学，成立“淮阴地税局青年文明号留守儿童图书室”。

2007 年至 2009 年，在淮阴区“七月阳光 · 圆梦大学”活动中，淮阴地税局先后三次分别捐款 2000 元、4000 元、10000 元，并获优秀组织奖，获“爱心单位”荣誉称号。

热心公益事业

1999 年，淮阴县政府倡导集资建造刘老庄“八十二烈士纪念馆”，淮阴地税局集体捐款 1 万元，干部职工个人捐款 5300 元。

2000 年，为支持城市建设，职工捐款 16700 元，资助区城建部门修建黄河广场。

多年来，淮阴地税局坚持捐款集资，参加“植树造林，美化家园”行动，积极参加无偿献血与创建卫生城市活动，受到社会各界的一致好评。

第四节 创新工作

地税局建局以来，一直把创新工作作为一个基本的工作思路来抓。在税款征收、纳税服务等各个方面都取得了显著成效。特别是 2006 年以后，在党组书记、局长徐菊平的倡导下，更是把创新工作理念、创新工作机制作为推动淮阴地税各项工作的巨大动力，努力做到“年年搞创新，人人争创新，跳出淮阴看全省，跳出全省看全国，跳出全国看世界，用世界的眼光指导淮阴地税的工作”。在这种理念的指导下，淮阴地税局从 2006 年到 2009 年，做到了每一年各部门和基层单位都能结合实际工作开展创新工作，形成工作中新的亮点。其中，2007 年“区（县）地方税收征管创新工作研究与建设项目”获得市政府当年的科技进步三等奖；2008 年的“税务机关‘订单式服务’创新项目”受到了纳税人的热烈欢迎；“QQ 为您讲税法”在江苏省地税局和国家税务总局的网站上做了专门的介绍；计财部门的“电子 IE 项目”受到市科技局和市地税局的充分肯定。市科技局的一位领导在观看了淮阴地税局的创新工作展览后说：“以往只有科研机构或者大企业搞科技创新，像淮阴地税局这样的政府部门、行政执法单位，普遍参与科技创新是非常不容易的，很值得学习。”

第五节 创建成果

1994 年至 2009 年，淮阴地税局大力开展精神文明创建和争先创优活动，取得了丰硕的成果。在基层分局，较早地创建了一个“全国税务系统先进集体”，其他基层分局也都创建了省市级“文明单位”。淮阴地税局连续多年蝉联江苏省“文明行业”称号，各项工作多次受到省、市有关部门的嘉奖（见表 10–1 至表 10–8）。

1994～2009年淮安市淮阴地方税务局获国家级荣誉一览表

表10-1

年度	荣誉名称	颁发部门	被授予单位
1996	全国税务系统先进集体	人事部、国家税务总局	淮阴县地税局直属分局
2003	全国税务系统信息化建设先进集体	国家税务总局	淮阴地税局
2006	全国巾帼文明岗	中华全国妇女联合会、全国妇女“巾帼建功”活动领导小组	淮阴地税局第一分局办税服务厅

1994～2009年淮安市淮阴地方税务局获省级荣誉一览表

表10-2

年度	荣誉名称	颁发部门	被授予单位
1995	江苏省文明单位	江苏省地税局	淮阴县地税局
	省级青年文明号	江苏省地税局、共青团江苏省委员会	淮阴县地税局
1996	全省地税系统信息工作先进集体	江苏省地税局	淮阴县地税局
	税收宣传月活动组织奖	江苏省地税局	淮阴县地税局
	全省地税系统省级“文明税务所”	江苏省地税局	淮阴县地税局王营中心税务所
1997	江苏省安全文明单位	江苏省综治委	淮阴县地税局
	全省地税系统信息工作先进集体	江苏省地税局	淮阴县地税局
1998	全省地税系统信息工作先进集体	江苏省地税局	淮阴县地税局
	全省地税系统“文明单位”	江苏省地税局	淮阴县地税局直属分局、王营中心税务所
	税收宣传月活动先进单位	江苏省地税局	淮阴县地税局
	江苏省地税系统文明服务示范单位	江苏省地税局	淮阴县地税局直属分局
2000	1996至2000年全省法制宣传教育先进单位	江苏省依法治省领导小组	淮阴地税局
	1999至2000年度江苏省文明行业	江苏省委、省政府	淮阴地税局
2002	江苏省职工计算机普及应用先进单位	江苏省总工会、省经贸委、江苏省劳动和社会保障厅、省信息产业厅	淮阴地税局
2003	档案工作一级单位	江苏省档案局	淮阴地税局
	江苏省“巾帼建功”先进集体	江苏省城镇妇女“巾帼建功”活动领导小组	淮阴地税局
	2002至2003年度江苏省“巾帼示范岗”	江苏省城镇妇女“巾帼建功”活动领导小组	淮阴地税局第一分局征收服务厅

续表10-2

年度	荣誉名称	颁发部门	被授予单位
2004	2003~2004年度江苏省文明单位标兵	江苏省委、省政府	淮阴地税局
2005	首届“江苏省青年文明号文化节”最具创新性的青年文明号示范活动	江苏省创建青年文明号活动组委会	淮阴地税局
2006	2005至2006年江苏省文明行业	江苏省精神文明建设指导委员会办公室	淮阴地税局
2007	江苏省廉政文化示范点	江苏省纪委、省委宣传部、省委省级机关工作委员会、省教育厅、省监察厅、省民政厅、省文化厅、省总工会、省妇女联合会	淮阴地税局
	全省地税系统网站信息工作先进集体	江苏省地税局	淮阴地税局
	2004至2007年度江苏省红旗基层党校	江苏省委宣传部、省组织部	淮阴地税局委员会党校
2008	全省地税系统档案工作优秀集体	江苏省档案局	淮阴地税局
	2007至2008年度全省地税系统文明单位	江苏省地税局	淮阴地税局第一分局
	江苏省五一巾帼标兵岗	江苏省总工会	淮阴地税局办税服务厅
	2007至2008年度全省“巾帼建功”活动先进集体	江苏省妇联、城镇妇女“巾帼建功”活动领导小组	淮阴地税局计财科
2009	全省未成年人思想道德建设工作先进集体	江苏省精神文明建设指导委员会	淮阴地税局
	2010~2011年省级依法行政示范点	江苏省全面推进依法行政工作领导小组	淮阴地税局
	江苏省用户满意服务明星班组	江苏省经济贸易委员会	淮阴地税局第一分局

1994~2009年淮安市淮阴地方税务局获市级荣誉一览表

表10-3

年度	荣誉名称	颁发部门	被授予单位
1995	市级文明单位	淮阴市地税局	淮阴县地税局
	全市地税系统岗位目标考核总分第三名	淮阴市地税局	淮阴县地税局
	全市地税系统办公室工作成绩显著	淮阴市地税局	淮阴县地税局
	全市地税系统信息工作二等奖	淮阴市地税局	淮阴县地税局

续表10-3

年度	荣誉名称	颁发部门	被授予单位
1996	全市地税系统微机开发运用工作先进集体	淮阴市地税局	淮阴县地税局
	全市地税系统岗位目标考核一等奖	淮阴市地税局	淮阴县地税局
	组织地方税收收入工作“超收奖”	淮阴市地税局	淮阴县地税局
	地方税收征管工作先进集体	淮阴市地税局	淮阴县地税局
	税务通联工作二等奖	淮阴市地税局	淮阴县地税局
	个人所得税征管工作第二名	淮阴市地税局	淮阴县地税局
	城镇集体企业财务报表考核评比二等奖	淮阴市地税局	淮阴县地税局
	企业所得税汇算清缴及税源报表考核评比三等奖	淮阴市地税局	淮阴县地税局
	全市地税系统税务登记换证工作特等奖	淮阴市地税局	淮阴县地税局
	市级“文明税务所”	淮阴市地税局	淮阴县地税局王营中心税务所、赵集中心税务所
	市级“青年文明号”	共青团市委、淮阴市地税局	淮阴县地税局直属分局
	“创建文明行业”示范点	淮阴市宣传部、文明委	淮阴县地税局
1997	1996至1997年度淮阴市文明单位	淮阴市委、市政府	淮阴县地税局
	全市地方税务系统1997年度岗位目标考核特等奖	淮阴市地税局	淮阴县地税局
	全市地税系统“青年文明号”	共青团市委、淮阴市地税局	淮阴县地税局直属分局、王营中心税务所
	市级“文明税务所”	淮阴市地税局	淮阴县地税局南陈集中心税务所、丁集中心税务所
	税收宣传月活动“优秀项目”奖	淮阴市地税局	淮阴县地税局
	全市地税系统纪检监察先进集体	淮阴市地税局	淮阴县地税局纪检组、监察股
1998	市级“青年文明号”	淮阴市委宣传部、团市委、市文明办	淮阴县地税局渔沟中心税务所
	岗位目标考核先进集体	淮阴市地税局	淮阴县地税局
	全市地税系统通讯信息工作先进集体	淮阴市地税局	淮阴县地税局
	税收宣传月活动先进集体	淮阴市地税局	淮阴县地税局
	税务报刊发行工作先进单位	淮阴市地税局	淮阴县地税局
	全市地税系统市级“文明单位”	淮阴市地税局	淮阴县地税局渔沟中心税务所、棉花中心税务所
1999	1998至1999年度淮阴市文明单位	淮阴市委、市政府	淮阴县地税局（机关）
	全市地税系统目标考评先进集体	淮阴市地税局	淮阴县地税局
	全市地税系统信息工作先进集体	淮阴市地税局	淮阴县地税局
	税收宣传月活动优秀创新项目	淮阴市地税局	淮阴县地税局
	税务登记换证工作二等奖	淮阴市地税局	淮阴县地税局
	税收宣传月活动先进集体	淮阴市地税局	淮阴县地税局
	市级“青年文明号”	共青团市委、淮阴市地税局	淮阴县赵集分局、南陈集分局、直属分局、渔沟分局

续表10-3

年度	荣誉名称	颁发部门	被授予单位
2000	发展私营个体经济优质服务单位	淮安市委、市政府	淮阴地税局
	税收宣传月活动优秀创新项目	淮安市地税局	淮阴地税局
	全市地税系统规范化管理工作先进集体	淮安市地税局	淮阴地税局
2001	2000～2001年度淮安市爱国卫生先进单位	淮安市爱国卫生运动委员会	淮阴地税局
	全市地税系统规范化管理工作先进集体	淮安市地税局	淮阴地税局
	“恩来号”五一文明岗	淮安市总工会、市文明委	淮阴地税局直属分局
2002	全市地税系统规范化管理工作先进集体	淮安市地税局	淮阴地税局
	2001～2002年度淮安市地税系统文明单位	淮安市地税局	淮阴地税局徐溜分局、直属分局、南陈集分局、赵集分局、丁集分局、渔沟分局、棉花庄分局
	安全文明创建先进单位	淮安市委、市政府	淮阴地税局
2003	“巾帼建功”先进集体	淮安市城镇妇女“巾帼建功”活动领导小组	淮阴地税局
	先进职工之家	淮安市总工会	淮阴地税局
	规范化管理综合考核一等奖	淮安市委、市政府	淮阴地税局
2004	先进基层党组织	中共淮安市委	淮阴地税局
	全市打击涉税违法犯罪专项斗争先进单位	淮安市公安局、国税局、地税局	淮阴地税局
	规范化管理综合考核一等奖	淮安市地税局	淮阴地税局
	淮安市“三八”红旗集体	淮安市妇女联合会	淮阴地税局第一分局征收服务厅
	淮安市“五四”红旗团支部	共青团淮安市委员会	淮阴地税局稽查局团支部
	全市地税系统文明单位	淮安市地税局	淮阴地税局第二分局、第五分局
2005	2004～2005年度党委（党组）中心组学习先进集体	淮安市委组织部、市委宣传部	淮阴地税局
	全市打击涉税违法犯罪专项斗争先进集体	淮安市公安局、国税局、地税局	淮阴地税局
	全市地税系统规范化管理综合考核一等奖	淮安市地税局	淮阴地税局
	创建“三型税务”先进单位	淮安市地税局	淮阴地税局第一分局
	全市地税系统青年文明号	共青团市委、淮安市地税局	淮阴地税局稽查局、第四分局
2006	全市地税系统综合管理考核一等奖	淮安市地税局	淮阴地税局
	全市地税系统文明单位	淮安市地税局	淮阴地税局第一分局、稽查局
	市级青年文明号	淮安市委宣传部、共青团市委 淮安市精神文明建设指导委员会办公室	淮阴地税局丁集分局、渔沟分局、赵集分局 棉花分局、直属分局、计财股
	市区“门前三包”达标单位	淮安市城市管理局办公室	淮阴地税局

续表10-3

年度	荣誉名称	颁发部门	被授予单位
2007	科学技术进步三等奖	淮安市政府	淮阴地税局
	淮安市用户满意服务明星单位	淮安市经贸委、市总工会、团市委、市中小企业局、市妇联	淮阴地税局
	全市地税系统综合管理考核一等奖	淮安市地税局	淮阴地税局
	全市地税系统青年文明号	淮安市地税局、共青团市委	淮阴地税局第一分局、第六分局
	“今世缘”杯淮安市“百万市民与奥运同行”万人自行车环开发区活动最佳团队奖	淮安市全民健身工作指导委员会	淮阴地税局
2008	残疾人就业保障工作先进集体	淮安市政府	淮阴地税局
	全市地税系统综合管理考核一等奖	淮安市地税局	淮阴地税局
	业务知识竞赛第三名	淮安市地税局	淮阴地税局
	业务知识竞赛第五名	淮安市地税局	淮阴地税局
	优质服务示范窗口	淮安市精神文明建设委员会、市委宣传部、市级机关工作委员会、市总工会	淮阴地税局第一分局
	全市地税系统文明单位	淮安市地税局	淮阴地税局第一分局
	2006至2008年度淮安市精神文明建设先进单位	淮安市精神文明建设指导委员会	淮阴地税局第一分局、第二分局
	2006至2008年度淮安市文明窗口	淮安市精神文明建设指导委员会	淮阴地税局稽查局、第三至第七分局
2009	市级依法行政示范单位	淮安市政府	淮阴地税局
	全市地税系统“三个一流”工程建设一等奖	淮安市地税局	淮阴地税局

1994～2009年淮安市淮阴地方税务局获区（县）级荣誉一览表

表10-4

年度	荣誉名称	颁发部门	被授予单位
1994	淮阴县先进单位	淮阴县委、县政府	淮阴县地税局
	政务信息工作先进单位	淮阴县政府	淮阴县地税局
	淮阴县先进单位	淮阴县政府	淮阴县地税局直属分局
1995	文明单位	淮阴县委、县政府	淮阴县地税局
	行业作风建设先进单位	淮阴县委、县政府	淮阴县地税局
	责任目标优质服务奖	淮阴县委、县政府	淮阴县地税局
	全县政法工作和社会治安综合治理先进单位	淮阴县委、县政府	淮阴县地税局
	全县地税征收工作先进单位	淮阴县政府	淮阴县地税局果林场地税所、五里乡地税所、徐溜地税所、老张集地税所、渔沟镇地税所、赵集镇地税所、直属分局

续表10-4

年度	荣誉名称	颁发部门	被授予单位
1996	社会治安综合治理工作先进单位	淮阴县委、县政府	淮阴县地税局
	目标完成先进单位	淮阴县委、县政府	淮阴县地税局
	行业作风建设先进单位	淮阴县委、县政府	淮阴县地税局
	政务信息工作先进单位	淮阴县政府	淮阴县地税局
	先进基层党组织	淮阴县委	淮阴县地税局
	党纪政纪条规知识竞赛活动先进集体	淮阴县委	淮阴县地税局党组
1997	安全文明单位	淮阴县委、县政府	淮阴县地税局
	扶贫工作先进单位	淮阴县委、县政府	淮阴县地税局
	1995年以来连续三年行风建设先进单位	淮阴县委、县政府	淮阴县地税局
	信访工作先进单位	淮阴县委、县政府	淮阴县地税局
	“拥军优属、拥政爱民”先进单位	淮阴县委、县政府、县人武部	淮阴县地税局
	先进基层党组织	淮阴县委	淮阴县地税局
	党风廉政建设和反腐败工作先进纪监组织	淮阴县委	淮阴县地税局
	完成目标先进单位	淮阴县委、县政府	淮阴县地税局
	全县创安工作先进单位	淮阴县委、县政府	淮阴县地税局
	全县纪检监察工作先进集体	淮阴县委	淮阴地税局纪检组
	全县党委系统文秘工作综合先进单位	淮阴县委	淮阴县地税局
	创卫工作先进单位	淮阴县政府	淮阴县地税局
	政府信息工作先进单位	淮阴县政府	淮阴县地税局
1998	行业作风建设先进单位	淮阴县委、县政府	淮阴县地税局
	目标考评先进集体	淮阴县委、县政府	淮阴县地税局
	1996至1998年目标综合考评三连冠	淮阴县委、县政府	淮阴县地税局
	信访工作先进单位	淮阴县委、县政府	淮阴县地税局
	先进基层党总支	淮阴县委	淮阴县地税局党总支
	政府性基金征收工作先进单位	淮阴县政府	淮阴县地税局
	双拥工作先进单位	淮阴县委、县政府、县人武部	淮阴县地税局
	党风廉政法律法规知识竞赛先进集体	淮阴县委	淮阴县地税局党组
	全县纪检监察工作先进集体	淮阴县委	淮阴地税局纪检组
	县直机关帮扶工作先进单位	淮阴县委、县政府	淮阴县地税局
1999	双文明目标考评先进集体	淮阴县委、县政府	淮阴县地税局
	综治工作先进集体	淮阴县委、县政府	淮阴县地税局
	全县纪检监察工作先进集体	淮阴县委、县政府	淮阴县地税局
	信访工作先进单位	淮阴县委、县政府	淮阴县地税局
	尊师重教先进单位	淮阴县委、县政府	淮阴县地税局
	服务乡镇企业工作先进单位	淮阴县委、县政府	淮阴县地税局
	发展个体私营经济“帮大扶优”先进单位	淮阴县委、县政府	淮阴县地税局
	完成目标先进集体	淮阴县委、县政府	淮阴县地税局

续表10-4

年度	荣誉名称	颁发部门	被授予单位
2000	招商引资优质服务奖	淮阴区委、区政府	淮阴地税局
	双文明目标考评先进单位	淮阴区委、区政府	淮阴地税局
	行风建设先进单位	淮阴区委、区政府	淮阴地税局
	双拥工作先进单位	淮阴区委、区政府、区人武部	淮阴地税局
	新闻工作先进集体	淮阴区委、区政府	淮阴地税局
	先进基层党组织	淮阴区委	淮阴地税局党总支
2001	经济发展软环境建设十佳单位	淮阴区委、区政府	淮阴地税局
	行风建设先进单位	淮阴区委、区政府	淮阴地税局
	条管部门目标考评特别奖	淮阴区委、区政府	淮阴地税局
	双文明建设先进集体	淮阴区委、区政府	淮阴地税局
	扶贫促小康工作先进单位	淮阴区委、区政府	淮阴地税局
	全区经济发展软环境建设“十佳”单位	淮阴区委、区政府	淮阴地税局
2002	信访目标先进单位	淮阴区委、区政府	淮阴地税局
	行风建设先进单位	淮阴区委、区政府	淮阴地税局
	责任目标考评先进集体二等奖	淮阴区委、区政府	淮阴地税局
	行风建设先进集体和软环境“十佳”单位	淮阴区委、区政府	淮阴地税局
	新闻外宣先进集体	淮阴区委	淮阴地税局
	人民满意乡镇站所	淮阴区委、区政府	淮阴地税局赵集分局、三树分局
2003	责任目标考评先进集体	淮阴区委、区政府	淮阴地税局
	行风暨软环境建设先进单位	淮阴区委、区政府	淮阴地税局
	扶贫促小康工作先进集体	淮阴区委、区政府	淮阴地税局
	创建“学习型组织”活动先进集体	淮阴区委	淮阴地税局
	全区新闻外宣先进单位	淮阴区委	淮阴地税局
	政治综治工作先进集体	淮阴区委、区政府	淮阴地税局
2004	行风暨软环境建设先进单位	淮阴区委、区政府	淮阴地税局
	责任目标考评先进集体	淮阴区委、区政府	淮阴地税局
	扶贫工作先进单位	淮阴区委、区政府	淮阴地税局
	全区信息工作先进单位	淮阴区委、区政府	淮阴地税局
2005	行风暨软环境建设先进单位	淮阴区委、区政府	淮阴地税局
	工业经济综合服务先进单位	淮阴区委、区政府	淮阴地税局
	尊师重教先进单位	淮阴区委、区政府	淮阴地税局
	创建“学习型淮阴”先进集体	淮阴区委	淮阴地税局党委
	责任目标考评先进集体	淮阴区政府	淮阴地税局
2006	淮阴区行风暨软环境建设连续7年先进单位	淮阴区委、区政府	淮阴地税局
	行风暨软环境建设先进单位	淮阴区委、区政府	淮阴地税局
	责任目标考评先进集体	淮阴区委、区政府	淮阴地税局

续表10-4

年度	荣誉名称	颁发部门	被授予单位
2007	责任目标考评先进集体	淮阴区委、区政府	淮阴地税局
	财税工作集体三等功	淮阴区政府	淮阴地税局
	行风软环境建设先进奖	淮阴区委、区政府	淮阴地税局
	纪检监察工作先进单位	淮阴区委、区政府	淮阴地税局纪检组
	招商引资先进单位	淮阴区委、区政府	淮阴地税局
	文明机关	淮阴区委、区政府	淮阴地税局
	双拥工作先进单位	淮阴区委、区政府、区人武部	淮阴地税局
	宣传思想文化工作先进集体	淮阴区委	淮阴地税局
2008	责任目标考评先进集体	淮阴区委、区政府	淮阴地税局
	软环境建设十佳单位（第一名）	淮阴区委、区政府	淮阴地税局
	文明机关	淮阴区委、区政府	淮阴地税局
	十佳扶贫先进单位	淮阴区委、区政府	淮阴地税局
	全区纪检监察工作先进集体	淮阴区政府	淮阴地税局纪检组
	创建“江苏省工会工作模范区”活动突出贡献单位	淮阴区委	淮阴地税局
2009	行风暨软环境建设十佳单位	淮阴区委、区政府	淮阴地税局

1994～2009年淮安市淮阴地方税务局
获个人国家级荣誉一览表

表10-5

年度	荣誉名称	颁发部门	授予个人
1994	嘉奖（打击虚开专用发票行动）	最高法院、最高检察院、公安部、国家税务总局	韩庆实
2005	全国城镇妇女“巾帼建功”标兵	全国妇联	徐菊平
2006	全国女职工建功立业标兵	中华全国总工会	徐菊平
2008	全国五一劳动奖章	中华全国总工会	徐菊平
	全国用户满意杰出管理者	中华全国总工会等5家单位	徐菊平

1994～2009年淮安市淮阴地方税务局
个人获省政府、省地税局等部门荣誉一览表

表10-6

年度	荣誉名称	颁发部门	授予个人
1997	全省地税系统优秀纪检监察干部	江苏省地税局	张运凤
	税收宣传月活动先进个人	江苏省地税局	李仁俊
	江苏省教育费附加征收管理先进个人	江苏省教育委员会、省财政厅	李仁俊
2000	1996至2000年度江苏省法制宣传教育先进个人	江苏省法制办	徐菊平

续表10-6

年度	荣誉名称	颁发部门	授予个人
2001	“满意在地税”优质服务标兵	江苏省地税局	王海涛
	江苏省劳动模范	江苏省政府	李仁俊
2003	2002～2003年度江苏省“巾帼建功”先进工作者	江苏省城镇妇女“巾帼建功”活动领导小组	徐菊平
2005	首届“江苏省青年文明号文化节”摄影一等奖	江苏省创建青年文明号活动组委会	李春来
	江苏省用户满意服务明星	江苏省质量管理协会、省总工会、共青团江苏省委	徐菊平
	江苏省妇女第十次代表大会优秀代表	江苏省妇女联合会	徐菊平
2006	江苏省劳动模范	江苏省政府	徐菊平
	江苏省先进工作者	江苏省政府	徐菊平
2007	江苏省用户满意杰出管理者	江苏省经贸委、省中心企业局、省总工会、团省委、省妇女联合会	徐菊平
	全省地税网站信息工作先进个人	江苏省地税局	唐　丽
	江苏省“看成就、话改革、争贡献”主题教育活动三等奖	省委宣传部、省委农工部、省教委	陈爱五
2008	重点课题二等奖	江苏省地税局	杨国祥　石　浩
	全省地税系统网站信息工作先进个人	江苏省地税局	唐　丽
2009	江苏省优秀共青团员	共青团江苏省委	王　磊
	江苏省希望工程实施十五周年希望工程爱心奖	共青团江苏省委、省青少年发展基金会、省希望工程办公室	徐菊平

1994～2009年淮安市淮阴地方税务局个人获市政府、市地税局等部门荣誉一览表

表10-7

年度	荣誉名称	颁发部门	授予个人
1997	全市城镇集体企业清产核资工作先进个人	淮阴市清产核资领导小组	王海涛
1998	税务报刊发行工作先进个人	淮阴市地税局	宗玲珍
	税收宣传月活动先进个人	淮阴市地税局	石　浩
	优秀通讯信息员	淮阴市地税局	王　波
1999	全市地税系统第二届税收理论调研论文二、三等奖	淮阴市地税局	李仁俊　陈爱五　张振庭
	全市地税系统通讯信息工作先进个人	淮阴市地税局	翟玉标
	淮阴市劳动模范	淮阴市政府	吴中宏
	淮阴市先进工作者	淮阴市政府	李仁俊
2000	淮安市“三八红旗手”	淮阴市委、市政府	王　琦
	税收宣传月活动先进个人	淮阴市地税局	董正军
	税务媒体宣传发行工作先进个人	淮阴市地税局	宗玲珍

续表10-7

年度	荣誉名称	颁发部门	授予个人
2001	全市地税系统计算机信息技术应用考试先进个人	淮安市地税局	刘　娟
	淮安市“三五”普法先进个人	淮安市委、市政府	徐菊平
2003	淮安市地税系统“十佳稽查能手”	淮安市地税局	龚玉龙
	机关干部为群众办实事活动先进个人	淮安市委、市政府	徐菊平
	税收优秀论文一等奖	淮安市国税局、市地税局、市税务学会	徐菊平　张振庭
2004	淮安市地税系统“优秀稽查能手”	淮安市地税局	左康守
	淮安市优秀共青团干部	共青团淮安市委	唐　丽
	淮安市优秀共产党员	淮安市委	徐菊平
2005	淮安市劳动模范	淮安市政府	徐菊平
	淮安市地税系统“优秀稽查能手”	淮安市地税局	王正会
	淮安市地税系统“优秀案例分析”	淮安市地税局	王　红　季洪国
	创建“二型税务”先进个人	淮安市地税局	韩庆实
	征管信息系统开发项目先进个人	淮安市地税局	潘广军　王　磊
2006	淮安市优秀党务工作者	淮安市委	韩庆实
	数据集中先进个人	淮安市地税局	潘广军　王学飞
	淮安市地税系统“优秀稽查岗位能手”	淮安市地税局	秦　浩
	淮安市地税系统“优秀案例分析”	淮安市地税局	王　红
	“三型税务”演讲比赛二等奖	淮安市地税局	朱　薇
	扶贫工作先进个人	淮安市委、市政府	陈爱五
2007	淮安市科学技术进步三等奖	淮安市政府	徐菊平　陈爱五
	淮安市服务全民创业先进个人	淮安市委、市政府	徐菊平
	淮安市精神文明建设先进工作者	淮安市精神文明建设指导委员会	徐菊平
	淮安市地税系统“优秀稽查能手”	淮安市地税局	王正会
	淮安市地税系统“优秀案例分析”	淮安市地税局	龚玉龙　王　红
	淮安市地税系统“纳税评估能手”	淮安市地税局	徐　淮
	2005至2007年淮安市内部审计先进工作者	淮安市审计局、淮安市内部审计协会	董正军
	扶贫工作先进个人	淮安市委、市政府	陈爱五
2008	淮安十大女杰	淮安市委、市政府	徐菊平
	淮安市劳动模范	淮安市政府	王　琦
	全市地税系统十佳公务员标兵	淮安市地税局	孙新军
	全市地税系统十佳服务标兵	淮安市地税局	工　磊
	全市地税系统十佳税收管理员	淮安市地税局	王荣华
	全市地税系统十佳纳税评估能手	淮安市地税局	吴开宝
	全市地税系统十佳稽查标兵	淮安市地税局	王正会　左康守
	淮安市五一劳动奖章	淮安市政府	王　磊
	淮安市2008年度残疾人就业保障工作先进个人	淮安市政府	时海泊

续表10-7

年度	荣誉名称	颁发部门	授予个人
2009	“三个一流”演讲比赛三等奖、优秀奖	淮安市地税局	焦　婧　唐　丽
	纳税服务中心人员业务技能竞赛优秀奖	淮安市地税局	李银霞
	全市地税系统“十佳廉政标兵”	淮安市地税局	胡家文
	嘉奖	淮安市地税局	王学飞　隽玉鹏　王福军

1994～2009年淮安市淮阴地方税务局个人获区（县）委、区（县）政府荣誉一览表

表10-8

年度	荣誉名称	颁发部门	授予个人
1994	淮阴县先进个人	淮阴县委、县政府	刘国顺　顾　坚　龚玉龙　吕真强
1995	优秀共产党员	淮阴县委	张建勇
	行业作风建设工作先进个人	淮阴县委、县政府	李仁俊　袁　治
1996	优秀共产党员	淮阴县委	李仁俊
	社会治安综合治理先进个人	淮阴县委、县政府	王　波
	行业作风建设工作先进个人	淮阴县委、县政府	李仁俊
	政务信息工作先进工作者	淮阴县政府	王　波
1997	先进个人	淮阴县委、县政府	李仁俊　王　波
	扶贫工作先进个人	淮阴县委、县政府	陈爱五　刘绪祥
	行风建设先进个人	淮阴县委、县政府	李仁俊
	创卫工作先进个人	淮阴县政府	王　波
	全县人事人才工作先进工作者	淮阴县政府	张建勇
1998	信访工作先进个人	淮阴县委、县政府	陈爱五
	全县党委系统文秘工作综合先进个人	淮阴县委	王　琦
	党风廉政法律法规知识竞赛先进个人	淮阴县委	王　波
	1997至1998学年度尊师重教先进个人	淮阴县委、县政府	赵　坚
	先进纪检监察干部	淮阴县委	张运凤
	先进个人	淮阴县委、县政府	李仁俊　王　波
	县直机关帮扶工作先进个人	淮阴县委、县政府	陈爱五
	信访工作先进个人	淮阴县委、县政府	陈爱五
	1996至1998年度乡镇国库工作先进个人	淮阴县政府	孙开举　胡家文
1999	十佳公仆	淮阴县委	李仁俊
	全县纪检监察工作先进个人	淮阴县委、县政府	张运凤
	完成目标先进个人	淮阴县委、县政府	李仁俊　丁正宜
	信访工作先进个人	淮阴县委、县政府	陈爱五

续表10-8

年度	荣誉名称	颁发部门	授予个人
2000	双文明建设先进个人	淮阴区委、区政府	李仁俊　王　波
	政法综治工作先进个人	淮阴区委、区政府	王　波
	双拥工作先进个人	淮阴区委、区政府、区人武部	李仁俊
2001	淮阴区“三五”普法先进个人	淮阴区委、区政府	陈爱五
	双文明建设先进个人	淮阴区委、区政府	李仁俊　王　波
	扶贫促小康工作先进个人	淮阴区委、区政府	陈爱五
	先进个人	淮阴区人大常委会、区政府	陈爱五
2002	优秀团干	淮阴区委	顾　坚
	行风建设先进个人	淮阴区委、区政府	李仁俊　董正军
	政法综治工作先进个人	淮阴区委、区政府	韩庆实
	统战工作先进个人	淮阴区委	李仁俊
	十佳服务明星	淮阴区委、区政府	张建勇
	优秀通讯员	淮阴区委	唐　丽
2003	行风暨软环境建设先进个人	淮阴区委、区政府	徐菊平　王　琦
	区级机关支援灾区建设先进个人	淮阴区委、区政府	陈爱五
	扶贫促小康工作先进个人	淮阴区委、区政府	陈爱五
	新闻外宣先进工作者	淮阴区委	唐　丽
2004	“一棵树、一片绿”任务先进个人	淮阴区委、区政府	徐菊平
	责任目标考评先进个人	淮阴区委、区政府	徐菊平　赵　坚 金　玉
	扶贫工作先进个人	淮阴区委、区政府	陈爱五
	全区信息工作先进个人	淮阴区委、区政府	唐　丽
2005	新闻外宣先进个人	淮阴区委	翟玉标
	淮阴区“三创之星”	淮阴区委	龚玉龙
	双拥工作先进个人	淮阴区委、区政府、区人武部	翟玉标
	2001至2005年全区法制宣传教育工作先进个人	淮阴区委、区政府	张振庭
2006	全区双拥工作先进个人	淮阴区委、区政府、区人武部	钱建伟
	创建国家卫生城市工作先进个人	淮阴区委、区政府	陈中平
2007	第六届淮阴区“优秀青年标兵”	淮阴区委、区政府	龚玉龙
	创建国家卫生城市工作先进个人	淮阴区委、区政府	翟玉标
	责任目标考评十佳个人	淮阴区委、区政府	龚玉龙
	宣传思想文化工作先进个人	淮阴区委	李春来
	双拥工作先进个人	淮阴区委、区政府、区人武部	钱建伟
	扶贫工作先进个人	淮阴区委、区政府	陈爱五
2008	“我为淮阴跨越发展献计策”征文优秀奖	淮阴区委、区政府	李仁俊
	电子政务先进个人	淮阴区政府	钱建伟
	十佳执法卫士	淮阴区委、区政府	龚玉龙

第十一章 信息化建设

建局后，淮阴地税局积极实施“科技兴税”战略，加强税收信息化建设，逐步从无到有，从低到高，在规划、开发和应用上，将信息技术、依法治税和优化服务有机结合。建成以PC服务器和大型数据库为平台、以光纤宽带网为主干网、覆盖全系统的计算机网络，形成包括税务业务管理、数据分析应用、行政综合管理和外部信息服务以及信息共享系统的应用体系，实现“征管网络化、办公自动化、服务信息化”的淮阴地税信息技术应用格局。2003年，淮阴地税局被国家税务总局授予“全国税务系统信息化建设先进单位”称号。

第一节 硬件建设

1994年9月，国、地税分设时，淮阴地税局共有台式计算机1台，DPK3600针式打印机1台，设在计财股用于数据统计、分析、核算；四通打字机1台，设在办公室，用于日常文字处理。

1995年6月，直属分局征收大厅配置5台计算机，其中1台COMPAQ 486服务器，用于Novell网络服务；4台AST 386台式计算机，配置4台EPSON LQ1600K针式打印机，用于征收大厅税务登记、发票发售、纳税申报、税款征收。

1997年初，随着“淮阴县地方税务局征收服务中心”正式投入使用，全局的计算机硬件建设上了一个新台阶。新添置8台Compaq DP2000台式计算机，5台DPK8200E针式平推打印机，1台PC Server服务器，用于税收征管、税收会计核算。5月1日，县地税局征收服务中心在全市税务系统首家推出使用大型电子显示屏，直观地为纳税人提供各种税收征管信息，广泛进行税收知识宣传。

1998年，各农村中心所添置台式计算机及针式打印机，用于日常征收管理、税收会计核算。

2000 年，购置 10 台 IBM NETVISTA 2169 型台式计算机，用于征收大厅工作。计财股添置 HP LJ5000 A3 幅黑白激光打印机 1 台，用于计会统报表打印等。购置联想笔记本电脑 1 台，用于学习培训。

2001 年，随着位于淮安市北京东路 2 号的地税新办公大楼的启用，全局的计算机硬件采购进入快速发展的阶段。整个大楼在弱电系统和计算机中心机房的设计上，采用当时先进的信息化办公理念和网络技术。综合布线系统采用当时先进的五类双绞线，机房建设采用专用机房设备及材料，机房配备 APC 2KV 不间断电源以及专用空调设备。筹集 200 万元资金，集中采购一批计算机设备用于省局征管信息系统 1.0 版的上线工作。建立了市局、区局、分局三级广域网。

截至 2001 年，全局共配备 PC 服务器 3 台，台式计算机 50 余台，笔记本电脑 3 台，针式打印机 20 余台，激光打印机 8 台，彩色喷墨打印机 6 台，平板扫描仪 2 台。网络设备方面，配置 1 台 CISCO 路由器，6 台 CISCO 交换机。从区局到农村分局，均采用电信 2M 电路进行联网。全局各部门都配备 3 至 5 台台式计算机，用于税收征管信息系统以及办公自动化软件。

2002 年，征收服务大厅前台的计算机设备全部更新，换成 10 台 IBM 计算机，系统配置 P41.8G/DDR256M/40G/48XCDROM，配备 15 寸液晶显示器。对平推式针式打印机也进行了更新换代。

2003 年，对城区征收大厅以及农村分局征收服务厅安装网络监控设备。在城区征收大厅配置电子触摸屏，用于业务介绍、税法宣传、个体定额及社保费信息查询等。

2004 年，配备 DELL OPTIPLEX 170L、联想启天 M4600 台式计算机共 53 台。截至年底，全局税务干部实现人手一台台式计算机。

2005 年，为配合省局征管信息系统 1.3 的上线工作、省辖市集中模式的征管改革，经区局申请市局同意后，集中采购 105 台 DELL D510 笔记本电脑，达到人手一台台式机、人手一台笔记本电脑。

在征收服务大厅建立纳税人自助纳税申报区，由 3 台台式计算机组建成小型局域网。

2008 年，为配合省级大集中 3.0 系统上线工作，局通过政府采购，配置 40 台联想启天 M488E 型台式计算机，用于更新 2001 年之前的台式计算机。在征收大厅及计算机机房配备 APC 8KV 不间断电源各一套，保证在市域断电的情况下能够正常为纳税人服务。

2008年，加大对纳税人服务的硬件投入，在区局征收大厅设置LED显示屏、触摸屏多媒体查询系统、投影设备、排队叫号系统、评价器系统。

2009年，针对2005年配置的笔记本电脑已过质保期以及存在问题的情况，局通过政府采购，购置120台一体化台式计算机，用于更新笔记本电脑。

截至2009年底，全局共拥有PC服务器5台，台式计算机277台，打印机90台，路由器3台，交换机7台。

第二节　软件建设

税收征管系统软件开发

1. 多用户征收管理系统开发完善

1995年初，在市局计算机中心技术人员以及淮阴县地税局技术人员的共同努力下，完成多用户征收管理信息系统ZSGL的开发工作，并在直属分局征收服务大厅试点运行。该征收管理信息系统基于NOVELL网络技术、FOXPRO数据库语言开发。通过半年的试运行，取得了较好的效果，并在全市推广应用。

多用户征收管理信息系统ZSGL，功能涵盖税务登记、申报征收、纳税鉴定、发票发售、票证管理、回单核销、会统核算、综合查询、分户台账、系统维护等模块。

为配合多用户征收管理信息系统的应用，1995年9至11月，在全县率先对税务干部进行计算机基础知识及操作培训，税务干部利用休息日参加学习，经省计算机考核办公室考核，有36名地税干部取得计算机等级证书。

1997年，为适应会计改革的需要，市局抽调淮阴局技术人员，完成了税收会计核算软件SSKJ的开发工作并在淮阴局试点，该软件具有凭证生成、凭证加工、凭证输出、会统报表生成、输出打印等功能，通过该软件的运用，提高了税收会计核算的准确性、提高了工作效率。

为加强个人所得税征收管理，市局抽调淮阴局技术人员，完成了个人所得税征收管理软件的开发工作并在淮阴局试点。该软件分为纳税人端和税务端，具有加密功能，通过该软件的推广应用，使得个人所得税征管更加科学化、精细化。

1999年5月，为全力解决征管软件的“千年虫”问题，对NOVELL服务器的软硬件进行升级完善，对接入局域网内的所有台式计算机进行BIOS升级，确保征管系统运行不被“千年虫”干扰。9月，对“千年虫”问题的就绪状况进行评估验收，达到预期效果。

2000年，为配合社会保险费移交地税部门征收，市局抽调淮阴局技术人员，完成了社保费征收管理模块的开发工作并在淮阴局试点，7月1日正式上线运行。

2. 省局征管信息系统1.0版的试点

2001年，淮阴局被淮安市地税局确定为江苏省征管信息系统1.0版试点应用单位。2001年初，淮阴局技术人员会同市局技术人员、公司技术人员从PC服务器、磁盘阵列柜的测试安装、后台数据库的安装调试到数据迁移等做了大量工作。2001年10月至12月，先后完成历史数据的转换、迁移和审核工作。

为配合征管信息系统上线工作，全局在当年6月、11月共举办为期五天的两轮培训。在从多用户征收管理系统ZSGL向江苏省征管信息系统1.0版的迁移过程中，为确保基础数据的完整准确，根据推广应用小组的意见，对基础资料进行录入，共完成2200户个体户、522户企业、95户注册登记户的录入，完成2200户个体户的定期定额信息录入，企业户的纳税鉴定，发票购领单位的领票资格鉴定，房产税、土地使用税、车船使用税的单项税种登记以及企业所得税核定应税所得率的鉴定。

3. 省局征管信息系统本地化软件开发应用

省局征管信息系统1.0版上线运行后，针对应用过程中产生的问题，结合淮阴地税局实际，开发一系列本地化工作软件。

个人所得税建档管理模块。2003年，根据管理要求，开发完善个人所得税建档管理模块，并在同年进行软件的应用完善工作。主要功能有基本信息录入、建档申报数据录入与导出、申报数据计算审核等。

数据审计模块。2003年，按照市局数据审计工作的安排，成立区局数据审计工作领导小组，制订具体的工作方案，召开相关科室和分局负责人会议，布置区局数据审计工作任务，并进行相关业务培训。利用市局下发的数据审计软件，完成对税务登记、纳税项目、定额明细所有数据的审计，以及完成对缴款书、完税证、废票、提退税票、零申报等2003年度的数据审计。

税库银联网模块。2003年，配合市局完成了个体户划卡申报，与农行、国库进行联网，实现了开盘信息的自动传输、自动销号工作。

网上申报软件。2003年，配合市局完成了网上申报软件的开发应用。通过宣传推广，有条件的纳税人普遍接受网上申报这种申报方式。

征管质量分析软件、外部信息交换软件。2005年，为进一步加强征管，提升省局征管信息系统应用深度与广度，满足对征管质量指标进行全面考核的需要以及满足与工商、国税、民政等有关部门交换信息的需要，区局技术人员与相关业务人员，完成了征管质量分析软件、外部信息交换软件的开发，并于2005年6月上线试运行，10月在全市地税系统推广应用。

4. 省局征管信息系统1.3版的测试、上线运行

2004年7月，省局征管信息系统1.3版发布，淮阴地税局作为淮安地区的测试

单位，进行了新版本的测试、运行。淮阴局配合淮安市地税局征管信息系统省辖市集中模式的上线，以及结合淮阴地税局征管改革实施方案，对 1.3 版本中的业务流程、税库银联网系统、发票票证模块数据、欠税数据等进行测试。10 月，建立了 1.3 版本系统运行环境，对税务登记、税源、批文等相关模块进行了数据转换，同时对银行协议、纳税鉴定、定期定额数据、下岗再就业审批数据进行梳理、维护。12 月，对 1.3 版本环境下的系统进行完整测试，并对整个数据库进行备份，做好上线前的各项工作。

2005 年 1 月 1 日，省局征管信息系统 1.3 版正式在淮阴地税局上线运行。

2006年4月,责任区软件和一户式软件在全局上线运行。责任区软件以责任区(税管员）为中心，按照责任区（税管员）对相应管户信息进行查询和访问，提供税管员对管户信息的及时查询和管理的要求。功能方面有：

税务登记信息查询。包括税务登记底册查询，有变更记录的纳税人查询，停业登记户查询，待认定非正常户清册查询，非正常户统计等查询功能。

税源登记信息查询。包括车船使用税税源清册，车船使用牌照税税源清册，房产税税源清册，城市房地产税税源清册，土地使用税税源情况查询，土地增值税纳税项目登记情况查询，纳税人外出经营纳税情况查询，纳税人外出经营情况户管情况查询，外出经营逾期未缴销情况查询，外经证遗失作废情况查询，纳税人外来经营纳税情况清册，纳税人外来经营情况户管情况查询，外来经营逾期未缴销情况查询，定期定额税源情况查询，定额定期历史记录情况查询，定额定期不足起征点户情况查询，企业所得税核定应税所得率情况查询，定期定额纳税人无定额纳税人情况查询，重点税源户清册。

批文管理查询。包括减免税批件清册查询，申报方式汇总统计表，申请延期申报清册，申请延期、分票缴纳税款清册，固定资产加速折旧查询，技术开发费税前扣除批件清册，其他项目税前扣除批件清册查询，住房公积金税前扣除批件清册，职工集资税前扣除批件清册，各类资产损失税前扣除批件清册，提取行政管理费申请审批表，减免税申报明细查询。

申报征收查询。申报类查询包括：按日期申报情况查询，零申报查询，纳税人申报情况查询，逾期已申报查询；征收类查询包括：入库查询，逾期未入库查询，纳税人分户征收情况查询,各级征收情况查询,提退明细清单,纳税人台账情况查询,双定户划款情况查询；发票查询包括：纳税人发票进销存，未验旧发票查询。

一户式软件。它是淮安市地方税务局数据大集中业务整合系统的一部分，是以税管员为主要使用对象，对纳税户信息进行全面管理和监控的专用软件。

一户式软件以“一户式”查询为基础展开，集成来自不同业务系统中的纳税户信息。

一户式查询基于多个数据源，对纳税人进行全方位的信息展现：定位纳税人，包括常用条件方式、自定义条件方式以及直接输入代码方式；纳税人信息展现，分为综合信息、登记信息、税源信息、文书信息、发票信息、税款信息、稽查信息、法规信息、财务报表、社保信息；登记信息，包括税务登记信息、企业基本信息、机构信息、银行账号及资本、人员信息、状态及变化信息、"三代"单位信息；税源信息，包括税种鉴定、城镇土地使用税、土地增值税、房产税、车船及牌照使用税、定期定额信息、核定征收信息、自然人信息；文书信息，包括税款减免申请审批信息、税前扣除申请审批信息、其他文书申请审批信息、文档管理信息；发票信息，包括购票资格、发票库存、发票出入库、发票验旧、发票使用情况、发票停限供信息、税控装置台账；税款信息，包括申报信息、入库信息、减免信息、欠税信息、退税信息、申报汇总、入库汇总、欠税汇总、申报表信息；稽查信息，包括案件信息、文书信息、查补税款、稽查报告、审理报告、执行报告；法规信息，包括违章信息、查补税款、限期改正通知书、行政处罚告知书、行政处罚决定书、日常稽核台账；财务报表，包括资产负债表、利润表、利润表附表、应缴款项明细表；社保信息，包括社保基本信息，社保变更登记、注销记录、参保人数及应征金额、征收缴纳台账。

2006 年 12 月,《公路、内河货物运输发票税控系统》、《货运发票（税务机关代开）系统》、《公路、内河货物运输业统一发票（中介代开）开票软件》、《公路、内河货物运输业统一发票（自开）开票软件》上线运行。

2007 年 1 月,《江苏地税货运税控接口系统》上线运行。

2008 年 1 月，网上打票软件推广应用。

网上打票，全称是"网上打印电子缴库凭证"，即纳税人通过税库银联网、电子划卡方式缴纳税款、基金、费后，根据实际需要，通过外网自主查询本单位或自己的已入库信息，然后自行打印电子缴款凭证，并据此作为记账凭证的一种完税方式。

由市地税局开发的网上打票软件集成是淮阴地税局外网电子办税厅一个功能模块，符合条件的纳税人或自然人通过互联网，凭登录号及密码登录该局电子办税平台，按流程操作，可以实现申报、纳税、办税、查询、打票一条龙网络化处理。

5. 省局征管信息系统 2.0 版

2006 年 2 月，为推动省局征管信息系统 2.0 版上线运行以及实现全市征管数据集中处理，举办了为期 4 天的征管信息系统 2.0 版相关知识培训班。由此，省局征管信息系统 2.0 版软件在全市上线运行工作拉开序幕。

6. 省级大集中征收管理系统 3.0 测试、上线运行

2009 年 1 月，省级大集中系统在南京市地税局试点运行成功后，2 月 24 日省局

在昆山召开省级大集中系统推广应用动员大会，由此拉开大集中系统推广的大幕。随着无锡市局10月30日正式切入大集中系统，大集中系统的推广上线工作全部完成。

淮阴局根据市地税局统一部署，于2009年5月开始测试省级大集中软件，2009年8月，省级大集中征收管理系统3.0正式上线运行。

省级大集中系统在全省地税系统的全面、成功上线，标志着省级大集中工程取得决定性的胜利。通过工程的实施，信息化基础设施得到完善提升，业务制度得到优化创新，征管流程得到规范统一，涉税数据得到整合共享，服务渠道得到支持拓展，信息安全得到强化巩固，人才队伍得到锻炼提高。

省级大集中系统在淮阴地税局的全面上线，标志着局税收信息化工作又上了一个新的台阶，为全区地税事业的又好又快发展注入了新的动力。

行政管理软件开发应用

1. 办公自动化系统

2000年9月，根据省、市局在地税系统推广应用办公自动化系统的有关要求，淮阴地税局将推广应用办公自动化软件安排到工作日程上。

公文处理系统ODPS的主要功能包括收文发文管理、文件传递运转、立卷归档和查询统计等功能。通过公文处理系统ODPS相联终端进行处理，交换税务系统内部信息。

公文处理系统ODPS为C/S结构，用户必须安装客户端软件才能访问该系统。

针对总局和中国计算机软件与技术服务总公司合作开发的公文处理系统ODPS V2.5，先后进行系统安装测试、人员操作培训工作。2000年11月，区局正式和市局联网运行。

2001年和2002年，对公文处理系统ODPS V2.5分别进行了3.0版和4.0版两次升级。该系统在全系统范围内使用，基本实现无纸化办公。

2004年1月，指纹考勤系统上线运行。淮阴局率先在行政事业单位中推广应用指纹考勤系统，进一步提高考勤的效率性与真实性。

2. “ISO 9000质量管理体系”文档管理系统

2004年7月，在全市地税系统中率先导入ISO 9000质量管理体系标准，ISO 9000质量管理体系文档管理系统软件也随之上线试运行。

3. 档案管理系统

2003年12月，永乐方正档案管理系统运行。同年，获得省级档案一级达标单位。

4. 行政办公管理系统

2007年6月，淮安市地税局行政办公管理系统在全区地税系统上线运行。该系统按照税务系统内部行政办公业务和办公处理流程的要求，对行政办公业务各业务流程进行建立、处理、提交、审批、存储、传输、检索等项处理的管理系统。

该行政办公系统主要功能包括固定资产管理、易耗品管理、车辆管理、接待管理、会议管理、安全保卫管理、教育培训管理、考勤管理、内部公告管理、信访管理、宣传管理、计划管理、请示管理、政府采购和大宗支出审批、软件需求数据维护以及与其相关的流程查询和维护等功能模块。

行政办公系统为B/S/S三层体系结构，基于J2EE架构，应用服务器部署在市局信息处、数据库服务器部署在本局机房，本局所有用户通过浏览器方式获取系统服务。

5. 2004年3月，新版地税多媒体触摸屏查询系统上线运行

该系统设置在征收大厅，主要功能有地税简介、地税概况、税务公告、政策法规、廉政建设等。该系统的运行，全方位地为纳税人提供了了解、学习税收法律法规，了解税务动态、涉税事项，进一步了解地税文化、纳税环境的平台。

6. 其他应用软件

2001年至2003年间，淮阴地税局相继上线运行的应用软件有金蝶会计软件、土地使用税软件、人事管理软件、税务教育软件、营业税调查软件、企业所得税管理软件、TAXBLE报表软件以及北信源网络杀毒软件。

2004年1月，地方税收法规库系统上线运行。

2005年3月，通过政府采购，购买瑞星网络版杀毒软件。

2007年3月，通过政府采购，购买北大青鸟桌面管理软件。

2008年8月，电子工作日志软件、荣誉档案管理系统上线运行。

2009年9月，车船税管理软件和城建税比对分析软件推广应用。

这些应用软件的上线运行，进一步扩展了全局的信息化建设面，使得全局信息化建设水平迈向新台阶。

部门信息共享信息

2009年，由市信息产业局牵头开发的地方税收信息保障平台上线运行。全区首批参加单位达16个。

第三节　计算机网络建设与应用

计算机网络建设

1994年，全局微型计算机数量只有一台，没有计算机网络。计算机之间通讯主要靠人工拷盘，和市局通讯主要通过33.6KModem实现点到点电话拨号方式进行。

1995年3月，全市地税系统首个局域网在淮阴局直属分局完成布线并运行，使用基于Novell公司NetWare操作系统的Novell网络。该局域网由四台AST386微型计算机和一台COMPAQ486 PC服务器组成。

1997年，“淮阴县地方税务局征收服务中心”成立，新的局域网也开始运行。该网络采用朗讯公司五类双绞线布线系统，使用3COM网络交换机提供10M速率的共享式局域网，标志着信息化建设进入以太网时代。该网络使用基于Microsoft公司Windows NT操作系统的NT网络。该局域网由18台COMPAQ 586微型计算机和1台IBM Netfinity 5000服务器组成。应用范围扩大到日常办公、征收管理、会计核算。和市局通讯由原先的33.6KModem升级成ISDN“一线通”，提高了通讯速率。

2001年，局新办公大楼建成使用，全区首个城域网测试完成并顺利运行。区局新办公大楼局域网采用Cisco局域网交换机，提高了网络系统的处理能力，并且区局大楼内从原来桌面PC 10M速率的以太网接入提升为10/100M自适应的快速以太网接入。区局和所辖各分局通过租用中国电信2M数据电路实现地税系统城域网数据专网连接。城域网数据专网建成后，为实现全市数据集中处理提供网络支持平台。该网络建成后为全局办公自动化系统、财务软件系统、报表系统等业务提供良好的集中管理网络环境。和市局通讯由原先的ISDN线路改为中国电信100M光纤，备份线路为ISDN。

2005年11月，根据省局要求，实施全省统一IP电话系统，内部电话可以通过内部数据专网拨打省、市局办公电话。全局在局机关配置华为ViewPoint 8220可视电话5部，AVAYA 4606 IP电话1部。12月，实施全省视频会议系统，系统采用华为公司的全套产品解决方案，完成后，通过内部数据专用网络可以召开总局—省局—市局—区局四级视频会议或者内部培训等，同时利用局内部高速网络，实现高清交互式视频工作会议、远程培训、业务学习、视频传输等功能。

2005年12月，市局与淮阴局的广域网线路再次升级，由原来的电信100M线路升级为电信千兆光纤连接，采用广电100M线路作为备份线路，具备运行远程语音、视频系统高速处理能力。

地税网站。2002年4月，建立淮阴地税局网站，为广大纳税人提供服务。该网站集新闻发布、政策查询、信息公开及纳税服务等功能于一体。通过淮阴地税网站，纳税人可以了解到淮阴地税系统的概括、工作职能、机构设置、廉政建设、税务文化等，可以了解到国家发布的税收法律法规、优惠政策和省、市、区的具体规定，也可以了解到税收常识、办税程序和纳税申报办法。同时，还可以通过网站咨询各类涉税问题，对各类违法违规案件进行举报。

网上申报。2005年，以网上申报为开端的一系列服务纳税人应用软件相继开发并投入应用。6月，纳税人网上申报系统在外部网站运行使用，集中组织申请网上企业进行操作培训1000余人次，至2005年底，实行网上申报纳税户1180户，网上申报处理税费、基金9800万元。

2006年，以优化纳税服务环境为指导，在不断完善网上申报的基础上，进一步对外部网站所提供的功能进行扩充。同时以内部网站为依托，继续加强网络应用，加大软件系统模拟测试环境的建设，通过畅通的交流渠道收集来自各方面的意见和建议。为税务工作人员提供一个集工作、学习、娱乐于一体，功能齐备、技术先进的内部办公平台。

网上党校。2006年5月，淮阴地税局红旗党校网站正式运行。该局党委在全市地税系统首家建立网上党校，使地税系统广大党员干部可以根据自身岗位特点，自主选择受教育的时间、地点，进一步强化了党员干部的教育管理，有效地扩大了党建和思想政治工作的覆盖面，通过搭建“网上党校”信息化教育的平台，促进了党员干部教育阵地上台阶、上水平。

网上打票（表）。2007年，由市地税局开发，设计思路科学、应用功能完备、安全性能稳定的“企业财务报表数据采集系统”通过了专家鉴定。该系统在纳税申报模式和数据采集上均达到国内领先水平。淮阴地税局迅速推广应用这项成果。

2008年7月，淮阴地税局举办了一场网上打票演示会。淮阴区部分企业、行政事业单位办税人员和个体工商户代表近60人接受了网上打票知识培训。

2008年8月1日起，推行网上打票业务，即“网上打印电子缴库凭证”，纳税人通过税库银联网、电子划卡方式缴纳税款、基金、费后，凭原有登录号（或申请的登录号）及密码登录淮安市地税局电子办税平台，按流程操作，可以实现申报、纳税、办税、查询、打票一条龙网络化处理。专门、固定格式的电子缴款凭证，由系统自动生成，与普通记账凭证大小相仿，可通过打印A4纸出票，是银行确认的付款凭证，是税务机关认可的纳税记录，纳税人可据以记账使用。纳税人需正式税票时，可凭电子缴款凭证去税务机关换取正式票据，经税务工作人员核实确无重复换票的情形给予换取所需的正式税票或完税证明。凡是通过税库银联网进行网上申报、扣税的企业纳税人、通过电子划卡缴税的个体工商户、通过税库银联网进行网上申报、扣税的扣缴义务人、通过网上划缴社会保险费的保险户、通过明细申报软件缴纳或被扣缴个人所得税的自然人都可以进行网上打票。

通过网上打票，纳税人足不出户即可完成申报、纳税、办税、查询入库信息、自行打印。

电子缴款凭证全过程操作，每月不必去银行排队等候打票，省却了来回奔波之苦，节省了时间，提高了办税效率，节约了办税成本。

12366QQ群在线服务。2008年4月，淮阴地税局依托信息化技术，利用QQ即时通讯优势，推出面向社会的“QQ在线”服务，建立纳税服务QQ群，提供“138512366”

和“138612366”两个QQ号码，让纳税人随时点击或登录QQ咨询，专职税务人员在线及时作出准确的解答。

在“在线咨询”的基础功能上，创建了“e税论坛”、“地税业务讨论”、“纳税人之家”、“征纳沟通平台”四个QQ群。利用腾讯QQ群即时通讯、公告、群内讨论等功能，将各项最新税收政策、涉税通知、涉税公告、税收史话、税收新闻等涉税事项分类公告，使纳税人能够在第一时间内了解地税部门的工作动态及最新的税收政策。同时将各类税务软件和涉税表证单书上传到共享文件，方便纳税人及时下载使用。

借助QQ群远程协助功能，通过网络托管向对方在线演示网上申报、税控装置等税务软件应用和账务处理的正确操作方法，及时帮助纳税人解决在软件应用和账务处理上遇到的问题，让纳税人实时享受地税部门的快捷服务。

QQ在线服务，纳税人在税收上有了疑问、意见、建议或涉税举报，可以在线咨询或留言，在线税务人员会在最短的时间内给予详细的回复，纳税人足不出户就可以享受最详尽、快捷的服务，有效减少纳税人往返税务机关所耗费的时间和精力，直接减少纳税人的经济成本和税务机关的服务成本。

通过“QQ在线”平台，在纳税申报期进行“友情提醒”，提醒纳税人按时办理纳税申报与税款缴纳事宜，尽量避免纳税人的涉税风险，体现了对纳税人的人文关怀。

税库银联网

2002年6月，全市税库银联网系统在淮阴局试点，通过专用线路和各商业银行、国库，实现地税系统首次税库银联网。

2004年11月，新版税库银联网系统在淮阴局试点。2005年1月，正式上线运行。该系统的上线运行，实现了全系统全面实行无纸化征收。通过税库银联网，使税收、基金（费）、社保费，从申报、解缴到入库实现即时电子流转划扣。

2009年12月，全国财税库银税收收入电子缴库横向联网系统（TIPS系统）在淮阴地税局顺利推广和应用。该系统使用数据专线通过省局与人民银行互联，实现实时税费缴款、联网批扣、单户扣缴、交易状态查询、对账等一系列重要功能。

网络安全管理

2002年，在全系统范围内安装部署北信源VRV网络版防病毒软件，淮阴地税局服务器定期进行升级，将计算机病毒的危害减小到最低程度。

2005年，根据市局要求，更换防病毒软件。采用瑞星网络防病毒软件，接入局域网的所有计算机均安装该系统。建立微软操作系统 WINDOWS 系列版本自动补丁系统，主要用于计算机操作系统漏洞修补，尽可能防范因此产生的安全威胁，如某些木马、蠕虫等病毒。

2007 年，根据市局信息化建设工作意见，通过政府采购，上线北大青鸟桌面管理与审计系统 EasyDesk。该软件和网管、运维系统进行无缝结合，对整个网络环境进行综合管理。EasyDesk 的所有控制功能集中在“策略中心”内统一管理，各项功能可根据用户权限，对不同操作员实行屏蔽或开放，方便了多个管理员对系统的分级管理。EasyDesk 严格按照管理员、审计员、操作员三种权限进行设计，最大限度保证系统的运行安全。

第十二章 文化建设

淮阴地税局的文化建设从建局初期就和其他各项工作同步开展。经过15年的发展已经日臻完善，形成了自己的特色。尤其是2008年以后，经过总结和提高，把淮阴地税文化的内容概括为九种，即“制度、感恩、荣誉、廉政、服务、征纳、行为、标识、物态”。作为带动队伍建设的一大亮点，淮阴地税局的文化建设，发挥了文化的教育、引导、激励作用，不仅塑造地税干部精神品质，丰富其精神生活，有效促进税收管理科学化发展，而且凝聚了地税干部的智慧，引导催化税务干部形成健康向上的道德观、价值观与光荣感，产生一种群体人文力量，引导了全体地税干部齐心协力为实现共同奋斗目标作出贡献，把地税干部队伍凝聚成一个奋发图强、锐意进取的团队，从而实现“打造一流的干部队伍、一流的服务水平、一流的工作业绩”的“三个一流”的目标。地税文化建设作为社会主义先进文化建设的重要载体、部门形象建设的重要内容，客观、生动地向社会展示了淮阴地税形象。2008年，淮阴地税局在总结过去文化建设成果的同时，借鉴其他单位的先进做法，研究出台了《淮安市淮阴地方税务局地税文化建设实施意见》，使淮阴地税文化建设进一步系统化。

第一节 制度文化建设

制度文化是税务文化的制度体系，它为确保精神理念的实现起着规范、激励、约束的作用。淮阴地税局一直坚持按制度办事、靠制度管人的原则，用制度规范行为，约束行政执法权和管理权。

淮阴地税局制度文化的内涵有以下几个内容。一是淮阴地税的各项工作都有制度的规范，一切都是制度说了算。二是制度本身必须与时俱进，伴随着形势的发展制度必须不断完善和更新。三是制度的建立必须可操作、务实而不务虚，制度一经制定必须落实到位。十五年来，淮阴地税局不断修改完善税收征管、办税服务、勤政廉政、人事管理、教育管理、内务管理等各个方面的规章制度，形成程序化、标准化、系统化的制度规范。截至2009年末，全局共有制度条款396条，建立起一套运转协调、规范有序、良性互动的制度体系。各项工作开展都在制度的规范下进行。制度的落实情况，主要依靠经常性的督促检查，严厉查处违反规章制度的行为，做到令行禁止、违者必纠，努力使制度成为广大税务干部必须遵守的行为准则。淮阴地税局规定，纪检监察、人教、党委办每周必须对全局范围内重点制度的执行情况例行检查，此外还经常进行不定期的抽查。通过制度文化建设，实现地税工作各项规章制度的规范统一，引导和约束地税干部的工作、学习和生活行为，形成了自觉遵章守纪的群体意识。制度建设，是干部队伍建设的根本。淮阴地税局历来重视制度建设，主张“制度管人、管事、管权”，制度面前人人平等，按照持续改进的理念，不断充实完善各项规章制度。

1994年，建立票证审核、廉政对照日等各种制约制度，规范约束每个人的行为。

1995年，制定地税干部廉洁勤政八项规定以及票证审计等15项规章制度。坚持局机关人员每周两个半天、基层所每月两天集中学习制度。

1996年，为加强组织纪律性，便于局及时掌握基层情况，建立请示汇报制度，健全工作秩序。

1997年，从高起点、高标准、严要求、可操作的原则出发，从文明征税到税款征收、票证管理、税收检查、会统报表等税收工作的各个环节都建立制度，使人人有章可循，事事皆有规范。6月，开始在全系统实施“禁酒令”。结合实际情况，制定精神文明建设规划，建立制度，落实保障措施，把精神文明建设纳入经常化、规范化轨道。

2003年，以征管改革为契机，研究制定淮安市淮阴地方税务局《档案管理暂行办法》、《政务公开实施办法》、《规范化管理处罚规定》、《经费内控制度》等15项规章制度，从税收业务到单位内部管理进一步进行规范、约束。

2003年至2009年，淮阴地税局结合地税发展的实际，制订完善了《淮安市淮阴地方税务局规范化管理办法》及其实施细则等综合性的制度规范。江苏省地税局纪检组长于阜宁看到淮阴地税局规章制度后说：“难怪淮阴地税的管理上水平，他们制度的制定几乎到了吹毛求疵的程度。”

江苏省地税局局长李小平到淮阴地税局视察时，高度评价了淮阴地税局的制度建设："以制度管人，严格按制度办事，奖惩严明，把一些人为的主观因素摒弃在外，制度面前人人平等，使我们这支队伍纪律严明，确实很好。"

第二节　感恩文化建设

从2008年起，淮阴地税局把回报社会、宽厚待人的理念上升到地税文化的范畴。经常性地开展感恩教育、举办演讲比赛等活动，做到人人参与，人人受教育，激发了税务人员的感恩回报之心，时刻以一种感恩的心态去工作、生活。感谢地税事业发展之恩，激发动力、爱岗敬业；感谢地方党委政府倾情关怀之恩，融入发展、促收履责；感谢纳税人诚信纳税之恩，创新服务、和谐共进。通过"感恩行动"，对涌现出的先进人物和做法进行表彰。发挥税务部门的职能优势，为地方政府献计献策，以感恩的心切实融入地方经济发展，发挥地税部门服务地方经济建设的促进作用，积极开展各种帮扶工作，体现税收"取之于民、用之于民"的宗旨，推进地税部门和地方政府的和谐共进。十五年来，淮阴地税局感恩文化建设的具体实施做法有：帮扶生活困难群众和弱势群体、帮扶经济薄弱乡镇、关注关心留守儿童、参加扫盲和普法活动、圆梦行动、慰问敬老院、帮助残疾人士、慰问驻淮部队等。

第三节　荣誉文化建设

为了突出发挥荣誉的激励效应，培养地税干部完美人格和职业操守，淮阴地税局借鉴发达国家的做法，从2007年开始着手建立荣誉制度，并将之上升为淮阴地税文化的范畴。通过建立起一系列荣誉制度，弘扬先进，从精神上鼓舞人，增强税务干部集体荣誉感和身为淮阴地税一分子的自豪感，激发税务干部爱岗敬业热情，激励税务干部积极进取，为地税事业争光。结合部门实际，建立集体和个人两种形式的荣誉档案，单位和税务干部个人在系统内外获得的各种表彰都将记入荣誉档案。加大先进集体和优秀个人的表彰力度，对先进个人、服务标兵、优秀管理员、稽查能手等在颁发奖励证书的同时，颁发胸佩式奖章，在系统外获得区级以上表彰的将给予一定奖励，激发广大税务干部的荣誉感、成就感和归属感。实现税收事业持续发展与税务干部个人全面发展的"双赢"，切实把税收事业的发展与税务干部个人的发展紧密结合起来，努力实现集体与个人发展动力的统一，让每个干部都能得到客观的业绩评价和相应的回报，形成“集体关注个人业绩、个人致力集体业绩”的局面。《淮阴地税局荣誉制度》对各类荣誉进行划分，明确等级，由专人维护，定期进行更新。省、市多家媒体对淮阴地税局的荣誉文化建设情况进行了报道。

2009年是淮阴地税局深化荣誉文化建设年，在全区地税工作会议上，经授奖评定组研究决定，授予13名干部荣誉奖章。

第四节　廉政文化建设

淮阴地税局在廉政文化建设中，认真贯彻落实中央“标本兼治、综合治理、惩防并举、注重预防”的反腐败战略方针，倡廉政新风，以制度建设为保障，创新载体，做到知行合一，积极构建地税系统新型廉政文化。制定下发《开展廉政文化建设的实施意见》，形成了由“党组统一领导、纪检监察部门协调指导、各单位组织实施、全体税务干部参与”的税务廉政文化建设工作格局。

在廉政文化建设中创新举措，着力营造“进门见廉、抬头望廉、低头思廉、时时讲廉”的浓烈氛围。将走廊建成廉政格言警句长廊，在办税服务厅的电子屏幕上加载廉政格言警句，使税务干部“进门思廉”。让税务干部每人为自己立一条廉政格言警句，作为自己的廉政坐标，统一印制成桌卡放置在办公桌上；制作以廉政漫画、廉政诗文、廉政警句为内容的廉政屏保，统一安装在每台电脑上，使税务干部“抬头望廉”。编印廉政格言警句手册和廉政制度规定手册，将廉政格言警句和反腐倡廉漫画制作成精美的廉政书签发放给全体税务干部，使税务干部“低头见廉”。逢会必讲廉政，定期举办廉政教育讲座，组织观看反腐倡廉警示教育片，开展廉政文化作品征集活动，做到“时时讲廉”。不断完善和丰富廉政文化活动室的报刊、图书，让税务干部在工作之余有一个良好的学习场所。

1994年以来，淮阴地方税务局紧紧围绕税收中心工作，以“清风进地税”为主题，以反腐倡廉为教育重点，以多种文化形式为抓手，以信息化网络为平台，把构建“以廉为荣、以贪为耻”的廉政文化作为推进党风廉政建设工作的重要载体，开展以“弘扬清廉新风，构建和谐地税”为主题教育的读书思廉活动，使廉洁理念、廉政意识渗透到工作领域和生活中去，发挥廉政文化的导向、约束、凝聚作用，启发人人思廉，督促人人清正，使清廉之风吹进地税的每个角落，逐步建立起与地税中心工作相和谐、具有时代气息的廉政文化体系，推动了地方税收事业的健康发展。

制度保障，让“廉政”举措落实到税收工作中

严格的规章制度和灵活的机制是落实“廉政”举措的有力保障。淮阴地税局

办公大院的墙上有一条醒目的红色标语：开会 + 不落实 =0，布置工作 + 不检查 =0，抓出不落实的事 + 追究不落实的人 = 落实。这是淮阴地税局抓工作的三个等式逻辑，也是一条针对全局税务干部的铁的规章制度。淮阴地税局努力从三方面入手，建立三个廉政建设机制，即：强化廉政教育文化建设，建立不想腐败机制；强化廉政制度文化建设，建立不能腐败机制；强化廉政监督文化建设，建立不敢腐败机制。

淮阴地税局将廉政举措落实到税收具体工作中，把廉政文化建设作为税收工作的一项重要内容。在全市地税系统首开先河，实行指纹签到，用制度约束人；出台299条违规处罚决定，层层把关，交叉考核，相互监督，落实到领导、细化到科室、量化到个人，形成齐抓共管的工作格局，为提高办事效率打下坚实的基础。

同时，淮阴地税局坚持以本系统和本部门制定的廉政制度规定为主要内容，对税务干部进行廉洁自律和廉洁从政教育；坚持“以案说法”，利用系统内外发生的典型案例教育税务干部，做到警钟长鸣；在重大节日提醒税务干部自觉遵守廉政规定，不收受礼金礼品，不大操大办借机敛财，避免违反规定。真正把廉政文化建设融入日常税收工作中，融入税务干部思想中，使广大税务干部严于律己，自觉成为税务廉政建设的倡导者、实践者和传播者。

创新载体，让“廉政”影响渗透到机关各个层面

廉政文化与党风廉政建设密切关联，它作为一种无形的、潜在的力量，为反腐倡廉提供智力支持和思想保证，对党风廉政建设作用巨大、影响深远。淮阴地税局创新载体，在全市率先创建地税局机关党校，作为基层党的思想政治建设的主要阵地和廉政文化建设的重要载体，对全局党员干部进行政治理论教育和党性教育，举办相关业务、法规知识培训，并围绕“廉政”主题开展一系列文化教育活动，让“廉政”影响渗透到机关各个层面，提高税务干部的整体素质，帮助他们树立正确的地位观、权力观和利益观。淮阴地税局利用党校现有的多媒体设施和网络化建设的优势，开辟《网上党校》栏目，开展党风廉政教育，先后组织大家观看优秀党员事迹报告会和李真、肖占武案件等违纪腐败纪实片，使警示教育深入人心。

同时，淮阴地税局还发挥新闻媒体的宣传教育作用，广泛宣传反腐倡廉取得的成果和经验，曝光反面典型；不断加强革命传统教育基地建设，进一步促进警示教

育基地共建活动；在内部网站开辟地税廉政文化建设网页，开设廉政论坛、设置廉政动态、廉政故事、廉政趣话、警钟长鸣等栏目。利用局域网络直观、形象、易于入脑入心等优势，作为廉政教育的阵地、思想交流的园地和廉政文化成果展示的平台，大力运用现代传媒手段，扩大地税廉政教育的辐射面；加强社区共建，广泛开展地税廉政文化进机关、进企业、进家庭活动，不断提高地税队伍的奉献意识和社会责任，努力构建和谐征纳关系；进一步提高廉政文化活动频率和形式，通过地税廉政文化征文、演讲比赛和专题展览、辅导讲座等喜闻乐见的形式，不断丰富地税廉政文化活动内容，使干部群众在愉悦、轻松的气氛中接受地税廉政文化的熏陶。

淮阴地税局将税务廉政文化与税收征管、精神文明建设、机关文化、家庭文化相互融合、相互渗透，增强了反腐宣传的声势和效果，让“廉政”影响渗透到机关各个层面。

知行合一，让“廉政”行为成为税务人员的自觉行动

淮阴地税局努力营造廉洁勤政和反腐倡廉良好氛围，通过税务文化建设促进廉政文化建设，使税务干部受到潜移默化的教育，自觉约束自己的行为，做到自重、自省、自警、自律，真正能够有权不谋私利、为税不谋私情，时刻保持清正廉洁的本色。淮阴地税局认真贯彻落实《建立健全教育、制度并重的惩治和预防腐败体系实施纲要》，开展以“弘扬清廉新风、构建和谐地税”为主题的“读书思廉”、廉政文化作品征集等学习教育活动，制订学习计划，定期开展专题讨论，撰写读书笔记，利用网络交流心得体会，辐射廉政文化的感染力。建立廉政图书室、编印廉政手册、发放廉政书签等，使广大税务干部能够在感知上系统地掌握反腐倡廉知识，增强廉政观念。通过“搞讲评、明是非”，“听讲座、拓思路”等形式，引导和激发税务干部牢固树立正确的世界观、人生观和价值观，做到慎独慎行、爱岗敬业、公正执法、廉洁从税，筑牢思想道德防线。此外，淮阴地税局努力营造清廉的家风，堵住 8 小时以外监督的缺口，让每个家庭真正成为税务人员的“廉洁港湾”。浓烈的廉政文化氛围,使每个税务干部在反腐倡廉活动中,都能自觉做好“宣传员”、“监督员”和“守门员”。

多年来,淮阴地税局通过创新形式,搭建平台,广泛开展税务廉政文化建设活动,努力培养和造就一支“政治过硬、业务精良、执法公正、清正廉洁”的税务干部队伍,努力实践着税务机关“执法为民、聚财为国”的宗旨，使税务廉政文化在工作中生根开花，也使税务人员在获取各种信息的过程中，接受廉政文化的陶冶，起到“润物细无声”的作用，真正做到知行合一，“廉政”行为已成为税务人员的自觉行动。2007 年，淮阴地税局被省纪委命名为江苏省首批“廉政文化示范点”。

第五节　税收服务文化建设

淮阴地税局以纳税人需求为中心，以最大限度地方便纳税人为导向，广泛借鉴系统内外先进经验，整合利用各种优质资源，坚持以精神文明建设为核心，以制度建设为保障，努力建设一种导向正确、特色鲜明、优质高效、活力充沛的服务文化。

淮阴地税局的税收服务文化有以下几层含义：一是税收作为一种经济执法手段，要为地方党委和政府的决策服务，为地方经济的发展服务。二是要为纳税人提供最大限度的服务。在征收、管理、检查三个税收管理环节，创新服务理念，三个环节分别形成自己的特色。在征收环节，提出“一站式”、“空姐式”服务理念，即为纳税人提供周到、热情、温馨的服务；在管理环节，提出“订单式”服务理念，以纳税人的需求为起点，提供准确、高效的服务；在检查环节，提出了“提醒式”服务，开展事前提醒，主动约谈，充分展示了淮阴地税局“以人为本”的服务理念。

第六节　税收征纳文化建设

税收征纳文化作为税收文化的重要部分，历史久远，并带有强烈的时代印记，为推动社会进步作出了应有的贡献，有许多值得肯定的传统。

社会主义税收“取之于民，用之于民”，为社会主义税收征纳文化的核心理念。但在计划经济时期，税收作为国家的一项职能成为国家主义的一种机制，与社会、与社会经济生活产生了隔阂，只重收税而不重为纳税人服务，纳税人缺乏纳税意识，缺乏权利和义务统一的观念。

1992 年，国家第一部规范征纳双方行为的《税收征管法》出台实施，依法治税逐渐成为主流思想，在承担依法纳税义务的同时，税法规定了纳税人依法享有的权利。1994 年，国家实施分税制改革，税务机构分设为国、地税两套机构，服务纳税人的理念逐渐与依法治税一起，成为税务系统开展工作的主流思想，服务纳税人的方法不断深化、拓宽。

淮阴地税局成立后，始终坚持依法治税、从严治队，将服务纳税人作为一项重要工作来抓，将纳税人是否满意作为衡量地税工作好坏的一个重要标准。成立伊始，即十分重视针对全社会包括广大纳税人在内的税收宣传工作，宣传内容包括地税局的职能、地方税各税种、纳税人的权利与义务、税收维权举报途径、税收用途等，免费发放税收宣传资料，与电台、电视台联合开展税法知识竞赛等多种形式，让纳税人了解地税、依法纳税、明白纳税。税收宣传不仅在每年的税收宣传月进行，还渗透到税收工作的各个环节，形成长效机制。

淮阴地税局不仅重视在硬件上提供服务环境，更重视软件上的服务，重视以人为本，通过税务人员与纳税人的互动，创建和谐文明的征纳文化。1995 年，淮阴地税局对地税征管业务流程进行梳理，制定规范统一的税收征管操作流程，征纳双方按流程办理有关涉税事务，杜绝办人情税、关系税现象。

1997 年，全面推行纳税人上门申报制度，建立健全办税厅的功能，把银行缴款窗口引进办税服务厅，使纳税人在办税服务厅内可以完成全部纳税事项。

1999 年，制定一系列纳税服务制度，在办税厅设置便民设施，实行首问负责制、值班长制。实行每月局长接待日制度，要求窗口单位人员统一着装、挂牌上岗。

2003 年起，倡导公开办税制度，对税收法律法规以及其他规范性文件、办税流程、税收定额、征收情况、税务行政处罚等实行公开，方便纳税人及社会各界监督。

2004 年，淮阴地税局推行 ISO 9000 质量管理体系，将纳税服务作为地税部门的“主产品”，按照征管改革要求重新制定地方税收征管业务流程，并严格按流程要求办理各项税务事宜。

2007 年，淮阴地税局开展地方税收征管创新活动，所属分局、科室开展“订单式”纳税服务、“一日税官”服务、“税企连心桥”式纳税评估、开放式税务稽查、门临税款征收全程实现电子化等创新实践活动，窗口服务质量实现电子化、信息化，建立电子评价系统，实现服务质量的评价由以往的税务机关内部测评和问卷调查方式，向由纳税人“按”了算的方式转变，完善了纳税服务评议机制。

2008 年底，淮阴地税局联合区工商联成立“纳税人维权中心”及“纳税人之家”，“纳税人维权中心”的主要职能是为全区纳税人提供维权咨询、实施纳税救济服务等。

淮阴地税局自成立以来，税收征纳文化随着税收征管的不断发展而成长，逐渐由“管理型”向“服务型”转变，随着税务部门服务意识的增强，纳税人主人翁意识的逐渐回归，既练出一支业务熟练、作风优良，富有奉献精神和团队精神的高素质的税务干部队伍，又带动了一大批诚信守法、爱国护税的纳税人队伍，促进了税企和谐，征纳和谐。

第七节　行为文化建设

加强税务干部行为礼仪教育。从税务干部的仪容仪表、着装打扮、言谈举止抓起，制定出台行为守则，对办公礼仪、会议礼仪、公务接待礼仪、人文环境礼仪、办税窗口礼仪、投诉举报窗口礼仪、稽查办案礼仪等进行规范，在思想政治教育过程中贯穿礼仪教育内容，将税务系统的核心价值观、税务精神、税务理念融入日常工作生活的实践中去。组织税务干部参加礼仪培训。2007 年 11 月，淮阴地税局分两批组织税务人员到南京政治学院拓展训练中心开展拓展训练，以培养税务干部礼仪素质。通过系统科学的训练，税务干部的文明执法礼仪水平得到了很大的提高。在全体地税干部中推行文明用语、微笑服务，养成仪容严整、廉洁高效的良好作风。每年集中一定时间开展队列训练，培养干部良好的行为习惯，时刻保持行为端庄、举止文明、训练有素的良好形象。坚持不懈地开展群众性精神文明创建活动、积极开展“青年文明号”、“优秀公务员”、“服务标兵”等群众性精神文明创建活动。

第八节　标识文化建设

2008 年，淮阴地税局引入 CI 品牌营销策略，通过向社会公开征集统一规范了“淮阴地税”标识，运用统一、独特、鲜明的“淮阴地税”标识，通过全新而明确的视觉形象，将地方税务的宗旨、行为和功能传达给社会公众，塑造淮阴地税新形象。新的标识在塑造地税新形象，营造庄重、严谨、和谐、统一的内外部环境，提高地税系统的管理运作水平，增强全系统的团队精神和凝聚力，实现全系统外部形象与内在观念和行为的统一方面发挥了积极的作用。标识文化建设的品牌战略，塑造了淮阴地税健康向上、服务地方发展、与纳税人和衷共济的行业形象。

“淮阴地税”标识将“税”字变化设计为风帆和船的图形。标志寓意为：在淮阴这块洪泽湖畔、运河之滨、漂在水面的土地上，淮阴地税局乘风破浪，迎着改革大潮扬帆远航，淮阴地税局全体税务人员拼搏争先，事业一帆风顺。两片风帆寓意税企同舟，和衷共济。背景为一轮初升的红日，象征着淮阴地税事业欣欣向荣、蒸蒸日上。标志采用税务蓝色和中国红色，蓝色象征理智、庄重、科学，红色象征喜庆、成功、吉祥和兴旺发达。圆型标志象征着圆满、和谐，寓意淮阴地税事业又好又快和谐发展。

标识的应用范围包括办税服务厅政务公开栏、电子显示屏、电子叫号器、指示牌、申报表、柜台笔、意见簿、办税指南宣传页、饮水纸杯、窗口指示牌、意见箱、纳税服务评价器、POS 机、人员工作胸牌上统一印制“淮阴地税”标识。

办公室电脑、打印机、电话机、饮水机、台历架、工作人员胸牌、桌卡、口杯、工作手册等一切物品；公共场所、局办公楼走廊廉政和消防宣传匾额、指示牌、垃圾箱等；淮阴地税网页、室外政务公开栏、名片、信封、各类宣传手册和宣传资料也都印有“淮阴地税”标识。

第九节　物态文化建设

地税物态文化是精神观念文化、制度行为文化的物化成果的体现，是塑造品质超群的外在形象的展示。淮阴地税局物态文化建设具体包括：(1) 领导形象。领导班子讲究领导方式、领导行为，响亮提出“向我看齐”的口号，在日常工作中注重以身作则、率先垂范。(2) 干部形象。全体地税干部的着装、礼仪、执法形象都有统一的规范，树立“廉洁、高效、规范、创新”的新时期地税干部的良好形象。(3) 环境形象。包括办公环境、纳税环境、文化体育设施、文化传播网络、绿化美化等硬件方面的建设，为税务人员和纳税人创造良好的学习、工作、生活和纳税环境。对办税服务厅统一装饰，统一规范办公场所、办税服务厅的布置，统一办公桌椅的摆放，规定办公电脑、电话、台历、水杯在办公桌上的放置位置，规范绿化植物的摆放位置，要求工作人员离开办公室时做到人走桌清，人离室净。(4) 服务形象。把“人人是窗口，个个是形象”的理念体现在日常各项行政和税收业务活动过程中。包括来人接待、业务交流、重大活动、会议安排等都有淮阴地税自己的风格。既要符合惯例，又要显现特色，体现淮阴地税严谨、创新的工作思路。

第十三章　纳税服务

1994年建局以来，淮阴地税局十分注重纳税服务工作，开启从“管制”到“服务”转型的系统工程。实现从“一张笑脸、一杯热水”的浅表式服务，到“以纳税人为中心，始于纳税人需求，基于纳税人满意，终于纳税人税法遵从度”的纳税服务理念的转换。整合服务资源，拓展服务平台，优化服务环境，丰富服务内容，细化服务项目，规范服务流程，提高服务能力，逐步形成较为完善的纳税服务体系，构造了和谐的征纳关系。

第一节　办税服务厅机构设置

1995年3月，淮阴地税局直属分局设立第一个办税服务窗口，负责税款征收、门临开票。

1997年，王营中心所并入直属分局，成立地税局第一个办税服务厅，负责城区纳税人税费征收、发票发售工作。

1999年3月，税收机构管理体制改革；12月，实施农村征管改革。直属分局、赵集分局、陈集分局、杨庄分局、渔沟分局、三树分局、丁集分局、棉花庄分局、徐溜分局等都设置了办税服务厅。全县共设置8个办税服务机构。

2001年7月，新建的地税办公大楼正式使用，直属分局新的多功能办税服务厅启用。

2004年，深化税收征管改革，实现全区集中征收，办税服务厅设立在第一分局，全区纳税服务机构缩减为一个。

2007年8月，淮阴区地税局依照淮安市局统一要求，对办税服务厅进行统一更新、改造装修，设置有办税服务区、咨询辅导区、自助办税区和等候休息区等功能区域。

对办税服务厅牌匾更新统一标识；对办税服务厅柜台进行矮化，美化墙面，更换灯具，配置新电脑，安装显示屏，装置触摸屏；对办税服务进行功能整合；对办税业务流程、制度等进行完善。在办税服务厅放置饮水机、药品、雨伞、针线，在柜台上为纳税人摆放笔、复写纸、老花镜等用品，免费为纳税人复印资料等。

2008年12月，纳税服务中心挂牌成立。它具有税收宣传、纳税咨询、办税服务、权益保护等职能。

第二节　税法宣传

税法宣传是纳税服务的首要工作，淮阴地税局历来十分重视税法的宣传工作。

1994年9月，淮阴县地税局成立，地税局在电视台、报刊等新闻媒体就机构设置、职能职责、征管范围等进行公告。10月，在电台、电视台开设《话说地方税收》专辑联播，系统介绍地方税务局征管范围和税种内容，以及征管工作要求。

1995年2月29日，召开城区企业办税人员会议，淮阴县副县长李源到会并作重要讲话。3月1日，全县开展税收征管知识竞赛活动。4月，开展以“税收与法制”为主题的税收宣传月活动；4月20日，开展税法知识电视大奖赛。

1996年3月28日，围绕“税收征管与市场经济”为主题的税收宣传月活动，联合国税局、广电局共同举办“税收之音爱国主义歌曲演唱会”，同时开展大型税法宣传活动，免费发放《办税指南》手册1500份，活动实况在电视台联播。5月15日，就“关于国地税税收征管范围调整的通知”内容在电视台等媒体进行公告。

1997年4月，突出“税收与文明”税收宣传主题，先后组织地税干部举办税收知识讲座、税收知识讲解会等305场次。开展“税务之光”爱国主义歌曲卡拉OK大奖赛，有65名选手参赛。4月25日，举办“地税杯”庆“六一”“迎回归”少儿书法竞赛，共收到以税收为主题的作品120件。

1998年4月，开展“税收管理与依法治国”为主题的税收宣传月活动，举办“地税之歌”演唱会，自编自演，反映地税战线的好人好事。演出期间发放宣传材料2000份。5月，组织20名税务干部深入北京路小学、淮阴县中学等中小学与师生共建“税法教育基地”，注重税法宣传从娃娃抓起。

1999年4月，突出“依法治税强国富民”为主题的税收宣传月，先后在全县开展“普及地税知识教育”活动，发放宣传材料500份。5月，联合电视台及淮阴辉煌太阳能有限公司，举办“辉煌杯”税法知识电视大奖赛，竞赛实况在电视台播出。李仁俊撰写的《时代的强音　永恒的主题》被《江苏地税调研》、《淮阴日报》刊登。

1994年至1999年，是淮阴地税局工作开创局面的五年。税法宣传是这一时期地税工作的重要组成部分。税法宣传的形式也多样化。除了上述主要活动以外，还有以下几种常规宣传之外的形式。

一是标语宣传。在淮阴地税局办公楼与城区交通要道口悬挂大幅标语，在农村集贸市场拉过街横幅，城乡张贴小型税法宣传标语，在电视台连续播放税法宣传标语和简短的政策解读。

二是制作宣传板块，年年更新。在地税局成立三周年之际，制作十大宣传板块，效果不同凡响。在城乡利用黑板报、橱窗等阵地，分税种详细介绍地税。

三是会议宣传。每年都请县政府领导召开党政领导、机关干部地税工作报告会，汇报地税工作的情况，解释地税工作中的有关政策规定，使县乡党政领导掌握了解地税的工作情况，支持地税工作的深入开展，利用乡镇每年冬训、春训班机会宣讲税法，每年召开一两次纳税人座谈会，宣传地税征管法规，虚心听取纳税人对地税工作的意见和建议，改进地税工作，密切征纳关系。

四是开展咨询活动。在交通要道、商业中心设立咨询台，接待纳税人的咨询，耐心解答纳税人提出的问题。开展有奖问答，提高公民参与学习税法的兴趣。

五是讲座宣传。在电视台开设“话说地方税收”讲座，抓住热点问题，向群众宣讲税法知识。

六是电视剧宣传。在县电视台播放税法知识教育电视剧《可可和他的同学》，使群众在娱乐中学习税法。

七是举办办税人员培训班。使企业办税人员掌握税法，自觉按照税法办事。培训结束发办税人员证书。学习班每年组织两次。

八是大型荧屏宣传。办税服务厅设置大型电子显示屏，轮换介绍地方税收法规。

九是举办地税知识大奖赛。全县数万名工商企业财会人员先后参加了大奖赛活动。

十是报纸宣传。在县报开辟《地税之窗》专栏，连载地税知识，广泛宣传地税的法规。

五年的税法宣传活动中，有三种宣传形式获淮阴市地税局表彰，1997 年的税收宣传月活动受到江苏省地税局表彰。

2000 年，淮阴县地税局主要针对新的一轮征管改革情况，结合“税收与未来”宣传主题月，开展宣传。主要形式有开办税务知识讲座，发放宣传材料，借助电视、报刊等媒体宣传。

2001 年，“税收与公民”为主题税收宣传月活动，结合新《税收征管法》的颁布实施，在全区范围举办“地税杯”《税收征管法》及其他地税知识竞赛。6 月 18 日，联合国税局在黄河广场设点宣传新《税收征管法》，共向来往群众及来咨询的纳税人，发放宣传材料 2100 余份。

2002 年 4 月 1 日，局长李仁俊作“诚信纳税　利国利民”为宣传主题的讲话，并带领部分干部走上街头，设立税收宣传咨询服务点，向群众发放各项宣传材料 1500 份。4 月 15 日，走进北京路小学等学校，与师生共建“今日诚实做人　明日诚信纳税”主题班会活动和税法知识讲座，并向小同学赠送 1000 本《小蜜蜂税务员》卡通读物系列书。5 月 9 日，召开“诚信纳税　利国利民”税收座谈会，并邀请各乡镇纪委书记、行风监督员、企业法人代表、个体私营主代表等参加。6 月，正邦油品有限公司、五洲加油中心、中兴服务有限公司等四家石油企业联名向社会各界纳税人发出“诚信纳税　利国利民”倡议书。9 月，开展建局 8 周年一系列税法宣传活动（包括媒体宣传、辉煌成果展播等），记录与反映 8 年来的工作成果和改革发展轨迹。

2003 年 4 月，结合“依法诚信纳税、共建小康社会”主题，淮阴地税局组织 50 名干部走访 50 多家园区企业宣传税法，并向他们发放《纳税宣传手册》；淮阴地税局还深入社区悬挂税法标语，发放宣传资料，并为居民提供税收咨询服务，与部分社区联合举办“诚信纳税社区”创建活动，定期对社区内企业人员、个体工商户开展税收知识培训，解决具体涉税问题。

2004 年 4 月，突出宣传税收优惠政策。4 月 25 日，与淮阴电视台采取现场直播形式，宣传税法。8 月，在全区范围开展“送税收政策服务月”活动，60 名地税干部走上街头、走进企业为纳税人提供纳税咨询和政策辅导，向纳税人赠送 3000 多本《地方税收政策汇编》及《地方税纳税指南》。

2005 年 4 月，围绕宣传月主题，与国税联手，在街头设立税法宣传咨询台，散发宣传材料，接受纳税人咨询，同时利用有奖问答的形式增强宣传效果。各农村分局利用乡镇集市，在人群集中地点设立咨询服务台进行宣传。重点宣传新《税收征管法》和下岗职工再就业税收优惠政策。4 月 22 日，地税局印制税收条幅，特地邀请一些经常在广场放风筝的退休老人，请他们利用放风筝参与税收宣传活动，为他们专门制作大型风筝，将税收条幅缝在风筝上放飞。6 月，淮阴地税局党组书记、局长徐菊平带领党组成员，走访 10 多家企业，提供税收温情服务，为企业送去政策，送去温情。各办税服务厅继续利用宣传橱窗、板报、宣传画、电子显示屏等宣传工具，加强办税窗口的税收宣传。

2006年4月，突出“依法诚信纳税、共建小康社会”主题，淮阴地税局联合淮阴报社，围绕“我眼中的地税”，在全区范围内开展“诚信纳税”调查，调查显示，社会各界对淮阴地税局税收宣传工作总体满意程度为99.70%。4月1日，20多名税务干部走上街头、居民小区和个体工商户密集地区，设立多个税法宣传咨询台，开展“税宣社区行”活动。4月20日，对全系统税收管理人员进行纳税评估培训。5月，结合淮安人在茶余饭后喜欢打扑克牌娱乐的实际情况，定制数百副“税收知识漫画扑克”，免费赠送给纳税人和地方政府部门。

2007年，围绕“依法诚信纳税，共建和谐社会”主题，注重将税法与税收征管结合，以《中华人民共和国税收征收管理法》颁布实施15周年为主线，以税收法律法规、纳税程序和方法、税收的职能作用、税收工作的成就和先进典型以及曝光涉税违法案件为宣传重点。从3月31日到4月10日，淮阴地税局在黄河广场、农工商超市广场等场所开展大型税法宣传广场咨询活动，通过展板宣传、现场服务、解答咨询、税法详解、发放宣传手册等形式向群众广泛宣传税法知识。4月中旬，通过税法公告会、税企座谈会等先后对“年所得12万元以上纳税人自行申报个人所得税”、“个人出租房屋税收管理办法”、“个体工商户税收定期定额征收管理办法”等税收新政策进行宣传。同时，针对人们日常看书学习时常用到书签这一情况，精心设计制作10套数万枚税法宣传书签，书签内容包含“社会主义税收，取之于民、用之于民”、“规范税收执法，保护纳税人的合法权益”等朗朗上口的税收宣传口号和简明的税收政策法规，并配以宣传税法的漫画，图文并茂。

2008年，围绕“税收 · 发展 · 民生”的主题，以“税收促进发展，发展为民生”为主要内容。以宣传新的《中华人民共和国企业所得税法》为主线，重点宣传与公民生活密切相关的税收收入、税收政策、税收管理和纳税服务等有关内容。4月，在城区和乡镇集市设立街头税法咨询点，散发宣传材料，开展有奖征答活动，解答群众的咨询。在公众场所悬挂宣传标语、张贴宣传画，印制发放税收政策宣传册；以办税服务厅为宣传平台，利用征收期办税服务厅办税人员多的特点，通过纳税咨询服务窗口、电子触摸屏、电子显示屏、发放税法宣传资料等方式，认真开展好面向纳税人的政策法规咨询服务、纳税辅导等税法宣传活动。依托迅速发展的互联网技术，全新推出面向社会各界的QQ在线服务，第一时间为纳税人提供便捷服务，及时回复纳税人的相关涉税问题，为纳税人排忧解难。

2009年，继续以“税收 · 发展 · 民生”为主题，利用“淮阴地税征纳沟通QQ群”、中国淮阴网“在线沟通”，以及本局外网等网络咨询平台，及时回复纳税人的相关涉税问题，为纳税人涉税咨询提供更加便捷的平台。3月，与国税局联手在园区召开“税企共济渡难关”送政策座谈会，面对面解答纳税人的涉税问题，宣传解读税收政策。4 月，结合学习实践科学发展观活动的开展，组织“一人一题”访企业调研活动，局领导带头深入企业进行调研，有针对性地为企业提供政策服务，帮助企业进行税收筹划，助推企业发展。5 月，建立政府领导、地税主导、部门参与、社区联动、社会共建的新型协护税网络。同时，举办三期企业所得税业务培训，全区 100 余家查账征收企业财务会计和部分税务人员参加培训。

1994～2009年淮阴地税局税收宣传月主题表

表13-1

序　号	年　度	税收宣传月主题
1	1994	税收与改革
2	1995	税收与法制
3	1996	税收征管与市场经济
4	1997	税收与文明
5	1998	税收管理与依法治国
6	1999	依法纳税　强国富民
7	2000	税收与未来
8	2001	税收与公民
9	2002	诚信纳税　利国利民
10	2003	依法诚信纳税　共建小康社会
11	2004	依法诚信纳税　共建小康社会
12	2005	依法诚信纳税　共建小康社会
13	2006	依法诚信纳税　共建小康社会
14	2007	依法诚信纳税　共建和谐社会
15	2008	税收·发展·民生
16	2009	税收·发展·民生

第三节　纳税咨询

纳税咨询贯穿于税收征、管、查工作的全过程，更多体现在日常的咨询中，咨询的形式也多种多样。1995 年以后，淮阴地税局的纳税咨询服务逐步由被动接受咨询转向主动受理咨询辅导。

2001 年 7 月，淮阴地税局在纳税服务大厅内设立专席咨询岗位（值班长岗），专人值班，主要针对上门咨询的纳税人，或者在办税大厅内办税的纳税人，免费提供纳税咨询服务。要求值班人员不但有良好的服务态度，还要有过硬的业务知识，对当场可以解答的问题，应当场解答；对不能当场解答的，可以通过电话等方式联系相关部门，协助解决；需要延迟解答的问题，留下咨询人的联系方式，并承诺限时解答。同时，对纳税人提出的问题，做好记录在册。

2003 年，淮阴地税局制定“窗口人员定期培训办法”，定期对窗口人员进行培训。培训的重点包括：登记管理、网上申报、“绿色通道”、表证单书填写等常见的税务热点、难点问题，以便纳税人在纳税窗口咨询。5 月，淮阴地税局建立局长信箱，对可能出现的举报、投诉等问题及疑难问题，纳税人可以通过局长信箱反映。领导定期查看信箱并解决问题。

2007 年，淮阴地税局针对利用网络及手机用户众多、企业多采用电脑办公的特点，建立淮阴地税网站、税收论坛、QQ 群、税企通、手机短信等网络平台，管理员上线与纳税人开展互动交流，及时解答纳税人的疑问，听取纳税人建议和意见；利用论坛吸引纳税人积极参与讨论，及时发现和解决相关税法在实施过程中存在的问题；利用短信平台功能，及时开展催报催缴、提醒通知等服务，并拓展服务空间。

2009 年 7 月 15 日，淮阴地税局副局长杨国祥走进淮阴人民广播电台“勤廉时空”栏目演播室，通过无线电波向听众介绍地税局党风廉政建设情况，与听众进行现场交流沟通，解答咨询，接受并解答听众提问 19 人次。

1994 年至 2009 年，淮阴地税局除通过以上平台与纳税人交流，为纳税人提供咨询服务外，还配合“12366”及时解决辖区纳税人疑难问题；开展税务专家咨询，在税源管理过程，税收稽查过程中为纳税人提供咨询等，及时与纳税人沟通，及时为纳税人解决问题，提供服务。

第四节　办税服务

办税服务，主要指为纳税人办理涉税相关手续的各项服务工作，包括纳税辅导、征收环节的办税服务、税源管理环节的办税服务、税收稽查环节的办税服务、中介机构的办税服务等。其中，征收环节的办税服务是最为核心的工作内容，主要是税务机关按照规定的工作流程，为纳税人办理涉税事项而提供的服务。淮阴地税局办税服务厅办税服务内容有税务登记、初始申报及纳税核定、纳税申报、涉税审批、税务行政许可、发票管理、涉税证明管理、零散税源征收、全程办税服务、其他办税服务工作。

1997 年，淮阴地税局全面推行纳税人上门申报制度，建立健全办税厅的功能，在原有的办税窗口及柜台作业的基础上，增设和完善征管服务功能，充实柜台服务内容。6 月，通过征管改革，由管事制替代原来的管户制，淮阴地税局建立征收大厅，实行柜台作业，把纳税事宜和银行缴款归并到大厅统一进行，提供一条龙服务，使纳税人在办税服务厅内可以完成全部纳税事项。

1999 年，淮阴地税局制定《淮阴地税局文明窗口考评制度》，在各征收服务厅张贴窗口设置、岗位职责等标志，设置便民设施，实行首问负责制和规范办税流程。在纳税服务厅推出《服务承诺制度》、《文明用语制度》、《岗位练兵制度》等制度，建立值班长制度。实行每月局长接待日制度。同年，开展“讲文明树新风”活动，在纳税服务厅及其他直接为纳税人服务的窗口单位统一着装、亮牌上岗。要求做到“四个一样”，即大户小户一样周到，生人熟人一样热心，忙时闲时一样耐心，批评表扬一样接受；“五个一”，即：一张笑脸，一杯热水，一声问候，一个道歉，一句告别。

2000 年，要求做到，不管业户大小，千问万问一样和蔼，税额大小一样热情，表扬批评一样诚恳，领导在否一样自觉。询问时不准脸难看，解答时不准说不清，计算时不准出差错，罚款时不准教训人，有争议时不准压迫人。对待纳税人要一张笑脸相迎，一把椅子让座，一杯热茶暖心，一颗诚心办事，一流业绩报国。

2002 年，办税服务厅将服务标准、服务承诺、服务公约、文明用语、服务忌语以及税务干部“十五个不准”等内容公示上墙，接受纳税人监督。同年，参加“文明单位”创建工作，在创建过程中，办税服务厅在每月的征收期内提供早上班、推迟下班、午间连续不间断以及周六有人值班的便捷服务。针对残疾人专门设立“绿色通道”，残疾纳税人在办税服务厅把办税资料交给税务人员后，由税务人员帮助办结一切纳税事宜，对到办税服务厅纳税确有困难的，地税局派人上门服务。

2003 年，在纳税服务厅设立电子显示屏、电子触摸屏等自动化服务设施，并及时更新信息内容，方便纳税人对各种信息查询，在办税服务厅内设置若干必备的纳税便民设施；对原有的办税流程进行修改完善，使得纳税人对从税务登记到税款入库的整个办税流程一目了然，便于纳税人监督；在纳税服务厅内，多渠道、多途径地向纳税人公示有关税收法律、各办税窗口的职责范围、纳税人办税的程序和方法、工作纪律和廉政规定等办税“十公开”的内容。

2004 年，国家出台下岗再就业税收优惠政策，淮阴地税局办税服务厅专门设立“下岗再就业服务绿色通道”，为下岗再就业人员提供方便。

2005 年，淮阴地税局出台《简化办税程序，强化事后监督》管理办法，把原来的办税程序进行精简，简化程序，缩减办税流程，减少审批手续，缩短纳税人办税时间。

2008年，淮阴地税局按照上级要求，结合地税局实际，把所有涉税审批事项前移到办税服务厅，实行“一站式”受理，做到法定程序不增不减，上级明确规定的程序内容遵照执行，对办税窗口一律按规范化要求统一设置为“申报征收”、“综合服务”二类窗口，精简部分办税文书和程序，制定各环节的业务衔接办法，把涉税审批事项由“后台”推向“前台”，多项涉税事宜划归办税服务厅办理，纳税人的平均办税时间大幅度减少。按照办税服务厅规范化服务标准的要求进行规范服务，坚持着装上岗，实行挂牌服务，建立定期税法公告制度，进行涉税事务公开；实行“延时服务”，为纳税人随时缴税提供方便；延伸服务内容，在办税服务厅建立纳税人自助服务窗口，引导纳税人自行办理涉税事务。

2009年，淮阴地税局创建“订单式”服务与“一日税官”服务工程；门临税款征收全程实现电子化。实现纳税申报与税款入库的同步，节省纳税人时间，更大限度方便纳税人；窗口服务质量实现电子化、信息化，建立电子评价系统，服务质量由纳税人“按”了算，完善纳税服务评议评价机制和服务质量、效果的保障制度。

1994年至2009年，是淮阴地税局纳税服务探索与创新的历程，纳税服务从“管理型”向“服务型”转变的过程。由1995年提出的“善待纳税人、尊重纳税人”、“微笑服务、热情服务”，到提倡为纳税人“办实事、解难事、做好事”，至2009年逐步形成“以纳税人为中心，始于纳税人需求，基于纳税人满意，终于纳税人税法遵从度”的全新的服务理念。服务方式上有引导服务、限时服务、延时服务、提示服务、预约服务、订单服务、减负服务、网络服务、个性化服务、特色化服务等。丰富纳税服务内容，形成了完善的纳税服务体系。

第五节　权益保护

建局以来，淮阴地税局十分注重维护纳税人的合法权益，将维护纳税人的合法权益作为依法治税的重要工作来抓。公告纳税人的权利与义务，坚持公正、公平、公开的原则，不收“人情税”、关系税、过头税。畅通各种渠道，鼓励纳税人投诉和举报。对稽查案件，鼓励纳税人要求行政复议。同时，经常开展明察暗访，严肃处理损害纳税人合法权益的人员。赢得了纳税人的普遍欢迎，也使征纳关系更加和谐。

2008年，淮阴地税局落实政务公开，将《政务公开暂行办法》、《政务公开服务承诺制度》、《纳税人基本权利和义务》公告上墙。同年6月，在办税服务厅设立纳税人申诉窗口，由专人值班，为纳税人提供即时投诉的服务。设立局长信箱、举报电话等为纳税人提供方便投诉。12月，淮阴地税局与工商联联合成立“纳税人维权中心”及“纳税人之家”，“纳税人维权中心”的主要职能是为全区纳税人提供维权咨询、实施纳税救济服务等。

2009年5月，淮阴地税局在黄河广场举办以“维护纳税人权利”为主题的宣传活动，副局长张建勇亲自参加。活动中，一是发放税收知识、政策法规等宣传材料350多份；二是现场解答咨询，重点是纳税人的权利具体内容，纳税人如何维护自己的正当权利，如何对税务机关进行维护纳税人正当权利的监督，现场解答38人次。

2009年8月，利用“纳税人之家”平台召开纳税人座谈会，认真听取纳税人的意见和建议。对纳税人提出的问题，及时采取方法解决。座谈会结束时，向企业代表发放“综合评议卡”，请代表们就全体干部的服务态度、工作能力和廉洁勤政等进行打分，并在评议卡上对淮阴地税局的各项工作写出意见和建议。

第十四章　服务地方经济

淮阴地税局一直以服务淮阴地方经济为己任，一方面坚持依法治税，大力组织各项收入，积极为淮阴地方经济与社会事业发展筹集资金；另一方面认真贯彻落实各项税收政策，特别是促进淮阴发展的各项减免税优惠政策，该减免的则减免，为支持淮阴的农业产业化、高新产业、下岗职工再就业以及现代服务业发展作出了积极贡献。同时，不断优化涉税环境，开展促产增收、扶贫济困、服务招商引资等工作，成效显著，营造了经济与税收和谐发展的良好环境。

第一节　政策扶持

支持农副产业发展

2001年1月，根据江苏省委、省政府文件精神，取消屠宰环节和收购环节征收的屠宰税。2004年2月至7月，由于受到高致病禽流感疫情的影响，对家禽加工企业和冷藏冷冻企业加工销售禽肉产品的行为免征城市维护建设税和教育费附加，对家禽养殖（包括种禽养殖）企业、家禽加工企业、冷藏冷冻企业及个人生产经营用的土地、房产和车船，减免2004年度城镇土地使用税、房产税和车船使用税。自2005年11月至2006年6月，对家禽加工企业和冷藏冷冻企业加工销售禽肉产品的行为免征城市维护建设税和教育费附加。

支持高新产业和外向型经济发展

根据相关政策规定，对1993年12月前经批准设立的外商投资企业，由于改征增值税、消费税、营业税增加税负的，在批准的经营期限内，退回超过原税负的部分，但最长不得超过5年；没有经营期限的，在最长不超过5年期限内，退还多缴纳的税款。

自1999年10月起，对单位和个人（包括外商投资企业、外商投资设立的研究开发中心、外国企业和外籍个人）从事技术转让、技术开发业务和与之相关的技术咨询、技术服务业务取得的收入，免征营业税。

为鼓励企业开发新产品、新技术、新工艺，从1999年开始对盈利的国有、集体、民营科技工业企业，当年发生技术开发费比上年增长10%（含）以上的实行技术开发费加计扣除。该政策的实施范围经国家税务总局2003年、2004年两次调整后为全部盈利的从事采矿、制造、电力、燃气及水的工业企业。对工业企业技术改造项目购进国产设备投资实行抵免所得税的优惠政策，以提高企业技术改造积极性。通过技术改造，使企业提高自主创新的能力，增加市场竞争力。淮阴地税局自1994年以来，已为4户企业办理国产设备投资抵免企业所得税累计239.47万元。

支持再就业工作

1998年1月至2002年12月，对失业、下岗职工，凭就业登记证直接从事个体经营、开展生产自救的，在其开业后，报经地税部门批准，一年内免征营业税。从1999年1月起，下岗职工个人（包括从事个体经营）及社区服务劳动组织安置本市城镇失业、下岗职工人数占总人数60%以上的，且从事社区服务范围中列举项目的，经地税部门批准，3年内免征营业税。从2001年起，对凭就业登记证直接进入各类集贸市场开展生产自救，从事个体经营的失业、下岗职工审批后，在开业一年内免征个人所得税；对经劳动部门认定的失业、下岗职工成立的从事社区服务的生产自救性劳动组织及社会服务等非正规就业性的劳动组织，从事家庭服务、便民代理服务、居民的家政教育服务、求助服务、居民小区内的微型生活服务网点等社区服务业务收入，3年内免征个人所得税；对下岗失业人员从事个体经营，凭就业登记证，经有权主管税务机关批准，在开业1年内免征个人所得税。

2003年1月至2007年12月，对新办的服务型企业（除广告业、桑拿、按摩、网吧、氧吧外）当年新招用下岗失业人员达到职工总数30%以上（含30%），并与其签订1年以上期限劳动合同的，经劳动保障部门认定、地税机关审核，3年内免征营业税、城市维护建设税、教育费附加和企业所得税。对下岗失业人员从事个体经营（除建筑业、娱乐业以及广告业、桑拿、按摩、网吧、氧吧外）的，自领取税务登记之日起，3年内免征营业税、城市维护建设税、教育费附加和个人所得税。

下岗失业人员再就业有关税收政策2005年到期后，重新明确政策。对商贸企业、服务型企业（除广告业、房屋中介、典当、桑拿、按摩、氧吧外）、劳动就业服务企业中的加工型企业和街道社区具有加工性质的小型企业实体，在新增加的岗位中，当年新招用持再就业优惠证人员，与其签订1年以上期限劳动合同并依法缴纳社会保险费的，按实际招用人数予以定额一次减免营业税、城市维护建设税、教育费附加和企业所得税优惠。定额减免标准为每人每年4000元，可上下浮动20%。按江苏省规定定额标准为每人每年4800元。按该标准计算的税收扣减额在企业当年实际应缴纳的营业税、城市维护建设税、教育费附加和企业所得税税额中扣减，当年扣减不足的，不结转下年使用。

为了贯彻落实上述优惠政策，扶持下岗失业人员的再就业，充分发挥税收对国民经济的“杠杆”调控作用，淮阴地税局对下岗失业人员再就业优惠政策进行广泛、深入的宣传，并将下岗失业人员再就业优惠政策落到实处。至2009年底，淮阴地税局共为16户次新办服务型企业减免税18.48万元；1027户次个体工商户享受减免营业税364.94万元，税费合计减免571.36万元，免收税务登记工本费1.369万元。

支持医疗事业发展

1994年起，淮阴地税局对医院、诊所和其他医疗机构提供的医疗服务免征营业税。2000年起，城镇医药卫生体制改革后，将医疗单位分为非营利性医疗机构和营利性医疗机构，对非营利性医疗机构按照国家规定的价格取得的医疗服务收入，免征各项税收。同时，为支持营利性医疗机构的发展，对营利性医疗机构取得的收入，直接用于改善医疗卫生条件的，自其取得执业登记之日起，对其取得的医疗服务收入3年内免征营业税。对非营利性医疗机构自用的房产、土地、车船免征房产税、城镇土地使用税和车船使用税；对营利性医疗机构自注册登记之日起3年内免征其自用的房产税、城镇土地使用税和车船使用税。

支持福利事业

对符合资格条件的福利企业予以减免企业所得税的优惠。自1994年至2007年，共减免企业所得税7万元。

1994年起，对养老院、残疾人福利机构提供的育养服务、婚姻介绍、殡葬服务、残疾人员个人提供的劳务，免征营业税；对安置“四残”人员占企业生产人员35%以上的（含35%）民政福利企业，其经营属于营业税“服务业”税目范围内（广告业除外）的业务，免征营业税。

2000年，为支持社会力量兴办老年服务机构，对政府部门和事业单位、社会团体以及个人等社会力量投资兴办的福利性、非营利性的老年服务机构，免征其自用的房产税、城镇土地使用税和车船使用税。

2007年起，调整残疾人员就业的有关税收政策。对安置残疾人单位支付给残疾人的实际工资可在企业所得税税前据实扣除，并可按支付给残疾人的实际工资的100%加计扣除。单位实际支付给残疾人的工资加计扣除部分，如大于本年度应纳税所得额的部分，可准予扣除其不超过应纳税所得额的部分，超过部分本年度和以后年度均不得扣除。亏损单位不适合工资加计扣除应纳税所得额的办法。

截至 2009 年底，共有 6 户民政福利企业享受减免企业所得税 195 万元。

支持保险事业发展

1994 年 1 月起，淮阴地税局对保险公司开展一年期以上返还性人身保险业务的保费收入免征营业税。1994 年至 2009 年，共享受免征营业税 2231 万元。

支持文化、教育事业

从 1994 年起，对学校和其他教育机构提供的教育劳务，对托儿所、幼儿园提供育养服务取得收入，对学生勤工俭学提供的劳务，免征营业税。为支持校办企业的发展，鼓励学生勤工俭学，改善教学条件，校办企业凡为本校教学、科研服务所提供的应税劳务（“服务业”税目中的旅店业、饮食业和“娱乐业”税目除外，从 2004 年起广告业、桑拿、按摩、氧吧等除外），免征营业税。为支持高校后勤经济实体，经营学生公寓和教师公寓及向师生提供餐饮服务取得的收入，免征营业税。对纪念馆、博物馆、文化馆、美术馆、展览馆、书画馆、文物保护单位举办文化活动的门票收入，免征营业税。淮阴地税局对上述优惠政策实行备案管理，1994 年以来共有 79 户次进行了备案。

支持校办企业

自新税制实施以来，淮阴地方税务局落实校办企业减免税政策，每年会同教育部门做好校办企业年检工作，督促校办企业减免税用于教育事业的发展。至 2004 年底，共减免税收 35 万元。从 2005 年 1 月起，该政策停止执行。

支持房地产业发展

1997 年亚洲金融危机后，房地产业低迷，为支持房地产业平稳过渡，对 1998 年 6 月以前建成尚未售出的空置商品住房，在 2002 年底前销售的免征营业税。1999 年 1 月至 2002 年 12 月，销售列入江苏省地税局和有关部门联合下发的经济适用住房项目名单的经济适用住房，免征营业税。为 2 户企业办理空置商品住房、经济适用住房减免营业税 135 万元。

支持农业企业发展

为贯彻落实农、林、牧、渔业项目企业所得税优惠政策，更好地扶持农产品加工业发展，1997 年财政部、国家税务总局下发《关于国有农林企事业单位征收企业所得税问题的通知》（财税字[1997]49 号），就免税农林产品初加工业范围进行界定，范围主要适用于特定内资企业，即国有农林企事业单位、农业产业化国家重点龙头企业以及从事规定的林木产品初加工企业，也包括国有企事业单位在内的所有企事业单位。

淮阴地税局对江苏民康油脂有限公司等 2 户企业享受上述优惠政策，减免企业所得税 795.49 万元。

支持受“非典”疫情影响的企业

2003 年由于“非典”影响，对饮食业、旅店业减征、免征或缓征营业税、城市维护建设税、教育费附加。

第二节　促产增收

按照 1990 年 7 月 4 日原财政税务局文件《关于加强税务促产增收工作的指示》要求，结合淮阴经济发展和淮阴地税工作情况的实际，淮阴地税局将“促产增收”工作作为一项长期的、重要的工作来抓。年初有布置，有任务指标，年终有检查有考核。运用政策、管理、信息、资金等各种手段，努力做强淮阴优势产业，竭力帮扶淮阴弱势企业，培植涵养税源，增加入库税收，为淮阴脱贫致富、加快小康进程服务。

建言献策

淮阴地税局建局后，高度重视调查研究工作，为地方政府建言献策，助力淮阴地方经济的发展。如 1996 年提出加快农业产业化发展的思路，2000 年提出积极发展以现代服务业为代表的第三产业的建议，以及培植地方税源、壮大地方财力等方面的建议。每年都有一两个调研课题在区政协年会上交流。

帮助企业财务管理

充分发挥税务干部懂政策、懂管理、经济信息灵通的优势，帮助企业加强经营管理和财务管理，为企业提供信息服务；加强与企业主管部门的联系和配合，共同为企业发展出谋划策，排忧解难，促进企业发展。配合有关部门贯彻落实好《全民所有制工业企业转换经营机制条例》，在国有大中型企业中搞好清产核资，进行建立现代企业制度的试点。妥善处理好小型国有企业实行租赁、拍卖、兼并和破产后有关税收问题。抓好《企业财务通则》、《企业会计准则》的贯彻执行，适应企业改革的需要。各税务所继续支持乡镇企业的发展，重点帮助企业加强财务管理，培训财会人员，改善经营管理，提高经济效益。

协调资金

资金困难是制约中小企业发展的“瓶颈”。1995 年至 1998 年，淮阴地税局先后从省地税局等方面借入资金 300 余万元，以促产周转金的形式借给蚕茧丝绸公司、化肥厂、无线电厂、肠衣厂、丝织厂、印染厂、饮服公司等企业，帮助企业解决资金周转困难的实际问题。

1996年促产增收任务表①

表14-1

单 位	件 数	促产效益（万元）			
		产 值	营业（销售）收入	利 润	税 金
直 属	30	750	900	120	90
王 营	20	240	400	60	40
陈 集	6	80	160	20	10
赵 集	6	80	150	20	10
杨 庄	4	70	150	20	10
三 树	6	75	150	20	10
徐 溜	6	75	160	20	10
汤 集	6	75	140	15	10
丁 集	4	60	150	20	10
渔 沟	4	70	150	20	10
张 集	6	70	150	20	10
棉 花	6	75	140	20	10
合 计	104	1720	2800	375	230
城区所（分局）须有促产综合效益在50万元以上的5件，农村各所须有促产综合效益10万元的2件。					

1997年促产增收任务表

表14-2

单 位	件 数	促产效益（万元）			
		产 值	营业（销售）收入	利 润	税 金
直 属	35	900	1200	150	120
王 营	25	400	600	90	50
陈 集	10	140	260	35	20
赵 集	10	140	250	35	20
杨 庄	7	100	220	30	16
三 树	10	120	250	35	20
徐 溜	10	140	260	35	20

① 1995 ~ 1999 年，淮阴县地税局每年都专门发文，下达促产增收指导意见与任务指标的文件，此表只抽取其中一项任务指标表。

续表14-2

单　位	件　数	促产效益（万元）			
		产　值	营业（销售）收入	利　润	税　金
汤　集	10	120	230	30	18
丁　集	7	100	220	30	18
渔　沟	10	120	250	35	22
张　集	10	120	240	35	20
棉　花	7	100	220	30	16
合　计	151	2500	4200	570	360

城区所（分局）须有促产综合效益（税利合计）在20万元以上的5件，农村各所须有促产综合效益（税利合计）5万元的2件。

第三节　优化涉税环境

从2001年10月起，遵照中共淮阴区委、区政府部署，开展“经济发展软环境集中整治”活动，共分为宣传发动、查找问题、集中整改、总结检验、巩固整改成果五个阶段。总体要求是实行四个结合，即软环境建设与地税系统争创省级文明行业相结合，与全省地税系统正在开展的“新世纪地税人新形象”大讨论活动相结合，与服务经济发展、服务纳税人相结合，与延伸“满意在地税，优质服务百日赛”活动内容相结合；增强四种意识，即服务意识、效率意识、求实意识、廉政意识；达到两个满意，即让纳税人满意、让社会满意。

软环境集中整治的重点是：狠抓税收政策的落实，整肃机关作风；全面推进依法治税；大力治理乱收费、乱摊派、乱罚款、乱检查等问题。

查找问题阶段通过“个人找、群众提、领导点、互相帮”的方式，查找个人及单位存在的问题，并进行深入剖析。

集中整改重点在三个方面：一是整顿税收秩序。具体办好十件实事：（1）进一步明确税收审批权限职责和范围；（2）开展清费减负的检查，确实减轻纳税人负担；（3）深化公开办税制度，让纳税人缴明白税、放心税；（4）逐条对照、检查、落实好各项税收优惠政策；（5）简化办事程序，早办、精办、快办、办好；（6）深入企业调研，搞好服务，为地方经济发展献计献策；（7）抓好《征管法》宣传工作，让社会各界理解和支持地税工作；（8）广泛征求纳税人和社会各界的意见和建议，进一步做好地税工作；（9）继续做好扶贫关爱工作；（10）强化便民服务措施，提倡文明、优质、高效服务。二是改进工作作风，修改完善纪律制度，加强督察与考核。三是加强文明窗口建设。在全系统开展为纳税人和人民群众的十项服务，即公正严明的执法服务、简捷高效的办税服务、及时到位的政策服务、促产增效的信息服务、文明礼貌的优质服务、奉献社会的延伸服务、公开透明的阳光服务、优质规范的精品服务、爱民助民的关爱服务、方便周到的便民服务。公开接受广大纳税人和社会各界人士对服务态度和办事效率的评议，并将评议结果纳入年度考核。

2001 年以后，每年都开展“企业服务月”活动，组织地税干部深入企业征求意见，帮助企业解决实际困难。

2002 年制定下发《淮阴地方税务局 2002 年经济发展软环境建设实施意见》。主要内容有：一是开展地税机关为企业服务活动，每个部门都结对挂钩服务企业，帮助企业解决生产经营中的困难，并将服务企业活动经常化、规范化、制度化。二是开展“机关服务进社区”活动，接受政策咨询，了解社情民意，解决实际问题。三是开展地税机关为人民办实事活动，具体有十项内容：（1）招商引资，促进发展；（2）挂钩帮扶，服务企业；（3）扶贫济困，排忧解难；（4）帮扶农户，增加收入；（5）结对助学，奉献爱心；（6）扶弱助困，文明关爱；（7）深入调研，建言献策；（8）绿化家园，贡献力量；（9）参与“创卫”美化城市；（10）以德养身，树好形象。四是切实转变机关作风，按照“环境整洁优良，服务设施齐全，行为举止规范，办事制度公开，遵纪守诺廉洁，群众满意度高”等六个方面要求，开展文明服务竞赛活动。在本系统内推行首问负责制、否定报备制、文明办税制。一次违规申告查实待岗制，社会服务承诺制等五项制度。推行政务公开。做到“十公开”，即职责权限、办事依据、办事程序、办事时限、收费标准、办事结果、重要决策、廉政规范、监督办法、责任追究公开。倡导“五办”作风，即对一些基层群众亟待解决的问题，坚持“马上办”；对一些老大难问题，迎难而上“主动办”；对一些群众普遍反映的问题，深入实际“上门办”；对一些条件暂不具备，一时难以解决的问题，创新思维“变通办”；对一些涉及面广、政策性较强的问题，规范程序“公开办”。努力提高办事效率和服务质量，切实营造优良的经济发展软环境。

2002 年 4 月至 10 月，遵照中共淮安市委、市政府的部署，开展“解放思想，加快发展”大讨论活动，在大讨论活动中坚持务虚与务实相结合。整个活动期间，局党组成员共走访 40 家企业和单位，发放征求意见表 368 份，收回 310 份，共排查出关于服务地方经济、服务纳税人、机关作风、税收征管等方面的意见和建议共 13 条，分别落实整改措施，围绕以服务树形象，以法制促发展的目标，进一步发挥地税工作在促进地方经济发展中的职能作用。

2007 年以后，取消涉税审批，所有涉税事项一律前移至纳税服务中心办理，同时整合服务中心“窗口”功能，一窗多能，解决了纳税人“多头找，多次跑”的问题，方便了纳税人，提高了办事效率。

第十五章　行政管理

行政管理包括基本建设、后勤保障、档案管理与政务信息等方面。建局以来，局坚持行政管理围绕中心服务大局、提高效能的方针，充分发挥行政管理在地税工作中的服务、促进、保障的作用。

1995年，淮阴地税局积极落实总局“向征管转移、向基层转移”的工作要求，坚持“力往基层使，财往基层放，心往基层想，人往基层走”的工作方针，筹措资金，进行基础设施建设，完善交通设备和计算机网络设备，逐步改善税收征管条件，逐年优化纳税服务的硬环境。同时，加强政务信息工作，紧紧围绕经济、税收中心工作，深入开展调研，积极报送信息，为领导科学决策服务，为改革开放和地方发展服务。

第一节　基本建设

淮阴县是江苏省原十三个经济落后地区之一，经济基础十分薄弱。税务部门办公条件原本简陋，大多是70年代建造的旧房。国、地税机构分设时，县地税局从原淮阴县税务局分得固定资产有限，其中淮阴县地税局办公楼是二十多年前的只有600平方米的旧楼，基层所分得两处旧房，远远不能满足全局的办公需要，很多基层地税所与国税所拥挤在一起，设施简陋，条件艰苦。随着地税事业的不断发展，征管范围的不断扩大，紧张简陋的办公条件越来越不能满足税收征管的需要，也给纳税人带来诸多的不便。1996年，根据国家税务总局“向征管转移、向基层转移”的工作要求，局逐步加大基本建设力度，不断扩大基建规模，完善交通设备和计算机网络设备，税收征管条件逐步改善，纳税服务的硬环境逐年优化。2000年，全面完成赵集、陈集、棉花、杨庄、丁集、徐溜、渔沟等分局的基建项目，建楼房面积

5272平方米，局办公楼也建成。截至2009年12月底，淮阴地税局基本建设总价值近3000万元，其中基建项目共计9688平方米，总造价近2000万元，交通设备价值268.5万元，计算机网络设备价值390万元。

局机关及城区分局

建局之初，城区分得办公楼2幢，分别位于北京东路51号和小营转盘。本局机关、稽查局、直属分局在北京东路办公，王营中心所在小营办公，办公用房非常紧张。

为解决城区办公用房紧张的困难，1998年10月23日，县政府召开县长办公会议，指定将原乡镇局与淮阴县围城房地产开发公司联合开发的"北方大厦"项目转为由县地税局建设办公大楼，并指定仍委托围城公司开发建设。11月22日，本局与乡镇局签署土地使用权互换协议，将王营中心所办公楼产权与西马路口乡镇局所属三利公司产权互换，建设城区地税办公楼。2001年10月，位于北京东路2号的本局办公大楼通过竣工审计，顺利投入使用。新办公楼地下一层、地上六层，总占地面积2407.5平方米，总建筑面积6802平方米。局机关、稽查局和经过征管改革重新分设的第一分局、第二分局搬入大楼集中办公，征税服务厅放在二楼，专职全区征收工作。

农村分局

国、地税机构分设时，地税局基层所只分得三树乡的一幢旧楼。当时，本局在农村设立10个基层中心所，分别为赵集中心所、南陈集中心所、杨庄中心所、三树中心所、渔沟中心所、汤集中心所、徐溜中心所、丁集中心所、老张集中心所、棉花中心所，其中三树中心所分得所在乡镇的办公楼1幢由自己使用，其余基层所没有房屋。

自1997年开始，本局着手规划、改造、建设基层办公楼。农村分局共建设棉花、陈集、赵集、渔沟、杨庄、丁集、徐溜7个分局，此外，建设古寨、老张集、大兴、汤集、新渡、刘老庄、袁集等7个税务所，对三树的旧楼进行了改造。在此期间，不包括乡镇提供的土地及其他资产支持合计投入达536万元。

第三分局　1999年5月，南陈集中心所办公楼在南陈集乡陈集村建成，建筑面积684平方米，总造价594513.7元。同时，赵集中心所办公楼在赵集镇街道南侧建成，建筑面积637.31平方米，总造价559585.72元。后两中心所合并成立第三分局，在南陈集办公楼办公。

第四分局 1999年1月，棉花庄中心所办公楼在棉花庄乡棉花庄街建成，建筑面积685平方米，总造价487535.97元。后与老张集中心所合并成立第四分局，在棉花庄办公楼办公。

第五分局 1999年5月，丁集中心所辖袁集所办公楼在袁集乡街道北侧建成，建筑面积218.2平方米，总造价197054.8元。2000年12月，徐溜中心所办公楼在徐溜乡徐溜街建成，建筑面积847.6平方米，总造价589954.36元。2000年11月，丁集中心所办公楼在丁集乡劳动村建成，建筑面积769.6平方米，总造价589208.66元。后丁集与徐溜中心所合并成立第五分局，在丁集办公楼办公。

第六分局 1999年5月，渔沟中心所办公楼在原渔沟农具厂地址上建成，建筑面积699平方米，总造价609400.76元。后渔沟和三树中心所合并成立第六分局，在渔沟办公楼办公。

1999年7月，杨庄中心所办公楼在杨庄乡淮闸村建成，建筑面积712平方米，总造价533960.99元。在征管改革机构时撤销，并入第二分局。

2009年3月，为适应集中征管的新模式，更好地提高办税效率，为纳税人服务，区局决定将第三、第四、第五和第六税务分局搬到北京东路2号的城区办公大楼集中办公，对农村分局所辖的赵集、袁集、徐溜、三树等地的基层办税楼按照固定资产管理规定分别进行出售或置换的处置。

健身房

2009年8月底，淮阴地税局占地面积近500平方米的综合健身馆建成并投入使用。该健身馆包括羽毛球场2个、乒乓球台4张，此外还设有跑步机、组合健身器、拉力器等，可同时容纳数十人健身。

交通设备

为了保障征管工作的正常运行和日常办公的需要，局根据实际需要有计划、分步骤地购置车辆，逐步完善交通设备，保障税收工作。

2001年，淮阴地税局分别购置3辆桑塔纳、1辆帕萨特轿车，总计价值833300元；2003年8月，购置1辆别克SGM6510商务车，价值275000元；2004年3月，购置1辆广州本田HG7201轿车，价值250400元；2005年10月，分别购置3辆长安SC6380面包车、1辆帕萨特轿车，价值386500元；2006年7月，购置1

辆别克 SGM6517 商务车，价值 397282 元；2009 年 10 月，购置 1 辆丰田普瑞维亚商务车，价值 542517 元。截至 2009 年底，淮阴地税局共有车辆 12 辆，总价值 2684999 元。

计算机网络设备

为了提高税收征管的信息化水平，有效提升税收工作质量和效率，淮阴地税局加大对计算机网络设备的投入，逐步提高税收管理信息化水平。截至 2009 年底，计算机网络设备总价值为 3903078 元。

第二节　档案管理

档案工作是地税部门的一项基础性工作。淮阴地税局对档案工作一直很重视，注重对文件、图片、资料的收集归档工作。至 2000 年，先后制定了《淮阴县地方税务局机关档案工作职责》、《淮阴县地方税务局档案立卷归档制度》、《淮阴县地方税务局档案保管制度》、《淮阴县地方税务局档案保密制度》、《淮阴县地方税务局档案利用借阅制度》、《淮阴县地方税务局文书档案销毁制度》等文件，使档案管理工作日趋规范，也为日后档案管理达标升级打下了坚实的基础。

为了提高档案管理的规范化、科学化和信息化水平，更好地为税收工作服务，2003 年 5 月，淮阴地税局组织开展档案工作目标管理升级达标工作。2003 年 5 月 10 日，成立档案达标领导小组，局长徐菊平任组长，各部门负责人为小组成员，正式启动档案升级达标工作。成立综合档案室，明确专职档案员，对全局各类档案进行集中统一管理，在各单位设立兼职档案员，负责本单位的文件材料归档工作，建立健全档案组织管理网络。编制统一的《档案分类方案》、《档案编号方案》、《归档范围和保管期限》，建立完善《档案员岗位职责》、《文件材料立卷归档制度》、《档案库房管理制度》、《档案查借阅制度》、《档案保密制度》、《档案鉴定销毁制度》等各项档案工作制度，使档案工作规范统一，有章可循。对 1994 年至 2001 年的各类档案按照新方案重新进行分类、整理、归档，按类别分保管期限入库排列上架。专门购置一套档案管理软件，将全部档案按卷逐件输入档案管理系统，建立档案管理数据库，提高了档案工作效率和利用效率。在各级领导和档案管理部门的支持指导下，经过干部职工近 7 个月的辛勤努力，淮阴地税局档案工作于 2003 年 12 月 1 日以 98.5 的高分顺利通过“省一级”考评验收，被省档案局授予“档案工作一级单位”的荣誉称号。

综合档案室面积 160 平方米，按照不同功能分为办公室、阅档室、档案库房三个区域，其中办公室20平方米，阅档室20平方米，档案库房120平方米。办公室配备档案管理专用电脑、打印机，档案库房配备25列档案密集架，并配置空调、温湿度计、干粉灭火器、防霉剂、除湿机、防磁柜等档案保管设备。截至2009年底，档案库房共计存放档案总数量为39503卷3175件，其中文件档案324卷3169件，征管档案28357卷，会计档案10724卷，基建档案66卷，设备档案22卷，声像档案10卷6件。方便了税务干部和纳税人，也促进了税收工作的快速发展。

1994 ~ 2007 年淮阴地税局档案分类统计表

表15-1

年　度	文书档案	征管档案	会计档案	基建档案	设备档案	声像档案	合　计
1994年	24卷	—	108卷	—	—	—	132卷
1995年	37卷	46卷	466卷	—	—	—	549卷
1996年	40卷	1074卷	650卷	—	—	—	1764卷
1997年	50卷	397卷	955卷	—	—	—	1402卷
1998年	48卷	1168卷	1143卷	—	—	—	2359卷
1999年	40卷	1231卷	1089卷	—	—	—	2360卷
2000年	44卷	888卷	1015卷	—	—	—	1947卷
2001年	41卷	5249卷	1130卷	—	—	—	6420卷
2002年	515件	2553卷	986卷	66卷	17卷	8卷6件	3630卷 521件
2003年	602件	3641卷	731卷	—	5卷	2卷	4379卷 602件
2004年	604件	5081卷	607卷	—	—	—	5688卷 604件
2005年	501件	2664卷	545卷	—	—	—	3209卷 501件
2006年	464件	2125卷	603卷	—	—	—	2728卷 464件
2007年	483件	2240卷	696卷	—	—	—	2936卷 483件
累　计	324卷 3169件	28357卷	10724卷	66卷	22卷	10卷6件	39503卷 3175件

第三节　政务管理

建局后，局从制度建设入手，逐步将政务管理工作纳入规范化轨道。

从1995年至2000年间，局先后制定了《党组议事规则》、《局务会议、局长办公会议制度》、《工作纪律制度》、《政治业务学习制度》、《请示报告制度》、《学历教育暂行规定》、《来信来访制度》、《来客接待制度》、《小汽车使用管理制度》、《驾驶员岗位责任制》、《办公楼管理细则》、《清洁卫生、安全保卫制度》、《经费管理制度》、《计算机安全管理规定》等，使各项政务工作都有章可循。

2001年，局将政务管理纳入规范化管理考核中，行政事务、后勤管理日趋规范统一，明确政务、后勤等管理的责任部门为局办公室，局党组对办公室工作提出四点要求：

一是充分认识办公室地位的重要性。办公室是全局上下的指挥中心、协调中心、服务中心，是党组决策的先导，是上下、内外进行联络、协调的桥梁，是地税事业发展的后勤保障。

二是充分发挥办公室的职能作用。办公室的职能是为全局中心工作服务，为基层服务，为领导服务，努力做到让群众满意，让领导满意，发挥好决策作用、参谋作用、助手作用、桥梁作用以及纽带作用。

三是办公室人员应具备三项基本素质。第一是具备良好的道德和人品素质，第二是要有较全面的知识构成和娴熟的业务技能，第三是要有较强的组织协调和服务的本领。

四是具体要求。（1）关于文秘工作，文秘人员要坚持多学习，注意研究政策导向性问题，把大政方针、发展动向与实际工作相结合，同时注意把握全局，主动工作，具有超前思维。（2）关于后勤保障工作，将管理制度健全和完善起来，抓好各项制度的落实执行，切实维护好良好的工作环境，加强安全管理，坚持两不准，即上班不准带小孩进办公室，节假日不准带外人进入办公大楼。办公室要想办法解决好职工子女放学后无人带的问题，解决好职工的后顾之忧。（3）关于车辆管理，车辆由区局统一管理，统一调度，保持稽查、直属使用相对稳定，健全车辆管理制度，严格控制私人用车，加强对驾驶员的考核，提高驾驶员的素质，使其端正工作态度，热忱为全局人员开好车。

第四节　财务管理

1994年建局后，淮阴地税局相继制定一系列相关的财务制度。根据《中华人民共和国会计法》、《中华人民共和国预算法》、《行政单位财务规则》、《行政单位会计制度》、《江苏省地方税务系统财务管理暂行办法》、《淮安市地方税务系统财务管理实施办法》及国家税务总局与省财政厅的有关规定，制定实施《江苏省淮安市淮阴地方税务系统财务管理暂行办法》。

淮安市淮阴地方税务局实行“统一管理、分级核算、分级负责”的财务管理体制，设置专门的财务机构，配备专职财务会计和出纳人员，实行会计、出纳分设，进行独立核算。根据“统收统支、突出重点、兼顾一般、收支平衡”的原则，做好部门的收入和支出预算管理，包括人员经费、日常公用经费、包干经费、专项经费等几个部分；根据“收支两条线、合法、合理”的原则，做好拨入经费、行政事业性收费收入以及其他收入管理，不私设“小金库”，不账外设账。

2003年以后，撤销各基层分局经费账户，统一归口到本局计财科，统一管理。

2006年至2009年，先后制定了《包干经费管理暂行办法》、《经费报销流程》，对各分局、科室的会议费、招待费、办公费实行包干使用，并规定了统一的支出标准和严密的报销流程，公开透明，对各项经费的使用更加规范和统一。

第五节 政务公开

推行政务公开，是改进地税部门施政行为、促进地税机关转变职能、优化税收环境、促进地税各项工作健康发展的有效方式。2003年，淮阴地税局在全市地税系统首家全面推行政务公开。及时制订下发了政务公开工作实施办法，召开全系统政务公开动员大会，强化领导、明确责任、细化任务、落实项目、完善载体，确保政务公开工作系统规范顺利开展。局政务公开工作主要分为对内公开和对外公开两个部分。

对内

公开内容：干部人事管理、财务管理及大宗物品采购、基本建设管理、规范化管理考核等17项内容。对涉及税务干部切身利益和普遍关心的重要事项，实行“预公开”制，在正式决定或办理前将方案公布，充分听取群众意见并进行调整后，再予以正式公布。

公开形式：在系统内部采用电子公文、张贴告示、提交报告、会议纪要、地税简报等形式，在局党组会、局长办公会、局务会、机关干部会议、全系统干部大会、政务公开栏等不同层面或范围内进行公开。依托信息化手段，通过内部局域网和公文处理系统及时进行公开。6月，在全系统运行的行政办公系统进一步规范了内部公开工作。

局在对内公开工作中有一项重要的举措就是实行征管查互动：针对征收、管理、稽查环节在工作衔接、信息共享等方面存在的问题，以征管信息系统为平台，建立征管查互动工作机制。一是 建立互动工作制度。改变“以人管人”的传统模式，着力建立税收分析、税源监控、纳税评估、税务检查四位一体的良性互动工作机制，建立涉税事项受理调查反馈、管理案情移交制度、稽查案件反馈制度和征管建议提交等制度。二是建立互动实施办法。制定《征管查互动管理实施办法》，规范工作流程；制定征管查《信息反馈单》、《文件资料传递清单》，规范日常相关资料的收集、录入、传递和反馈。规定每季度初5日内召开征管查工作联席会议，各单位汇报上季度工作中发现的问题，互通信息，需要协调进行解决的，由分管局长会同相关部门及时拿出解决方案，并将有关信息加以反馈。三是建立互动考核办法。及时完善《规范化管理考核办法》，修订岗责考核体系，添加互动工作内容。特别规定各部门在信息传递过程中必须明确专人负责，部门负责人要签字，同时要在规定期限内将信息处理结果进行反馈。凡推诿扯皮、无故拖延将对有关责任人予以重罚，将互动工作责任到岗、到人，确保互动工作顺利开展。四是建立互动激励机制。采取正反并举，建立一整套激励制度，按季筛选优秀评估案例、稽查案例，评比税源管理等方面的调研文章。对有价值的案例、调研文章按照其在不同层级、类别的报刊上的发表情况，分别给予一定的经济奖励，同时所在单位在年终先进评比中给予加分，有力地营造良性互动环境。五是建立互动评价体系。引进ISO 9001质量管理理念，结合基层税务人员和纳税人两方面的意见，年底对互动工作进行评价。根据评价反馈意见，有针对性地对互动制度和办法予以完善，从而保证互动工作与时俱进、良性开展。通过开展征管查互动工作，部门信息畅通，征管质量显著提高，准期申报率达98%、入库率接近100%；加强征管建议增多，有效堵塞征管漏洞，税源监控得到加强；税务干部素质明显提高、执法更加规范。

对外

统一内容，细化政务公开标准。结合本部门实际，坚持依法公开、真实公开、注重实效、方便群众、有利监督，只要不属于党和国家机密，不违反法律、法规规定，能公开的都公开这一原则，将需要公开的内容统一汇编成《政务公开手册》，对政务公开内容进行有效的规范。解决公开内容无依据，谁想公开什么则公开什么，什么不想公开就不公开的问题。将需要公开内容以文件形式进行有效的责任分解，明确责任单位和责任人员，同时使公开的内容从文件中走出来、从墙上走下来，成为实实在在的抓落实行动。按照地税系统政务公开实施细则和机关行政事务管理公开实施细则的规定，全面公开税收政策，接受内外监督，以公开促公正、公平，进而达到阳光行政的目的。进一步完善重点公开内容中的重点公开事项。特别是对纳税人普遍关心的热点问题，如在纳税定额、税收减免、税收检查、税务违章违法案件处理等的公开中，增加执行结果公开的内容，努力做到税收执法的全过程公开，对纳税人停业、废业、歇业审批公开等内容，切实解决自由裁量权、行政审批权使用不一致、不规范、缺乏监督的问题。

创新形式，公开载体灵活多样。按照简便易行、切实有效的原则，探索形成了窗口公开、载体公开、媒体公开、会议公开、信息网络公开、热线电话公开等基本途径。在城区设置了政务公开栏10个，在农村各征收分局设置政务公开展板近百块；

在第一分局办税服务厅内设置的税收查询触摸屏和电子显示屏，纳税人反映效果良好。与此同时，建立拥有独立网址的淮阴地税局外部网站，充分利用因特网展示地税形象，广泛宣传国家有关税收法律、法规及政策规定，提供政策咨询、纳税辅导，指导纳税人办理各项涉税事宜，征集纳税人的意见和建议，受理举报、投诉，反映地税工作动态，曝光涉税案件等。印制了《淮安市淮阴地方税务局政务公开工作手册》发放给纳税人，及时将税收法规等政策规定通过手册、汇编、卡片、彩页等形式送到纳税人手中。简化办税程序，2005年在全市各县区局中率先开展“简化办税程序，强化事后监督”工作，出台《简化办税程序，强化事后监督管理办法》，并印制《简化办税程序，强化事后监督宣传手册》发放给纳税人，将原来需层层审批、多部门审批、重复报送材料的事项进行了细化梳理，权限全部统一下放到办税服务厅的涉税事项受理窗口，统一受理，统一审核，统一审批，统一送达，极大地方便了纳税人。此外，充分利用社会传媒，开辟税收专栏，播放税收专题节目。各单位都在醒目位置设立了政策咨询、税收违章案件举报、纳税人投诉电话、投诉箱、测评箱、便民箱，各办税服务厅都设立了群众举报信箱，配备了投诉卡、测评卡、联系卡，并确定专人负责群众意见的收集、登记、交办、反馈和归档。实施政务公开，增强了广大群众对税收法规和地税机关工作的了解，拉近了征纳双方的关系。

强化考核，各项措施有效落实

加强监督与考核是确保政务公开真实性、有效性、上质量、上水平的重要措施。政务公开能否落到实处，关键在于加强监督检查，严格责任追究，建立长效工作机制。将政务公开纳入年度工作目标责任制，与其他重点工作同安排、同检查、同考核，规范运作，做到考真考实。在监督方面，严格对公开内容和事项的审核与把关，防止该公开的不公开、搞半公开、假公开，确保公开的真实性、完整性和及时性。严格按程序办事。政务公开内容的确定、审核、公开、监督、意见的反馈及办理、问题的查处等，都有程序规定，并严格按程序办事。在公共场所设立意见箱和咨询台，听取群众意见，回答群众提出的问题，受理群众的举报和投诉。采取多种形式，并组织经常性的明察暗访，开展监督检查和评议。在考核方面，坚持原则，实事求是，从实际出发，全面考核，将政务公开作为一项重要工作进行重点考核。在考核中坚持原则，广泛听取意见，着重实情实效的考察了解。通过强化监督和考核，有效防止了形式主义、走过场现象的出现，保证了政务公开各项措施的贯彻落实。

坚持“四个结合”，政务公开取得实效

在推行政务公开工作中，局坚持做到四个结合，进一步规范运作，推动政务公开工作质量和层次不断提高。

一是把政务公开与转变机关职能相结合，改善了税收发展环境。充分利用政务公开这个载体，架起纳税人、社会各界与地税机关的桥梁，从组织收入工作的事前、事中、事后各环节入手，最大限度地进行政务公开，服务于广大纳税人、接受社会监督，引导社会各界对地税工作的了解、理解、关心和支持，促进地税工作顺利开展。通过政务公开，拆掉了税务部门和广大纳税人之间的“隔心墙”，密切了征纳关系，架起了征纳双方沟通的桥梁。

二是坚持政务公开与服务地方经济发展相结合，优化了地方经济发展环境。将政务公开作为优化税收服务、改善投资环境的重要措施来抓，认真宣传和落实国家现行的税收优惠政策，兑现服务承诺。加快税收信息化建设步伐，提高办税效率，提高纳税服务质量，改善企业的发展环境。

三是把政务公开与建章立制相结合，改进了机关工作作风。结合政务公开狠抓各项制度建设，出台了《规范化管理违规处罚规定》和地税系统“六条禁令”，由监察人员定期进行督查，改进了机关工作作风，提高了地税部门的信用度、凝聚力，推动了工作作风的进一步转变，提高了办事效率。促进了职业道德建设。实行权力监察，将权力和制约权力的制度、办法、规定公开，引导系统内外进行监督，使权力在“阳光”下操作，使税收行政及执法行为处于群众的监督之下，避免“暗箱操作”，有效防止收“人情税”、“关系税”、权钱交易、办事不公、贪污受贿、欺上瞒下等腐败现象的发生。

四是坚持政务公开与规范化管理有机的结合。为使全系统政务公开工作能扎实、有效、长期深入开展下去，机关各部门根据政务公开内容、责任范围，强化督察。做到有制度必执行、有违章必处理、有承诺必兑现，动真碰硬，取信于纳税人和社会各界。加强税务人员法制教育，提高执法水平，强化执法监督，有效规范了执法行为。

第六节　政务信息

管理措施

建局后，淮阴地税局紧紧围绕经济、税收中心工作，积极报送信息，为领导科学决策服务，为改革开放和经济建设服务。

淮阴局领导班子非常重视新闻、调研及信息工作。局领导不仅要求全局上下始终把新闻、调研及信息工作与其他各项工作相结合，始终把税收征管、税收服务、税法宣传等工作融于新闻、调研及信息工作中，鼓励大家多写新闻、多报信息，而且还亲自动手，执笔投稿。如2000年，局长李仁俊撰写的《强化农村地方税税源监控的实践与思考》《贯彻“三个代表”重要思想，推进地税工作开展》，副局长王波撰写的《实现依法治税，抓好四个环节》，副局长陈爱五撰写的《淮阴县地税强化乡镇税收督察》等新闻、调研及信息稿件，分别在国家、省、市、县报刊及省市局内部简报上被采用。领导的模范带头为全局人员树立了榜样，激发了大家做好新闻、调研及信息工作的积极性。

为把政务信息工作真正落到实处，增强全系统做好政务信息工作的责任感，调动大家的工作积极性，1994 年，局制定严格的考核办法，把政务信息工作任务纳入年度责任目标，以科室、分局为单位，层层下达政务信息工作任务，制定奖惩措施。

自 1994 年开始，局每年至少举办一期通讯信息员培训班，邀请市局或新闻界资深记者授课，全面提高系统内各通讯员新闻信息写作水平。

1996 年，局出台《关于加强信息、理论研究工作的意见》的文件，就加强信息、理论研究工作的组织领导和责任目标以及地方税务信息的主要内容、奖惩办法进行明确。在指标分配上，对王营、直属 2 个分局、稽查局和 4 个股室提出了全年编发 1 至 3 期专辑的考核任务，对办公室提出了全年编发 8 期《淮阴地税信息》的考核任务。文件对不同级别媒体采用稿件的奖励额度进行明确，并指出对未完成规定指标数的，扣罚相应单位或部门负责人与用稿相对应的奖金数。出台文件的同时，本局在系统内部建立通讯信息网络，制订出信息工作计划，每个季度末对照责任目标进行奖惩兑现。

1998 年，局下发《关于一九九八年度信息新闻目标考核的通知》文件，对当年信息新闻工作的考核内容、目标、办法以及用稿奖励进行明确，根据通知精神，年终依据考核得分，评比出信息、新闻稿报送先进集体 1 名，投稿刊用先进个人 3 名，分别给予一定的经济奖励。

2000 年，局制定更加严格的考核办法，把新闻、调研及信息工作任务纳入年度责任目标，以股（室）、分局为单位，层层下达新闻、调研及信息工作任务，实行股长、分局长负责制和季度考核、年终汇算制。股室、分局实行一把手负责制，每季度从其工资中拿出 300 元与新闻、调研及信息工作目标完成情况直接挂钩，完成的照发，完不成的按比例扣发；全局采取按月统计，按季通报，年终总结评比，完成或超额完成任务的，通报表扬并奖励，没有完成任务的，通报批评并给予相应的经济处罚；凡国家级刊物采用的，每篇奖励 200 至 600 元，省级每篇奖励 150 至 450 元，市级每篇奖励 100 至 300 元，区级每篇奖励 10 元以上。当年，全局用于新闻、调研及信息工作的奖金超过两万元。

2003 年以后，淮阴地税局将信息报道工作纳入规范化管理综合考核的内容，在新出台的《规范化管理违规处罚规定》中对每年各单位信息工作任务和未完成任务的处罚标准进行明确。对信息用稿完成情况实行按季考核，对未完成用稿任务的单位按照《规范化管理违规处罚规定》进行处罚，每半年对政务信息工作任务完成情况在系统内进行一次通报，对完成任务的个人按对应级次和采用量给予奖励。局每年用于新闻、调研及信息工作的奖金基本都超过两万元。各分局也结合自身实际制定本单位信息工作考核办法。由于建立健全考核奖惩机制，加大对信息员的考核力度，定期对新闻信息工作进行考评通报，鼓励先进，鞭策落后，提高了信息员的写作积极性。

2004年，为加大税收宣传力度，及时反映地税工作情况，树立典型，弘扬正气，探讨问题，交流经验，进一步提高政务信息、新闻稿件质量和税收科（调）研工作水平，出台《淮安市淮阴地方税务局政务信息、新闻宣传和税收科（调）研论文考核暂行办法》，关于政务信息工作，文件明确要求“各单位要明确1至2名专兼职信息报道员，每月上报信息不少于2条，全年不少于24条。政务信息报送应做到一事一报，专题信息不超过2000字，标题信息不超过400字，简讯不超过100字。重要信息随时上报；突发性事件在5小时内上报；本局重要会议、重要工作部署的贯彻落实情况，要在10日内上报”。健全信息网络建设，成立全区地税系统信息、新闻宣传和税收科（调）研工作考核领导小组，徐菊平任组长，翟玉标任副组长，王琦、唐丽为成员。在各基层单位设立信息直报点。对未完成用稿任务的单位，依据局《规范化管理综合考核处罚规定》的相应条款进行处罚。

采用情况

1996年，全局共上稿107篇，其中《中国税务报》上稿2篇，《江苏地税简报》上稿8篇，编发《淮阴地税信息》14期，信息简报及时反映和报道了全县各基层地税所、各乡镇有关征管改革、税收收入进度等工作动态，为全局工作的开展起到了推动和促进作用。

1995年至1998年，局领导班子成员撰写了多篇关于税收研究方面的论文。如局长李仁俊的《大胆探索、开拓进取、探索城乡征管改革的新路子》一文，在淮阴市首届税收理论研讨会论文评选中获得一等奖；《解决一个关键，抓好两个方面》、《加强宏观调控，强化税收工作》，在全国第一届、第二届“两个转变”研讨会论文评选中获得三等奖、二等奖；《源头自有活水来》获1998年度省优秀科研成果荣誉奖。副局长王波关于分析三起涉税案例、提出依法治税思考的论文在《中国税务报》上发表。副局长陈爱五与局长李仁俊合写的《乡镇食品站税收征管亟待加强》、《农村地税征管中的“乱”与“治”》、《农村屠宰税征管办法探索》先后在淮阴市地税系统税收理论研讨会论文评选中获得三等奖、二等奖。

1998年，全局共上稿363篇，其中，《中国税务报》上稿4篇，《中国财经报》上稿9篇，在《江苏地方税务简报》刊发专题1篇，标题信息11篇，市局简报采用27篇，省级媒体采用15篇，市级媒体采用107篇，区级媒体采用135篇，政府信息采用53篇。

1999年，在《中国税务报》上稿9篇，《中国纪检监察报》上稿1篇，省级媒体上稿9篇，市级媒体上稿61篇，在《江苏地方税务简报》刊发标题信息7篇，市局简报采用25篇。

2000年，全局共在各级报刊、电台、电视台及市以上党委、政府系统内部刊物上发表文章378篇，其中，在《中国税务报》上稿16篇，《江苏经济报》采用3篇，市级媒体上稿142篇，区级媒体上稿136篇，在《江苏地方税务简报》刊发标题信息8篇，市局简报采用24篇，两办（即区委办、区政府办，下同）采用49篇。

2001年，全局共上稿市级以上96篇，其中，在《中国税务报》上稿9篇，在《中国税务》上稿1篇，在《江苏地方税务简报》刊发标题信息6篇，《淮阴区纪委严查抢拉税款行为整顿税收秩序》被转报省委、省政府。

2002年，全局在各类报刊及省、市局简报用稿281篇，其中，《经济日报》1篇，《中国税务报》8篇，《中国税务》2篇，《江苏经济报》9篇，其他省级刊物2篇，省局简报5篇，市局简报28篇，市级刊物68篇，《淮阴报》105篇，区委办、政府办信息53篇。全年共编发《淮阴地税信息》17期。

2003年，全局共在在各类新闻媒体及省、市局简报用稿359篇，其中国家级1篇，省级29篇。全年共编发《淮阴地税信息》16期。

2004年，全局在各类刊物媒体上用稿536篇，其中，《经济日报》采用2篇，《中国税务报》采用1篇，《新华日报》采用2篇，《新华网》采用1篇，《江苏经济报》采用18篇，《江苏法制报》采用6篇，市级媒体采用351篇，两办信息采用147篇，在《江苏地方税务简报》刊发标题信息5篇。全年共编发《淮阴地税信息》13期。

2005年，全局在各类刊物媒体上用稿471篇，其中：省级以上刊物媒体用稿38篇，市级245篇，区级188篇。全年共编发《淮阴地税信息》14期。

2006年，全局在《江苏地方税务简报》上用稿8篇，在《淮安地税简报》上用稿26篇，在市委、市政府简报上用稿2篇，在区《要情快报》和《昨日要情》上用稿85篇，在各类新闻媒体上用稿451篇。其中，国家级媒体采用2篇，省级媒体采用25篇，市级媒体采用345篇。全年共编发《淮阴地税信息》12期。

2007年，全局在各类刊物媒体上用稿512篇，其中，在《江苏地方税务简报》刊发专题3篇，标题信息1篇，《淮安地税简报》上用稿28篇；新闻宣传被国家级媒体采用4篇，省级媒体采用30篇，市级媒体采用325篇。在《江苏地方税务简报》上刊发的3篇专题为：《创新税收管理模式，全力提升建筑安装营业税征管水平》、《充分发挥制度的规范作用，切实提高管理工作的绩效和水平》、《淮阴区地税局坚持在创新中推进机关作风建设》。全年共编发《淮阴地税信息》17期。

2008年，全局在各类刊物媒体上用稿527篇，其中，省级媒体采用68篇，市级媒体采用279篇，区级媒体采用180篇。全年共编发《淮阴地税信息》13期。

2009年，全局在各类刊物媒体上用稿440篇，其中，省级以上媒体81篇，市级媒体208篇。全年共编发《淮阴地税信息》14期。

科（调）研采用情况

淮税地税局1998年至2009年省级以上税收科（调）研成果见表15-2至表15-13。

1998年省级以上税收科（调）研成果统计表

表15-2

序号	标　　题	出　版　物	时　间	作　者
1	产权转让后谁是原企业欠税的承继者	《江苏税务》	1998年7月	张振庭

1999年省级以上税收科（调）研成果统计表

表15-3

序号	标　　题	出　版　物	时　间	作　者
1	源头自有活水来——对淮阴县地方税收增长途径的思考	《江苏税务》	1999年第7期	李仁俊
2	时代的强音　永恒的主题	《江苏地税调研》	1999年第2期	李仁俊
3	源头自有活水来——对地方税收增长途径的思考	《98江苏地税调研文选》	1999年6月	李仁俊

2000年省级以上税收科（调）研成果统计表

表15-4

序号	标　　题	出　版　物	时　间	作　者
1	强化农村地方税税源监控的实践与思考	《税收研究资料》	2000年6月第6期	李仁俊
2	强化农村地方税税源监控的实践与思考	《江苏地税调研》	2000年第4期	李仁俊
3	公民纳税意识的心理透析	《江苏地税调研》	2000年第8期	李仁俊　石　浩

2001年省级以上税收科（调）研成果统计表

表15-5

序号	标　　题	出　版　物	时　间	作　者
1	淮阴县房地产业税收征管现状的调查	《江苏地税调研》	2001年2月8日第1期	张振庭
2	教育劳务税收征管的调查及思考	《江苏税务》	2001年第5期	张振庭
3	雄关漫道真如铁	《行政与法制》		李仁俊　石　浩

2002年省级以上税收科（调）研成果统计表

表15-6

序号	标　　题	出　版　物	时　间	作　者
1	浅谈地税干部的职业道德观	《江苏地税调研》	2002年10月第6期	李仁俊
2	淮阴地税局喜获行风建设“七连冠”	《倡廉》	2002年8月	唐　丽　土　禾

2003年省级以上税收科（调）研成果统计表

表15-7

序号	标题	出版物	时间	作者
1	对苏北县级地税征管改革的思考	《江苏地税调研》	2003年4月8日第2期	王月明　李仁俊　石　浩
2	房地产行业企业所得税征管现状及对策	《江苏地税调研》	2003年8月8日第4期	徐菊平　张振庭
3	税务稽查工作中存在问题的调查与思考	《江苏经济报》	2003年9月28日	张建勇　龚玉龙　季洪国　周建峰
4	浅谈个体私营企业建账管理存在的问题与对策	《江苏经济报》	2003年12月12日	刘　彬　王学飞　张　政

2004年省级以上税收科（调）研成果统计表

表15-8

序号	标题	出版物	时间	作者
1	所得税征收方式鉴定工作存在的问题及对策	《江苏地税调研》	2004年8月第5期	徐菊平　张振庭　尹　峰
2	房地产企业所得税征管中的新问题	《江苏经济报》	2004年9月11日	徐菊平　张振庭　赵　坚
3	利用再就业优惠证偷逃税费花招多	《江苏经济报》	2004年6月5日	赵　坚　皮卫平
4	小镇收税人	《江苏地税调研》	2004年10月第6期	王　红
5	如山沉稳　似水灵动——女税官印象记	《江苏地税调研》	2004年10月第6期	朱亚山

2005年省级以上税收科（调）研成果统计表

表15-9

序号	标题	出版物	时间	作者
1	淮阴地税探索行风建设新途径	江苏经济报	2005年1月11日	徐菊平　翟玉标　唐　丽
2	开超市：一年竟然没用一度电	中国税务报	2005年6月10日	张振庭　季洪国
3	印花税政策执行有问题	江苏经济报	2005年7月30日	徐菊平　尹　峰
4	刍议印花税政策方面存在的问题及对策	江苏地税调研	2005年8月15日第4期	徐菊平　尹　峰
5	浅谈当前税收管理员应解决的问题与对策	江苏经济报	2005年9月16日	正　东　其　国　张　政
6	推行征管“套餐”，促进精细化税收	新时期税务工作研究与实践	2005年	徐菊平　陈爱五　孙新军

2006年省级以上税收科（调）研成果统计表

表15-10

序号	标　题	出 版 物	时 间	作 者
1	淮阴区地税收入结构及今后增长趋势分析	《江苏地税调研》	2006年第2期	土　禾　建　勇 家　文
2	税收征管改革的理性认识	《江苏地税调研》	2006年第3期	徐菊平　李仁俊
3	从严治队　狠抓税收队伍建设	《江苏经济报》	2006年2月11日	徐菊平　翟玉标 唐　丽
4	培植地方税源　保持税收稳步增长	《江苏经济报》	2006年7月3日	张振庭　隽玉鹏 唐　丽

2007年省级以上税收科（调）研成果统计表

表15-11

序号	标　题	出 版 物	时 间	作 者
1	浅议税收信息化建设中的问题与建议	《江苏地税调研》	2007年第5期	李仁俊　徐菊平
2	抓执行　彰显制度规范作用	《江苏地税调研》	2007年第6期	徐菊平
3	浅议税收GDP的关系	省局网站	2007年10月3日	李仁俊　徐菊平
4	践行科学发展观　构建和谐地税推动地税事业又好又快发展	省局网站	2007年10月3日	李仁俊　徐菊平
5	对淮阴经济增长模式抉择的思考	《江苏经济报》	2007年7月27日	徐菊平　李仁俊 翟玉标
6	构建和谐地税	《江苏经济报》	2007年9月6日	土　禾　玉　标 唐　丽
7	转变经济增长方式　促经济全面发展	《中国县域经济报》	2007年11月12日	赵　坚

2008年省级以上税收科（调）研成果统计表

表15-12

序号	标　题	出 版 物	时 间	作 者
1	税收分析若干问题的探讨	《江苏地税》	2008年第6期	李仁俊　家　文 唐　丽
2	地税荣誉文化建设初探	省局网站	2008年12月31日	徐菊平　唐　丽
3	对加快税收信息化建设的几点建议	《江苏经济报》	2008年1月22日B2版	徐菊平　翟玉标 唐　丽
4	农村企业纳税意识亟须增强	《江苏经济报》	2008年9月28日A3版	丁祖沂　孙开举 张　振
5	加强税务稽查工作的思考	《江苏法制报》	2008年6月6日8版	龚玉龙　季洪国
6	税收精细化管理的建设与探索	《中国新农村》	2008年8月刊	隽玉鹏
7	个人所得税税制改革的基本条件		省局评选二等奖	杨国祥　石　浩

2009年省级以上税收科（调）研成果统计表

表15-13

序号	标　　题	出 版 物	时　间	作　者
1	淮阴地税积极探索荣誉文化建设	《江苏经济报》	2009年2月23日A4版	徐菊平　石　浩 唐　丽
2	提高税务稽查选案水平的几点思考	《江苏法制报》	2009年5月18日6版	龚玉龙　季洪国
3	江苏省淮安市淮阴地税局内控机制建设成效显著	《中国税务网》	2009年8月19日	孙新军　唐　丽
4	创新理念　优化纳税服务	《消费日报》	2009年11月10日	赵　坚
5	税收法制建设刍议	《江苏法制报》	2009年12月18日	刘　彬　张　政
6	落实税收管理员制度浅思	《江苏经济报》	2009年12月22日	丁祖沂　张　振

市、县（区）级科（调）研获奖成果统计表（节选）①

表15-14

年 度	荣 誉 名 称	颁 发 部 门	授 予 个 人
2004年	“地税十年”征文一等奖、优秀奖	淮安市地税局	王　红　吴文珍
	税收科（调）研论文三等奖、优秀奖	淮安市地税局	李仁俊　石　浩 徐菊平　张振庭
	税收优秀论文一等奖	淮安市国税局、市地税局、市税务学会	徐菊平　张振庭 尹　峰
2006年	2005年至2006年社科成果优秀奖	淮安市哲学社会科学界联合会	李仁俊
2007年	优秀论文一等奖、三等奖	淮安市地税局、市国际税收研究会	李仁俊　徐菊平 翟玉标　胡家文
2008年	全市地税系统“优秀案例分析”	淮安市地税局	龚玉龙
	“廉言杯”书法竞赛一等奖、三等奖、优秀奖	淮安市地税局	石　浩　杨剑军 王正国　卜仕和 陈必通　朱长柏 王　磊
	“百姓看地税”摄影竞赛鼓励奖	淮安日报社、淮安市地税局	唐　丽
	“创新杯”摄影展三等奖、优秀奖	淮安市地税局	唐　丽
2009年	淮安市地税系统“优秀案例”	淮安市地税局	王　红
	淮安市第十次哲学社会科学优秀奖	淮安市哲学社会科学界联合会	李仁俊

① 1994年至1998年期间，淮阴局的科、调、研文章成果前文已摘要记述，故不再列入该统计。

淮阴县编制委员会

淮编［1994］36号

关于成立县地方税务局及其所属机构的通知

各乡（镇、场），县各直属机构：

因工作需要，经研究决定成立淮阴县地方税务局，同时设立其所属机构如下：

行政职能机构8个：

办公室、地方企业所得税管理股、营业税管理股、地方税管理股、计划财务股、人事教育股、监察室、征收管理股。

直属机构2个：

淮阴县地方税务局税务稽查分局（股级）、淮阴县地方税务局直属分局（股级）。

派出机构7个中心税务所：

淮阴县地方税务局王营中心税务所，

淮阴县地方税务局赵集中心税务所，辖：

淮阴县地方税务局赵集乡税务所

淮阴县地方税务局高埝乡税务所

淮阴县地方税务局韩桥乡税务所

淮阴县地方税务局南陈集中心税务所，辖：

淮阴县地方税务局南陈集乡税务所

淮阴县地方税务局南吴集乡税务所

淮阴县地方税务局码头镇税务所

淮阴县地方税务局杨庄中心税务所，辖：

淮阴县地方税务局杨庄乡税务所

淮阴县地方税务局凌桥乡税务所

淮阴县地方税务局三树中心税务所，辖：
淮阴县地方税务局三树乡税务所
淮阴县地方税务局袁集乡税务所
淮阴县地方税务局蒋集乡税务所
淮阴县地方税务局渔沟中心税务所，辖：
淮阴县地方税务局渔沟镇税务所
淮阴县地方税务局韩圩乡税务所
淮阴县地方税务局汤集中心税务所，辖：
淮阴县地方税务局汤集乡税务所
淮阴县地方税务局北吴集乡税务所

淮阴县地方税务局淮阴县工商行政管理局文件

淮地税［1997］056号

关于进一步加强地方税务和工商行政管理部门密切配合的通知

各地方税务所（分局）、各工商行政（市场、车船）管理所：

为了加强经济监督，进一步搞好税务管理和工商行政管理，确保地方税收收入，促进各类型经济的健康发展，根据省地方税务局、省工商行政管理局联合下发的苏地税发（1996）092号《关于进一步加强地方税务和工商行政管理部门密切配合的通知》精神，现结合我县实际，就进一步加强地税和工商部门的联系作如下通知：

一、建立健全业务联系和例会制度

县地税局和县工商局决定每季度召开一次联席会议，每月一次工作例会，互通情况，交流政策，传递信息，研究制定相互配合协作的方法和措施。例会由县地税局征收管理股与工商局企管、个体私营股牵头召开，必要时相应增加单位和人员参加。各地税所（分局）和工商管理所、市场管理所应按此要求建立相应的联系和例会制度，加强联系，密切配合，相互支持。

二、加强工商登记与税务登记管理

（一）在工商登记与税务登记工作中，县工商局和县地税局将通过例会等形式定期交流工商登记、税务登记及变化情况。各工商、地税所（分局）也要经常相互交流各自的登记情况，核对工商登记、税务登记户和登记内容，特别是个体工商户的增减变化情况，要定期核对，确保正常经营户的工商登记和税务登记相一致，以便加强管理和监督。

（二）实行登记工作联系单制度。工商部门在核准企业和个体工商业户登记后，应及时签发登记联系单。工商部门在颁发执照时，代扣每份5元的印花税，地税部门按规定付给代征手续费。

（三）工商部门在办理年检和验证时，应查验企业和个体工商户的地方税务登记证，无税务登记证件的可暂不予年检和验证，待其补办地方税务登记后再予办理年检和验证；在审核注销登记时，应查询其完税情况，并视其是否完税作出核准注销或不予注销的决定。

（四）地税部门在办理各类企业和个体工商户税务登记时，应查验其工商登记情况，发现未办理工商登记以及营业执照未年检或验证的，可不予办理税务登记，并停止供应发票，待工商登记手续办理完备后再予税务登记和供应发票。

（五）今后，有条件的工商、地税部门在每年年检或验、换证时可联合进行。

三、依法查处违法、违章行为

各工商、地税所（分局）在执法过程中发现有关违反税收、工商法律、法规的行为，应及时互通情况或联合查处，并按各自职能权限依法进行处理。地税机关在税款征收、税务稽查工作中，发现无证经营及其他违反工商法规的行为时，应及时告知所在地工商机关；工商机关在检查经营者生产经营活动中，如发现未办理地方税务登记或有偷逃税等违法行为时，应及时告知所在地地税机关；对严重违反税收法律法规的，地税机关可提请工商机关协助处理，直至吊销营业执照。

四、切实加强个体工商户和集贸市场的管理

各工商、地税所（分局）在核定个体工商户的营业收入，确定税、费收取额度及个体工商户、私营、合资企业建账建制，个体营运车船的管理等方面，要密切协作，

紧密配合，共同做好管理工作。各工商、地税所（分局）要各司其职，加强对个体工商户和集贸市场的管理，会同有关部门适时开展综合整治，清理无证经营，查处偷税行为，维护市场正常的经营秩序和税收秩序。

以上通知，请认真贯彻执行。

一九九七年四月二十八日

淮阴县人民政府办公室文件

淮政办发［1997］86号

县政府办公室关于印发淮阴县地方税务局职能配置内设机构和人员编制方案的通　知

各乡（镇）人民政府，县各委、办、局，县有关直属机构：

《淮阴县地方税务局职能配置、内设机构和人员编制方案》经县机构编制委员会审核，已经县政府批准，现予印发。

淮阴县人民政府办公室

一九九七年八月二十九日

淮阴县地方税务局
职能配置内设机构和人员编制方案

根据中共淮阴市委、淮阴市人民政府《关于淮阴县党政机构改革方案的通知》（淮委［1996］310号）和中共淮阴县委、淮阴县人民政府《关于淮阴县党政机构改革的实施意见》（淮发［1997］14号）的规定，保留淮阴县地方税务局，为县政府工作机构。

一、职能转变

为适应分税制财政体制需要，县地方税务局需进一步强化的职能是：组织和指导全县地方税务部门认真贯彻执行国家和省、市制定的各项税收法规、政策；强化税收在执行国家产业政策、优化经济结构、合理配置资源和保护企业公平竞争等方面的调节作用；研究、制定地方税收实施意见并组织实施；加强税收管理，按照税收征管法要求，建立适合我县地方税收特点的规范科学的征管体系；运用现代化征管手段，提高税收征管水平，保障地方税收计划的完成和稳定增长；强化税法宣传，提高全民纳税意识；坚持依法治税，加强税收监督，防止税款流失，维护税收秩序，为全县经济发展创造良好的税收环境；协同乡镇对乡镇地方税务局实行双重领导。

需要转移的职能主要有：将部分社会性、群众性、服务性工作转移由依法认定的社会中介机构承担。

二、主要职责

淮阴县地方税务局是县政府主管全县地方税收工作的职能部门，其主要职责是：

（一）贯彻执行各项地方税收法律、行政法规和规章，结合淮阴县的实际情况，研究、制定地方税收实施办法，并组织实施。

（二）负责全县各项地方税收收入计划的编制、分配和考核，完成各项地方税收收入任务。

（三）负责全县按国家规定由地税系统征收的各项税种和教育费附加的征收管理工作；负责省、市政府决定征收的基（资）金和专项收入的征收管理工作。

（四）按照税收管理体制的规定，参与宏观经济决策和管理，强化税收宏观调控功能。对乡镇地税所在税收政策、业务上进行指导和协调。

（五）组织实施《中华人民共和国税收征收管理法》和《江苏省实施〈中华人民共和国税收征收管理法〉办法》,研究制定全县地方税收管理制度、办法,建立科学、严密、有效的地方税收征收体系，强化地方税收执法职能。

（六）监督检查全县各级地方税务机关和各部门、各岗位贯彻执行各项地方税收法律、行政法规和规章的情况；负责指导、协调全县地方税收稽查工作，查处各类偷抗税案件。

（七）负责全县地方税务行政复议和诉讼工作，鉴定清理地方税收法规性文件，加强地方税收法制建设。

（八）开展税法宣传，增强全民法制观念和纳税意识，创造良好的税收环境；研究税收理论和政策，掌握税收动态组织税收咨询。

（九)负责指导全县地税系统思想政治工作和精神文明及纪检监察业务工作，组织干部教育和培训。做好基层税务干部、股、所长（分局长）的考核、任免工作。

（十）负责省、市属驻淮企业、县属企业的地方税的征收管理,代征省级地方税收。

（十一）完成县委、县政府和省、市地税局交办的其他事项。

三、内设机构

根据上述职责，县地税局设 5 个职能股室。

（一）办公室

负责局机关文秘、文电处理、重要文件起草、信息综合、文档管理、会议组织工作；负责机关的保密、保卫、信访工作；管理机关的各项行政、后勤事务；协助有关股室搞好税法宣传工作。

（二）人事教育股

负责局机关和直属单位的机构、编制、人员的管理工作，制定本局人事、劳动工资管理制度和办法；承办干部职工的录用、调配和考核、任免、奖惩及培训、工资福利、离退休干部职工管理、专业技术职务考核和评聘、出国人员审查等项管理工作。对全县地税系统基层机构设置、编制确定和干部管理工作提出意见；负责全县地税系统的思想政治工作和精神文明建设；负责指导全县地税系统干部学历教育和培训计划的制定和实施；协助做好基层地税所长的任免和地税干部的换岗工作。

（三）税收政策股

负责全县营业税、资源税、个人所得税、企业所得税、土地增值税、城市维护建设税、车船使用税、房产税、屠宰税、城镇土地使用税、固定资产投资方向调节税、印花税、筵席税及教育费附加、税政业务和征收管理工作，贯彻执行税法、条例、实施细则和有关政策规定，按照税收管理权限，制定具体管理办法，处理执行税收政策中的有关事项，组织和协调全县地税系统上述各项税收工作的开展。负责城镇集体企业和私营企业的财务管理、监督、检查工作。按照税收管理权限，制定具体征收管理办法，处理执行税收政策中的有关事项。负责全县个体工商户、集贸市场税收业务的征收管理工作。贯彻执行税法、条例、实施细则和有关政策规定，按照税收管理权限，制定具体征收管理办法，处理税收政策中的有关事项，组织和协调全县地税系统个体农贸市场税收征管工作的开展。负责省、市政府决定征收各项基（资）金、费的征收管理工作，征收市场物价调节资金、粮食风险基金、农业重点开发建设资金、防洪保安资金、人民教育基金、地方教育附加费、散装水泥专项资金、旅游事业发展费、蚕桑事业改进费，以及市、县政府决定征收教育发展基金，各项地方性基（资）金的征收管理工作。

（四）征收管理股

负责贯彻实施《中华人民共和国税收征收管理法》和《江苏省实施〈中华人民共和国税收征收管理法〉办法》，制定相应的征管办法并组织实施；负责税务行政诉讼和行政复议工作，参与税法宣传工作。负责税务登记、纳税申报和普通发票的管理、税务代理管理及地方税补罚收入的管理；组织协同全县地税系统促产增收工作。组织全县地税系统征管改革的实施。

（五）计划财务股

负责全县地方税收收入计划的编制、分配、考核、分析；负责税收会计核算、统计分析和报表汇总；管理系统内业务经费；负责税收票证的领取（印制）、发放和管理工作，负责全县地税系统人员服装的定制和管理。

另按有关规定设立纪检组（监察室）。

四、人员编制和领导职数

县地税局机关行政编制 19 名。

领导职数：局长 1 名，副局长 3 名；正副股长（主任）7 名（含纪检监察 1 名），其中：股长（主任）6 名（含纪检监察 1 名），副股长（副主任）1 名。

淮阴县人民政府文件

淮政发［1997］145号

批转淮阴县地方税务局《关于加强农村地税代征工作的意见》的通知

各乡、镇人民政府，县属场、区，县各有关单位：

现将淮阴县地方税务局《关于加强农村地税代征工作的意见》批转给你们，希认真贯彻执行。依靠社会力量，积极组织农村地税收入，是农村税收工作的重要课题，也给税收执法工作提出了新的要求。希望各地在执行中要扩大税法宣传，严格执行政策，规范执法行为，秉公执法，依法行政，依法治税，致力提高全民的纳税意识，建立良好的纳税秩序，积极稳妥地增加地方财政收入。

各地在执行中有什么建议和问题，希及时与县地税局联系，以便统一协调处理。

一九九七年六月二十七日

关于加强农村地税代征工作的意见

为了规范税务行政执法行为，维护国家税收法律法规的严肃性，维护纳税人的合法权益，保证地方税收收入的稳定增长，根据国务院办公厅发［1997］1号《关于转发国家税务总局深化税收征管改革方案的通知》以及县委、县政府淮发［1996］

25号《关予加强乡镇财政工作的意见》的精神，现就我县农村地税代征工作提出如下意见：

一、各乡镇政府所在地企业、单位和个体工商户的地方税收由各地税所地税干部直接征收，集贸市场税收由聘用的代征员协助征收，也可划出一部分个体工商户由代征员负责征收。

二、乡镇政府所在地以外，分散在各村组的个体工商户、无证经营户以及农民个人应纳地方税收统一委托各村民委员会（居委会）代征，包括代征车船使用税、屠宰税、印花税、营业税、个人所得税、城建税、教育费附加等，各村支书、村长、村民组长为地税协税员，具体负责代征工作。委托王营镇、果林场、开发区的居委会、村委会代征居民出租房屋的房产税、营业税、个人所得税等，以及其他流动、零散地方税收。

三、农村自行车车船使用税，委托各乡镇财政所和农经站组织代征，村协税员协助；其他各类车船使用税、运输营业税，城区可依法委托交警、交通部门代征；印花税可委托乡镇土管、建设、工商管理部门在发证、年检时代征。未经税务机关委托，不准强行征扣。

四、对各乡镇聘用的代（助）征员由县地税局发给代征员证书，对基层代征单位的村委会、财政所、农经站等部门由县地税局依照税法规定签订委托代征协议书，发给委托代征证书，做到依法行政，依法办税。各乡镇要对代征人员建立必要的工作制度、奖励制度，根据工作表现、代征收入多少，付给必要的报酬和奖励。

五、对各代征单位和代征员要严格加强管理，强化税法知识的学习和辅导，促使他们严格按税收法律法规的规定办事，在法律法规规定的范围内行使税收代征权力，严禁越权征收、越权减免、越权检查、扣押等现象的发生。对代征单位和代征员的税收票证的发放和管理要严格按照县地税局文件规定办事，限量限额发放使用，按规定填开，不得短少，不准压票压款，以维护税法的统一性和严肃性。

六、严格按《行政处罚法》办事，税务行政处罚由税务机关实施，未经法律、法规的授权和税务机关的委托，任何单位和个人不得代行税务行政处罚权。地税机关在行使处罚权时也要在法律、法规授权的范围内进行，严格按照《税收征管法》和《行政处罚法》界定限额组织实施，需要组织听证的在实施前必须依法履行听证程序，以维护纳税人的合法利益。

七、凡执法人员在行政执法中发生执法不公、处罚不当、行为不规范，发生错案的，要依法追究有关人员责任。

淮阴市地方税务局文件

淮地税发〔1999〕168号

淮阴市地方税务局关于对《淮阴县地方税务局关于深化农村税收征管改革的实施方案》的批复

淮阴县地方税务局：

你局所报《淮阴县地方税务局关于深化农村税收征管改革的实施方案》收悉。经市局党组研究，同意你局按此方案实施。对基层征管机构设置按淮阴市地方税务局《关于全市地税系统基层征管机构设置的批复》（淮地税发［1999］160号）执行。

附：淮阴县地方税务局关于深化农村税收征管改革的实施方案

一九九九年十二月二十九日

主题词：农村　税收征管　改革　方案　批复

抄　送：省地方税务局

淮阴市地方税务局办公室　　1999年12月29日印发

打字：陈晓露　校对：朱红根　共印：10份

淮阴县地方税务局文件

淮地税（1999）072号

关于报送《淮阴县地方税务局关于深化农村税收征管改革的实施方案》的报告

市地方税务局：

现将《淮阴县地方税务局关于深化农村税收征管改革的实施方案》呈上，请审批。

附：淮阴县地方税务局关于深化农村税收征管改革的实施方案

一九九九年七月十五日

主题词：报送　税收　征管　改革方案　报告

淮阴县地方税务局办公室　　1999年7月15日印发

打字：薛燕　校对：石浩　共印：5份

淮阴县地方税务局
关于深化农村税收征管改革的实施方案

为适应社会主义市场经济发展的要求，建立科学严密的地方税收征管体系，根据《国家税务总局关于推进和深化农村税收征管改革的实施意见》和省、市地方税务局的相关文件精神，确保在新的世纪完全按照新的征管模式运行和征管，现结合我县地方税收工作的实际，对深化农村地方税收征管改革提出如下实施方案。

一、农村税收征管改革的指导思想

以新时期治税思想“法治、公平、文明、效率”为指针，以国家税务总局以及省、市地税局的文件精神为指南，进一步解放思想，审时度势，抓住机遇，因地制宜，深化农村税收征管改革，建立既科学严密又适合地区发展水平的地方税收征管体系，最终实现以法治税的总体战略目标。

二、农村税收征管改革的基本原则

立足国家税务总局确定的“精简、效能、适当集中”的原则，科学设置机构，合理划分职能，操作规范统一，内外协调一致，降低税收成本，方便征纳双方，利于队伍建设，确保税收任务完成。

三、农村税收征管改革的基本目标

在1999年底前全面推开和实施农村税收征管改革，建立“以申报纳税和优化服务为基础，以计算机网络为依托，集中征收，重点稽查”的新的征管模式，2000年全面完善、巩固并最终完成农村征管改革，彻底实现新旧征管模式的转换。

四、深化农村税收征管改革的主要内容和实施步骤：

（一）农村地税征管机构的设置和职能划分

1. 今年8月底前完成农村地税机构的设置和调整工作。除城区保留直属分局、王营分局（管辖王营镇、果林镇、开发区地方税收）外，对原有按经济区划设置的10个农村中心税务所简并重新设置为8个税务分局，具体为：杨庄分局（管辖杨庄乡、越河工矿区、凌桥乡）、棉花分局（管辖棉花庄乡、新渡乡、王兴乡、大兴庄乡、老张集乡)、丁集分局（管辖丁集乡、五里乡、刘老庄乡)、渔沟分局（管辖渔沟镇、韩圩乡、汤集乡、北吴集乡、西宋集乡)、徐溜分局（管辖徐溜乡、韩庄乡、古寨乡)、三树分局（管辖三树乡、袁集乡、蒋集乡)、南陈集分局（管辖南陈集乡、码头镇、南吴集乡)、赵集分局（管辖赵集镇、高埝乡、韩桥乡)，原有按行政区划即按乡（镇）设置的地税所一律撤销，在分局所在地以外各乡镇（场、工矿区）设立征收点，定时或巡回征收税款。

2. 农村税务分局内按征管与稽查相分离的原则设立“两所一厅”即征收管理所、稽查执行所和办税服务厅，办税服务厅人员、机构原则上隶属征收管理所，不再单列。征收管理所的职责是负责接受办理纳税人的税务登记、定额的审查和核定、纳税申报与税款征收、纳税人财务与账簿的管理、发票的发售和管理、接受纳税人停歇业、减免税以及缓缴税款的申报与报批事宜，并向纳税人提供涉税表证单书的发售和税收法律知识的咨询服务。征收管理所同时负责税收计会统工作和税收票证管理工作，负责办税服务厅的所有日常事务及管理工作。稽查执行所的职责是按照县级稽查局以及本分局的部署与指导，进行日常税收稽查和专项及专案稽查工作，负责稽查对象的甄选，稽查计划的制订，一般性案件的调查、审理和定案，重大案件的初步审理和调查、上报工作；负责对征收期后由征收管理所转交的逾期申报入库税款的催报催缴工作；负责税收保全和强制执行措施的实施以及其他需要的执行事项。稽查人员的比例要达到占全体税务人员的40%以上。

3. 考虑到目前地税干部人数较少，要按照机关报的机构设置加以合理分配，尽快转变职能。各征收点的税收征收工作将更多地依靠助征人员进行征收。各征收点由一名地税干部负责日常联系，每月5至10日驻点征收，其他时间均编入稽查执行所序列，由稽查执行所统一安排实施税务稽查工作。

4. 农村地税分局的基本建设必须加快进行，确保在年底前在建的农村分局的办公楼全部交付使用，标准化办税服务厅全部建设到位，并注重环境美化建设，门前、院落、厅内有花坛，分局内均要设有会议室、阅览室、活动室、招待所、厨房、餐厅、车库；办公室布局整齐、划一，室内窗明几净、管理有序，人员宿舍严格与办公楼层区分，宿舍内要做到整洁、卫生，有条件的分局可在院内开辟小菜园，改善地税干部的膳食条件，使农村各分局有一个全新的办公和征管条件。

（二）建立纳税人自行申报纳税制度，整饬纳税秩序

全面推行纳税人自行申报制度，即由纳税人按期自行到办税服务厅报送申报资料并缴纳税款；积极推行邮寄申报、代理申报等切实可行的新型申报手段，促进纳税人自觉履行纳税义务，对不主动履行义务的纳税人要严格加收滞纳金并予以处罚。对分局所在地以外的乡镇固定个体工商户税收可由办税服务厅根据定额核定和停歇业情况，将税票打印后，交由征收点负责征收，以方便纳税人缴纳税款。但征收期结束后，对逾期未缴纳税款的均移交稽查执行所按规定处理，以加大对拖欠税款行为的处罚力度。对乡镇协税力量组织的市场、屠宰、车船等税收统一由征收点集中到大厅缴纳。1999年底前农村企业的自行遵期申报率必须达到100%，个体工商户的自行遵期申报率必须达到95%。

（三）进一步优化服务体系，全面使用计算机进行税收信息处理

1. 建设一批标准化、多功能的办税服务厅

为方便纳税人，同时也便于地税机关集中征收管理，在每个分局所在地建设一个高标准、多功能的办税服务厅，办税服务厅是能够容纳和接受分局管辖区域内单位、个人办理涉税事务的场所，厅内设置税务登记、发票发售、申报受理、税款征收、税务咨询等窗口、柜台，以满足纳税人的要求。厅内要整洁、明亮，有专为纳税人提供等候办税和书写资料的区域，要有齐备的服务设施，使纳税人有一个满意而又舒畅的心情和环境。厅内要公布办税流程和服务规范，设置税法公告、定额公布栏，常备各税种纳税指南和宣传材料，定期发布税法公告，并逐步提供计算机多媒体支持的纳税人自我查询服务，帮助纳税人释疑解难。

2. 计算机作为税收征管改革的依托之一必不可少

把税务登记的建立、纳税申报的处理、税款的收缴、稽查对象的甄选以及各类税收信息、数据的处理和分析纳入计算机管理，是深化征管改革的基本目标之一。1999年8月份前要达到8个农村分局办税服务厅内计算机一步配备到位，实现硬件和软件平台的一次性更新，并力争能够试用省局统一组织开发、研制的《全省地方税收征管信息系统》软件。加强计算机管理的网络化进程，争取在2001年之前实现全局计算机征管网络系统联网，形成以本局为中心，辐射全县各分局的地税计算机信息区域网络。

（四）借助社会协护税力量，采取多种方式征收税款

农村征管改革的实施使地税机关在人员上更趋集中、紧缩，因此要针对农村地域较大、税源相对分散的特点，在实行集中征收的同时，要紧紧依靠地方党委、政府的支持，因地制宜地采取多种方式征收税款。分局管辖区域内的所有企业、单位和固定个体工商户的税收集中在分局办税服务厅内申报、缴纳，有关涉税事务均在分局办税服务厅内办理，其他零散和临时性税收采取委托代征的方法征收。各分局要认真贯彻落实县政府《淮阴县地方税收委托代征暂行办法》和《关于加强协税护税体系建设的意见》两个文件，对农村零散税收以及面向农民个人征收的自行车税收、集贸市场税收等委托给乡镇有关单位或村委会以及其他合适的代征人员征收，定期结报，以加强源泉控管，降低征收成本，同时也要防止因集中征收影响地方党委政府的管税积极性，造成村、组零散税收的流失。要通过实施改革使村组零散税收的征管更加规范，执法更加严格，做到所有的税源应收皆收。

（五）改变税款缴库方式，适应集中征收管理

随着新的征管模式的运行，税款缴库方式必须作相应的的调整。实行地方税收集中征收后，未设置地税分局的乡镇的国库代办处将不再处理地税所征收税款的入库事宜，所有业务转入各地税分局所在地的国库代办处统一办理。根据我县实际情况，除王营分局外，乡镇各分局的国库代办处均设在分局所在地信用社。地税分局征收的税款要分清级次及时交由分局所在地国库代办处划转县金库和各乡镇的财政所国库存款户，以便两级财政能及时用款（具体操作方法将由县人行、财政局、地税局以及相关金融部门联合发文通知）。

（六）规范税收征管表证单书，严格按《操作规程》办事

征管改革的成功与否，征管基础建设尤显重要。实行征管改革没有扎实的征管基础，申报率的提高、计算机管理都无从谈起。由于省局的征管软件都是严格按《征管操作规程》编写的，因此在日常工作中必须严格按省局《征管操作规程》的规定进行征管业务的操作，统一按要求制作和使用涉税表证单书，才能保证征管改革有条不紊地顺利进行。

五、农村税收征管改革的组织与实施

（一）加强组织领导，形成一股合力

农村税收征管改革是一项浩大的系统工程，为加强对此项工作的领导，本局决定继续由李仁俊局长为组长、陈爱五副局长为常务副组长，并由征管、计财、办公室、人教、监察、税政、稽查等各股室负责人组成税收征管改革领导小组，领导和组织农村税收征管改革工作的开展，具体工作由征管股牵头，各股室、分局要统 协调配合做好此项工作，以在思想上、组织上保证农村税收征管改革工作的顺利进行。

（二）做好宣传解释工作，取得各方支持全面推动农村征管改革的进行

农村征管改革的实施，特别是机构设置的调整、税款征收的相对集中、缴库方式的改变等等，必然会涉及和触动一些局部利益的调整，这里面不仅有内部结构调整所触动的利益调整，而且还牵涉到政府、部门和纳税人的利益。因此我们要通过各种方式做好宣传解释工作，打消各方面的顾虑，争取各方面的支持，从而推动改革的顺利进行。一方面要积极做好县乡两级特别是乡镇领导的思想工作，说明农村征管改革是必由之路，势在必行，要使他们看到征管改革带来的好处和积极的效果，取得他们的支持。另一方面要通过各种媒体向纳税人和社会各界宣传农村征管改革的优势，提请他们对地税机关和人员的监督，尽量减轻纳税人的负担，使之得到纳税人的理解和支持。同时要争取财政、金融、邮电、工商、技术监督等部门的配合和协助，及时协调和解决改革过程中出现的问题，推动改革进程。

（三）加强业务培训，适应改革要求

农村地税干部由于长期处于“一把算盘一支笔”的征收状态之下，在业务素质特别是计算机知识、财会知识、稽查技能等方面欠缺较多。因此要加大业务知识和计算机技能学习和培训力度，使农村地税干部能尽快适应征管改革的需要，拉得出，打得响，能够胜任新的岗位的要求。各乡镇地税代征员，要适应改革，强化责任，熟悉业务，组织好本乡税收，保证改革的正常运行。在理顺机构设置、明确职能划分的前提下，还要建立严格的岗位责任制，以职定岗，以岗定责，责任到人，确保岗位职责与业务工作的衔接。

（四）严格考核验收，确保农村征管改革顺利完成

为确保农村征管改革的全面深入的进行，本局将进一步细化农村征管改革目标，加大此项目标考核力度，年终对征管改革的完成情况进行验收评比，考核验收将从以下七方面进行：（1）各分局新征管模式的运行情况；（2）征管质量的综合评估；（3）纳税人自行申报纳税情况；（4）计算机的应用程度和软件运行情况；（5）为纳税人服务、监控管理和稽查工作情况；（6）机构和岗位设置情况及相应的制度建设情况；（7）办税服务厅的环境和服务状况。

淮安市淮阴地方税务局文件

淮地税发［2003］56号

淮安市淮阴地方税务局关于印发《淮安市淮阴地方税务局机构改革实施方案》等三份文件的通知

各分局、稽查局、机关各股室：

经市地税局党组（淮地税党组字［2003］55号）批复，同意我局呈报的机构改

革实施方案。现将《淮安市淮阴地方税务局机构改革实施方案》、《淮安市淮阴地方税务局股级职位竞争上岗实施办法》、《淮安市淮阴地方税务局双向选择实施办法》等三份文件印发给你们，请认真贯彻执行。

特此通知。

二〇〇三年六月十九日

主题词：机构改革　实施方案　通知

淮安市淮阴地方税务局办公室　　2003 年 6 月 19 日印发

打字：鞠海霞　校对：人教股　周耕生

淮安市淮阴地方税务局
机构改革实施方案

为了保证淮安市淮阴地方税务局机构改革的顺利进行，根据《江苏省市、县地方税务局机构改革指导意见》（苏地税发［2003］17 号）和《淮安市地方税务局县（区）地方税务局机构改革总体实施意见》（淮地税发［2003］82 号）精神，结合我局实际，制定淮阴地税系统机构改革实施方案。

一、机构设置

根据《江苏省机构编制委员会办公室关于印发淮安市地方税务局及所辖县（市）局职能配置、机构设置和人员编制规定的通知》（苏编办［2003］75 号）精神，淮安市淮阴地方税务局内设机构、直属机构、派出机构设置如下：

（一）内设机构

淮安市淮阴地方税务局内设6个职能股室：

1. 办公室

负责处理局机关日常政务，起草和审核有关文件和报告；负责会议组织、秘书事务、文电处理、信息综合、文书档案、工作督查、办公自动化和信访、保密、税收宣传工作；制定机关内部规章制度；管理机关财务；负责局机关后勤服务工作。

2. 人事教育股

负责系统干部人事、劳动工资、机构编制等工作；负责干部职工的学历教育和培训工作；负责出国（境）人员的审查、报批工作；负责离退休人员的服务、管理工作；负责思想政治工作和精神文明建设；负责系统内先进集体、先进个人的评选表彰和基层建设等工作。

3. 计划财务股

贯彻执行税收计划、会计、统计制度；负责地方税源的预测；负责各项地方税收、基金、费收入计划的编制、分配、考核、分析和信息数据的汇总、统计、审核工作；负责组织税款入库工作；办理地方税收、基金、费等票证的印制和管理工作；负责本系统经费、财务、制服、固定资产的管理和监督；参与系统内部审计工作。

4. 征收管理股

组织实施税收征管法律、法规及规章、制度，结合实际研究制定加强征收管理的制度办法；负责税务登记、纳税申报、普通发票和税收征管资料的管理，以及地方税收滞纳补罚收入管理；负责指导个体、私营和零散税收的征管工作；负责缓缴税款、呆账税金和死欠税金核销的审核；负责欠税及日常稽核工作的管理。

5. 税政股（政策法规股）

负责地方税税政业务和征收管理工作；负责国务院、省政府指定的各项基金和费的征收管理工作；按照税收管理权限，制定具体征收管理办法，处理执行税收政策中的有关事项，指导企业财务管理工作；制定地方税收规范性文件；负责对地方税收执法情况的监督检查；承办重大税收案件的审理和行政处罚工作；办理税务行政诉讼、行政处罚听证和行政复议。

6. 信息管理股

负责制定税收信息工作规划并组织实施；负责信息资源的统一管理、提供信息服务和技术保障；负责税务管理工作中的资料管理、数据采集、加工分析和信息服务工作；参与地税系统征管软件的开发和推广工作；负责计算机设备的配置、维护和日常管理；负责信息网络的建设、维护和管理。

另按有关规定设置监察室、机关党委和工会。

（二）直属机构

稽查局

负责拟定税务稽查具体办法并组织实施；监督检查全区地税系统征管对象执行地方税收政策、法规及制度情况；指导、协调和管理全区地税稽查工作；组织、协调和管理全区地税系统及地方税收的各种专项检查工作；办理有关人民来信、来访举报的税务案件，查处重大税务案件。

稽查局内设检查一、二、三、四所，具体负责选案、实施、审理、执行。

（三）派出机构

1. 第一税务分局

负责王营镇范围内地方税、基金、费的征收工作；负责有关税收宣传、认定管理、涉税事项的调查工作；负责重点税源户管理；负责日常税收稽核工作；负责个体和零散税收征管工作；负责区域内协税护税工作。

第一税务分局内设征收所、管理一、二所，负责税款、基金、费征收和税户管理工作。

2. 第二税务分局

负责赵集镇、韩桥乡范围内地方税、基金、费的征收工作；负责有关税收宣传、认定管理、涉税事项的调查工作；负责重点税源户管理；负责日常税收稽核工作；负责个体和零散税收征管工作；负责区域内协税护税工作。

3. 第三税务分局

负责南陈集镇、码头镇、吴城镇范围内地方税、基金、费的征收工作；负责有关税收宣传、认定管理、涉税事项的调查工作；负责重点税源户管理；负责日常税收稽核工作；负责个体和零散税收征管工作；负责区域内协税护税工作。

4. 第四税务分局

负责三树镇、凌桥乡范围内地方税、基金、费的征收工作；负责有关税收宣传、认定管理、涉税事项的调查工作；负责重点税源户管理；负责日常税收稽核工作；负责个体和零散税收征管工作；负责区域内协税护税工作。

5. 第五税务分局

负责棉花庄镇、新渡乡、王兴镇、张集乡范围内地方税、基金、费的征收工作；负责有关税收宣传、认定管理、涉税事项的调查工作；负责重点税源户管理；负责日常税收稽核工作；负责个体和零散税收征管工作；负责区域内协税护税工作。

6. 第六税务分局

负责丁集镇、袁集镇、五里镇范围内地方税、基金、费的征收工作；负责有关税收宣传、认定管理、涉税事项的调查工作；负责重点税源户管理；负责日常税收稽核工作；负责个体和零散税收征管工作；负责区域内协税护税工作。

7. 第七税务分局

负责渔沟镇、吴集镇、西宋集镇范围内地方税、基金、费的征收工作；负责有关税收宣传、认定管理、涉税事项的调查工作；负责重点税源户管理；负责日常税收稽核工作；负责个体和零散税收征管工作；负责区域内协税护税工作。

8. 第八税务分局

负责徐溜镇、刘老庄乡、古寨乡范围内地方税、基金、费的征收工作；负责有关税收宣传、认定管理、涉税事项的调查工作；负责重点税源户管理；负责日常税收稽核工作；负责个体和零散税收征管工作；负责区域内协税护税工作。

二、领导职数的配置

1. 区局领导职数为：局长 1 名，副局长 3 名，纪检组长 1 名。

2. 区局机关股级领导职数为：正副股长（主任）8 名，其中正股长（主任）7 名（含纪检组副组长、监察室主任 1 名），副股长（副主任）1 名。

3. 直属机构股级领导职数为：正副局长（所长）7 名，其中正局长 1 名，副局长 2 名，正所长（副股级）4 名，不设副所长。

4. 派出机构股级领导职数为：正副分局长（所长）20 名，其中正分局长 8 名，副分局长 9 名，正所长（副股级）3 名，不设副所长。

5. 领导干部产生办法：股级领导干部人选原则上通过竞争上岗的办法在现任股级干部中产生。竞争上岗具体实施办法由区局另行制定。

三、人员分流

机构改革中的人员分流，有政策性分流和鼓励性分流两种情况。

政策性分流包括：

1. 退休。2003 年 12 月 31 日前男年满 60 周岁、女年满 55 周岁的，及时办理退休手续。

2. 提前离岗退养。股级（含）以下干部，男年满 57 周岁（1945 年 12 月 31 日前出生）、女年满 52 周岁（1950 年 12 月 31 日前出生）的，在定编定岗方案实施前办理提前离岗退养手续。具体手续按照省人事厅和省地税局联合下发的（苏人发［2003］4 号、苏地税发［2003］14 号）文件办理。

3. 病退。近两年连续病假超过 6 个月或因病不能坚持正常工作的人员，办理病退。

4. 脱产学习。凡 40 周岁（含）以下，未取得高中文化程度的机关工作人员（不含工勤人员），必须进行相应的脱产学历教育。

5. 凡未取得国家公务员资格以及工人性质的人员，目前仍在公务员岗位上工作的，待适当时机转到工勤岗位。

6. 助征员、代征员。将按市局要求，制定具体清退实施办法报市局备案后，进行清理。

鼓励性分流包括：

1. 提前退休，2004 年 12 月 31 日前，工作年限满 30 年的国家公务员；或男年满 55 周岁（1949 年 12 月 31 日前出生）、女年满 50 周岁（1954 年 12 月 31 日前出生）且工作年限满 20 年的国家公务员；2004 年 12 月 31 日前，工作年限满 30 年，或男性年满 55 周岁且工作年限满 20 年的机关工勤人员，可以提前办理退休手续。但必须由本人以书面形式提出申请，并填写《江苏省党政机关机构改革提前退休人员审批表》（一式五份）。具体手续按照省人事厅和省地税局联合下发的（苏人发［2003］4 号、苏地税发［2003］14 号）文件办理。

2. 调出本单位。鼓励分流人员到系统外企事业单位、社会团体和中介组织工作，或自谋职业，或领办、创办企业和公益性事业单位，或到其他所有制形式的单位工作。

3. 辞职。鼓励分流人员自谋职业或领办企业和公益性事业单位等。

4. 人员分流的各项政策待遇按照省人事厅、省地税局联合下发的《江苏省市、县地方税务局机构改革人员分流实施办法》（苏人发［2003］4 号、苏地税发［2003］14 号）文件执行。

四、人员定岗

1. 股级领导干部通过竞争上岗、缺位竞争，由区局党组确定其工作岗位。

2. 一般工作人员在双向选择的基础上，由区局党组确定其工作岗位。

3. 2003 年 12 月 31 日前，担任正股级领导职务人员男年满 52 周岁，担任副股级领导职务人员男年满 50 周岁，担任股级领导人员女年满 50 周岁，转任非领导职务。

4. 在竞争上岗、双向选择中落选落聘人员作待岗处理。

双向选择、缺位竞争的具体实施办法由区局另行制定。

五、实施步骤

（一）准备阶段

1. 成立淮安市淮阴地方税务局机构改革领导小组。拟定淮阴地税系统机构改革总体方案，拟定竞争上岗、缺位竞争、双向选择等实施办法。

2. 做好宣传发动工作。

（二）实施阶段

1. 召开机构改革动员大会，组织学习人员分流政策文件，发放机构改革自愿申请表，排出分流人员名单。

2. 按照政策规定由区局党组确定定岗前分流人员。

3. 根据拟定的各类实施办法，组织实施股级领导干部竞争上岗，以及双向选择等工作。

4. 根据公务员职位要求和任职条件以及工作需要，做好定编定岗及干部任免工作。

5、对未定岗人员，作待岗处理。经自学或培训后，重新参加双向选择或竞争上岗。

（三）总结阶段

根据市局机构改革总体方案的要求进行对照检查，搞好总结工作，并做好迎接上级组织检查验收的准备。

六、有关政策

1. 全区地税系统干部要正确认识机构改革，正确对待组织决定，正确把握集体利益和个人利益的关系，做到思想不散，秩序不乱，纪律不松，工作不断，确保机构改革工作与日常业务工作两不误。

2. 符合提前退休、病退或转任非领导职务的同志没有提出申请，在竞争上岗、双向选择中落选的，作待岗处理。

3. 分流人员要服从领导，严格遵守组织纪律和工作纪律，做好各项交接工作，对不服从组织纪律和工作纪律的人员，要严肃处理。

4. 各级领导干部要加强党性和纪律性，在机构改革中起表率作用，自觉维护改革大局。任职通知宣布后，必须在一周内到所在单位报到；对个别工作来不及移交的，经区局主要领导同意，可先报到，后移交；一周内不到任的，视同自动辞职。

5. 一般干部定岗后，必须在 3 天内交接完毕，上岗到任；否则视同放弃岗位，作待岗处理。

6. 凡在机构改革中不遵守组织纪律和工作纪律，无理取闹，干扰机构改革正常进行的，根据情节轻重，给予一定的行政处分。

七、时间安排

区局机构改革工作从 6 月开始，7 月底结束。

八、本实施办法由淮安市淮阴地方税务局机构改革领导小组负责解释

淮安市地方税务局文件

淮地税复［2004］21 号

淮安市地方税务局
关于《淮阴地方税务局机构设置、人员编制方案》的批复

淮安市淮阴地方税务局：

《淮安市淮阴地方税务局机构设置、人员编制方案》（淮地税发［2004］95 号）业经市局审核，现予批准，请抓紧组织实施。

二〇〇四年十一月三日

主题词：机构设置　人员编制　方案　批复

淮安市地方税务局办公室　　2004 年 11 月 8 日印发

打字：陈晓露　校对：人事处　徐亚东

淮安市地方税务局文件

淮地税发［2004］95号

淮安市淮阴地方税务局关于报批《淮安市淮阴地方税务局机构设置、人员编制方案》的请示

市地方税务局：

根据淮安市县（区）局税收征管改革方案的要求，现将《淮安市淮阴地方税务局机构设置、人员编制方案》上报市局，如无不妥，请予批准实施。

附件：淮安市淮阴地方税务局机构设置、人员编制方案

二〇〇四年九月二十一日

主题词：人事　机构　编制　方案　请示

淮安市淮阴地方税务局办公室　　2004年9月21日印发

打字：鞠海霞　校对：人教科　王琦

淮安市淮阴地方税务局机构设置人员编制方案

根据市局税收征管改革方案的要求，结合淮阴地税实际，特制定本方案。

一、机构设置

按照优化流程、整合系统、专业化管理、规范化运作的要求重组现有机构。撤销原内设机构、直属机构、派出机构，按机构扁平化、人员专业化的要求重新设立：办公室、人事教育科、监察室、计划财务科、政策法规科、征管信息科、稽查局，在城区设立第一、第二税务分局，农村设立第三至第六税务分局。淮阴地税局征管改革后的内设机构、直属机构、派出机构主要职能如下：

（一）内设机构

1. 办公室

负责处理机关日常政务，起草和审核有关文件和报告；负责会议组织、秘书事务、文电处理、信息综合、文书档案、工作督察、办公自动化和信访、保密、税收宣传月组织工作；负责税收科调研工作；负责 ISO 9000 质量管理文档管理系统维护工作；负责制定全局规章制度制定工作；负责局机关后勤服务工作；完成领导交办的其他工作任务。

2. 人事教育科、监察室

人事教育科与监察室合署办公。

负责全局干部人事、工资、机构编制工作；负责干部的学历教育和培训；负责干部的出国（境）审查、报批工作；负责离退休人员的服务、管理工作；负责思想政治工作和精神文明建设；负责基层建设和系统内先进集体、先进个人的评选表彰。

负责全局党的纪律检查和行政监察工作；负责受理有关地税人员违反法律、法规和规章的人民来信来访和举报工作；负责调查、处理有关地税人员违纪违法行为及违法案件的移送工作；负责制定行风廉政建设工作计划，加强系统内的行风廉政建设，制定并强化监督制约机制。

完成领导交办的其他工作任务。

3. 计划财务科

负责全局税收和基金的计划、会计、统计工作；负责地方税源的预测；负责社会保险费的计划录入、调整、统计、核算工作；负责全局税收票证、社会保险费及各项基金票据的领发、核销工作。负责全局经费及财务、制服、固定资产的管理和监督；参与系统内部审计工作。完成领导交办的其他工作任务。

4. 政策法规科

负责指导、督促和检查局属各部门正确执行各项税收、基金（费）政策法规；负责社会保险费的协调工作；负责税收政策的调查研究，制定分税种、分行业的税收征管办法；负责企业财务管理和改组改制、清产核资等涉税管理工作；负责税收、基金（费）的减、免、退和税前列支项目审查、审批的复核和上报工作。

负责全局各项行政许可工作；按照税收管理权限，负责制定地方税收规范性文件并对其他业务部门制定的地方税收规范性文件进行会签会办；负责税收执法检查工作；负责组织对重大税务案件的审理工作；负责税务行政诉讼、行政处罚听证和行政复议工作。

完成领导交办的其他工作任务。

5. 征管信息科

负责制定各项税收征管制度；负责发票管理工作；负责缓缴税款的上报审批工作；负责税控装置、电子申报、划卡缴税的推广应用工作；负责纳税评估的指导、督促和检查工作；负责欠税管理工作；负责制定定期定额户分等定级标准；负责护税协税网络的建设工作；负责征管资料的印制、发放和分类管理工作；负责贯彻ISO 9000质量管理体系标准工作。

负责信息技术业务的安装、维护和管理工作；负责系统内软件的推广应用和培训工作；负责电子数据的归集、整理和交换。

完成领导交办的其他工作任务。

（二）直属机构

稽查局

负责拟定全区税务稽查具体办法并组织实施；监督检查全区地税系统征管对象执行地方税收政策、法规及制度情况；指导、协调和管理全区地税稽查工作；组织、协调和管理全区地税系统及地方税收的各种日常检查、专项检查和专案检查工作；建立税务案件举报中心，办理有关人民来信、来访举报的税务案件，查处偷税、逃避追缴欠税、骗税、抗税等重大税务案件；负责向征管信息科与管理分局反馈稽查中发现的管理问题和征管建议；完成市稽查局、区局交办的其他工作。

稽查局内设：选案审理股、检查执行股，为副股级建制。

（三）派出机构

1. 第一税务分局

负责全区地方税收、基金、社保费的申报受理及征收工作；负责门临开票工作；负责开业、变更税务登记的受理、审批和发证，负责外出外来户登记管理、停歇业登记的审批、注销税务登记的受理工作；负责纳税人各种涉税事项申请的受理、审核、预审批工作；负责发票使用计划的制订，负责发票的发售、缴销、核销和核损工作；负责根据税务分局的调查情况做好纳税人的发票资格认定和纳税鉴定工作；负责税务登记、申报征收中符合当场处罚条件的行政处罚的实施；负责与工商、国税、技术监督、编委、民政、金融及公安等部门的信息交换工作；负责税法的宣传培训以及税收政策的信息发布、咨询服务工作；完成领导交办的其他工作任务。

第一税务分局内设：综合股、征收股，为副股级建制。

2. 第二税务分局

负责王营镇范围内纳税人的日常检查工作；负责纳税评估工作；负责各种涉税事项的调查工作；负责税收、基金、社会保险费逾期未申报、未入库的催报催缴；承担税收、基金、社保费收入任务；负责对税务违章行为的行政处罚、税收保全、税收强制执行、发票停限供的提请及执行；负责辖区范围内纳税人的验证、换证工作；负责注销登记户的调查清算、企业所得税税前扣除项目调查、所得税汇算清缴、纳税人分类管理认定调查工作；负责税收调研、税源调查及预测工作；负责欠税的确认、清理，死欠税金的上报确认工作；负责日常稽核、外税审核评税、涉外税务审计、纳税人信誉等级的初评及报批工作；完成领导交办的其他工作任务。

第二税务分局内设：评估监控股、管理股，为副股级建制。

3. 第三税务分局

负责南陈集镇、赵集镇、韩桥乡、吴城镇、码头镇范围内纳税人的日常检查工作；负责纳税评估工作；负责各种涉税事项的调查工作；负责税收、基金、社会保险费逾期未申报、未入库的催报催缴；承担税收、基金、社保费收入任务；负责对税务违章行为的行政处罚、税收保全、税收强制执行、发票停限供的提请及执行；负责辖区范围内纳税人的验证、换证工作；负责注销登记户的调查清算、企业所得税税前扣除项目调查、所得税汇算清缴、纳税人分类管理认定调查工作；负责税收调研、税源调查及预测工作；负责欠税的确认、清理，死欠税金的上报确认工作；负责日常稽核、外税审核评税、涉外税务审计、纳税人信誉等级的初评及报批工作；完成领导交办的其他工作任务。

分局驻南陈集镇。

4. 第四税务分局

负责棉花庄镇、新渡乡、王兴镇、老张集乡范围内纳税人的日常检查工作；负责纳税评估工作；负责各种涉税事项的调查工作；负责税收、基金、社会保险费逾期未申报、未入库的催报催缴；承担税收、基金、社保费收入任务；负责对税务违章行为的行政处罚、税收保全、税收强制执行、发票停限供的提请及执行；负责辖区范围内纳税人的验证、换证工作；负责注销登记户的调查清算、企业所得税税前扣除项目调查、所得税汇算清缴、纳税人分类管理认定调查工作；负责税收调研、税源调查及预测工作；负责欠税的确认、清理，死欠税金的上报确认工作；负责日常稽核、外税审核评税、涉外税务审计、纳税人信誉等级的初评及报批工作；完成领导交办的其他工作任务。

分局驻棉花庄镇。

5. 第五税务分局

负责丁集镇、袁集镇、五里镇、徐溜镇、刘老庄乡、古寨乡范围内纳税人的日常检查工作；负责纳税评估工作；负责各种涉税事项的调查工作；负责税收、基金、社会保险费逾期未申报、未入库的催报催缴；承担税收、基金、社保费收入任务；负责对税务违章行为的行政处罚、税收保全、税收强制执行、发票停限供的提请及执行；负责辖区范围内纳税人的验证、换证工作；负责注销登记户的调查清算、企业所得税税前扣除项目调查、所得税汇算清缴、纳税人分类管理认定调查工作；负责税收调研、税源调查及预测工作；负责欠税的确认、清理，死欠税金的上报确认工作；负责日常稽核、外税审核评税、涉外税务审计、纳税人信誉等级的初评及报批工作；完成领导交办的其他工作任务。

分局驻丁集镇。

6. 第六税务分局

负责渔沟镇、三树镇、凌桥乡、吴集镇、西宋集镇范围内纳税人的日常检查工作；负责纳税评估工作；负责各种涉税事项的调查工作；负责税收、基金、社会保险费逾期未申报、未入库的催报催缴；承担税收、基金、社保费收入任务；负责对税务违章行为的行政处罚、税收保全、税收强制执行、发票停限供的提请及执行；负责辖区范围内纳税人的验证、换证工作；负责注销登记户的调查清算、企业所得税税前扣除项目调查、所得税汇算清缴、纳税人分类管理认定调查工作；负责税收调研、税源调查及预测工作；负责欠税的确认、清理，死欠税金的上报确认工作；负责日常稽核、外税审核评税、涉外税务审计、纳税人信誉等级的初评及报批工作；完成领导交办的其他工作任务。

分局驻渔沟镇。

二、人员编制

部门名称	编制分配数			
	行　编	专　编	行　附	专　附
局长室	5			
办公室	3		3	
人事教育科	1			
监察室	1			
计划财务科	3			
征管信息科	4			
政策法规科	3			
稽查局		22		3
第一税务分局		22		5
第二税务分局		35		5
第三税务分局		8		1
第四税务分局		8		1
第五税务分局		8		1
第六税务分局		8		1
合　计	20	111	3	17

三、领导职数配置

1. 区局机关股级领导职数为：正副科长（主任）9名，其中正科长（主任）6名；副科长3名。具体为：

部　门	正股职	副股职
办公室	1	
人事教育科	1	
监察室	1	
计划财务科	1	1
征管信息科	1	1
政策法规科	1	1
合　计	6	3

2. 直属机构股级领导职数为5名，其中正局长1名，副局长2名；正所长(副股级）2名。具体为：

部　门	正股职	副股职
稽查局	1	2
稽查局选案审理股		1
稽查局检查执行股		1
合　计	1	4

3. 派出机构股级领导职数为18名，其中正分局长6名，副分局长8名；正所长(副股级)4名。具体为：

部　门	正股职	副股职
第一税务分局	1	2
第一税务分局综合股		1
第一税务分局征收股		1
第二税务分局	1	2
第二税务分局评估监控股		1
第二税务分局管理股		1
第三税务分局	1	1
第四税务分局	1	1
第五税务分局	1	1
第六税务分局	1	1
合　计	6	12

贺　信

区地税局：

欣闻你局于10月28日组织地税收入突破四亿元，实现4.008亿元，同比增长58.9%，收入总量实现历史性的跨越，提前两个月完成全年目标任务，区委、区政府特向你局全体职工表示热烈的祝贺！

今年以来，你局紧紧围绕“争先淮安、崛起苏北、追赶苏中、学习苏南”的发展定位和“三步并作两步跨，三年力争翻一番”的奋斗目标，坚持依法治税，强化税收征管，加强效能建设，提高服务质量，创新工作举措，狠抓征管质量，为完成全区财政总收入打下了坚实的基础，为全区经济社会持续快速健康发展作出了积极贡献！

希望你局在今后的工作中，进一步开拓创新，扎实苦干，凝心聚力，以更加有为的精神状态、更加有效的工作措施，去夺取更加优异的工作业绩，在新的起点上再攀高峰，再创佳绩！

中共淮阴区委员会

淮阴区人民政府

2008年10月28日

附件：

淮安市淮阴地方税务局荣誉制度

第一章　总　则

第一条　为了表彰先进，鞭策后进，激励士气，鼓舞干劲，在广大地税干部队伍中营造你追我赶的良性竞争氛围，全面提升我局干部队伍的整体素质，强化团队理念，把我局打造成一个具有高度凝聚力，较强战斗力，健康、和谐、稳定发展的团队，经局领导研究，决定制定本制度。

第二条　本制度以党的“十七”大精神为指导，以公开、公平、公正、实事求是为原则。

第三条　设立单位授奖评定组，由党组书记、局长任组长，其他党组成员、副局长为副组长。单位授奖评定组下设办公室，办公地点设在人事教育科，由分管局长兼任办公室主任，人事教育科、党委办、工会、监察室人员为成员。

第二章　荣誉等级的设定

第四条　设立五级荣誉等级，即国家级荣誉、省部级荣誉、市厅级荣誉、县（区）处级荣誉、县（区）处级以下荣誉。

国家级荣誉是指，取得由中共中央委员会、国务院颁发的荣誉；

省部级荣誉是指，取得由中央国家机关、国务院各部委、国家级社会团体、省委、省政府颁发的荣誉的；

市厅级荣誉是指，取得由省委各部门、省政府各部门、省级社会团体、市委、市政府颁发的荣誉的；

县（区）处级荣誉是指，取得由市委各部门、市政府各部门、市级社会团体、区委、区政府颁发的荣誉的；

县（区）处级以下荣誉是指，取得由区委各部门、区政府各部门、区级社会团体颁发的荣誉的。

第三章　获得荣誉的途径

第五条　个人荣誉的获得途径：

（一）单位授奖评定组组长提名；

（二）单位授奖评定组副组长二分之一（含）以上人员集体提名；

（三）经民主推荐，中层以上干部测评，获得优秀公务员及各类先进个人的个人；

（四）因表现突出、成绩显著，在本单位以外获得荣誉的个人；

（五）单位推荐或个人自荐；

（六）其他获得荣誉的途径。

第四章　奖　励

第六条　对获得荣誉的个人，经单位授奖评定组办公室初审，并报授奖评定组审定后，由单位授奖评定组组长、副组长按照荣誉等级由高到低的顺序，给予颁发相应的勋章：

（一）获得国家级个人荣誉的，授予“特级荣誉奖章”一枚；

（二）获得省部级个人荣誉的，授予“一级荣誉奖章”一枚；

（三）获得厅局级个人荣誉的，授予“二级荣誉奖章”一枚；

（四）获得县（区）处级个人荣誉的，授予“三级荣誉奖章”一枚。

（五）对获得单位内部优秀公务员及各类先进个人荣誉的以及本单位以外同级单位荣誉的，授予“四级荣誉奖章”一枚。

累计三次（含）以上获得同一层次荣誉奖章的，可以自动晋升一级，经由本人申请，单位授奖评定组批准后，由单位授奖评定组办公室给予颁发上一级奖章。

同一年度内，获得多项表彰的，以所获得的最高一级表彰为颁奖标准。

第七条　凡在本单位以外获得荣誉的各类先进个人，按以下对应层次给予对应的物质奖励：

（一）获得国家级荣誉的，给予每次 20000 元奖励；

（二）获得省部级荣誉的，给予每次 8000 元奖励；

（三）获得市厅级荣誉的，给予每次 3000 元奖励；

（四）获得县（区）处级荣誉的，给予每次 1000 元奖励；

（五）获得县（区）处级部门荣誉的，给予每次500元奖励。

第八条 以上奖励，由单位授奖评定组在年终总结会上，集中颁奖，特殊情况需及时颁奖的，经单位授奖评定组同意，给予及时颁奖。

第五章 荣誉档案的建立和管理

第九条 单位授奖评定组办公室负责集体荣誉档案和个人荣誉档案的建立、保管、维护、更新。

第十条 获得各类集体荣誉、个人荣誉的单位和个人，在取得获奖证明后10日（工作日）内，将获奖证明，包括获奖证书、奖牌、文件等的原件及复印件、影印件或照片等报送单位授奖评定组办公室登记、整理、归档。

对逾期报送的，作自动放弃处理；对弄虚作假的，撤销其荣誉，收回奖章，并给予其一定的经济处罚，或党纪、政纪处分。

第六章 附 则

第十一条 本制度未尽事宜，由单位授奖评定组负责解释。

第十二条 本制度自2008年1月1日（取得荣誉证书、证明之日）起执行。

淮安市淮阴区人民政府文件

淮政发［2009］83号

区政府关于印发区地方税收征管保障工作实施意见的通知

各乡镇人民政府，开发区、工业新区管委会，区各委、办、局，区各直属单位：

现将《淮阴区地方税收征管保障工作实施意见》印发给你们，希认真遵照执行。

二〇〇九年六月十五日

淮阴区地方税收征管保障工作实施意见

为加强地方税收征收管理，保障地方税收收入，促进全区经济的稳定、健康发展，依据《中华人民共和国税收征收管理法》的相关规定和《江苏省地方税收征管保障办法》的具体要求，特制定如下实施意见。

一、组织领导

为强化税收征管保障工作的领导，区政府决定成立区地方税收征管保障工作领导小组，组长由区政府区长担任，分管财税工作的副区长担任副组长，各乡镇，开发区、工业新区管委会，区地税局、国税局、工商局、财政局、交通局、公安局、建设局、质监局、教育局、水利局、国土局、房产管理局、劳保局等单位的主要负责同志为成员。领导小组负责全区地方税协税护税的组织、协调、沟通和决策，定期召开成员单位联席会议，听取地方税收征管保障工作的情况汇报，分析全区地方税收征管保障情况，提出不同时期地方税收征管保障的具体任务。领导小组下设办公室，办公地点设在区地税局，主要负责接收、管理各部门传递的涉税信息资料，督促相关部门及时传递涉税信息。

二、部门职责

有关部门和单位要定期提供相关涉税信息，协助地方税务机关做好地方税收征管工作。

（一）财政局：每季度终了后20日内根据税务部门提供的应税项目，要向领导小组办公室提供分单位、分项目的应税行政事业性收费情况，提供纳入预算管理或财政专户管理的行政事业性收费项目的信息资料，提供机关事业单位闲置房屋出租信息，提供国有企业兼并、划转、改组改制及大中型企业主辅分离等信息，提供财政供给人员个人所得税扣缴信息。

财政部门要规范行政事业性收费票据管理，对不符合规定的收费单位或收费项目，不得使用行政事业性收费票据收取有关费用。对国家和省规定的有奖发票、涉税举报的奖金和代扣代缴、代收代缴、委托代征的手续费，按照规定在年度预算中予以安排。

财政部门要向新增经营性收费项目的单位发放《收费项目涉税通知书》，并及时将相关信息通知地税部门。

（二）发改委：每季度终了后20日内要向领导小组办公室提供全区重点建设项目计划及进度、基本建设投资计划、投资建设项目立项、招商引资重点项目和债券发行、兑付情况。每年年初提供本年度国民经济和社会发展计划。

（三）经贸委：每季度终了后20日内要向领导小组办公室提供全区技术开发项目立项计划、技术改造备案项目、规模以上工业企业经济发展情况，以及盐矿等行业矿产品开采量、收取中标设备服务费等情况。

（四）公安局：每季度终了后20日内要向领导小组办公室提供发放“外国人居留证”和“港澳台人员暂住证”等情况，提供车船使用、机动车辆注册登记信息、经营性停车场注册、房屋租赁信息等情况。

公安部门与地方税务机关要建立工作协调机制，打击税收违法犯罪行为。地方税务机关在查处涉税违法行为中，发现涉嫌犯罪的，要及时移送公安部门处理。

公安部门要协助税务部门调查涉税违法人员的有关情况，协助税务部门阻止未结清税款或滞纳金、又不提供担保的纳税人或其法定代表人出境。

（五）国税局：每季度终了后20日内提供增值税、消费税分户征收入库情况（包括增值税免、抵分户数据），及增值税、消费税先征后返，先征后退，即征即退分户数据。

每季度终了后20日内要提供稽查查补增值税、消费税税额情况。

（六）建设局：工程承揽、中标合同签订后20日内要向领导小组办公室提供工程招标项目资料、项目合同备案信息。每月终了后20日提供建筑工程施工许可证发放、已备案的外来建筑企业及房地产开发、城市拆迁、旧城改造、重点工程以及外地来淮施工队伍有关情况等。

（七）交通局：每季度终了后20日内要向领导小组办公室提供各类车辆、船舶营运证发放、交通建设工程许可等情况，交通运输企业的成立、变更、注销等信息资料，交通建设项目及其实际资金投入和工程款支储等情况，在本区注册的船舶年审年检及载重吨位情况。每年年初提供本年度交通建设投资计划。

（八）水利局：每季度终了后20日内要向领导小组办公室提供水利建设项目及其实际资金投入和工程款支付等情况，以及水利工程水费收缴情况。每年年初提供本年度水利建设投资计划。

（九）教育局：每季度终了后20日内要向领导小组办公室提供国家和社会力量办学、成人教育和校办企业登记情况，提供举办各种业余教育的中小学和幼儿园登记情况。提供非义务教育阶段或民办学校培养费、赞助费、捐赠收入等情况。提供本局及其下属单位基建工程项目计划及工程款给付情况以及退离教师兼职和取得收入情况。

（十）工商局：每月终了后20日内要向领导小组办公室提供工商经营业户开业、变更、注销、吊销登记等情况。每季度终了后20日内与地税部门交换登记底册。“营业执照”年检后20日内要向税务部门通报年检情况。

工商部门对申请办理工商登记注销手续的企业和个体工商户进行审查时，发现其不能提供税务登记注销证明的，要通报地方税务机关。

对纳税人不办理税务登记的，经税务机关责令限期改正；逾期仍不改正的，经税务机关提请，工商行政管理机关要吊销其营业执照。

（十一）质监局：每月终了后20日内要向领导小组办公室提供企业、事业单位、社团组织及民办非企业单位的组织机构代码赋码信息，提供条形码服务费收取情况。

（十二）国土资源局：每季度终了后20日内要向领导小组办公室提供土地使用证和采矿许可证发放，土地收回、征用及批租等情况，提供应税矿产品开采情况，提供国有土地使用权出让、转让信息，提供地籍资料信息和基准地价资料。

国土资源部门对申请办理土地权属变更手续的单位和个人不能提供税务发票、完税证明或者税务机关出具的不征税证明的，不予办理相关手续。

（十三）房管局：每月终了后20日内要向领导小组办公室提供商品房预售、销售许可证发放信息，房屋产权初始登记信息，商品房、二手房产权登记、交易信息。

房产管理部门对申请办理房产权属变更手续的单位和个人不能提供税务发票、完税证明或者税务机关出具的不征税证明的，不予办理相关手续。

（十四）民政局：每季度终了后20日内要向领导小组办公室提供新成立社会团体、民办非企业单位登记、变更、注销等信息，收取的收养服务费情况。每年福利企业年检工作结束后20日内提供福利企业的认定情况。

（十五）科技局：每季度终了后20日内要向领导小组办公室提供高新技术企业名单和专利、技术转让或技术服务贸易情况，高新技术企业复审后20日内提供有关复审情况。每年度终了后20日内协调有关部门提供技术合同的认定登记情况。

（十六）劳保局：每月月底前要向区地税部门提供当月社会保险费计划。每季度终了后20日内要向领导小组办公室提供下岗失业人员“再就业优惠证”发放、外籍人员“劳动就业证”发放、技能培训单位登记、各类统筹金提取基数和比例调整等情况，提供每季度职业介绍中介服务收费情况。

（十七）文化局：每季度终了后20日内要向领导小组办公室提供举办文化艺术活动计划、文化市场登记和文化经营许可证发放及有关单位、人员的涉税信息等情况。

（十八）卫生局：每季度终了后20日内要向领导小组办公室提供营利性和非营利性医疗机构的认定和年审等情况，提供本局及下属单位基建工程项目计划及工程款给付情况。

（十九）审计局：每季度终了后20日内要向领导小组办公室提供涉税审计信息等情况。

审计部门要将被审计对象是否依法履行纳税和扣缴税款义务作为必审内容。

（二十）物价局：每月终了后20日内要向领导小组办公室提供政府定价范围内公益性收费、经营服务性收费项目及收费标准调整情况。

（二十一）统计局：每月终了后20日内要向领导小组办公室提供规模以上工业分注册类型、分行业总产值和城镇固定资产投资分注册类型、固定资产投资综合统计资料等信息。

（二十二）外经局：每季度终了后20日内要向领导小组办公室提供外国企业或者外籍个人转让商标权、专利权、非专利技术所有权或者使用权信息。

（二十三）规划局：每月终了后20日内要向领导小组办公室提供建设工程项目规划许可证副本核发信息。

（二十四）拆迁安置办：每季度终了后20日内要向领导小组办公室提供旧城改造拆迁项目、政府安置工程进展情况及工程款给付信息。

（二十五）区招投标中心：每季度终了后20日内要向领导小组办公室提供有关建筑安装、房地产行业招投标信息。

（二十六）城建办：每季度终了后20日内要向领导小组办公室提供有关城市建设工程的涉税信息。

（二十七）服务业发展局：每季度终了后20日内要向领导小组办公室提供本区范围内有关经济贸易数据，旅游、餐饮、酒店等行业的涉税信息。

各金融机构要配合税务部门按法定程序查询纳税人存款账户的信息资料；各银行业金融机构要配合税务部门实施税收保全和强制执行措施。

各单位对取得的付款凭证要严格审核，凡不符合规定的涉税票据，不得作为报销凭证。接收发票的单位可通过淮安市地方税务局网站（djs.huaian.gov.cn），在网上办税厅“发票真伪查询系统”查询发票的真实性后，再付给款项。

所有单位、部门包括上述列举单位，每季度终了后20日内要向领导小组办公室提供本单位及其下属单位基建项目计划和工程款给付情况及其他涉税信息。

三、保障机制

（一）信息传递机制

1. 领导小组办公室联系电话（84801212）和电子信箱（hadshy@sina.com）。

2. 各成员单位在本文下发后10日内向领导小组办公室发送函件确定收发电子信箱，内容包括：分管领导姓名、联系电话；联络员姓名、联系电话、电子信箱；各成员单位因人事变动，必须主动向领导小组办公室变更联系人和联系方式。

3. 领导小组办公室根据税收征管需要，制作规范的数据表格发送到成员单位联络员电子信箱。

4. 各成员单位所提供的信息均以电子文档格式报送，文件名中要以本单位名称开头，确保信息收发准确。

5. 各成员单位要认真履行《中华人民共和国税收征收管理法》规定的职责和义务，积极配合税务部门做好税收征管工作，按文件要求向税务部门提供有关涉税信息。

6. 领导小组办公室将各部门提供的有关涉税信息作为加强税源监控，开展纳税评估与分析的重要参考信息。

7. 任何单位和个人不得违反法律、法规规定，将涉税信息向社会公布，不得用于税收管理以外的其他用途。

（二）奖惩办法

各乡镇、各部门要对地方税收征管保障工作高度重视，区政府将根据领导小组办公室考核建议，对成绩突出的部门和单位，给予通报表扬，并根据贡献大小给予一定的物质奖励。对征管保障组织机构不健全、领导不重视、措施不得力、没有落实专人负责的，联络员不按规定期限和要求提供信息或提供虚假信息的，予以通报批评。

各乡镇、各部门要加强对管辖范围内地方税收征管保障工作的领导，大力支持税务部门依法履行职责；领导小组办公室要定期和不定期地对地方税收征管保障工作进行督查指导，发现问题及时解决；要牵头依托现有政府网络资源，尽快实现税源信息共享。

主题词：税收　管理　保障　办法

抄送：区委各部委办，区人大办、政协办，区法院、检察院，区人武部

淮安市淮阴区人民政府办公室　　2009 年 6 月 15 日印发

共印 100 份

源头自有活水来

——对淮阴地方税收增长途径的思考

李仁俊

新税制实施以来，在各级党委政府的关怀与支持以及全体地税干部艰难困苦的努力下，淮阴县地方税收收入大幅度增长，由 1994 年的 900 万元，上升到 1997 年的 3000 余万元，平均每年增长 50%。1998 年将跨越 4000 万元，年净增长 1000 万元。地方税收的快速增长，对于缓解财政困难，促进地方税收能否保持较高的增长速度，再度辉煌，是一个亟待研究探讨的问题。

一　地方税收的特点与征管现状

地方税收是地方财政的重要来源，它与中央税收相比，无论从税源的分布，还是具体的征管方法都有其鲜明的特点。

一是税种多，辐射面广。按新税制划分，除国税部门征收管理的增值税、消费税以外的税种，基本上都是地方税种，目前实际征收的有 12 个税种。此外，地税部门还担负着地方政府规定征收的市场物价调节基金、粮食风险基金、农业重点开发资金、防洪保安资金、教育费附加、教育地方附加费、人民教育基金、文化建设事业费、蚕桑事业改进费、散装水泥专项资金等十余种基金、费的筹集任务，辐射范围几乎涉及社会经济生活的各个领域，构成对地方经济多环节、多层次、全方位的调控。地方税务部门管理的纳税户数不仅包括自己的直管户，也包括国税部门管理的户数，无论什么经济类型企业、什么经营方式，无论城市还是农村，凡是有税收的地方都有地方税，几乎是面面俱到。

二是税额小，零星分散。大到上万元，小到元角分，如个人所得税、自行车使用税、印花税、屠宰税等，而且税源遍布城乡，星星点点，零零碎碎，恰似一个聚沙成塔的工程。

三是征管环节复杂。地方税的征管，大小多少远近宽薄，各不相同。有的按销售（营业）计征，有的按财产，有的按待定行为征收，有的按缴纳主税种附征；有的从量计征，有的定率征收，有的定额征收；有按期申报，有按次申报，有按月申报；

有直接征收，有代扣代缴，有委托代征；税源有的在明处，有的在暗处，很难掌握和控制，税源容易流失。

四是税源不确定。有的税种相对稳定，如房产税、土地使用税、车船使用税等，与经济发展无多大直接联系。而有的税种不稳定，如企业所得税，个人所得税，如果没有应纳税所得额或达不到起征点则不征税。与企业经营状况和个人收入高低有直接联系。

由于受自身原因和客观条件的局限，加之地税工作起步不长，在具体工作中也还存在诸多问题。

一是公民纳税意识淡薄。尽管大家都知道依法纳税是公民应尽的义务，不能偷税抗税，但大家对地方税不了解，过去又未征管，现在要普及征管，许多人都感到不适应，误以为是增加农民负担，有的还斥之为“苛捐杂税”，再加上方法简单，宣传不力，在农村税收征管中，征纳矛盾时有发生。即使在机关干部中，也有不肯交税的现象，如个人所得税、摩托车、自行车使用税，主动申报缴纳的少，甚至为了几元钱，也要“开后门”。

二是征管设施落后。由于地方财力有限，地税部门经费紧张，办公条件处于窘迫状态，计算机数量少，交通、通讯工具缺乏，严重阻碍了征管效率的提高。

三是机构不健全，人员严重不足。特别是个别乡镇只有一名税干，不仅不利于执法监督，也满足不了正常工作的开展。

四是征管乏力，征管秩序混乱。现在国税部门严管增值税发票，基本达到以票管税、控管税源流失，而地税工作则依靠地方政府，运用行政手段征税，各乡镇政府的征管措施、方法不尽相同，又不规范，难免出现一些混乱。特别是遇到偷、抗、欠税情况，缺乏及时有力的司法保卫，难以强制执行到位，征管执行乏力。

地方税收的特点和征管现状给地方税收提出了诸多课题，这就要求我们立足于高起点、坚持高标准，大胆探索地方税征管的新路子，以最有效的对策、最佳的方式、最短的时间，进入地方税收征管的最佳状态，实现新一轮的增长。

二　地方税收增长途径与方法

要实现地方税收持续稳定增长，必须在“源”字上下工夫，做文章，培育税源，挖掘税源，控管税源，挖掘潜力，向税收的深度与广度要收入，在征管的手段与力度上增加收入。

（一）积极培育地方税税源

经济决定税源，税源决定税收。因此，要实现经济与税收同步增长，实现地方税收持续稳定增长，就要致力把经济增长点转化为税源增长点，把税源增长点转化为税收增长点，在税源建设上要立足巩固现有税源，主攻地方税源，开辟新税源，培育后继税源。当前，要突出抓好五个方面的税源建设。

1. 大力推进农业产业化进程，培植基础税源。充分利用地域广阔、水源充足的自然优势，调整种植业结构，大力发展具有地方特色和区域优势的农林特产业，以市场为导向，以效益为中心，以优势产业和拳头产品为基础，以经营基地和“龙头”企业为载体，以利益关系为纽带，结合广大农户实行区域化布局、专业化生产、一体化经营、企业化管理、社会化服务，做到种植养殖、产供销、农工贸相结合，大力推进规模化、效益化、产业化、基地化的地方财源项目建设，把资源优势转化为经济优势，进而转化为财政优势。

在农业产业化经营链条中，不仅使农业特产税增长，而且随着农产品的加工增值，增值税税源将大幅度增长，从事生产、加工、销售的龙头企业的经营利润，将为所得税增长提供可能；随着农业产业化经营的发展，为之配套服务的农村金融、交通运输、邮电通讯、技术咨询、文化娱乐、饮食服务等第三产业必将获得较大发展，机动车船数量也会增加，农民住房建设、城镇建设和农村城市化将会有新的发展，这样就为第三产业营业税、运输营业税、建筑营业税、车船使用税、房产税、城镇土地使用税、固定资产投资方向调节税的增长，提供了增长的空间；个体私营企业、家庭联户经营养殖业的发展，将使个人所得税税源增长，经济交往中经济合同的广泛应用、农村印花税税源将会增长；随着主体税源的增长，随之附征的城建税、教育费附加、教育地方附加费也将随之增长。这些涉及千家万户的税源，在我们经济迅速发展的今天，特别要注意将千家万户的分散经营进行优化组合、规模经营，优化产前、产中、产后服务，形成一条产业链，否则，虽然经济发展了，难以成为税源增长点。

2. 搞活企业，优化主体税源。县属企业，一直是地方财政收入的主体税源，要通过企业改制，盘活存量，提高盈利水平，扩大企业所得税税基，优化主体税源。

3. 发展第三产业，振兴服务业税源。大力发展第三产业，重点扶持服务业，无疑给地方税源找到了新增长点，也是增加地方财力的重要来源，要通过完善社会化服务体系发展提供咨询、信息、技术、仓储、中介等劳动服务的行业；着力发展档次较高的宾馆、饭店，充分发挥我县近城靠市交通枢纽的优势，发展国有、集体、个体运输业，为地方税源寻求更为广阔的途径。

4. 发展个体私营经济和建设市场，拓宽补充税源，党的十五大提出鼓励引导个体私营等非公有制经济发展战略，个体、私营经济迎来前所未有的发展新机遇，我县个体私营经济和市场建设势头很好，并逐渐由“补充”上升为“主力”，成为地方财源重要组成部分。要注意加强领导，规范管理，个体、私营经济的税收将占地方财力的三分之一以上。

5. 发展房地产业，挖掘潜在财源。搞好土地开发，做好以地生财，以地聚财，是培养地方财源的重要环节，要鼓励房地产业的开发，加强宏观调控，规范配套措施，严格执法程序，在房地产业开发链条中，分别在转让土地使用权环节、兴建房屋环节、销售房屋办理产权环节，涉及转让土地使用权的营业税、土地增值税、企业所得税、个人所得税、固定资产投资方向调节税、房产税、城镇土地使用税、销售不动产营业税、城建税、印花税、教育费附加、教育地方附加费以及代扣建筑营业税、个人所得税等，需要城建、土地、房管、计划、银行等部门的通力合作，使它成为一个比较稳定的税收财源。

总之，地方税源的培育是一块大文章，需要各级政府、各个部门的精心领导，用心研究，致力发展，做好这块文章，才能实现经济—税收的良性循环。

（二）挖掘潜力，拓宽税源

从现有地方税源分析，表面上看，企业处于改制转轨之中，效益不佳，很难形成新的增长点。但只要我们认真研究，用心排查，仍可拓宽延伸税源：

1. 对行政事业单位收费的征税。财政部、税务总局明文规定，除了列举不征税项目以外，其他各项收费都要坚持征收营业税，诸如城建、土地、劳动、人事、公安、事务所等收费项目，任何单位都不得擅自减免，这些“衙门”税收，税务部门管不了，征不下去，需要统一思想，调整关系，依法征收。财政部门与地税部门要对预算外收入管理与征税项目予以明确界定，分清财政票据与税务发票的使用范围，各司其职。

2. 私人出租房屋的税收，涉及营业税、房产税、城镇土地使用税、个人所得税、城建税、印花税、教育费附加等这些税收，税务局人手少，鞭长莫及，而街道居委会看得见管不着，又不愿征，需要组织力量，强化征管。建议对街道居委会建立一级财政体制，核定征收范围，包干使用，委托征收这些零散税收。

3. 民房建筑中的营业税，现有私人建筑，大多是散兵游勇的小建筑队伍承建，一般都手续不全，没有申报纳税，应当采取必要手段征收建筑营业税、城建税、个人所得税。对造价超过五万元以上的私人建房，还应征收固定资产投资方向调节税。

4. 农村家庭、联户从事养殖业的经营，也要纳入税务管理，征收个人所得税。

5. 各类车船使用税仍有漏征。特别是个人拥有的摩托车，具有分散、流动、目标小的特点，难以征收。

6. 在少数民族聚住区、沿湖洞河地区，从事牛、羊收购和宰杀的税收，缺乏有效的源泉控管，流失仍很严重。

7. 漏征漏管户多，遍布城区大街小巷、道路两侧，农村偏远地方仍有大量漏征漏管户，有的无证无照经营，需要继续清理。

8. 企业欠税抬头。特别是企业改制以后，欠税“脱轨”、“脱节”，改制后企业难以考核，纳税意识差，新欠税不断发生，亟待加强征管。

还有农村时停时歇的小型运输户的运输营业税，各类贩运户的个人所得税、各类经济合同的印花税、个体行医、公用电话亭应纳的个人所得税等，也都缺乏有效的征管、漏洞不少。这些都需我们不断挖掘，要用动态的眼光不断地发现问题，延伸征管触角，扩大征管范围，壮大地方税收成果。

（三）通力合作，控管税源

地方税收零星分散的特点，决定了单纯靠地税干部的力量是远远不够的，必须依靠社会力量，齐抓共管，从税源调查入手，在税源监控、协税护税、代扣代缴、司法保卫诸方面下工夫、做文章，通过强化、细化管理，最大限度地堵塞跑冒滴漏，方能把应征的税款及时足额地征收上来。

1. 全面进行税源调查，严密监控。地方税收税源分布广、结构复杂，内容繁多，诸如个体工商业户及其分布、各类车船数量、房产余值、土地面积、营业税的应税项目、计税基数、所得税税基、个人所得税应纳税所得额，以及经济结构的变化，国有经济转化为多种经济部分，非国有经济的比重增大等，只有对现有地方税收进行全面调查，掌握税源分布与结构及其发展变化趋势，才能有的放矢，挖掘潜力，选准工作着力点，找漏洞、挖死角、堵空白点、消灭征收盲点，减少收入流失。通过税源调查，建立一套完整的税源资料，严密监控。

当前一方面要密切工商、国税、地税三部门的联系，健全有力有责有效的工作机制，尽快统一个体工商户的户数、绘制个体工商业户分布示意图，依图征管。另一方面地税部门要将各纳税户的应税项目、基本资料进行汇集建档，实行分类管理。

2. 建立一个严密的协税护税网络。坚持专业管理与社会管理相结合的原则，建立“政府管税、部门收税、群众协税”的征管体系，充分发挥村委会主任、村民组长、居委会主任、行业组长这些“带头人”“知情人”的作用，编织一个城乡结合网，调动社会各方面力量，齐抓共管，全面推进。如生猪税收，通过建立“生猪户口卡”，委托村委会代征分散在各村组的零散税收，也可委托村委会代征分散在各基础课组的零散税收，也可委托村委会代征。发动群众举报，扩大征收信息，实行全方位、立体化的全监督，牢固地监控税源。

工商、财政、银行、审计、物价、供电、运输、土管、城建、渔政等各部门也要互通情况，互送资料，提供方便，默契配合，联手作战。

3. 建立代征代扣代缴网络。实现代征代扣代缴，是源泉控管税源的一项根本措施，它既能弥补地税征收人员不足，又能从根本上堵塞跑冒滴漏，增加收入，其实质就是推行社会办税，运用社会力量，齐抓共管，是税务代理的一种特殊形式，不仅法律上有依据，而且也是一种有效的，切实可行的方法。代征代扣代缴在整个地方税征管中占有相当的地位，几乎是地方税征管税种的70%，诸如：

委托交警部门、农机监理所、港监所在年检、验证发照时代征代缴车船使用税，包括各类客货车、面包车、小三轮、手扶拖拉机、摩托车、船舶等。

委托运管所、公路管理站在稽征养路费时一并征收运输营业税。

委托城建部门在发放施工执照时，代征代扣建筑营业税、合同印花税，特别是小建筑队伍、民房建筑的营业税。

委托土地管理部门在发放土地使用证时，代征代扣土地增值税、印花税等。

委托房管部门在办理产权证书时，代扣代缴印花税、房地产交易营业税、企业所得税等。

委托各建设单位在支付结算基建经费时，代扣代缴建筑业税、个人所得税等。

委托工厂、银行部门代扣代缴建设单位的固定资产投资方向调节税。

委托房地产开发企业代扣代缴固定资产投资方向调节税、房产税、建筑营业税、印花税。总之，推广代征代扣代缴工作，调动社会力量参与组织收入，看起来有相当难度，但从长远看，是地税征管的努力方向，不仅是必要的，而且是可行的。各级政府应当着力抓好此项工作。

（四）建立司法保卫网络

随着地方税工作的深入，无论是从税人员，还是涉税范围，都很广泛，涉及方方面面、千家万户，难免会出现矛盾，需要公、检、法部门的保驾护航。公检法部门要有专门人员，熟悉研究税收法规，有关办理涉税案件，处理税务纠纷，排除干扰，有重点地解决一些“难缠户”、“钉子户”，及时、准确、严厉打击一些偷抗税行为，确保地税工作顺利开展。

三　应当注意的几个问题

问渠哪得清如许，为有源头活水来。要实现地方税收的持续稳定增长，只有清源头，才会不尽财源滚滚来。而实施源泉控管，又是一项艰苦细致的复杂的系统工作，需要加强领导，精心指导，认真组织实施。当前，应当注意解决以下几个问题：

（一）统一思想认识

要继续扩大税法宣传，浓烈依法治税的氛围，增强人民依法治税意识，让人人都知道应当交什么税，交多少税，怎样交税，让全社会都关心地税、支持地税工作。领导要带头，机关干部作表率，净化依法纳税环境，坚实依法治税的思想基础。

（二）讲究方法，注意效果

地方税收涉及面非常广泛，在实施源泉控管过程中，必须十分注意工作方法，有理有据有力，特别是农村征管工作，不能靠发宣传材料、开一两次会议就了事，更不能靠组织小分队，搞一两次突击征收，方法不能简单粗暴，要通过下面引导、树立典型、潜移默化的工作，循序渐进、逐步扩大成果，尽量避免矛盾，排除干扰。

（三）执行政策，完善手续

税收工作政策性很强，在执法队伍扩大的情况下，要十分注意加强对征收人员训练指导，严格执行税收法律法规，依法征税，依率计征，实事求是，不得随意增加农民负担，更不准随意乱征、多征、少征或不征；对于代征人员或委托代扣代缴的单位和个人，都必须经税务机关的委托、持有委托代征证书或代扣代缴协议，健全手续，未经税务机关委托，任何人员都不得乱征税。无论是正式税干还是代征人员，都要严格发票和税收票证管理，在规定范围内使用，规范填写，履行结报手续，不得缺少。

（四）强化责任

实行源泉控管后，税务机关的担子不是轻了，而是更加繁重，责任更加重要，税务部门的工作，不仅要有一部分纳税户由自己直接管理，而且还要负责对代征代扣代缴、源泉控管政策的制定、修订和宣传；负责对代征代扣代缴人员的辅导、培训、考核和使用，负责对代征代扣代缴政策执行情况的监督检查、结报工作。

（五）寻求“尚方宝剑”

地方税的征管是一项政策性很强的工作，靠行政手段去加强征管是必要的，但不能持久，需要上级税务部门在总结各地经验的基础上，以法规形式予以规定，如委托代征代扣代缴工作，工商、税务实行联系单工作制的问题等，都需要进一步明确责任，这样才能有效地把各项征管措施落到实处，才能实现地方税收的持续稳定增长。

《江苏税务》1997 年第 7 期

《98 江苏地税调研文选》

公民纳税意识的心理透析

李仁俊　石　浩

时下，对公民纳税意识议论颇多。媒体在对照中西文明程度时，总会用公民纳税意识作比较；税务机关在进行税法宣传时，总会表明旨在提高全民的纳税意识；在税收的征稽过程中也总会抱怨纳税人的纳税意识太差。那么，纳税意识从何而来？目前，我国公民的纳税意识究竟处在何种状况，通过何种途径和方法提高和增强公民的纳税意识呢？本文试从心理学的角度对这一问题做一些剖析和探讨。

一　纳税意识的心理渊源

广义的纳税意识是指人们在社会生活中形成的对税收及其相关活动在观念上的反映，也称为“税收意识”、“税收观念”。而本文要讨论的狭义的纳税意识，则是指人们在纳税义务产生后对待纳税即履行义务的观念和态度。在现实生活中，它具体表现在两个方面，一是人们对税收的认知和重视程度，二是对纳税的态度和自觉程度。

纳税意识作为社会生活的精神方面属于社会意识的范畴，社会意识都是在一系列的社会心理活动的基础上形成的，社会意识源于社会心理。但它又高于社会心理，是社会心理的最终归结，这是马克思主义历史唯物观给予的总结。纳税意识也是这样，也是人们在日常社会生活中对纳税问题一系列心理活动的归结。虽然心理活动作为低水平的社会意识，尚是不系统的，不定型的，自发的反映形式，尚是以感性成分为主的感情、习惯、成见、自发的倾向和信念等等，但分析和把握这些心理活动的产生和形成因素，对于人们剖析纳税意识形成的心理渊源是有着十分重要的意义。当然纳税意识在主体上包括了个体意识和群体意识两个方面，这两者之间并没有绝对的界限，但又存在着复杂的互动关系。群体心理影响个体心理的形成和发展，个体心理共同认同的情感、动机、习惯、态度等等又形成特有的群体心理。但世界上没有两个社会经历完全相同的人，因而也没有完全相同的个体意识和心理，即使个体意识转化为群体意识之后，个体和群体之间的意识差别仍存在差距。纳税意识也是这样，在现实生活中，个体纳税意识千差万别，而一个企业、团体的纳税态度往往取决于其决策领导成员的纳税意识。因此，我们所要讨论的纳税意识更大程度地趋向于公民个体纳税意识及心理因素。

二 影响纳税意识的心理因素

(一)对税收的认知心理

认知是人们对事物认识过程中出现的知觉、印象以及归因(判断、分析、评估)等一系列心理活动的总和。认知心理是人的意识形成的最初阶段,纳税意识的形成首先取决于人们对税收的认知。如果一个人对“税收”一词茫然不知何物,那么其纳税意识就无从谈起,即使他可能已经成为法定的纳税人,我们不妨称之为“税盲”。我国自古以来“皇粮国税”的思想根深蒂固,似乎每个人心中均有“税”字千金重。其实不然,现实生活中,大多数人对税收的认知程度很低,对税收没有整体的印象,人们心日中的税收笼统模糊,虚无缥缈。加之“文化大革命”期间,“税收无用论”、“非税论”的蔓延,拉远了民众和税收的距离。有一项调查表明,目前,我国85%以上的成年公民不知道自己个人该交哪些税收,对于几乎每个家庭都要缴纳的自行车车船使用税仍有近四成的人不知如何缴纳,就首都北京而言,区区4元一辆的自行车车船税的纳税面也只达到50%。当然,公民对税收缺乏度的选择有着密切的关系,人的心理是人脑对客观事物的直接反映,当人脑在接受外界感观刺激达到一定的阈限值时,就会产生积极的反应和知觉。在西方国家流行这样一句名言:“只有死亡和税收是避免不了的。”美国儿童在出生后满一周年便有了一生永远属于自己的社会保险号,有了这个社会保险号,便和税收结下了不解之缘,因为美国的个人所得税是一个普遍征收的税种,税前扣除有多项是和家庭人口数相联系的。税收已成为其每个家庭承续不断的话题,而对税收的认知早已成为自觉的心理意识。这一点对于我国未来税收政策的制定来说应有极大的启发。

(二)对税收的亲和心理和防范心理

人们对税收的亲和心理和防范心理更直接地来源于人们自身的利己心理和利他(助人)心理。税收的本质决定了税收自身产生的那一天起就和人们的个人利益相对立,无论是西方学者的公需说、利益说、交换说、义务说,还是国内学者的国家决定说、经济条件决定说,都未否认这一不争的事实。当一个人面临纳税的情形,他必然要选择国家的利益还是其个人或群体的利益。那么当一个纳税人拜物教式的利己心理占上风时,他对税收所产生的必然是防范心理、侵占心理,此时的心理信条即为“人不为己,天诛地灭”,当然这和私有制产生以后人类对于私有财产本能的占有欲和排他性有密切的关系。其外在的表现即为合法地设法避税,违法的偷税、逃税甚至抗税。这一点古今中外概莫能外,即使在美国极其严密的税法之下,偷税避税者亦是大有人在,只不过人们的利己心理很大程度受到了法律严格的约束。当人们的利他(助人)心理占上风时,对税收表现出一种亲和心态,纳税积极、大度宽容,因为他将纳税看作贡献、奉献,是为了国家、大众和他人的利益。从这一角度看,我国公民的纳税意识应比西方社会更高一筹。因为，新中国成立以来，我国公民所受的是完全利他的共产主义思想教育，纳税为国，纳税为民的心态应占主流。但不容忽视的是，目前我国很多地方和部门的共产给人们造成了社会主义制度下公民不如资本主义制度下公民纳税意识强的印象，这确实令人痛心疾首，扼腕叹息。

（三）从众心理和攀比心理

从众心理，是指在他人影响下，自觉或不自觉地改变自己原有的态度，采取与多数人一致的行为。从众心理对公民纳税意识的变化有着极大的两重性。比如。当一个纳税人路过税务局，看到大家都在排队缴税，他会自然想到自己也要纳税，然后自动加入这一行列。这时群体意识直接影响个体意识的发展趋向。当然，这是向着积极的方向发展，有利于纳税自觉性的提高。如果人们普遍拖欠税款，逾期纳税，而未受到制裁和管束，这时从众心理也会出现消极的一面，倘若在这样的从众心理诱导下，使消极的东西成为一种时尚，社会群体意识趋向负面的话，其影响力和破坏力就显而易见了。例如在某市发生的一个市场中由几个个体户发展到集体拒缴税款事件就是一个典型的例子。攀比心理源自对比心理。人们在认识某种事物时都喜欢对比，但对比过程中发生畸变便会产生攀比心理。当然攀比心理的根子还是在利己主义上，看到别人纳税比自己少，或者偷税、骗税占了便宜，感到自己吃了亏，总觉得自己受到了不公正的待遇，利益受到了“侵害”。特别是近些年来，一些名人、“大腕”偷税带来的负面效应，更使得攀比之风盛行。在这种畸形的攀比心理以及名人的暗示效应的驱动下，人们的纳税意识受到了严重的侵蚀和弱化。

（四）侥幸心理和补偿心理

侥幸心理源自于投机心理，抱有侥幸心理的人意图一般都很明确。都企图指望偶然获得利益且又不受约束，认为“撑死胆大的，饿死胆小的”，往往抱有这种心理的人最终都得不偿失，因为他们常常会将侥幸和投机延续理解成必然，最终东窗事发，本利无归。怀有补偿心理的人，时常在寻找一种心理上的平衡，对自己或小团体出现的一些偷、漏税等利己行为，总在寻找一些诸如困难、失业、下岗、残疾等等一些聊以自慰的理由，寻求在心理上的平衡，认为这样可以补偿自己的过错。这是一种获得心理，就纳税而言，当时的国家从税收收入中支出是为了提供安全的环境、良好的教育、优越的社会保障而确实感受到得益时，受得益心理驱动，纳税人积极主动缴纳税收。在西方国家，政府用税意识较强，定期公布预算执行情况，纳税人对税收的使用有质询的权力，纳税人得益心理得到满足，纳税意识自然会得到提高。逆反心理，是人们对超过自身感官接受能力所产生的一种抵触情绪和反向思维。在纳税方面常因税负的偏颇、不公或税务人员的不廉而引起，继而引发争吵、冷战和拒缴现象的发生，严重时还会有暴力的出现，诸如抗税、伤害事件的出现等等。

（五）自尊心理和激励心理

这两种心理活动严格意义上属于自我意识的范畴。自尊心理使得人们在社会生活中对自身在群体中所扮演的角色、地位、声望、社会关系和经济条件予以关注，体现了人的社会需求。那么纳税便是体现自尊的重要一环，在许多国家，总统纳税区区小事，而如若偷税被查则是丑闻。因此，你会发现，虽然在西方国家"税收"也并非讨人喜欢的字眼，但纳税人都习惯于一边暗暗骂娘，一边堂而皇之地申报纳税，甚至不惜花钱雇人代理申报纳税。因为，谁也不愿意因为纳税问题而失去名誉和地位，失去自尊。而我国目前为纳税而捍卫自尊的人却少之又少，有些人甚至对偷税不以为耻，反以为荣，明星偷税，照样风光千里，大腕逃税，照样潇洒自如。这种不正常的局面应该及早予以扭转，建立一种崭新的纳税荣辱观。激励心理机制在奖惩方面尤显重要，而实质上也是自尊心理的延伸，人总是要自尊的。奖励是直接激励，惩罚是间接激励。就纳税而言，奖励先进纳税人，受奖者会体会到自身的社会价值的实现，从而激发热情，更加积极地纳税。惩罚违反税法者会使其地位、利益、自尊心受到一定程度的威胁，产生一种强制力量，使其违法的、无益的行为受到抑制、阻断和改正，通过这种剥夺来刺激其改过自新。

三　纳税意识的心理激发和调整

心理反应仍然是基于客观现实的，这也是一切心理活动的源泉。纳税意识作为社会意识的一个组成基粒，其形成和发展无不打上了社会客观现实的烙印，伴随着人们生活的环境、经济情况及受教育程度的变化，人的意识亦会在社会实践中发生变化。作为更多以个体意识出现的纳税意识，其不稳定性和易变性的特征更会突现出来，简言之，人们的纳税意识并非一成不变，它既有守常性的一面，亦有可变性的一面，因为纳税意识原本就是一种不定型的社会意识。但同时我们也要认识到，人们的纳税意识的形成并非一朝一夕的事情，而是经过了一个积累的过程。因此，要提升全社会的纳税意识并不能指望一蹴而就，而是要经过一个长时期的潜移默化的过程，通过一系列正确的引导和影响，从心理上激发正面的纳税心理，调整和纠正负面的纳税心态，从而将现实社会中个体的、群体的纳税意识，匡扶到健康发展的、有利于我国社会主义税收法制建设的轨道上来。就目前社会现实状况看，笔者认为应从以下诸方面着手，对公民的纳税心理进行相应的激发与调整。

（一）采取科学实用的宣传策略，扩大人们对税收的认知度

改革开放二十年来，我国的税收事业得到了前所未有的发展，税收宣传工作也在逐年加强，"税收宣传月"活动每年都会在长城内外、大江南北掀起股股税收冲击波，人们已从"非税论"、"税收无用论"等否定税收的思想桎梏中走出。但也要看到，我国税务机关的税收宣传，还只停留在税收表象的宣传，如常用的手法：标语、宣传画、电视公益广告、晚会等等，虽然也屡屡给人们的视觉、听觉感官造成一定的冲击，但税收在人们的心中还只形成一个模糊的轮廓，人们对税收的认知是肤浅的，这一点前文已阐述过。要真正使人们对税收有较高层次的认知，就必须在宣传教育的策略和方法上加以完善，注重对公民税收认知心理的深层次激发，使人们对自身的纳税义务的发生和履行都能有一个清楚的了解，也就是中、小学课程，从基础教育抓起，从小灌输税收观念。在美国，税务机关除了免费提供税收出版物和教学材料外，还出借电影胶片和录像带（内容包括税史、课税和申报指南）；在加拿大、日本，税收教育列入中学教学大纲。税收教材涉及法律、经济、消费诸多方面，未来的从业人员对税收的了解和运用早已熟读于心。这些均值得我们的学习和借鉴。目前，我国许多税收法律、法规、规章的出台，纳税人茫然无知，税务机关也疏于公示、宣传，一些地方虽有税法公报之类的资料，都又是收费的，笔者认为这都是不足取的。要从各个层面上提高公民的税收认知度，建立必要的认知渠道是可行的，当然必要的成本付出也是不可少的。首先，对大中小学生应当开设税收常识课程，列入教学大纲和考试内容；其次，对普通公民及家庭，通过邮局定期派发绿色纳税公函和宣传品，或者通过电视媒介打出公益广告和字幕，提醒诸如个人所得税、自行车税等涉及千家万户的税收事宜；第三，通过免费发送税法公报、税收资料，以及必要的办税资格认定制度等渠道，提高个体及企业纳税人的税收认知程度。当然宣传的方式是多样的，给人们的认知有理性的，也有感性的，但有一点应当坚持，就是力戒空洞、抽象，提倡采取具体、生动的，同时又能够造成强烈的感官刺激，利于激发心理认同，便于记忆的好方法、好策略。

（二）加快费改税进程，扭转人们对税收的认知错觉

多年以来，我国税收的征收与规费的收取长期并存，更由于利益驱动，一些部门和单位，利用国家允许部分行政事业单位用收费解决经费不足的政策，扩大收费项目，提高收费标准。甚至乱收费，导致税费不分，致使群众由厌费而产生厌税，严重影响了国家税收与税务机关的形象，诱发了公民对税收的认识错觉和敌视心态。由于许多群众原本对税收的认识程度就不高，将都是政府部门征收的“费”与“税”捆绑在一起去认识，在人们的眼里，费就是税，税就是费，没有区别。因此，国家提出清费立税，实行“费改税”，是完全必要的。目前应加快这一进程，使人们真正认识到“税”与“费”的区别何在，彻底扭转人们在认识上的错觉和偏见，还税收以本来面目。

（三）确立新型的税收理论，提高人们对税收的亲和度

新中国成立以来，传统的税收理论将税收阐述为国家凭借政治权力对社会产品的强制和无偿征收，目的是为了取得财政收入。这似乎过分强调了税收的政治色彩、敛财职能，以及它的强制特征。实践证明容易使人产生一种被迫和负重心理，减弱了人们对税收的亲和度，这显然不利于人们纳税意识的培养。相比之下，笔者觉得英国《新大英百科全书》给税收定义的一段论述倒给了人以清新悦人的感觉："在现代经济中，税收是国家财政收入重要的来源。税收是强制的国家征收，它通常被认为是对政府财政的捐献，用以政府的开支需要，而并不表明为了某一特定目的。税收是无偿的。它不通过交换取得，这与政府其他收入不同。税收总是为了全体纳税人的福利而征收，每一纳税人在不受任何利益支配的情况下承担了纳税义务。"可以看出，这一段论述虽也突出和包含了税收固有的"三性"。但它更强调了纳税人应享有的权益和义务，它将税收描述为捐献，易使人产生自豪感和凝重的责任感。认识到纳税是一种社会义务，也是一种经济权利。无形之中形成对税收的亲和心理。

在目前新的形势下，重新认识税收的性质、职能，提出新的税收理论应是顺理成章，这一点在新近出版由江泽民主席题写书名的《领导干部税收知识读本》就已有所体现，在金人庆局长撰写的序言中，将税收阐述为："国家依据法律依靠社会公共权力征收，用以满足社会公共需求和公共商品的需要，税收体现了国家主权和国家权力。"基于我国社会主义税收的社会特征，我们应当更有理由、更加理直气壮地说，我国税收事业，用于巩固消防，用于城乡居民物质文化生活的改善等等。因此，新税收理论的确立，更利于人们真正认清我国税收的本质，摆正税收和"取"、"予"关素，认识到纳税正是我国国情的体现，正是主人翁意思的体现，增强人们对税收的亲和度，对全民纳税意识的提高，相信会大有裨益。

围绕我国社会主义税收的"取"与"予"，应当建立国家预算收入使用用途的公示制度，这在西方社会早已成为定式。而在我国，每年一次向人大报告预算执行情况就显得不足。笔者认为，政府定期向社会公布预算收支情况有益而无害。一方面，增强了国家公务员的用税意识；另一方面，也使得纳税者清楚地看到税收的用途和去向，不但使人们对税收的认知更进一步，而且会大大促进人们对税收的亲和意识。

（四）建立公民、法人普遍登记制度，消除侥幸、攀比心理的衍生

在我国，由于没有完全实现普税制，即未实行全体国民普遍纳税的制度，特别是个人所得税等以自然人为纳税主体的税种，能够成为纳税义务人的是公民中很少的一部分，而这一小部分恰恰是高收入阶层。但他们却常常游离于税收征管之外。在法人类税收征管机制上，受传统管理观念的影响，对于享受所谓政策性免税的单位，往往疏于或者说根本不去管理，如行政机关、各类事业单位、社会团体以及一些享受政策免税的企业。事实上这些单位往往都会有纳税义务发生，只是部分税种在政策免税之列，但他们都不用登记，不用申报、不用纳税。这些现象的存在，就在冥冥之中，给人们的心灵以极大的冲击，滋长了部分纳税人的攀比心理和侥幸心理，造成大量偷漏税的发生。当然，就我国目前这种松散的登记、申报制度，并不符合税收公平原则，同时也不符合世界潮流和国际惯例。在美国等西方国家每个纳税人（包括公民和法人）都有一个终生不变的编码，该编码同时延用于银行开户，财产转让购置，社会保险各领域。税务机关可运用先进的计算机信息系统，毫不费力地取得纳税人几乎当然并不是百分之百的信息。我国目前公民特别是农民还都处于低收入阶段，不构成个人所得税纳税主体，要建立纳税人的普遍登记和申报制度，还有很长的路要走，但有必要加快这一进程，在《税收征管法》中补充关于普遍登记的条款，规定所有公民和法人均应履行税务登记的法定手续，不论是否享受免税待遇，一切收入、财产都应向税务机关申报，是否纳税、纳税多寡由税务机关来界定。这样方能最大限度体现税收公平原则，消除人们在纳税上的侥幸和攀比心理。

（五）加强税收法制建设，强化监督机制，消除纳税人逆反心理

1. 严格税收执法程序，树立公开公正执法形象。税务机关要在公正执法上下工夫，“公生廉、廉生威”。在日常税收征稽工作中，应严格按法定程序办事，避免一切不应有的“暗箱操作”，将自身的执法行为置于广大纳税人的监督之下，特别是一切关系到纳税人切身利益的征管环节，如：税收定额的确定。减免税的报批、税款的缓交、案件的查处等等，稍有不公之处显露，便极易引发纳税人的逆反和攀比心理，从而带动群体心理向负面发展。因此，税务人员不仅要想到自身的执法形象代表着国家的形象，而且要想到执法形象的优劣会给纳税人带来什么样的心理反应，这样就会促使税务机关的执法形象和执法水平有一个质的飞跃。

2. 尽快推行检查外分。定期进行人员换岗。近年来，部分地区试行的检查系列外分离经验，不啻是一着促进税务机关公正执行的高招。长期以来，我国基层税务机关的征收和检查一直是统属同一级税务分局的，征收、检查统由本机关的行政领导一手安排，职能交叉较多，缺乏相互制约。英国国内收入局税收征管的格局颇值得我们学习。其各地区分局下属的稽查分局和征收分局互不隶属，职能不交叉，稽查只查不收，征收只收不查，纳税人直接向征收分局申报纳税，稽查分局重点审计稽查，较好地解决了税务人员徇私舞弊行为的发生。建议我国税务部门在基生的土壤，彻底消除纳税人的防范心理的衍生。

人员的定期换岗一直是税务机关加强公务人员廉政建设的良策之一，税务人员长期在一地、一岗从事征稽工作，难免会陷入一个纷繁的社交圈。社会关系的复杂化会导致税务人员在亲情、友情的包围下失去“免疫力”，实行人员定期换岗，不仅有利于廉政建设，同时也给纳税人一个公廉的政府形象。

3. 积极推行税务代理制度。税务代理是市场经济国家借助民间与社会中介力量实施税收管理的有效方法，国家为税务代理提供法律依据。如日本有《税理士法》，

1951 年即开始施行；韩国有《税务士法》，1961 年实施。在日本，有 85% 以上的企业通过税理士办理纳税业务，英国、美国，代理行业聚集了大批优秀律师、会计、税务师，绝大部分纳税人均委托中介机构办理纳税手续。近几年来，我国税务代理业蓬勃发展，并已逐步摆脱了官办色彩，成为联系纳税人和税务机关的桥梁和纽带。税务代理机构遵循中立、自愿、公正的原则对国家负责、对委托人负责，其中更大程度代表和维护着委托人的权益。这就要求税务人员的执法不能出现偏差，无形中起到了制约的作用。而这对消除纳税人的心理偏差起到了稳固剂的作用。

4. 建立外部监督机构，形成内外监督机制。我国税务机关近些年来十分注重内部监督机构的建设，各级税务机关都设置了专门的监察机构，以加强对税务人员的监督管理。但来自外部的监督仍缺乏一定的稳定性和协调性，一般有来自纪检部门以及聘请廉政监督员等等。而后者往往形同虚设，难以形成合力。英国国内收入局为了加强监督，不但在内部设立了诸如监察办公室、案件调查办公室、内部审计办公室等一套监督机构，另外在外部还有议会监察专员办公室，可直接受理涉及税务人员的诉讼。同时，还花钱请民间机构如社会仲裁办事处这样一些非官方组织调查税务人员的违纪案件。虽然内部、外部建立监督机构不是短期内能够实现的，但我们必须紧密联系现有的监督渠道，如人大、纪检、法制部门的监督，对违纪行为不护短、不手软，保持税务机关的清廉形象，这对消除纳税人的逆反心理有着决定性作用。

（六）依法纳税，严处偷抗税行为，正确引导人们的从众和激励心理

从统计数据看，我国税务机关对偷税的处罚率相当低，还不到百分之十，这实际上助长了偷税现象的发生，助长了纳税人的侥幸心理，“查到是你的，查不到是我的”成为一些人常挂在嘴边的至理名言，这是极其危险的信号。如前文所述，人的从众心理是很强的，如果不加以正确的引导，态势则会向反方向发展。因此，对待偷抗税行为，一定要予以重罚。加大打击力度，决不能姑息养奸。要使其在财产、名誉等各方面都受到损失，承受社会鄙视、责备的压力，方能使激励心理的得以实现，从而降低偷抗税现象的发生几率。当然，充分把握纳税人的主流心态，褒奖、宣传积极踊跃纳税的纳税人更是理所当然的，引导积极的从众心理必将使依法纳税成为社会文明的新时尚，一道风景线，而偷税只会在社会上，引起人们的心理憎恶、舆论的谴责。这便是我们所期望达到的境界。

以上所述纳税意识的心理激发和调整，只是从影响人们心理变化的外部因素加以简单的归结，而并未述及公民如何调适自身的纳税心理，以适应国家对提高全民纳税意识的宏观需要。马克思主义唯物辩证法告诉我们：内因是事物发展的根本，外因是事物发展的动力，外因通过内因而起作用。因此，要全面提高全民的纳税意识，还需要全体公民努力提高自身的道德文化修养，自觉树立为国分忧、乐于奉献的良好社会风尚，主动地学习税收知识，提高对税收的认识水平。保持积极乐观、友善、助人的健康心理，这样，才能实现人与社会完善的统一，真正实现全民纳税意识的提高和增强。

《江苏地税调研》2000 年第 8 期

收录在 2000 年《中国税官论税制改革》

强化农村地方税税源监控的实践与思考

李仁俊

地方税税种多、分布广、征管战线长、征收成本高，如何有效地控管税、源堵塞征管漏洞，一直是税务工作者努力的方向。经过几年来实践与摸索，我们总结出要强化税源监控，必须做好以下三项工作，这是增加地方税收入的有效措施。

一　抓征管资料

征管资料是组织收入的依据、征管工作的前提、征管质量的佐证，离开了这些资料，征管工作就会像盲人摸象，忙而无措。征管资料的建立要革新过去那些繁琐、繁杂、花样子那一套，建立一套符合实际，能够加以运用的资料。

（一）户籍资料

要像普查人口一样，全面清理登记纳税户，包括税务登记户与实际征管户，定期与工商、国税核对，随时掌握纳税户数的增减变化和停歇业情况，力求保持三者一致。

（二）基础资料

也可称作静态资料或常规资料。主要是：（1）企业资料，包括企业职工人数、固定资产、土地面积、车船数量、销售收入、实现利润、缴纳增值税情况等，企业资料可分为重点税源和一般税源资料，凡实行查账征收的列为重点税源资料，实行核定征收的列为一般资料。（2）房产税资料，主要核实登记纳税人（单位、个人）

应税房产原值和租金收入，应纳房产税总额。(3) 土地使用税资料，核实纳税人占地面积，计算核实应纳城镇土地使用税数额。(4) 车船使用税资料，将遍布乡村、各单位、个人拥有的各类车船统一登记造册，掌握车船使用税征收情况。(5) 印花税资料，包括各类会计账簿，工商营业执照，各类产权证书等。

(三) 台账资料

也可称作动态资料，是考核征管工作常用的资料，可以实行台账管理的主要是：

1. 集贸税收台账。集贸市场税收稍纵即逝，必须月月抓，天天抓，早上抓，晚上抓，因此有必要对每天上市场征收人员、开票份数、征收数额进行逐日统计分析运用。

2. 个体工商户征收台账。包括实行定期定额征收的户数、核定定额数、实际征收数、申报停歇业情况，逐月进行登记，对比分析，其中，营业税纳税人也要登记发票领用情况，分析与实际纳税的差额。

3. 运输车辆台账，现行农村运输车辆大多是承包经营单车运营，流动性大，必须按车辆进行台账登记统计每月营运里程、配载货物或客流量情况，以便按月征收应纳税额。

4. 建筑工程账。将每一工程项目，从总承包人、转包人工程造价、开工日期、竣工日期、工程进度、付款情况进行跟踪调查，也可按每一工程队、项目经理所建工程项目建立台账。

5. 个人所得税征收台账，统计每一纳税人包括扣缴义务人申报应税项目、纳税金额、本期与上期相比，以利分析、检查运用。

各类征管资料还可列举一些，总之熟悉排查税源、围绕征管、切合实际、严密监控的基础资料，是我们加强地方税征管必不可少的第一手资料。

二 抓开发人力资源，挖掘人的作用的潜力

现阶段，特别是在农村，计算机运用还不够普及，计算机的管理也不能到位，人们的纳税意识不够好，体制和机制的不完善，很大程度上依赖于税务干部自身的努力，税务干部的工作多少，工作好坏仍然与组织收入成正比。因此，充分发挥税务干部的主观能动性，仍是我们工作的着力点。

1. 合理分布人力。目前，有的乡镇只有一名税务干部，是远远不能奏效的。为了解决税务干部人手不足的矛盾，每个乡镇应选拔聘用 3 至 5 名代征人员，强化训练，逐步使之成为地税工作的第二主力队伍，重点抓集贸市场、流动零星分散的地方税的征收。

2. 保证工作时间。八小时以内要出满勤，满负荷，八小时以外也要有人上岗，包括路边大排档、早晚小吃摊点、流动临时经营等。

3. 严格考核，对每一位工作人员的工作时间、工作量、工作质量、工作实绩都

要严格考核，奖惩分明。

4. 以俸养廉。处于农村一线征收人员跑路多、矛盾多、烦恼多、工作艰辛，十分不容易，要多关心他们的生活，配备必要的交通通信工具，适当提高待遇，调动他们的工作积极性。一方面可以增加收入，另一方面也可减少人情税、关系税和不廉洁行为的产生。

三　抓调动社会力量

地方税收的特点，决定着依靠地税干部一支力量是远远不能征齐征足的，必须依靠社会力量，编织协税护税网络，这是地方税收征管向深度和广度发展的努力方向，也是完善地方税收征管体系的重要步骤。

（一）健全组织、完善功能

要充分发挥街道居委会、村委会及群众知情人的作用，让他们成为税收工作的“眼睛”、“指路人”。当前最为普遍和突出的是清理私人出租房屋和隐蔽分散的漏征漏管户，依靠这支力量可以少走弯路，收效快，就要加强领导，明确责任，通力合作。需要指出的是，目前有的乡镇沿袭过去计划经济时代的工作方式，将乡镇机关干部人人头上下达税收指标，分到各个村组去抓收入，这是不可取的，这样容易发生扰乱税收秩序的不正当行为发生，应予纠正。

（二）全面推行委托代征代扣代缴工作

诸如委托交警、港监所、农机监理所代收车船使用税，委托交通部门代征运输营业税，委托国土局、房管局、工商局在发证时征收印花税，委托乡镇财政、各企事业单位代征自行车使用税，委托乡镇土管、城镇部门代征小建筑队伍的民房建筑营业税等等，委托代征的范围很广，潜力很大，做好了这项工作省时省力方便，事半功倍，可以收到吹糠见米之效。现在的问题是单纯依靠税务部门的协调无济于事，需要依靠行政的法律的手段规范。

总之，地方税税源在于不断挖掘，抓住税源的监控并努力开拓，地方税收就不会萎缩，就会不尽财源滚滚来。需要说明的是，笔者所述的情况仅就经济欠发达地区的税收征管实践与思考，与经济发达地区、城市地税征管情况不尽相同。

《税收研究资料》2000 年 6 月 10 日第 6 期

《江苏地税调研》2000 年第 4 期

雄关漫道真如铁

——淮安市淮阴地税局推进依法治税进程巡礼

李仁俊　石　浩

近几年来，淮安市淮阴地税局牢固树立税收法治观念，将依法治税、依法行政摆在首要的位置，常抓不懈，使淮阴区地方税收的治税环境得到了改观，地税系统的执法水平有了显著的提高。1995年以来，该局连年超额完成地方税收收入任务，连续五年荣获区委、区政府和市地税局的年度考核一等奖，连续五年被区委、区政府评为行风建设先进单位，8个分局、股所被命名为省、市、区级“文明税务所”、“青年文明号”，1997年该局直属分局还被人事部、国家税务总局命名为“全国税务系统先进集体”。

一张白纸，描绘出淮阴地税靓丽的风景。一腔热血，换来地税事业姹紫嫣红的春天。淮阴地税局高举依法治税的大旗，致力税法宣传，实行公开办税，提高人员素质，为实施依法治国的宏韬大略打下坚实的基础。

致力开展税法宣传，营造良好治税环境。针对新形势、新情况，淮阴地税局党组作出决定，发动宣传攻势，要让地方税收深入人心，让地税走进千家万户。针对社会不同阶层的需要，该局结合每年一度的“税收宣传月”活动，开展了一系列形式多样、内容丰富的税法宣传活动。

为了让区乡两级领导干部首先熟悉和掌握地税法律、法规，该局经常向他们汇报地税工作开展情况，同时向他们宣传税法，赠送税收法律书籍，举办税法知识专题讲座等等，使各级党政领导干部能全力支持地税机关依法行政。为了让广大群众，特别是企业和个体经营者能够获得和了解更多的地税知识，该局除利用一些常规宣传形式外,还采取了一系列群众更加喜闻乐见的好形式。几年中连续举办了四届“地税之歌”爱国主义卡拉OK大奖赛，四次举办“地税知识电视大奖赛”；和电视台联手推出《话说地方税收》系列专题片；各宣传阵地宣传板块常换常新，税收漫画、图片展览以案释法、形式多样；1997年还开展了“地税知识进农家”活动，印发税收指南，发到农民手中，让广大农民群众缴明白税、缴放心税。1998、1999年又和有关文艺团体合作推出税收文艺专场演出，熔税收知识与文化娱乐于一炉，并组织精干演出队伍送戏下乡，成效显著。

全面开展税收法制教育，努力提高执法人员素质。几年来，淮阴地税局坚持“以人为本”的治税思想，对地税执法人员全面进行税收法制培训教育，努力提高他们的执法水平和业务素质。该局经常性地开展“业务大练兵”活动，基本上是每日一题，每周一训，每月一小考，每季一大考，每年集中进行为期10天的春训。培训内容涉及地税部门征管的近20个税种、基金的法律、条例、办法等实体法，还有《税收征管法》、《发票管理办法》、《行政处罚法》、《行政赔偿法》、《行政复议法》、《行政诉讼法》等程序法。

在加强法制教育的同时，该局还特别注重对地税执法人员的形势教育，要求他们正确处理好依法治税和促进经济发展的关系，履行职责，不辱使命，为促进地方经济的持续健康发展作贡献。

普遍实行公开办税，增加税收执法透明度。近年来，淮阴地税局围绕公开办税采取了一系列重大举措，将税收执法活动从暗箱操作变为公开操作，群众称之为“阳光工程”。其中主要有：政策公开，在各个办税服务厅内均能得到税收法规公报；税负公开，纳税应纳多少税，如何纳税，一律公开；减免公开，减免税条件、程序全都向纳税户公开，只要符合法定条件，随时办理申请审批手段；处罚公开，严格按《税收征管法》规定标准进行处罚。公开办税的普遍实施，进一步树立了地税机关依法行政的良好职业风范，取得了纳税人的认同和赞许。

勇于开拓，走出欠发达地区税收征管改革新路子；独辟蹊径，闯出地税征管新模式。淮阴地税局把握依法治税的精髓，实施征管改革，密织协护税网络，规范执法行为，建立税收信息化体系，实现了依法科学治税的飞跃。

实施税收征管改革，税收执法走上科学管理轨道。针对本区地方经济不发达，地方财力拮据以及地税部门人手少、征收税种多、经费紧缺的实际情况，因地制宜地制定了先夯实基础后全面提高、先城区后农村、先手工操作后微机征管的分步实施、逐步推进的改革实施方案。第一步，该局花大力气整顿了纳税秩序，严格规范纳税人自行申报制度，加大处罚力度，治理税收环境，为征管改革打下扎实基础，同时，将企业的纳税主体地位逐步归位。经过一段时期的磨合，新的机制给地税工作带来生机一片。该局不失时机地迈出了改革的第二步，撤并中心税务所和基层征收机构，按经济区划设置征管分局，实行集中征收。同时，该局组织人员对软件进行开发，建成税收征管计算机网络。第三步，实施稽查机构的外分离，初步建立起二级稽查新模式。经批准，新设三个检查分局，作为派出机构，同原征管分局相分离，一个检查分局的检查管辖范围与若干征收分局对应，且互不隶属。由于新的征管模式彻底打破了原有的征管格局，形成了征管、检查两大系列既相互配合、相互联系，又相互制约的良好局面。

强化税收综合治理，编织协税护税网络。为了保证地方财政收入的增长，促进地方经济的迅速发展，淮阴地税局将多年来税务部门组织收入、强化征收管理的手段和渠道之一的代扣代征工作提到了重要的议事日程上来。在区委、区政府和市地税局的正确领导下，在有关部门的密切配合下，建立起一个上下贯通的地方税收代扣代征网络，变地税征管由地税部门“单打一”为社会化综合治理，实现了全区地方税收的稳步增长。五年来通过代扣代征网络组织征收的税款达 3500 万元，为社会主义建设提供了充沛的财政资金。

利剑高悬，扬眉护我税法；忠心赤胆，国家利益重于泰山。淮阴地税局严格执法，打假治乱，挤去水分收入，讲求征管质量，树立起依法治税的成功典范。

加大稽查执行力度，维护国家税法尊严。几年来，淮阴地税局采取日常稽查、专项稽查和专案稽查相结合的方式，有针对性地开展了建筑业税收专项检查、金融保险业税收专项检查、中介机构税收专项检查、生猪税收专项检查、交通运输业专项检查以及每年一次的个人所得税专项检查与企业所得税汇算清缴，查补入库各项税收近千万元，有力打击了偷逃税违法行为。

健全完善内外监督机制，提高干部依法行政自觉性。该局在强化内部监督机制的同时，建立起依法行政的外部监督机制，主动接受党委政府、人大、政协、纪检监察以及社会各界的监督，并形成一套行之有效的好方法。同时，该局党组一班人，坚持将依法行政作为自律的一项重要内容，率先垂范，严格要求自己，极大地激发了全局地税执法人员依法行政的自觉性和积极性。

整饬税收秩序，重拳打假治乱。该局针对农村税收征管存在的乱优惠、乱征税、乱开票、乱奖励、乱入库，抓住重点，逐个解剖，向区委、区政府呈报《关于当前农村地税收入征管情况的紧急报告》，提出切实可行的整治措施，这些措施经批准后实施，克服了“五乱”现象，极大地改善了税收秩序。

2000 年，为了坚持依法治税，做到应收尽收，控制税收水分，该局提出了“淡化收入任务考核，强化征管质量考核”的要求，从细从严制定岗位目标考核体系，完善了岗位责任制考核办法，加大了督察力度，明确了督察内容。

《行政与法制》2001 年

对苏北县级地税征管机构改革的思考

王月明　李仁俊　石　浩

伴随着我省市县地税机构改革的步步深入，如何根据各地实际进行卓有成效的改革，特别是在经济欠发达的苏北地区，如何进行县级地税征管改革和机构改革，选择哪种模式，征管机构如何切合实际的设置更适合区域经济发展和税收征管实际的需要，使现有的软硬件资源及人力资源得到充分利用和有效的配置等。对这一系列问题所引发的思考，笔者略具拙见，仅供参考。

一　我省地税征管模式和机构设置的多样化实践

我省地税系统的征管改革在国家税务总局确立的"以纳税申报和优化服务为基础，以计算机网络为依托，集中征收、重点稽查"的总体模式要求下，征管机制历经数次改革和实践，征管模式趋向也几经变奏，从"申报、代理、稽查三位一体"到"征管、稽查两分离"、"检查外分"到再"征收、管理、稽查三分离"，其中不乏反复和再认识的过程。全省各地在征管改革实践中也不拘一格，进行了大胆的尝试和探索，创造和采用的征管模式各具特色，异彩纷呈。各地纷纷通过税务机构内部岗责体系的重新构建，进行机构人员的集约化、专业化整合，构建起科学、高效的新型地税征管机制，概括起来有以下四种具体征管形式。

（一）"征收、稽查两分离"模式

以南京市地税局为代表的新型征管模式，在南京市区设立有 1 个征收局、1 个稽查局、按行政区划设置数个稽查分局（属地管理局）。市下辖区（县级体制）、县地税局同样设立有 1 个征收局、1 个稽查局、按经济区划设置数个检查分局（属地管理局）。这一模式的特点是"集中征收、两级稽查"，在一个区域内的纳税人税款征收由一个征收局集中征收，同时对管理和稽查两大部门的管、查业务进行了重新整合，突出了稽查局同时担负的管理职能，避免了重复检查以及管查分离所引起的业务重叠、扯皮及人力资源浪费的情况发生，也减少了纳税人的负担。

（二）"征管、稽查两分离"模式

这是我省绝大多数市、县采用的征管模式，即选择适度的集中征收，从属地征管的基点出发，按经济区划设立税务（征管）分局，负责管辖区内的地方税收的征收与管理；在市、县地税局设立稽查局，实行一级稽查（也有个别城市选择另设稽查分局，实行“两级稽查”)，负责税收违法案件的查处，并在稽查局内部按照选案、稽查实施、审理、执行四分离进行业务分工和机构设置。

（三）“征收、管理、稽查三分离”模式

我省部分省辖中心城市以及苏南地区城市化程度较高的县级市选择这种“三分离”模式。这一模式是在一个城市设立一个征收机构进行集中征收，按行政区划、兼顾重点税源情况，设立若干管理分局和重点税源管理分局；设立一个稽查局，实行辖区范围内一级稽查（也有个别城市选择再行设立稽查分局，实行“两级稽查”)。

（四）“登记、征收、管理、稽查”四分离模式

即在“征收、管理、稽查三分离”模式的基础上，汲取广州、深圳（登记、征管、稽查三分离）等地的经验，单独设立税务登记分局，负责管理全市、县范围内的所有纳税人的税务登记事宜，形成“登记、征收、管理、稽查”四分离的征管格局。目前在我省选用此模式的城市较少。

二　适合苏北县级地税征管和机构改革的模式选择

对经济欠发达的苏北地区，在县级征管机构改革模式的选择上，笔者以为，应本着一切从本地区实际出发、实事求是的原则，按照“适度集中、属地征收、一级稽查”的思路选择“征管、稽查两分离”的模式进行。

适度集中、属地征收——在县（市）域内适度收缩地税征管机构，按地域或经济区划设立税务（征管）分局，负责辖区内所有纳税人的税收征管，管辖范围四至六个乡镇为宜，分局名称冠以数字排序，即××县（市）地方税务局第×税务分局。在城区设立第一税务分局，原有直属分局予以撤销，各经济类型的纳税人均在属地税务分局缴纳，由税务分局征收后按相应的预算级次入库，第一税务分局的管辖范围可适当向城区周边乡镇辐射，其他分局应尽量建立在交通便利的农村中心城镇，以方便纳税人缴纳税款。

在税务分局的内部，按照税收征管流程设立内设管理机构，如登记征收科（股）——负责税务登记管理、税款申报征收、发票发售开具、咨询宣传服务及税收计划、会统等事宜；稽核评估科（股）——负责纳税人税收征收方式的核定、税收定额的核定、纳税申报的稽核评估及税款延期、减免和各类批件管理；监控管理科（股）——负责对纳税人纳税行为进行监控管理，包括清理漏征漏管户、逾期税款催报催缴、欠税清理、停业户和非正常户调查、违章处罚及市场零散税收征收等事宜。税务分局一般不设任何政工和其他综合性机构，数据交换、上传均通过计算机网络运用征管信息系统客户端进行，最大限度地节约人力资源。

一级稽查——在县（市）地税局下设一个稽查局，并在稽查局内部按照选案、稽查实施、审理、执行四分离进行业务分工和机构设置，撤销原有的检查分局。内设机构可以设为：案源管理科（股）——负责接受举报来访，制定稽查计划，案件立案、移交，案卷立卷归档；稽查调查科（股）（可设一至×科）——实施稽查、调查、取证，作出稽查报告，提出处理意见；案件审理科（股）——负责案件审理，作出处理决定或提交上级审理、案件复核复审；执行科（股）——负责处理、处罚文书送达，处理、处罚决定的执行，负责稽查过程这需要执行的保全和强制措施，提请和协助人民法院强制执行。

另外，从长远看，县级地税机关的内设机构也应当加以充分的精简，一些行政职能与税政职能机构完全可以加以适当的裁并，如人事教育科室并入办公室，税政科室与征管科室合并设立综合业务科室，将机关行政人员解放到地方税收征管、稽查前沿，使得县级地税机关机构彻底转变为一线征管机构。

（一）经济发展水平决定税收征管模式的取向

地方税务机关征管改革，必然要受到社会经济、税收制度、财政分配体制和税收环境的制约，而区域经济发展水平是影响税收征管机构改革的首要因素。“经济决定税收，税收服务经济”，税收与经济的关系，决定了征管改革必须坚持实事求是，从地区的经济发展水平、税源结构、征管条件和财政分配体制的实际状况出发，通盘权衡和考虑，认真研究改革方案，把征管改革的力度和经济技术发展水平结合起来、和社会与纳税人的承受度结合起来、和税务经费承受力结合起来、和税务人员素质结合起来，通过试点，稳步推进。

地处长江三角洲经济圈的苏南地区经济发展水平、社会进步和人民生活富裕程度，在全国处于前列，苏中地区受此辐射也在大踏步前进。而经济欠发达的苏北地区5市的人均GDP只有全省平均水平的54%，人均财政收入仅为全省平均水平的35%，人均储蓄额为全省平均水平的45%，南北之间的差距仍有进一步拉大的趋势。苏北地区的社会资源集聚和配置，尚未达到苏南的集聚程度，许多县（市）的财政还是“吃饭”型财政，尚未达到“小康”水准，一些乡镇财政入不敷出，有的甚至连干部工资都难以发出。更由于区域经济发展滞后，第二、第三产业发展较慢，特别是乡镇工业稀缺，一些乡镇地方税源主要靠生猪税收、自行车税收（现已取消）和个体零散税收撑门面，乡镇财政对地方税务机关的收入依赖程度较高。这些地区的县级地税机关的征管改革，必须保持与经济相适应的适度集中征收；在集中城区征收的同时，兼顾农村征收点，保留必要的农村征收机构，而不能过快地在一个县（市）设立上个征收机构。当然，适度集中的同时应当积极依托计算机网络优势，推行网上申报、电话申报、银行卡缴税等多元化申报缴税方式，为征管机构的职能转换、最终实现全面集中征收创造条件。

（二）县乡财政管理体制一定程度影响征管模式的取舍

长期以来，苏北地区县乡两级财政普遍实行“基数包干”、“超收分成”的“分灶吃饭”分级核算管理体制，大多地方都设立有乡镇一级的金库，乡镇财政要“吃饭”，首先就必须能够自给自足，然后才能谈得上争取补贴和转移支付。由于税源的枯竭，财政收支压力巨大，“吃饭财政”迫使地方乡镇党政领导对地税收入予以高度重视，他们对地税收入的关切程度也是不言而喻的，地税基层分局也是他们经常光顾的场所。在地税部门实行垂直管理后，乡镇政府也唯恐失去对基层地税部门的联系、监督、制约，而肢解了乡镇政府的财政职能。现阶段在苏北县（市）范围内，保留按经济区域设立的基层征管分局，采用“征管、稽查两分离”的征管模式，更有利于地税部门取得乡镇党委、政府的支持。由于苏北农村地税税源都是一些零星税种，涉及面广，征管难度大，地税基层分局要完成地税收入任务，离开了乡镇政府的支持也不现实。况且目前乡镇个体及零散税源普遍靠乡镇助征人员征收，过于收缩基层征收机构，也不利于加强对这支队伍的管理，带来不必要的负面影响。

（三）税收征管实际状况对征管模式选择的需求

一方面，苏北县级政府尚未完全建立起高效的政府行政审批中心，纳税人登记管理仍未能实现集中管理，税务登记的工作量仍然在基层一线，清理漏征漏管户仍是基层地税机关的一项首要的基础性工作。在纳税人日常税收监控方面，一些地方在征管模式从过去的“一员进厂、各税统管”走向在征收大集中管理机构过度收缩之后，出现了税务人员坐班等税、对纳税人经营情况无从知晓、漏征漏管户无人管理等众多“疏于管理、淡化责任”的问题，也引起了大家对征收、管理相分离之后二者的配合和默契方面的担忧。当然这些问题的存在，与其在申报多样化拓展、网络信息技术手段落后方面有着一定的关系。就目前情况下采取征收、管理合一的格局，似乎更能够解决此类问题的存在。另一方面，地税机关征收税种小而全，是“集腋成裘”的过程，征管工作不适宜过于粗放，需要做大量过细的稽核、评估、审定工作，征管机构的过度收缩也不利于税源的监控和管理。再者，苏北地区经济欠发达，经济发展滞后，税源零星分散，在电子申报、银行卡缴税等方式尚未到位的情况下，过快实行一步到位的集中征收，要求城乡纳税人统一到一个征收机构去申报纳税，易造成纳税人负担的增加，同时也增加了税收成本，也很难对依法治税和组织收入带来相应的积极影响。因此，苏北地区县级地税征管机构的改革对征管模式的选择，应切实从地税征管工作实际出发，分阶段、有地步骤、因地制宜地采用与经济和税制相适应的具体实现形式，不断发展和完善新的征管模式。

（四）新税收征管法对征管机构“两分离”的有效支撑

税收征管模式的改革、税收征管机构的设置，在社会和国家权力机构引发的思考和反响，也是由来已久的，这从新税收征管实施细则的最终出台可见一斑。实施细则最终确立了各级稽查局的执法主体资格，亦即稽查局和各级税务局（分局）、税务所共同享有税务行政执法主体资格，而提交审议的“征收局（分局）”、“管理局（分局）”的设置并没有获得批准，这从立法的角度封杀了税务机构的非理性膨胀。从执法者执法主体资格必须合格这一角度去审视目前税收征管机构的设置，则各地出现设立的“征收局（分局）”、“管理局（分局）”均不再具有执法主体资格。细则还规定由国家税务总局负责制定和划分税务局和稽查局的分工和职责，避免职责交叉。因此说，征管法实施细则已经明确给“征管、稽查两分离”提供了法律支撑，而“三分”“四分”模式势必要走上重新调整定位之路。当然，变机构“外三分”模式为征管机构“内三分”模式未尝不可，即在行使征管职责的“税务局”内部进行机构的内分，设立“登记科（股）”、“征收科（股）”、“管理（股）”、“发票管理科（股）”等不具执法主体资格的内设机构，置于同一行政领导之下，笔者以为这样的集约型设置，更有利于征管机构的相互配合和制约，更有利于税收的控管和征收。

（五）税收征管人员的业务素质对征管模式的适应度

征管模式转换是一次机制的转换，一系列的改革紧紧依托计算机网络，提高征收集中度，实现征收管理、稽查专业化分工，从而形成一种良性循环的税收征管运行机制，最大限度地减少了人为因素的干扰，切实地做到依法征税，应收尽收，最终将实现一系列的根本转变：税款征收由税务人员上门征收向纳税人自行申报纳税转变，管理方式由“保姆式”的管户制向专业化的管事制转变，征纳之间由权责不分向征纳权责明晰转变，征收形式由分散向集中征收转变，税务稽查由“拉网式”向重点稽查转变，税务征管机构由全职能集于一体向专业分工、权力制衡转变，税收征管由粗放型管理向集约化管理转变，征管手段由手工操作向计算机网络监控转变；基层征管机构设置由多层级向扁平化转变。诚然，这一系列改革对税收征管人员的业务素质提出了更高的要求，而苏北地区现有征管人员的业务素质能否适应改革的要求，如何提高他们的综合能力和“适应度”，也是一个值得重视的问题。

目前，苏北地区现有的地税征管人员主要来自三个不同的年代和结构梯次，一是1978年至1981年顶替父（母）职进入税务机关的工作人员，是上世纪九十年代税务工作的中坚力量，但缺憾的是经过“文化大革命”洗礼，文化素养普遍较低，对目前的信息化征管不太适应；二是1981年至1985年考试招录的数批公务员，进入税务部门前均是高中文化，接受能力强，其后分别进人各类成人高校进行了专业知识的学习，由于那一时段鲜有大中专毕业生分配进入税务部门，他们很快成为税务战线的一支生力军，目前是构成地税中层和业务领导的主要力量，缺憾的是一些同志接受的专业技能培训还不够系统和专业；三是1986年以后从学校毕业分配进（考）入地税部门的中专、高校毕业生和部队转业人员，前者业务知识扎实，但缺乏基层和实践的锤炼，后者有较好的政治素质和敬业精神，但缺乏系统的业务技能学习。这期间还有从外单位调入的一部分人员，税收业务知识也普遍匮乏。以上这三类人员的比例大约是2：4：4，从以上的人员结构分析，我们不难看出，现阶段苏北地税征管人员的业务素质还远远不能适应征管模式向“科技加管理”的专业化、信息化快速转变，面对信息化浪潮，不少税务人员在计算机、高平台、高技术面前出现了“本领恐慌”，感到知识不够用、欲学不济、欲罢不能。这就需要我们循序渐进地把握改革的节奏和进程，使人员业务技能和征管模式的改革，达到最佳的效益组合。从这方面看，目前实行“征管、稽查两分离”仍为可行的选择，并必将对广大地税干部提高学习的积极性，增强竞争意识，适应现代化管理，不甘落后等方面起着积极的推动作用。反之，则会影响税干的积极性。当然，我们要尽快建立完善的长效激励机制，立足长远，制定可行的人员培训计划，有针对性的提高所有地税干部的税收、会计、法律、外语、计算机等方面的业务技能，使他们能尽快适应地税征管改革前进的节奏和步伐。

《江苏地税调研》2003年第2期

风正一帆悬

——淮阴地税行风建设纪实

土　禾　　玉　标　　唐　丽

淮阴地税局自成立以来，在“艰苦奋斗、务实创新、敬业奉献、争创一流”20字地税精神鼓舞下，不断加强行业作风建设，取得了一些成效，逐步建立起了一支作风过硬、纪律严明、廉洁奉公、乐于奉献的税收队伍，形成了规范执法、礼貌待人、文明服务、税务公开的良好风尚。税收收入逐年大幅增长，年年超额完成市局、区政府下达的征收任务，特别是2001年、2002年连续两年组织各项收入均超过了亿元，为淮阴的经济发展作出了可喜的贡献。1999年至2000年度获省“文明行业”称号；2001年、2002年连续两年获区软环境建设“十佳单位”；1994年至2002年连续九年获区行风建设“九连冠”。

一　实践“三个代表”重要思想落实“三个服务”

地税局成立之初，局党组就发出“建一流班子，带一流队伍，创一流业绩”的豪迈誓言。党组一班人首先从自身抓起，努力学习邓小平理论，学习改革开放的方针政策，用建设中国特色社会主义理论武装自己，努力实践“三个代表”重要思想，牢固树立立党为公，执法为民的观点，认真为企业、为基层、为人民办实事，全心全意为改革开放的大局服务，为地方的经济发展服务，为广大纳税人的根本利益服务。

为全面落实“两个转移”的方针，局党组作出“心往基层想，人往基层走，力往基层使，财往基层放”的决策，将有征管经验的骨干力量和逐年新进的大专院校毕业生放到第一线，基层分局的领导实行竞争上岗，规定机关股室人员每月必须有三分之一时间下基层，和第一线工作人员一起查税源、征税款、搞调研、解疑难，开展机关股室与基层分局共建示范点活动，并把基层的征管工作水平与股室工作考核结合起来。先后投入1000多万元用于基层8个分局建造办税服务厅和“五小建设”。为促进地方经济的发展，稳定社会秩序，地税局不折不扣地落实各项优惠政策。今年以来，为全区115户从事个体经营的下岗失业人员减免了税费24万余元，为受“非典”影响的“八大行业”减、免、缓征税费45万余元，为8户房地产企业减免税款达428万元。

心系抗洪救灾，关心社会公益是地税人牢记不忘的。当洪水肆虐，全民抗洪之时，局领导冒雨前往淮沭河大堤，送去了价值3000多元的食品及抗洪救灾物资，向奋战在抗洪第一线的群众表示慰问，全系统人员捐助了近2万元救灾款，及时送到抗洪救灾指挥部。另外，还先后捐款6万元用于全区绿化工程，捐款1100元用于“幸福工程”。

为优质服务好广大纳税人，地税局从优化税容风纪入手，在做到着装亮证上岗，礼貌接待来人，使用文明语言的同时，要求每一个工作人员做好“四个一”：说好每一句话，办好每一件事，接待好每一个纳税人，干好每一天工作；养成“三个习惯”：文明用语习惯，文明举止习惯和文明卫生习惯。并向社会作出文明服务公开承诺，在落实中做到“五个到位”：学习到位，人人记牢、背熟承诺条款；宣传到位，将公开承诺公布于服务窗口，让广大纳税人知晓；行动到位，人人信守承诺，按承诺办事；监督到位，设立举报箱，公布投诉电话，监督税务人员的承诺执行情况；考核到位，书面测试每个工作人员掌握承诺的情况。特别在前一阶段“非典”防治中，各个服务窗口人人戴好口罩、手套上班，天天做好环境消毒，并为纳税人备好毛巾、面盆、肥皂、消毒液等用品，供纳税人消毒净手之用，努力为纳税人营造方便、安全、温馨的纳税环境。

二　开展教育活动提高“两个素质”

“人的因素第一”，局党组充分认识到“要想收好税，先要带好队”的重要，因此，始终把队伍建设工作放在一切工作的首位。党的十六大刚结束，局党组就带领大家认真学习“十六大”重要文献，在单位自学的基础上，还专门邀请区委宣传部同志为全体地税人员作学习“十六大”专题辅导，使大家更全面、系统地领会“十六大”精神实质，从而自觉地团结在以胡锦涛同志为核心的党中央周围，为全面建设小康社会而努力奋斗。组织大家瞻仰周恩来纪念馆，祭扫八十二烈士陵园，参观苏皖边区旧址和淮阴党史展览馆，对大家进行革命传统教育，教育大家学习前辈的革命精神和崇高的品德，继承革命前辈艰苦奋斗的优良传统，在新世纪全面建设小康社会中用两个“务必”精神统帅自己的行动。

几年来，先后开展了“三爱一树立”、“三看四比三珍惜”、“三德”、“双思”等一系列教育活动，通过写回忆对比文章，举行演讲比赛和征文活动，教育地税人爱党爱国爱地税，看地税，比过去，珍惜今天的岗位，用好党和人民赋予自己的权力，牢固树立无产阶级世界观、人生观和价值观，树立全心全意为人民服务的观点，努力弘扬社会公德、职业道德和家庭美德，为社会主义的税收事业作出自己的贡献。

开展警示教育是队伍建设中的重要举措，地税局有计划地组织大家收看《胡长清案件警示》、《戚火贵的黑白人生》等电视录像，观看《生死抉择》电影，学习“省地税系统违纪违法典型案例剖析”、《刘克明的堕落》、《“一级英模”的沉浮》，做到警钟长鸣。通过警示教育，要求大家在讨论中算清“三笔账”，即经济利益账、身心健康账和家庭幸福账，时时不忘自重、自爱、自警、自励，自觉做到拒腐蚀，永不沾，廉洁从税。

为加快征管信息化建设的步伐，多次利用双休日举办微机知识培训，并定期严格考核每个人实际操作本领，使人人具有丰富的计算机知识和熟练的实际操作能力，为全面实行微机申报、微机征管奠定基础。持续开展业务大练兵活动，组织大家深入学习新《征管法》、《税务稽查规程》和票证管理等业务知识，并多次举办一人一桌的闭卷考试，考核各人对税收业务知识掌握的具体情况。

三　强化行风建设树好地税形象

为使行风建设工作走上制度化、规范化、正常化轨道，局党组响亮提出“靠法制求发展，以服务树形象”的口号。首先，狠抓了制度建设。尤其是今年以来，局党组围绕施政执法、文明创建、勤政廉政等方面及对各部门工作的要求，制定出 229 条“违规处罚规定”，并认真抓好落实。同时，严格考勤纪律，上下班实行指纹签到，上班时间实行去向登记，杜绝了旷工、迟到、早退以及在班不在岗、在岗不干事现象，规范了管理。同时，学习、贯彻《行政处罚法》、《行政诉讼法》和《行政复议法》，层层签订“税务执法责任状”，制定了严格考核奖惩措施，以确保税收工作严格按《税务行政执法规则》和《地方税收征管业务操作规程》进行操作，并贯彻实施《执法过错责任追究办法》和《错案责任追究办法》，确保做到依法治税。

进一步完善内外结合，多方监督制约机制，精心构架“内部制约网”、“社会监督网”和“家庭廉风网”。定期开展领导公开述廉，群众民主评廉活动；开好一月一次的廉政对照日会议和三月一次的民主生活会，开展批评和自我批评；定期走访企业厂家，发放廉政反馈表，及时了解办税人员廉洁从税情况；开展税务人员家属座谈会，座谈家庭廉风的形成情况，并评选优秀廉内助。开好行风监督员座谈会和软环境建设评议会，虚心倾听社会各界对地税行风廉政建设方面的批评与建议，接受社会各界的监督，并认真制定整改措施，及时整改，使行风建设工作不断迈上新台阶。

通过强化行风建设，全系统公开执法、无私办税的人多了；送礼不要，请吃不到，金钱面前挺直腰的人多了；做事按原则，行动看准则，不越雷池一步的人多了。真正树起了地税的良好形象。

《淮安宣传》2003 年第 9 期

立足服务　规范管理
积极探索地税系统行风建设新途径

徐菊平

淮阴地税局在行风建设中，结合地税系统实际，立足服务，规范管理，积极探索行风和软环境建设的有效途径，该局牢固树立服务意识和大局意识，全面推行规范化管理，着力打造学习型、服务型地税机关的良好形象，有效促进了全系统地税干部的思想观念和行为模式的转变，在分局与分局、科室与科室、人与人之间，形成了思想统一、力求上进、奋发有为、争创一流的良好氛围，有力推动了全系统行风和软环境建设再上新台阶，为淮阴经济发展营造了良好的税收环境。

一是以学习为手段，提高税干素质。开春第一课，即邀请区十六大宣讲团成员给全体税务人员作“十六大”辅导报告，使税务人员更全面、系统地领会“十六大”精神实质和“三个代表”重要思想，从而自觉地团结在以胡锦涛同志为核心的党中央周围，为全面建设小康社会而努力奋斗。利用双休日举办微机知识培训班，定期严格考核每一个人实际操作本领，使人人具有丰富的计算机知识和熟练的操作能力，为全面实行微机申报、微机征管奠定基础。组织大家反复学习《行政处罚法》、《行政复议法》、新《征管法》和实施细则，学习《税务稽查规程》和“票证管理”等业务知识，采取学、议、考相结合的方法，做到一学一议，一学一考，以考促学，极大地提高了税务人员学习的主动性和自觉性。在全系统范围内组织了一次新《税收征管法》知识和一次计算机知识考试，均考出了平均分90分以上的好成绩，税务人员的业务水平有效提高，服务水平的提高有力促进了服务技能的显著提升。

二是以规范为目标，加强制度建设。规范是淮阴地税局2003年各项工作的重要标准。为使行风建设工作走上制度化、规范化、正常化轨道，该局围绕施政执法、文明创建、勤政廉政等方面以及对各部门工作的要求，制定了229条《规范化管理违规处罚规定》，并结合工作实际不断进行补充完善，目前已有233条。同时严格考勤纪律，对城区工作人员上下班实行指纹签到，对分局人员实行签到簿签到，上班时间实行去向登记和去向告知，并由纪检监察人员不定期巡回检查工作纪律执行情况，杜绝了旷工、迟到、早退以及在班不在岗、在岗不干事的现象，规范了管理，提高了效率。与此同时，狠抓制度落实，认真贯彻实施《执法过错责任追究办法》和《错案责任追究办法》的“两错”追究制，层层签订“行政执法责任状”，制定了严格考核奖惩措施，以确保税收工作严格按《税务行政执法规则》和《地方税收征管业务操作规程》进行操作，做到公开、公平、公正执法。

三是以满意为宗旨，提升服务质量。将纳税人满意不满意当作衡量服务工作做得好与不好的尺度，从优化税容风纪入手，为广大纳税人提供优质服务，力争让纳税人满意。在做到着装亮证上岗，礼貌接待来人，使用文明语言的同时，每一个工作人员都能做好“四个一”，即：说好每一句话，办好每一件事，接待好每一个纳税人，干好每一天工作；养成“三个习惯”：文明用语习惯，文明举止习惯和文明卫生习惯。并向社会作出文明服务公开承诺，在落实中做到“五个到位”：学习到位，人人记牢、背熟承诺条款；宣传到位，将公开承诺公布于服务窗口，让广大纳税人知晓；行动到位，人人信守承诺，按承诺办事；监督到位，设立举报箱，公布投诉电话，监督税务人员的承诺执行情况；考核到位，书面测试每个工作人员掌握承诺的情况。积极推行“首问责任制”和“一窗式”服务，实行零距离服务、延时服务、预约服务等。

特别在“非典”防治中，各个服务窗口人人戴好口罩、手套当班，天天做好环境消毒，并为纳税人备好毛巾、面盆、肥皂、消毒液等用品，供纳税人消毒净手之用，为纳税人营造了方便、安全、温馨的纳税环境。

在下岗职工再就业优惠政策颁发后，立即开展大张旗鼓的宣传活动，及时在区电视台发表讲话，对优惠政策作了细致具体的解释，并组织小分队，深入下岗职工中，面对面地宣传政策，帮助他们办理登记手续，累计为全区115户下岗再就业职工减免各种税费24万余元，同时还为全区290户受“非典”影响的特殊行业纳税户办理了减免缓税费工作，共计减免缓税费近46万元。

四是以教育为先导，强化廉政监督。开展警示教育是队伍建设中的重要举措。该局有计划地组织大家收看《刘克明的堕落》、《“一级英模”的沉浮》等警示教育录像片，做到警钟长鸣；邀请区反贪局人员结合地税工作实际给税干上廉政教育课。通过警示教育，使大家算清“三笔账”，即经济利益账、身心健康账和家庭幸福账，时时不忘自重、自爱、自警、自励，自觉做到拒腐蚀，不贪不沾，廉洁从税。进一步完善内外结合、多方监督的制约机制，精心构架“内部制约网”、“企业反馈网”、“社会监督网”和“家庭廉风网”。向社会公开监督举报电话，设立举报箱；定期开展领导公开述廉，群众民主评廉活动；开好民主生活会，开展批评和自我批评；定期走访企业厂家，发放廉政反馈表，及时了解办税人员廉洁从税情况；加大明察暗访力度，纪监人员配合行风监督员做到周周查访，月月通报；及时处理人民来信来访，圆满调查处理人民来信来访6件。通过强有力的廉政教育，全系统无一人违反廉政规定。

五是以公开为形式，实施阳光操作。推行政务公开，是改进地税部门施政行为的有效方式，能够有效促进地税机关转变职能，优化税收环境，促进以组织收入为中心的地税各项工作的健康发展。2003年该局在全市地税系统首家全面推行政务公开。在推行政务公开工作中，坚持依法公开、真实公开、注重实效、方便群众、有利监督，只要不属于党和国家机密，不违反法律、法规规定，能公开的都公开这一原则，充分利用两栏（固定板块、活动板块）、两刊（新淮阴、地税法规选编）、两屏（电脑触摸屏、电子显示屏）、两网（内部局域网和因特网）、两台（淮阴电视台、广播台）及“两牌三卡四箱”等多种载体，将对纳税人和社会公开的15项内容和对内公开的17项内容，因地制宜，全方位、大范围，灵活多样地进行公开。目前，已在城区设置了政务公开栏10个，在农村各征收分局设置政务公开板块近百块；在征管分局办税服务厅等涉税场所，设置电子显示屏、电脑触摸屏等多媒体设备，利用电子设备开展政务公开，在第一分局办税服务厅内设置的税收查询触摸屏和电子显示屏，纳税人反映效果良好。与此同时，还充分利用内部局域网和因特网广泛宣传国家有关税收法律、法规及政策规定，提供政策咨询、纳税辅导，指导纳税人办理各项涉税事宜，征集纳税人的意见和建议，受理举报、投诉，反映地税工作动态，曝光涉税案件等；印制了政务公开工作手册、税收政策宣传彩页等及时将税收法规等政策规定通过手册、汇编、卡片、彩页等形式送到纳税人手中。还充分利用社会传媒，开辟税收专栏，播放税收专题节目。各单位都在醒目位置设立了政策咨询、税收违章案件举报、纳税人投诉电话、投诉箱、测评箱、便民箱，各办税服务厅都设立了群众举报信箱，配备了投诉卡、测评卡、联系卡，并确定专人负责群众意见的收集、登记、交办、反馈和归档。实施政务公开，增强了广大群众对税收法规和地税机关工作的了解，拉近了征纳双方的关系。

六是以创建为抓手，树好地税形象。在文明创建中，该局以创建文明行业为目标，要求全体人员牢固树立纳税服务意识，积极拓宽纳税服务渠道，为纳税人提供更多方便、高效的服务，切实维护纳税人合法权益，将道德建设纳入精神文明创建的日常工作，在全系统深入持久地开展“文明关爱、扶贫济困”、创建“青年文明号”以及“文明示范窗口”创评等活动。积极开展社会公益活动，当洪水肆虐，全民抗洪之时，局领导冒雨前往淮沭河大堤，送去了价值 3000 多元的食品及抗洪救灾物资，向奋战在抗洪第一线的群众表示慰问，全系统人员捐助了近 2 万元救灾款，及时送到抗洪救灾指挥部。同时，还先后捐款 6 万元用于全区绿化工程，捐款 13000 元用于王兴两淮村修建水电站，捐款 1100 元用于“幸福工程”，年捐款 6000 元办起地税“春蕾班”。进一步完善、规范各项评先创优活动，在全系统开展争当“征管能手”、“稽查能手”、“服务标兵”、“廉政模范”、“优秀公务员”等活动，向李元龙等先进人物以及身边的先进个人学习。通过一系列活动的开展，重点解决言行、服务、执法等方面存在的问题，做到言行文明，服务优质，执法公正。

通过强化行风和软环境建设，全系统公正执法、无私办税的人多了；送礼不要，请吃不到，金钱面前挺直腰的人多了；做事按原则，行动看准则，不越雷池一步的人多了。真正树起了淮阴地税的良好社会形象。

《江苏经济报》2005 年 1 月 11 日

强化思想政治工作　狠抓税收队伍建设

徐菊平　翟玉标　唐　丽

思想政治工作是我们党的优势，也是优良传统。“要想收好税，先抓收税人”，这是淮阴地税局党组一班人经常念叨的一句口头禅。地税局成立以来，一直坚持以人为本，从严治队的原则，不断强化思想政治工作，努力提倡地税精神，打造地税队伍，创地税业绩，树地税形象，切实把全体税务人员的思想统一到组织收入上来，把力量凝聚到实现“三型税务”创建的目标上来。实践证明，通过深入细致的思想政治工作，把准了税务人员的思想脉搏，使思想政治工作真正发挥了得人心、暖人心、稳人心的作用，实现了队伍不乱、人心不散、发展不断，三个文明建设取得了较好的成绩。地税组建 11 年来，年年出色地完成市局和地方政府下达的组织收入任务，文明创建硕果累累，树立了地税部门的良好形象，赢得了党政领导和社会各界的广泛赞誉。该局在思想政治工作中的主要做法是：

一　严格自律，为群众当好正面表率

俗话说：“其身正，不令而行；其身不正，虽令不从。”“喊破嗓子，不如做出样子。”领导干部严格自律，既是无声的思想政治示范，又是强有力的思想政治工作。思想政治工作离开领导的以身作则就会苍白无力。局党组成员充分认识到这一点，在工作、学习中切实做到严格自律，时时处处发挥表率带头作用，充分调动广大税务人员的积极性。

加强自我教育，潜心修养，强内固本。该局建立健全党组中心组学习制度，按照及时将党的方针政策与税收实际相结合的原则制订每月的学习计划，使政治理论学习与中心工作紧密结合，增强了思想政治理论对现实工作的指导性，带头参加各类业务知识培训。以中心组学习带动全系统的政治理论学习。保持共产党员先进性教育活动开始以后，局党组成员春节到浙江招商引资也不忘带着《读本》和学习笔记，在招商期间仍坚持记笔记、写心得。活动期间，局领导班子成员读书笔记平均达 5 万字以上，最多达 7 万字。

加强自我管理，责己从严，约束自我。加强政治上的自我管理。坚定政治立场，划清是非界限，时刻把握能说与不能说，能做与不能做的尺度。加强组织上的自我管理。坚持民主集中制，自觉维护集体领导的权威。加强工作上的自我管理。严格按规章制度办事，要求部属做到的，自己首先做到、做好。加强生活上的自我管理。时时严格要求，处处为人表率，树立清正廉洁的形象。

加强自我监督，随时检点，反观自照。定期召开民主生活会，开展批评与自我批评，虚心听取群众意见，接受群众监督，增进团结、改进工作。

通过加强自我教育、自我管理、自我监督的修养，为全体税务人员树立实事求是、坚持原则、精通业务、严于律己、廉洁奉公、遵纪守法的榜样。

二　因势利导，激励大家奋发向上

地税局成立之初，房屋破旧，设备简陋，经费紧缺，任务繁重，有的同志感到前途渺茫，工作打不起精神；有的同志则埋怨自己运气不佳，碰上了穷神。局党组针对队伍中的这种情绪，及时加以引导，组织大家学习邓小平理论，学习改革开放的路线、方针和政策，学习钟建华不怕吃苦，为国聚财的先进事迹，使大家认识到地税工作是为民执法，为国聚财，振兴地方经济的神圣使命，教育大家要认清形势，学习先进，明确自己肩上的责任，树立远大理想，确立革命的苦乐观，为税收吃苦，虽苦犹乐，虽累犹荣。为进一步规范大家的行为，局党组及时地提出了“艰苦奋斗，务实创新，敬业奉献，廉洁守纪，争创一流”的20字地税精神，要求大家时时用这20字精神激励自己，奋发向上，创造业绩，为地税事业奉献自己的青春。

在全区地税系统中，共产党员和转业军人逐年增多，这是税收队伍的中坚力量，充分调动他们的积极性，发挥他们的先锋模范作用，有力促进地税工作的开展。局党组充分利用他们自己的节日开展“庆祝八一建军节”、“党员政治生日”活动，召开座谈会，让他们敞开心扉，畅谈自己美好的理想、从税的感受和今后的打算，号召他们发扬军队优良传统，永葆军人的风范，发挥共产党员的先锋模范作用，带动大家一起前进，为税收工作增光添彩。

紧跟形势，以“三讲”教育整顿行风，是狠抓队伍建设的一个重要方面。地税局在开展“三讲”教育活动中，紧密联系地税工作的实际。讲学习，一方面解决理论学习问题，一方面解决税法知识学习问题，通过多次辅导、考试，借以提高税务人员的理论水平与业务能力；讲政治，全面贯彻落实党的“一个中心，两个基本点”的基本路线和方针政策，在全系统开展“三个服务”大讨论，明确税收为改革开放大局服务，为地方经济发展服务，为纳税人服务的重要意义，圆满完成区委、区政府交给的税收任务，为全区社会稳定和经济发展作贡献；讲正气，做到堂堂正正收税，清清白白做人，树立正气，打击歪风，保持税收队伍的纯洁。

在深入学习“三个代表”重要思想和开展“双思”教育活动中，地税局召开了“青年知识分子思想政治工作座谈会”，全系统共26名大、中专毕业生参加会议。会上，大家踊跃发言，畅谈各自从税以来的切身体会，畅谈各自的思想变化及世界观、人生观、价值观的形成，畅谈强化地税征管的措施、建议，畅谈今后的努力方向和奋斗目标。区局领导对到会青年也提出了具体的希望与要求，勉励他们把握人生坐标，拨正前进航向，爱岗敬业，艰苦奋斗，廉洁奉公，乐于奉献，开拓创新，铸造辉煌。通过座谈会，大家沟通了思想，增进了了解，缩短了距离，增强了今后工作的信心和勇气。

在2005年上半年开展的保持共产党员先进性教育活动中，该局始终牢牢抓住学习实践“三个代表”重要思想这条主线，把握保持共产党员先进性这个主题，紧紧围绕“提高党员素质，加强基层组织，服务人民群众，促进各项工作”的目标要求，开展思想政治工作。组织党员重温入党誓词，上党课，听廉政教育讲座，人人对照党章的要求，全面总结自己在思想、工作和作风等方面的存在问题，并从世界观、人生观、价值观上深刻剖析思想根源。通过召开座谈会、设立局长信箱、征求意见箱、发放征求意见表、深入基层和群众中调查走访、开展谈心活动、党员之间相互提意见等多种形式，广泛收集群众意见和建议，进一步了解群众的所思所想和在工作中生活上存在的实际困难，千方百计为干部群众排忧解难。活动开展期间，全局召开各类座谈会10次，累计发放征求意见表430份，共征求到各类意见和建议214条。梳理整合后形成79条建议，及时进行整改并在系统内通报整改情况。通过保持党员先进性教育活动，触及灵魂，让党员干部思想受到一次深刻洗礼，地税系统所有党员的思想觉悟、政治素质都有了显著的提高。

三　唯才是举，发挥骨干中坚作用

要使基层各分局树好地税形象，领头雁的主导作用是至关重要的，为选拔德才兼备的人到基层窗口领头雁的位置上来，局党组决定在用人制度上引入竞争激励机制，让优秀人才脱颖而出，对基层分局的领导岗位，实行了竞争上岗。局机关成立竞争上岗评委会，制定具体实施方案，通过资格审查、业务考核、论文答辩、民主测评等严密的程序，从参加竞争者中选拔优胜者到基层分局领导岗位上来，真正做到了任人唯贤，唯才是举。各分局长上岗以来，得到了群众的普遍支持，各自发挥了自己的聪明才智，带动分局一班人刻苦拼搏，在很短的时间内就使基层工作面貌有了较大的改观，真正起到了领头雁的作用。竞争上岗活动，也进一步使局党组一班人深刻地体会到江泽民同志“经济体制改革和其他方面的改革都在逐步深化，为加快干部制度改革提供了有利条件”这一指示的深刻含义。

四　竭诚关爱，做群众的贴心人

关心群众，爱护群众，才能使群众的心和领导的心贴得近，干起工作才能做到心往一处想，劲往一处使。把思想政治工作融入对税务人员的关心之中。注意关心税务人员工作中的每一点成绩，支持下属的每一项工作，做到“三及时”：当税务人员工作中碰到困难时，及时排忧解难；当税务人员工作中遇到挫折时，及时分析原因；当税务人员工作取得成绩时，及时热情鼓励。几年来，局党组为自己制定了“四个必访”制度，并认真地履行，即系统内同志家有红白喜丧事必访，同志生病住院必访，夫妻间发生矛盾必访，家庭生活发生困难必访。每年年底，区局都要开展一次内部职工特困家庭困难补助活动。经各单位、各部门上报，工会、人教科调查，对当年因个人或家庭有不同的困难，经局党组研究，给予一定的困难补助。另外，无论工作再忙，区局领导总是要为全系统每一位干部庆贺生日。简简单单的一张贺卡、一盒蛋糕、一束鲜花、一句问候，使税务人员感到组织上的温暖、领导的关心。经常开展谈心活动，对工作情绪消沉，思想包袱沉重，特别是受到一点挫折后一蹶不振的同志，采取促膝谈心，交流思想的方法，摸清思想根源，从关爱的角度，帮其消除思想顾虑，化解思想疙瘩，鼓励其放下包袱，振作精神，轻装上阵。通过庆贺、吊唁、慰问、探访、谈心等活动，帮助群众排忧解难，化解矛盾，把领导的心和群众的心紧紧地捆在一起，同忧同乐，同命运，共呼吸。实践证明，对同志政治上爱护，生活上关心，做到以心照人，以情感人，帮助他们解决实际问题，是做好人的思想工作的有效方法，是团结群众，共同前进的有力保证。

五　心想基层，全力落实“两个转移”

抓基层工作，强基层力量，建基层基础，想基层干部，是局党组几年来贯彻落实“两个转移”的基本思路。围绕这个思路，地税局做到在人、财、物等诸方面都向基层倾斜。

力往基层使，财往基层放。为逐步改变基层办公条件简陋、生活条件艰苦的状况，几年来，陆续向基层投放资金650多万元，新建、改建、扩建了基层分局和办税服务厅，同时还千方百计先后解决各基层分局的宿舍、食堂、菜地和休闲花园，逐步落实总局提出的“五小建设”。初步营造了基层良好的办税环境和改善了基层的生活条件。

心往基层想，人往基层走。为了加强基层的征管力量，几年来，一方面不断抽调骨干力量，充实基层。对基层分局领导实行竞争上岗，让德才兼备的人走上领导岗位，发挥自己的聪明才智，有效地提高了基层领导的两个素质。同时，还把逐年分配的大专院校毕业生，充实基层第一线，提高了基层的征管水平。另一方面，强化了区局科室和基层的联系，建立了机关工作人员每月用三分之一时间下基层的制度。同时实行了科室、分局挂钩，把基层分局的征管工作水平与机关科室的工作考核结合起来，实行了机关科室与基层分局共建示范点，机关科室结合自身的工作职能，确定示范点的主要内容，从而树立典型，以点带面，推动全局工作。

六　反腐倡廉，永葆劳动人民本色

税收工作天天接触的是纳税人，经手的是人民币，为了使每一个税务人员做到“常在河边走，就是不湿脚”，局党组时时不忘对大家进行防腐倡廉教育。组织大家学习中央关于反腐败斗争的重要讲话和文件，逢会必讲税务人员必须遵守的廉政纪律，要求每一个税务人员时时不忘自重、自爱、自警、自励。组织大家集体收看反腐倡廉的录像，邀请区纪委和区反贪局领导对地税人员作反腐倡廉的专题报告，邀请司法部门开设刑法、行政处罚法法律讲座。定期开展领导述廉，群众评廉活动，精心构架“内部制约网”、“企业反馈网”、“社会监督网”和“家庭廉风网”四个廉政监督网。开好一月一次的廉政对照日会议和三月一次的民主生活会，开展批评和自我批评；开展税务人员家属座谈会，座谈家庭廉风的形成情况，并评选优秀廉内助。采用请进来、走出去的方式，区局和基层分局聘请行风廉政监督员，做到周周查访，月月通报，半年召开一次行风廉政监督员座谈会，经常组织人员到基层第一线走访调查，定期召开评议会，请他们提意见，写评语，作鉴定，评议地税干部执行纪律制度情况等，区局纪检监察人员不定期的走出去，下基层，调查纳税人，走访乡镇和企业部门，明察暗访地税人员行风廉政的具体体现，严防“吃、拿、卡、要、报”违纪现象的发生。加大对明察暗访和违纪案件查处力度，对党员干部违法违纪案件做到发现一起查处一起，决不姑息迁就。强化税收管理权和行政执法权的“两权”监督。积极推行政务公开，从源头上预防和治理腐败现象。狠抓社会执法承诺服务措施落实，严格执行违诺处罚制度，坚持办文明事，做文明人。重视处理来信来访，发现带有苗头性、倾向性问题，及时谈话诫勉，限期改正；对犯有严重错误的认真查处。通过有针对性和实效性的反腐倡廉教育，打牢基层地税干部的思想防线，使地税人个个做到堂堂正正收税，清清白白做人，永葆劳动人民艰苦创业，勤俭持家的本色。

通过反腐倡廉教育，地税系统公正执法、无私办税的人多了；送礼不要、请吃不到、金钱面前挺直腰的人多了；做事按原则、行为看准则、不越雷池一步的人多了。使得地税系统连续十一年被评为行风建设先进单位。

七　文明创建，努力树好地税形象

坚持以各项活动为载体，积极营造思想政治工作的浓厚氛围。通过持续开展“三爱一树立”、“三看三比三珍惜”以及文明分局、文明服务标兵、业务能手、优秀公务员、最佳办税窗口、青年文明号等创建活动，教育大家爱国、爱岗、爱税收，营造相互竞争、比学赶超的氛围。开展红色之旅、征文活动、对联比赛、卡拉 OK 比赛、迎新春联欢晚会、演讲比赛等一系列寓教于乐活动，凝聚人心，营造积极向上的良好氛围，充分调动税务人员工作积极性，推动各项工作的顺利完成。在全区率先实施执法服务承诺，承诺着装亮证上岗，限时服务，第一人接待，使用文明语言，禁讲服务忌语。群众来访时，要做到指路、指门、指人，不让群众多跑、久等、为难、受气。

十一年来，淮阴地税局在加强全系统思想建设、组织建设、作风建设和制度建设上做了大量的工作，对提高税务机关广大党员和干部队伍的素质，增强基层党组织的战斗力、凝聚力，促进中心工作和各项任务的完成，以及加强党风廉政建设等方面都发挥了非常重要的作用，有力地促进了全系统三个文明建设。在近年来税收任务日益加重、管辖范围大、纳税人素质参差不齐、税收征管工作难度较大的情况下，广大干部深入征收一线，开展调查研究，加大税源监控的力度，为纳税人提供了周到、便捷、优质的服务，确保了税收收入的稳步增长，为地方经济发展作出了贡献。十一年来，全局无一人因违法违纪被处罚，也无一起人员上访事件发生。连续两个年度被省委、省政府授予文明行业称号，连续两年被评为全市地税系统规范化考核第一名，连续十年被区委、区政府评为行风建设先进单位等。在基层分局中，一个分局获人事部、国家税务总局表彰为全国税务系统先进集体；五个分局被评为市文明单位；四个分局被评为省文明单位；所有基层分局全部被区委、区政府评为文明单位；全系统在扶贫、双拥、计生、信访、卫生等各项工作中均多次获得各级表彰与奖励。

《江苏经济报》2006年2月11日

税收征管改革的理性认识

徐菊平　李仁俊

一　税收征管改革的回顾

我国税收征管大致可分为三个阶段：

从“一五”到“六五”长达30多年的时期内，在单一经济结构、单一税制的条件下，税收工作处于经济要发展、财政要收入的两难境地，十分强调以组织收入为中心工作，税务干部以完成税收任务为天职。这一时期的税收征管是以管户制为标志，为了经济建设筹集资金，在工作条件差，征管手段落后，工资福利待遇低的条件下，老一代税务干部走遍千山万水，吃尽千辛万苦，道出千言万语，千方百计组织收入，全国工商税收由1950年的26.32亿元，增长到1985年的1198.2亿元。1985年，全国税收占GDP的比重已达23.2%，实属来之不易。在税务登记、纳税鉴定、税款核定征收、征管资料、票证管理以及促产增收，特别是市场税收、个体税收征管方面，积累了许多宝贵的经验。老一代税务工作者作出了不可磨灭的贡献，功不可没。

“七五”至“八五”是税收征管改革重要的过渡时期。这一时期，国家经济体制正由计划经济—商品经济—市场经济体制的转换变革之中，出现了多种经济成分并存，多元化、多渠道、多环节、多层次的经济格局，财政管理体制实行“分灶吃饭”，国家税制也进行了新的变革（主要是利改税与增值税的改革），给税收征管提出了新的课题，为了适应经济体制改革的发展需要，1985年，国家税务局提出建立科学严密的税收征管体系的战略目标。1986年国务院颁布了《税收征收管理暂行条例》，1992年全国人大委员会公布了《中华人民共和国税收管理法》，以后相继制定、修订了一系列配套性的税收征管规章和措施，使税收征管工作有法可依，有章可循。税务登记、纳税申报、税款征收、发票管理、计、会、统、税务检查以及违章处理、行政复议等具有中国特色的税收征管制度更趋系统、规范。从理论到实践，从制度到手段，从机构到人员，从部门配合到群众协税护税，出现前所未有的新局面。

量的增长和发展，必将引起质的飞跃。1987年开始探索对原有征管模式的改革，1988年全国各地陆续进行了征、管、查三分离或征管、检查两分离的征管改革的尝试，从此拉开了我国税收征管改革的序幕。这一时期的改革是以管户制到管事制跨越的一次质的飞跃，取得的成效也是显著的。

1. 从根本上扭转了“一员进厂，各税统管，征、管、查合一”的征管模式，内外两套监税制约机制初步形成。

2. 彻底改变了税务干部上门征税“保姆式”包办的局面，纳税人上门自觉纳税的意识普遍形成。

3. 各级政府、有关部门、社会各界空前地关心税收工作，支持税收征管，税收工作摆到了各级政府的议事日程，各级领导干部开始熟悉税法、学习税法、运用税法。

4. 明确了省以下税务机关工作重心主要抓征管，征管制度逐步建立健全，征管形式和办法逐步完善，征管手段不断强化，征管质量和效率不断提高。

5. 稽查工作不断强化。稽查的力度在加大，稽查的手段得到加强，稽查案件的办结得到加快，稽查的地位得到提升。

6. 部门协作愈加紧密。公检法部门普遍向税务机关派驻治安办公室，税务检察室，税务法庭；税务部门与工商部门建立了工作联系制度，银行明确了税、贷、货、利的扣缴制度，城建、交通等部门建立了代扣代缴制度。一个从城市到农村，从公检法到各部门以及街道居委会等纵横交错的群众协税护税的网络已逐步形成。

7. 大规模、丰富多彩的税法宣传月活动序幕拉开，税收法规普及，日益深入人心，社会各界普遍理解支持税收工作，征纳关系走向融洽、协调。

此外，税收征管的实践，推进了税收理论的研究，税收研究日趋活跃和繁荣，为新一轮税收征管改革奠定了思想上、理论上的准备。

"九五"、"十五"、"十一五"时期，是税收征管改革突破性，跨越式飞跃发展的时期。1994 年，国家实行分税制财政体制重大改革，同时进行税制的重大改革，新税制的实施和两套税务机构的分设，极大地调动了中央与地方两个积极性。在新形势下，国家税务总局因势利导，与时俱进。1995 年，国家税务总局提出了"以纳税申报和优化服务为基础，以计算机网络为依托，集中征收，重点稽查，强化管理"的深化征管改革方针。1997 年，国务院办公厅转发了《国家税务总局深化征管改革的工作方案》，从此揭开了我国税收征管改革的崭新一页，标志着我国税收征管改革取得了历史性的进展。经过改革的发展，2004 年国家税务总局又提出了"实施科学化、精细化管理，全面提高税收征管的质量和效率"的要求，引导税收征管向更高层次更高目标迈进。

十年来，税收征管改革得了令人瞩目的成就。

1. 税收收入持续攀高。2000 年一跃跨过亿元大关，2003 年跨越 2 万亿元，至 2005 年一跃跨过 3 万亿元大关，是新中国成立初期的 1090.3 倍，是税制改革初年 1994 年的 6.1 倍，为国家经济社会的发展提供大量的财力支持，税收总量的增长源于经济的发展，而税收征管改革的成功，也是一个至关重要的因素。

2. 依法征税有了重大进展。在"吃大锅饭"财政体制影响下，"放水养鱼，藏富于企业"、有税不收、"包税"、越权减免税或"寅吃卯粮"的做法一扫而尽，"以票引税，异地转引税款，买卖税款"的做法从根本上得到遏制，买卖发票，偷逃骗税的发案率大为减少，税收法制建设逐步健全加强。以"法治"代替"人治"，成为新一轮税收征管改革的重要标志。

3. 新型的税务管理员制度取代了"专管员"制度，全面实现了纳税人主动申报纳税的征管新格局，提高了征管质量，税务登记率、申报率、征收率、入库率大大提高，漏户率、偷逃率、处罚率、成本率也随之下降。

4. 计算机的普及和广泛应用，税收征管各项工作基本实现了信息化，不仅规范了行政行为，而且提高了征管效率，为进一步深化征管改革，实现科学化、现代化奠定了坚实的基础。

5. 建立了一系列新的业务流程和工作制度，"集中征收，重点稽查"的征管模式有了新的发展，各职能部门的相互联系、相互配合、相互监督制约的机制基本形成，规范了征管行为，提高了征管质量。

6. 为纳税人服务，受人民监督的意识增强，各地创造了“一窗式”“一站式”等各项便民措施，简化服务程序，优化服务，提高服务质量，纳税人权益受到保护，树立了税务干部的良好形象。

7. 进行了机构和人事制度改革，形成了优胜劣汰，竞争上岗的新局面。

8. 税法宣传和执法检查的持续开展，形成了良好的浓烈的依法征税、依法纳税的良好氛围，税收秩序和税收环境有了根本好转。

十年探索，十年改革，我国税收征管突破30多年传统模式，经历了管户制—管事制，上门催缴—主动申报，人治—法治，手工操作—计算机操作的重大转变，正在走向信息化、科学化、现代化的新时代。

二　征管改革的必然性和原则

回顾二十年来征管改革的实践，征管改革不是空穴来风，它的产生和发展，有它赖以存在的基础和条件，具有客观的必然性，需要我们从理论上加以新的认识。

1. 税收征管改革是经济发展到一定阶段的必然产物。任何税收征管体系都是建立在与这相应的客观经济基础之上的，并且随着它赖以存在的客观经济条件的变化进行相应的变革。在单一的公有制经济结构，高度集中的计划管理体制条件下，经济总量不大，纳税户偏少，一人管理几户乃至几十户是可以的，传统的管户制为特征的征管体系是与之相适应的。而随着社会大生产的发展，市场经济的到来，经济总量不断增大，经济成分的复杂多样化，靠人海战术显然是不行的，经济发展呼唤税收法制建设，计算机的使用应运而生，适时实行税收征管改革顺理成章。

2. 税收征管改革是税制改革的必然要求。我国的税收征管改革是在整个税制改革中进行的，并且随着税制的演进不断调整和发展。征管改革是为了税制服务的，税收制度的调整和发展、税收政策的颁布，都是通过税收征管去实施。税收征管体系的不配套不完善，再好的税制也难以贯彻，甚至会半途夭折。因此，税收征管改革必须与税制改革相匹配和协调。

3. 税制改革是复杂的系统工程。税收征管需要公、检、法、司部门的保驾护航，需要各级政策的支持，营造良好的治税环境，涉及工商、银行、交通、建设等社会各方面，需要各部门的配合和协调，在税务系统也涉及计财、税政、人事、监察等各职能部门，这些部门也必然协调统一。这些都是一个完整的统一体，任何一个部门、一个方面、一个环节出了问题，征管体系的链条就会中梗，税收征管改革就难以奏效。

4. 税收征管改革是渐进的探索的过程，从纳税人的思想意识，征管环境的变化到税务人员的业务水平、技术方法、征管各要素的优化都是不断演进的过程。任何一个系统都不可能至善至美的，任何一项改革也都不可能一蹴而就、一帆风顺，需要我们在实践中不断探索、总结，日臻完善。

《江苏地税调研》2006 年第 3 期

抓执行　彰显制度规范作用

徐菊平

制度的生命在于执行，制度的威力在于落实。2003 年以来，淮阴地税局从地税事业发展的需要出发，从制度执行入手，用制度规范行为，强化内部管理，提升管理绩效，初步实现了带好队，收好税的管理目标，彰显了制度威力。

完善制度，为综合配套管理立规矩。没有规矩，不成方圆。该局从适应改革的需要出发，在队伍管理上想长远、谋远虑、练内功，将各项工作纳入规范化轨道，建立完善了涵盖行政事务、征收管理、文明创建、勤政廉政、人事管理、学习培训等六大类制度，靠制度管理，发挥制度约束作用，有效减少了干部犯错误的机会，最大限度地教育和保护了干部。

一是建立行政管理制度。该局高度重视日常行政管理工作，相继出台了《机关工作人员请假及有关待遇的规定》、工作人员上下班实行指纹签到和网上签到制度、上班时间严格去向登记和去向告知制度、修订了着装管理规定、文明服务规范用语等。还先后出台了《来客接待制度》、《机关接待工作暂行规定》、《车辆使用管理办法》、《差旅费管理暂行办法》、《经费内控制度》、《非工作时间能源管理制度》等一系列的日常行政管理制度，有的放矢地加强日常管理工作。

二是建立了税收业务工作规范。该局围绕税收业务工作，先后制定了《欠税公告暂行办法》、《组织收入工作考核办法》、《重大税务案件阳光审理实施办法》、《建筑业税收征收管理办法》、《建筑安装营业税管理暂行办法》等业务规范。为有效防止税收执法中的不公现象，还建立了两个互动机制：第一，国地税征管信息的互动机制。国地税在动态中及时沟通协调，及时解决问题，定期召开征管例会，逐月传递信息，解决信息不对称问题。第二，实行征管查互动机制，建立征管查信息传递无障碍通道。以征管信息系统为平台，从税源、管户、分析、监控、日常检查入手，通力合作，衔接而不脱节，运行而不空档、顺畅而不掉链。四名副局长每月分别牵头召开一次征管查会议，互通信息，现场办公，及时解决征管、稽查、管理的衔接和政策执行中出现的问题。与此同时，高度重视责任追究工作，配套制定了《淮阴地方税务局执法过错责任追究办法》和《淮阴地方税务局错案责任追究办法》，以及税收票证、发票的缴销制度，作为年度目标考核的重点内容，层层签订“行政执法责任状”，确保公开、公平、公正执法。

三是建立勤政廉政制度。以建立健全惩防体系为抓手，相继完善了防腐保廉工作制度、机关干部廉洁自律承诺制、党风廉政责任制、政务公开制度等。将中央、总局、省局、市局和地方政府出台的各项廉政规定编印《淮阴地方税务局税务人员廉政手册》发放给每一名税务干部。建立新录用人员上岗前参加制度考试制度，规定新录用人员上岗前必须先学习各项制度并参加制度考试，考试以廉政纪律制度为重点，新录用人员必须通过考试方可上岗，否则在考试合格前不得上岗。对党风廉政建设的落实情况由纪检监察人员每周不定期进行一次检查，每月在全系统进行通报一次，对来自纳税人的投诉举报，确保件件有调查，事事有回音。通过查处违规，坚决纠正“失之于宽、失之于软”的现象，进一步严肃了纪律。在行风软环境建设中，监察、人教部门每周明察暗访不少于一次，每次发现问题不少于一个，少一个扣科室人员每人 50 元。人员履职，不敢做老好人，也不想做老好人，被查单位也易于接受，架起了监督和相互制约的桥梁。

四是加强内外监督。内部监督以职能科室定期检查为主，纪检监察部门每周检查一次纪律制度执行情况，每月对检查情况进行一次通报，业务科室每月深入一次分局对上月业务工作完成情况进行检查，及时记录考核情况，人教科按月收集考核登记表，报送局领导审阅，对照考核情况按月兑现奖惩。外部监督注重社会化管理，调动社会力量，主要是设立举报箱和举报电话，在办税服务厅设置“办税服务评价器”，发放投诉卡、联系卡和测评卡，畅通举报渠道。与此同时，纪检监察人员通过不定期走访乡镇领导、企业负责人和个体纳税户，召开行风监督员座谈会，请纳税人评价税务人员执法和服务情况，征求他们对地税工作的地税人员意见，及时发现执法服务中存在的问题。

通过抓执行，有效地保证了各项制度的落实，在淮阴地税干部中形成了人人崇尚制度，人人遵守制度的氛围。以制度确保各项工作措施的落实，推动了淮阴局工作整体水平的不断提升，全局各项工作全面推进。组织收入逐年飙升，2003 年组织税收收入一举突破往年几千万元的局限，首先跨越亿元大关，2004 年组织各项收入历史性突破 2 亿元，2005 年组织各项收入突破 2.5 亿元，2006 年组织各项收入首先突破 3 亿元，连续四年入库税收总量名列全市六县（区）第一，2007 年上半年提前一个月实现组织收入双过半；2003 年在全市地税系统中首家被评为全国税务系统信息化建设先进单位；2003年档案工作目标管理在全市地税机关中率先达到省一级标准；2003年至2004年被评为省文明单位标兵；2003年至2006年连续四年在全市地税系统规范化管理目标综合考核中名列第一；2007年被淮阴区委、区政府评为全区唯一一家“2000至2006年行风暨软环境建设连续七年先进单位”；2007年一分局办税服务厅被评为“全国巾帼文明岗”，先后有三个部门被授予省级巾帼示范岗。

《江苏地税调研》2007年第6期

地税收入增长减缓的原因及对策

张振庭　隽玉鹏　唐　丽

“十五”期间是国家采取积极财政政策，拉动内需的时期。在这期间，京沪、同三、徐盐宿淮等高速公路在淮阴区境内汇集，205国道，305、214省道等纵横交错，贯穿我国东部地区的陆海大通道——新长铁路穿境而过，使淮阴成为华东地区的交通枢纽。淮阴芒硝、岩盐矿的开采，使淮阴盐化工发展迅速，元明粉产量居全国第二，年产逾120万吨，原盐的连云港碱厂输卤工程、江苏华尔润集团年产30万吨，联碱输卤工程已竣工运行，房地产消费成为新的亮点。基础设施的建设，房地产、盐化工产业经济的迅速发展带动了地税收入的高速增长。2001～2005年，地税累计收入57431万元，年平均增幅24.48%。“十一五”期间国家采取稳妥的财政政策，对房地产行业加大调控力度，再加上高速公路工程的结束，将使地税收入增速明显减缓。如何保持地税收入的稳定增长，确保实现淮阴区委、区政府制定的“十一五”财政目标，是我们当前迫切需要研究并努力加以解决的课题，现提出一些粗浅的看法，供大家参考。

一　淮阴地税收入增长减缓的原因分析

（一）减收因素多是淮阴区地税收入增速减缓的主要原因

税收政策的因素。国家税务总局规定：“2002年1月1日以后新办的企业所得税由国家税务局征管。”2002 年以前，内资企业的所得税全部由地税征管，企业所得税收入高速增长，年平均增幅达到 25%，占地税收入比重不断上升，2000 年比重为 25%，2001 年比重为 34%。2002 年以后，地税征收的企业所得税收入年平均增幅为 19%，占地税收入的比重呈下降趋势。2002 年比重为 24%，2003 年比重为 24%，2004 年比重为 18%，2005 年比重为 18%。同时，地税征管企业所得税的户数不断萎缩。原由地税征管的企业由于改制、拍卖、合并、脱壳等原因，都到相关部门办理了注销手续，重新领取了营业执照、税务登记证，这类企业所得税原由地税征管现变为国税机关管理。据统计，以上企业有 20 户之多，影响地税收入近 300 万元之多。此外还有内资企业变为外资企业，据统计这类企业影响地税收入近 300 万元。另外国家税务总局规定的工资、薪金应征收个人所得税扣除标准由原来的 800 元上升到 1600 元，将影响到地税收入 800 万元。

市场因素的影响。由于国际元明粉市场竞争激烈，元明粉价格每吨价格将比去年下降 60 ~ 80 元，预计太平洋、南风元明粉公司利润今年将比去年下降 3700 万元，减收企业所得税 1200 万元。此外，房地产行业由于受到国家宏观调控政策影响，火爆市场已趋于缓和，将减收营业税 1500 万元。

一次性税收的影响。主要是宁淮、宿淮高速公路工程现已结束，减收公路建安营业税 1000 万元。

以上因素使地税收入累计减收近 5500 万元。

（二）第三产业发展缓慢是淮阴区地税收入增速减缓的关键原因

1. 第一产业税收比重轻，对地方税收影响小，对地方财政贡献率非常低，在地方税收中比重几乎可以忽略不计。

2. 第二产业是淮阴区经济增长的主力，对地方税收、财政贡献大。工业是第二产业的支柱，淮阴区近几年工业有很大发展，第二产业比例不断提高，目前，我区第二产业经济整体运行质量不断提高，有力地推动了全区国民经济的快速发展，同时对地方税收、财政贡献也比较高。2005 年第二产业增长 27%，高于第一产业和第三产业，占 GDP 比重高达 47%，对地税贡献税收 10087 万元，占地税税收比重为 57%，地税对地方财政贡献 14394.2 万元，其中第二产业贡献 8284 万元，比重为 57%。

3. 第三产业经济发展严重滞后，对地方税收、财政的贡献小于第二产业。营业税、企业所得税、个人所得税、财产税是地方税体系中的主体。其中营业税的课税范围几乎涵盖了整个第三产业。我国城市建设正处于高速发展时期，第三产业发展步伐正在加快，而且空间更加广阔，与此密切相关的营业税也将有非常大的增长空间。2005 年清河区第三产业贡献营业税 6048 万元，占其地税税收收入 47.4%，淮阴区第三产业贡献营业税仅为 4483 万元，占我局税收收入的比重只有 25.6%。我区的第三产业贡献的营业税与清河区的差距明显，增长空间较大。以金融、交通、邮电、房地产为骨干，其他行业共同发展的第三产业格局，是支撑我区地方税收、财政持久而强大的动力，目前，这种动力还没有完全凸现出来。2005 年全区第三产业增加值 17.59 亿元，同比增长 13.9%，占 GDP 的比重仅为 23%。2005 年江苏省、淮安市第三产业占 GDP 的比重分别为 33.5%、35.8%。淮阴区第三产业经济无论在全省还是在全市都处于落后的位置。2005 年淮阴区第三产业（除商业）对地税贡献税收 7411 万元，占地方税收比重 43%，地税对地方财政贡献 14394.2 万元，其中第三产业贡献 6110.2 万元，比重为 43%。

（三）区乡道路税收难以征收是淮阴区地税收入增速减缓的重要原因

区乡道路建设由淮阴区交通局负责管理，道路建设资金由地方财政负担，交通局划拨给施工单位。为了降低地税征收道路建设税收的成本，征齐征足道路建安营业税，地税部门多次委托交通部门代征，但都被交通部门以道路工程预算中没有含税金为借口加以拒绝，他们仅凭施工单位开出的白纸据就拨付道路建设款，使道路建设税收大量流失。

区乡道路建设税源情况表

单位：万元

道路名称	公路里程	计划投资额	预计实现税金	已付工程款	应缴税金	已缴税金	开工日期	竣工日期
王顺路	38	2470	81.5	1976	65.2	0	2004.2	2005.12
渔三路	7	400	13.2	320	10.6	0	2004.2	2005.12
村级公路		11000	363	8800	290.4	0	2004.2	2005.12
二级公路	99	6435	212.4				2006.1	2007.12
三级公路	40	2000	66				2006.1	2007.12
四级公路	80	1600	52.8				2006.1	2007.12
205国道丁集段	24	29100	960.3				2007.1	2008.12
325省道	16	37000	1221				2007.1	2008.12
合　计	304	90005	2970.2	11096	366.2	0		

注：1.公路里程：公里；2.投资额及税金：万元；3.此表根据交通局刘局长口头表述整理

（四）增收因素少是淮阴区地税收入增速减缓的另一重要原因

2006 年淮阴区地税收入减收因素较多，增收因素较少，仅有以下几点：（1）华能电厂二期工程已竣工投产，增收地方税 600 万元；（2）输卤工程投产，增收地方税收 800 万元；（3）火车站土建工程投资 2 亿元，预计实现税收 600 万元，当年可实现税收 300 万元；（4）工业园区新企业生产和土建部分可增加地方税 500 万元。以上因素可使地税累计增收 2200 万元。

二　为确保我区地方税收有效增长，实现“十一五”财政目标，必须从以下几个方面着手，努力培植地方税源，突出发展第三产业，加强现有税收征管

（一）以培植地方税源作为我区发展的重要课题，调整招商引资工作思路

近年来我区经济总体上发展并不慢，如2005年全区实现生产总值75.09亿元，比2004年增长18.7%；2006年第一季度，我区又实现GDP19.65亿元，比2005年同期增长20.06%。但从目前看，因为我区的第三产业经济发展严重滞后，所以对地方财力贡献不大，如果第二产业、第三产业经济规模同等，那么第三产业贡献的地方可用财力将远远高于第二产业。因此建议我区有关经济管理部门在招商引资和大力实现项目带动战略中，要有强烈的“生财”观念，将保持地方财政收入后劲作为加快发展的重要课题，在招商引资中要打破过于注重引进工业企业的思维定式，重视对同等情况下能带来更多的地方级税收收入的企业的扶持和引进。在区政府和有关部门下达招商引资的任务时，除考虑引进的项目数和外资外，还应测算出引进项目每年能收到多少税（特别是地方级能得到多少税），并将其作为考核的一个硬性指标。

（二）加强产业结构调整，突出发展第三产业

按照“二产调强，三产调大”的战略方向，加强产业结构的调整，尤其要壮大有助于增加地方税收收入增长的第三产业规模。所得税分享改革使地方政府缺失了企业所得税这一调控经济的首选税收工具，地方政府调控能力的保证和地方税收收入的增长更加倚重营业税这一地方税种，以第三产业结构调整为主线，在盘活壮大工业主体财源的基础上，加快第三产业的发展，提高第三产业对经济增长和税源增长的贡献率，使地方财源建设收到实实在在的效果，重点发展交通运输业、房地产业，发展风景城市旅游、会展及教育、文化和卫生等现代服务业，以此为突破，来构筑符合我区发展要求的产业比例，推动地税主导税源的发展。

（三）积极稳妥地实施和完善地方税制改革

要加快改革现有地方税种。现行的城建税、房产税、资源税、土地使用税均在1994年税制改革前颁布，已显得陈旧，因此，我们应积极向上建议稳妥实施地方税制改革。对城建税应遵循独立性、普遍性和有利于征收的原则，以销售或营业收入为计税依据。对房产税、土地使用税、资源税按经济政策、产业导向和物价指数变化，从征税对象、计税依据、税率（税额）等方面重新予以确定。淮阴区矿藏资源丰富，芒硝可供元明粉公司开采20年之久，但其应征的资源税却按生产的产品元明粉征收（每吨元明粉3元），这一方面违背公平税负的原则，另一方面违背税收有关政策。资源税征收的对象是地下矿藏，而不是生产的产品，所以应按芒硝水征收资源税，这样可以增加地方税收入520万元左右。近几年来，随

着城市建设步伐的加快，土地市场的规范，土地价格不断升高，城区范围的土地每亩均价达 70 万元，现土地使用税征收标准已不能起到调节土地级差收入的作用，也不能提高土地利用率。因此，要调整土地征收标准，将土地分为三个等级，征收标准应为：1 元 / 平方米、2 元 / 平方米、4 元 / 平方米，每年可增加地税收入近 400 万元。

（四）加快交通运输业建设

据调查淮阴区现有货运车辆总吨位为 6500 万吨，按每年每吨营业额 4 万元计算，应实现营业收入 2.6 亿元，应缴纳营业税近 800 万元，但每年实际缴税 180 万元左右，应缴税收和实征税收反差太大。究其原因，是淮阴区货运车辆流到外省市的太多，这部分车辆应缴的税款都在外地缴纳了。为什么淮阴区货运车辆会外流呢？一方面，外省市收费标准低，另一方面，外省市税负低。安徽省灵谷县，因车辆收费、税负低，全国各地挂靠到灵谷的车辆特别多，灵谷县每年征收交通运输营业税 1000 多万元。因此，我们应放宽交通运输自开票纳税人审批条件，积极为交通运输代开票纳税人向自开票纳税人过渡创造条件，发挥“洼地”效应，留住本地车辆，并将外省市车辆吸引到淮阴区来，使淮阴区交通运输业规模、总量、税收不断增加。

（五）加大城乡道路税收征收力度

城乡道路建安营业税、所得税大量流失，实在令人担忧。区乡税款应入地方财政，决不能落入某个部门或建筑承包商手中。因此，一方面，建议政府召开交通、地税部门会议，责令交通部门在拨付道路建设款项时，代扣代缴施工者应缴的营业税、个人所得税等。另一方面，由审计、地税组成联合检查组，对近几年来每条道路建设应缴税款、已缴税款、投资总额、已拨付款项、未拨付款项以及入账的白纸据进行检查。对经查违反国家税法和财务制度者，严肃处理，决不姑息迁就，构成犯罪的移送司法机关追究其刑事责任。通过以上强制手段，整顿区乡道路税收秩序，征齐征足区乡道路应缴纳的税款。

《江苏经济报》2006 年 7 月 3 日

淮阴经济增长模式抉择

——对淮阴经济发展的认识

徐菊平　李仁俊　翟玉标

当前，淮阴经济发展正呈现良好的态势，在发展的关键时刻，进一步总结经验教训，以科学发展观统领经济工作，选择正确的经济增长模式，是一个值得思考的重要问题。

淮阴经济发展的基本脉络

新中国成立以后，由于国家实施国家工业化战略拉动经济发展，经济建设主战场在城市地域，以农业生产为主的县域经济长期处于被压制的状态，淮阴经济经历了曲折的发展历程。

从农业生产上看，由于国家基本建设投资大部分流向以工业为主的城市地域，农业生产缺乏有效的投入，生产条件落后，在计划经济体制下，淮阴人民节衣缩食，治沙、治蝗、治碱、兴修水利，大搞旱改水，发展多种经营，进行了艰难困苦、可歌可泣的努力，但始终没有解决温饱问题，直到1979年实行家庭联产承包责任制以后，释放了劳动生产力，农业生产才呈现重要转机。在这以后20多年来，我区农业经济进入快速增长阶段，不仅粮食单产逐年提高，粮食总产量多，而且农业市场化程度也有所发展，面向市场农业结构有重大调整，畜牧、家禽、水产养殖、瓜果、蔬菜等在农业结构中已占较大比重，并且培育出具有地方特色的一批名优特色产品，诱发了新一轮的制度创新——以家庭经营为基础的产业化经营，即以契约或资产为纽带，使农民与经纪人，社会化服务组织，农产品运销加工企业结成利益共同体，呈现全面繁荣的势头。

从工业生产看，由于国家实施工业化发展战略和工农产品剪刀差的价格政策，淮阴农民同全国一样，一直走以农业哺育工业的道路，尽管自身温饱问题未解决，仍为城市提供了大量的商品粮、商品猪、商品棉等。统计显示1950年至1988年，实行家庭大包干责任制前，累计交纳农业税达4000余万元。以后年度，随着国家开征耕地占用税、农业特产税等，农业贡献更大，农业、农村、农民有力地支持了城市、工业的发展。可是由于市县分家，共同建立的工业基础，全部奉献给市区，直到70年代初，淮阴县政府才从市区搬到王营镇驻足，当时工业几乎是一片空白，也就是从那时起，淮阴人民从零开始，着手发展自己的工业。1976年“粉碎‘四人帮’，社队工业大解放”，小化工、机械、纺织、电子等一齐上，一时间红红火火。可是好景不长，1980年国民经济调整，社队工业纷纷落马，所剩无几。在国民经济调整中，保留的14户国有企业、20多户集体企业苟延残喘，终因技术含量低，缺乏有效投入。至90年代末，特别是亚洲金融危机爆发，国家为治理通货膨胀，实施紧缩的财政政策，加上金融制度改革，国有商业银行退出，贷款审批权限上收，银行“嫌穷爱富”，直接导致了企业衰退，老企业户户关、停、并、转，此时的淮阴工业又一次陷入低谷。直至2000年以后，由于城市化战略的推动和招商引资的展开，淮阴的工业才重现生机。

从财政情况看，在计划经济体制下，大家吃“大锅饭”，尽管无力发展再生产，但工资能发得出，日子还能过得去。1982年实行“分灶吃饭”财政体制后，财政状况每况愈下，1981年我县纺织工业处于旺盛时期，当时仅大布厂与农垦二纺厂上交税利就占财政收入的一半，1982年由于国民经济调整，国家对纺织产品限产降价，纺织企业一下子跌入低谷，而分灶吃饭的财政体制正以1981年为基数超收分成，短收不补，1982年当年财政就出现了赤字，从此债台高筑，赤字包袱越背越重，工资发不出，干部苦不堪言。1994年实施分税制财政体制，地方财政得到一些实惠，但毕竟缴纳增值税企业多，对中央贡献大，地方税税源枯竭，地方可用财力有限，仍摆脱不了困境，也正是在2000年以后，拉开了城市化建设的大幕，基础设施建设的拉动，地方税税源迅速扩张，财政柳暗花明，才实现了中央与地方共赢的格局。但不容乐观的是，2002年以后中央与地方对所得税实行共享的政策，招商引资来的企业，新增税收大头上交中央，因此，国税是大幅扬升局面，地方税源由于城市基础设施建设，房地产开发的高峰即将过去，地方税收能否持续增长，应引起人们的警觉。

从淮阴经济发展现状看，基础设施得到了极大改善，城乡面貌变化较快，招商引资成效显著，投资活跃，发展充满活力，经济发展初具规模，优势企业得到确立，并具有良好的基础。现有工商企业300余个，第二、第三产业从业人员24万人，生产总值达90亿元，在全市占领先地位，具备了继续前进的基本条件。但也存在一些不容忽视的问题，主要是产业结构不尽合理，第三产业处于边缘化状态，农产品加工龙头企业不强，投入大产出小、效益低，财政收入尽管上来了，但地方一般预收收入比例低，社会保障压力大，农民增收比较困难。

总结五十多年经济发展的经验教训，给我们一个深刻的启示，经济发展不能人云亦云，照搬照套，盲目赶超。必须坚持科学发展观，充分发挥比较优势，走一条切合实际，具有特色的经济发展的路径，还必须走出三个误区。

误区之一：认为没有投入就没有产出，只有高投入才能有高产出，因而片面追求量的扩张，结果恰恰相反，高投入、低回报，GDP 上去了，财政得不到好处，人民得不到实惠，一旦紧缩就会萎缩。

误区之二：认为工业化就是建造工厂、建开发区、建基地、上规模。“饥不择食”地招商引资，来者不拒、全盘接收，付出了很高的代价和高成本，造成了低水平重复建设、无序竞争，回报率很低。

误区之三：新农村建设就是大拆大建，搞形象工程，严惩损害了“三农”利益。

淮阴经济发展路径的抉择

淮阴经济发展正面临难得的极好机遇，也具备了前进的基础和条件，处于发展的关键时刻，应当坚持科学发展观，转变经济增长方式，乘势而上。至于发展什么，如何发展，在主流媒体，领导讲话里早已阐明，问题是在具体运行中，如何准确把握走什么样的发展路径，运用之妙，存乎一心。这里仅就新型工业化，发展现代服务业，建设社会主义新农村三个重要课题，谈谈粗浅认识。

一　走新型工业化道路

新型工业化道路的含义在于一个“新”字，它是相对于旧型工业化道路而言的。对此经济学家早有分析，一些先行工业化国家在起飞阶段，主要靠增加土地和自然资源的投入，实现缓慢增长，以英国为代表的第一次产业革命是靠投资驱动，以大机器代替手工劳动，提高劳动生产率，发展大工业，实现了经济早期增长。而以美国为代表的第二次产业革命主要靠技术进步和效益提高，实现新一轮经济增长。20 世纪 50 年代以后，信息化成为经济增长主要手段，进入现代经济增长阶段。二战以后，日本经济从废墟中崛起，创造了 30 余年持续高速增长，到 20 世纪 90 年代初经济实力达到了顶峰。亚洲“四小龙”也紧紧跟上，以骄人的速度在全世界领先，举世争谈“东亚奇迹”。至此，马来西亚将 40% 的 GDP 用于投资，新加坡也将 GDP 的 40% ~ 45% 用于投资，才能维持高速增长。由于资本资源的有限性，终于 1997 年爆发一场波及世界的金融危机，东亚经济造成了长时期的停滞，甚至导致一些国家发生政治危机。

先行工业化国家的经验和教训表明，依靠资源和资本投入所支持的经济增长是无法长期持续的。要维持经济增长，必须更多地依靠提高资源配置效率和各类创新活动，转变经济增长方式。

新中国成立后40年的时间，我国基本上照搬苏联的发展模式，在“积累是扩大再生产的唯一源泉”的方针指导下，集中人力、物力、财力，实施大力推进工业化，优先发展重工业的赶超战略，“一五”时期的156个重点项目、1958年的大炼钢铁等，一直走高指标、高投入、低效益的粗放式增长道路，同时，利用“剪刀差”的输血方式，以农村经济停滞不前，农民长期在温饱线下挣扎为代价，保证了城市粗放方式的工业化和城镇居民低水平的福利生活，造成了基础设施、文化、教育、卫生、社会保障等公用事业发展严重滞后的问题。直到1979年至1981年，国民经济调整，才提出了“走出一条速度比较实在，经济效益比较好，人民可以得到更多实惠的新路子”的方针。“九五”计划提出了“实现经济增长从粗放型向集约型转变”的任务。“十五”计划又把经济结构调整和经济结构升级规定为五年经济发展主线。党的十六大进一步明确提出“走出一条科技含量高，经济效益好，资源消耗低，环境污染少，人力资源优势得到充分发挥的新型工业化道路”。2006年又进一步提出“实现经济又好又快发展”的方针，努力克服高耗费、低效率，片面追求数量扩张的传统工业化道路和弊端。

淮阴区近几年经济增长速度很快，发展的势头很好，但也存在不少隐忧，主要是经济结构不合理，经济效益低下，经济增长点还没有成为税收增长点，投入成本大，地方财政回报少，人民得不到实惠。从地税收入情况看，在地税收入前100名企业中，房地产、建筑企业30余户，电力、电讯、金融、保险、烟草等企业20余户，本土企业（包括医院、学校、自来水）20多户，招商引资企业纳税户数少，数额小，纳税3000万元以上的只有华能淮阴电厂 户，纳税1500万元的只有上海太平洋淮安元明粉公司，纳税100万元至1000万元的有25户，百万元以下的有73户，其中纳税10万元左右的有10户。工业园区几年来投入6亿多元，“七通一平”15平方公里，总占地面积90平方公里。2006年缴纳国税100万元以上的只有7户，最多的是辉煌太阳能公司315万元，缴纳地税最多的户只有60万元，20万元～60万元的只有6户。

当前，淮阴经济还处于工业化、城镇化以及居民消费结构升级加快的发展阶段，调整结构，技术改造，加大节能、环保、基础设施建设等也需要增加投资，投资较快增长有一定的必然性，增长是挡不住的，但经济增长并不等于经济发展，必须坚持科学发展观，切实转变经济增长方式，走切合淮阴实际、自主创新、又好又快发展之路。

（一）切实注重质量与效益

首先要鼓励促进与科学相关技术的成长，随着以信息技术为核心的高新技术的迅猛发展，发达地区的传统制造业，资本与技术密集程度较高的重化工业以及新兴产业的部分制造环节，加速向欠发达地区转移，我们可以引进必要的产业和技术，发挥我们的后发优势，但必须增加科技含量，讲究效益，有利于财政增收。一味地“饥不择食”，全盘吸收，盲目催生的结果，只能造成资源浪费，产生不良后果。要由招“伤”引“次”变为招商选资、引智、引技，促进经济结构优化与发展。

其次，要鼓励企业自主创新。企业要成为研究开发投入的主体，技术创新活动的主体和创新成果应用的主体。应用新工艺、新材料、新能源，生产新产品、品牌产品、名优产品，提高产品和服务的知识技术含量和附加值。淘汰那些占地多、效益差、纳税能力低的不良企业。

再次，在招商引资活动中，要重视向大专院校进军，高校是经济发展的“加速器”，七十年代苏南就创造了“星期日工程师”、“产学研合作”的经验，值得借鉴应用。同时，办好各类职业技术培训，彻底扭转靠“卖苦力”就业的做法，提高人力资本的质量。

（二）围绕产业链招商

在招商选资工作中，一方面要突出旗舰型、龙头型、大项目和外资项目，培育新兴产业；另一方面要立足本地资源，区位优势，强化特色，合理布局，改造提升传统产业、优势产业、培育主导产业，诸如：农业产业化、盐化工产业。只有完善强化完整的产业链，才能实现产业集群，建立产业基地。

（三）培植本土企业

外来企业一般不会有本土“情结”，一旦资源开发用尽或失去优惠后，外来资本就会转移他处，寻求新的优惠。地方得到的直接收益如就业、税收，而税收大部分上缴中央，利润所得由外来投资者所享受。同时，地方还得承担发展所带来的环境、资源牺牲的代价。应当积极扶持本土根生性骨干企业，改造提升传统产业，在这方面投入一些也是值得的。

（四）坚持第二、第三产业并重

第二产业（工业和建筑业）是转型经济的主导，推进工业化仍是“十一五”期间经济发展中“艰巨的历史性任务”。但从整个国民经济格局看，在推进工业化的同时，必须加快现代服务业发展，提高第三产业在国民经济中的比重，坚持第二、第三产业并重，并驾齐驱，这是经济发展的“双动力”。离开现代服务业发展，片面讲工业化，就不是新型工业化。

二　大力发展现代服务业

现代经济中服务业特别是生产性服务业，已成为一个国家或地区经济增长的活力和现代化的重要标志。有资料显示：发达国家的国民财富有一半左右源于生产性服务业，现代服务业占 GDP 的比重一般都在 60% 至 70%，世界 500 强企业中，服务业企业有 278 家。在国民经济中，增长最快和占主导地位的并不是工业，更不是工业中的重工业，而是服务业。经济发达国家和地区中，服务业都成为占主导地位的产业，服务业创造就业岗位能力最强，现代服务业的发展，是增加地方财政收入的最主要、最重要的源泉。现代服务业是促进经济社会协调和谐发展和提高人民生活质量的新兴领域，是实现经济增长方式转变的最紧迫的任务，将是经济社会发展的引擎，需要认真研究，为之提供发展的广阔平台，大力推进。

为什么要发展现代服务业，怎样发展现代服务业，上面有文件，地方也开过会，主流媒体有宣传。现在的问题是仅仅停留在浅层次上说说而已，重视不够，研究不多，措施不实。从淮阴的实际情况出发，以下几个方面应当引起足够重视。

（一）精心打造综合型物流园区或物流中心

淮阴位于城市边缘的交通枢纽地带，公路、铁路、水路交汇处，既可承接长三角，又可融入东陇海，辐射苏北，发展现代物流业具有得天独厚的优势，应当精心打造，建立集运输、仓储、装卸、加工、修理、配送、信息等多功能的综合服务体系，成为专业化、社会化、规模化、集约化综合物流服务中心。这样不仅极大地节约社会成本，提高全社会的经济效益，而且，通过系列主题产品交易，获得物流、信息流、商流的集聚，形成强大的磁场效应、市场辐射，推动工商企业的发展，带来经济增长方式的突破性革命。

（二）整合农产品物流

打破现有经纪人、小商贩的格局，发展大生产、大流通、大市场，把农产品的生产、运输、储存（常温、保鲜、冷藏）、装卸、搬运、包装、流通加工、配送和信息处理等有机整合。农产品生产主体或销售组织的规模越大，零售、批发商的规模或组织化程序越大，流通渠道就会畅通，交易成本降低，产生规模效应。

（三）改造提升传统服务业

商贸餐饮、交通运输与人民生活密切相关，现有的档次和服务水平都比较低，人们往往舍近求远，涌向市区购物消费。要借助评比、考核、挂星、限改等创新手段，推动传统服务业的改造升级，优胜劣汰，加快建设一批高档餐饮、娱乐设施，打造一批商业圈、特色街区、大型特色市场群，形成大市场、大流通、大商贸的格局，由被动接收市区辐射转向主动吸引，转而辐射苏北。

（四）鼓励发展小城镇社区服务业

在加大农村基础设施建设，发展科教文卫事业的同时，要制定行业规范，完善机制，积极引导城镇和社区服务业的发展。近期内重点是管理发展与人民群众生活密切相关的饮食服务业、中介和职业培训以及旅游业等，提升物业公司档次和水平，为居民提供更多有效地公共服务。

（五）把发展“生产性服务业”作为突破口

主要是为企业和农业的产前服务（研发、设计、培育良种）、产中服务（包括物流服务)、产后服务(如营销等)。

(六)加快城区企业"退二进三"

城区企业要尽快向工业园区集中,将现有的土地、房屋发展现代服务业或搞房地产开发。

三 积极推进社会主义新农村建设

2006年,党中央、国务院一号文件发出建设社会主义新农村的号召,提出了重大历史任务,目标、措施也很明确,全国各地开始了实质性地起步,涌现了一批先进的典型,也总结了许多经验,这里提出几点值得借鉴的经验和建议。

(一)统一规划,有序渐进

新农村建设是一个长期的发展探索、不断完善的过程,应该分类分阶段,有重点有目标地循序渐进,不搞整齐划一,不搞大拆大建,不做表面文章,不搞形象工程。近期重点是饮水安全、乡村道路、推广沼气、改造厕所、推广标准节能住宅和信息工程。在财力不足的情况下,不要"撒胡椒粉",优先培养有条件的重点乡镇、中心集镇,发挥带动辐射作用。

(二)建立统一的新农村建设的指导机构、培训机构

实行局乡、局村挂钩负责制,明确任务、限期完成。鼓励社会力量,各界名流、老板与村组结对帮扶,向农村输送物力、财力、智力,真正实施工业反哺农业,城市支持农村。全面培训农民,鼓励为农民群众办实事,帮助发展生产力,实现增产增收。

(三)激活机制

学习山东荣成市、江阴华西等地的做法,在尊重农民意愿的前提下,鼓励强势企业收购、联合落后村,使农田变成"原料车间",农民成为产业"蓝领",统一缴纳社会保基金,统一安排干部和劳动力,统一接管和处理债权债务,统一开发土地(不改变土地使用权性质),统一规划和建设居民小区,统一提供文化、教育和福利,老有所养,幼有所托。也可实行强企兼并弱村,村企合作,村村合并或区域合作,农民以土地入股,成立新的农民合作经济组织或农场或农业开发公司,充分发挥各方面积极性,相得益彰,激发农村经济发展的活力。

(四)整合资金使用效益

新农村建设需要大量的资金、财政投入也不可能一步到位。现在的问题是:一方面财力有限,投入难以满足;另一方面也存在投入分散的问题,发改、农业开发、扶贫、农业、农工、林牧渔、水利、国土等部门皆有投入。资金申请、使用和项目实施方式上的各自独立,千差万别,资金整合意识差,综合效益低。要在政府或财政部门牵头,各部门联合协调,统一规划,统一谋篇布局,统一实施,整合资金的使用,提高综合效益。

总之，新农村建设是一个宏大的系统工程，伟大的社会实践，需要我们有良好的愿望，深厚的感情，紧迫的责任感，上下联动，城乡结合，大胆探索，勇于实践，实现“生产发展，生活宽裕，乡风文明，村容整洁，管理民主”的目标。

（2007年7月27日《江苏经济报》B4版）

践行科学发展观　构建和谐地税
推动地税事业又好又快地发展

徐菊平　李仁俊

去年是我国全面实施“十一五”规划的第一年。五年看三年，三年看头年，这一年，淮阴地税事业呈现了良好的发展态势，各项工作迈上了新的台阶。站在新的起点上如何以科学发展观和构建社会主义和谐社会的战略思想为指导，朝着新的目标迈进，实现地税事业又好又快地发展，是摆在我们面前的崭新的课题和紧迫的任务。

一　基层地税工作现状

从地税工作的实践中我们深刻地体会到，近几年来地税工作在改革中得到不断深化提高，地税事业取得了长足的发展。随着经济的繁荣，地税收入节节攀高，地税收入占地方财政收入的比重显著提高，为促进地方社会经济的发展作出了巨大贡献；在地方各级党政领导的关心与支持下，地税工作的硬环境与软环境得到了优化，基层地税部门办公生活环境明显改善，税收信息化建设水平不断提高，社会各界广泛理解支持地税工作，对地税工作寄予高度信任和厚望；依法治税进程不断加快，税收征管质量和效率稳步提高，地税干部队伍素质不断增强，机关作风建设深入开展，服务地方经济发展成效显著，展示了地税机关的良好形象。

回顾十余年来的地税工作，我们既有艰苦创业的艰辛，也尝到了改革创新、开创新局面的甜头。面向来年，要实现“十一五”的预期目标，我们深感在治税理念、管理体制、服务发展上有许多不相适应的地方。主要表现在以下几个方面：

一是习惯于层层下达任务，逐级考核“一锤定音”。将收入的预测和计划变成了“硬指标”，以完成任务多少排名次，给分数，以至于有些地方存在年际人为调节收入的现象，严重忽视了对导致应征税款与实征税款差距的征管质量的考核。

二是稽查权力寻租问题存在。当收入任务吃紧时，习惯于以查促收，淡化了以查促管。

三是信息不对称。在强调信息化建设的时候，习惯于更新计算机，建豪华办税厅，忽视了软件的升级和网络的管理。突出存在两个问题：第一，地税与国税、工商、质监等相关部门的信息输送不畅，信息不能共享；第二，与纳税户信息不对称，税务机关难以及时准确掌握纳税户经营变化的情况，习惯于坐在办公室分析静态资料，税源管理比较粗放。

四是服务发展上有较大差距。一讲到服务就是“一张笑脸，一杯热水，一声问候，一句道歉”，服务还是停留在这种浅层次基本的层面上，服务水平、服务质量有待深化提高。

看不到诸如以上问题的存在，我们就会陷入一叶障目的僵局，因此，我们必须从经济税收和谐发展的大局出发，以科学发展观为指导，理论联系实际，认真总结经验教训，更新理念，转变职能，创新体制，求真务实，开拓创新，达到促进经济税收又好又快发展的目的。

二　对地税事业发展“又好又快”的理解

省局提出实现地税事业又好又快地发展，具有深远而又现实的战略意义，是对新时期地税工作的本质要求。

“好”的内涵十分丰富，它包括收入指标、征管质量、执法水平、工作规范、队伍建设等，是多方面、多层次、全方位的要求；“好”是一个动态的要求，随着经济的发展，社会的进步，地税事业也应不断发展提高，地税工作是永无止境的，我们追求的应是永不满足，好中求好；“好”的本质是科学发展、和谐发展，实现“好”的路径是要追求公正、效率。

“快”是相对的，快于往年，快于同期，快于周边地区，快于经济发展，都不是盲目地快，是有一定前提和基础条件的“快”，是可控可测的，而不是无限的。

地税事业“好”与“快”的关系与经济工作又有区别。在投资增速过快，经济运行质量不高，经济结构不尽合理的情况下，中央提出又好又快发展，是要着力转变经济增长方式，调整经济结构，提高质量与效益，“好”字当头，在好中求快，快中求好。而地税事业的“好”与“快”是前提条件与结果的必然关系，在经济发展的基础上，只有做好各项工作，才能实现快的发展，“好”了必然会快，一味追求“快”不一定“好”。“好”是地税事业发展永恒的主题，不懈追求的目标，“快”是“好”

的必然结果。

只有弄清“好”与“快”的内涵与本质要求及它们之间的相互关系，才能明确工作目标，找准工作的着力点。

三　践行科学发展观

地税部门践行科学发展观，主要体现在转变理念，履行职能，创优环境，服务发展上。不仅要带好队收好税，更要服务经济发展。回答和解决好“为什么执法，为谁执法和怎样执法”的问题,实现和谐税收的目的。从当前经济税收运行情况出发，应当切实把握好以下几个问题：

（一）坚持公平、效率的原则

税收作为国家宏观调控的工具，调节再分配的手段，尤其要注重公平，公平税负，正确处理好改革进程中各种利益关系，保证基本的公平和正义，建立公平竞争的机制，平等发展，使人民普遍分享改革开放和增长发展的成果与收益。从微观角度看，执法人员执法的力度和尺度一定要公正，既不要收过头税，也不要有税不收，要一视同仁，机会均等。七十年代苏南乡镇企业崛起，一些地方搞“放水养鱼”、“藏富于企业”。八十年代以后，苏北也想效仿，可是由于受“分灶吃饭”财政体制制约，再加上整顿税收秩序，进退两难。不同的待遇正是苏南、苏北差距拉大的原因之一。近几年各地都在招商引资，一些地方竞相出台税收优惠政策，如不明令禁止，又将会造成新一轮的社会分配不公和地区差异。要通过公正、公平执法，调节经济结构，调节贫富差距，发挥税收效率。

（二）充分发挥税收筹集收入的职能作用

地税收入是地方财政一般预算收入的主要来源，没有充裕的财力，政府将无法运转，更谈不上履行其职能，促进经济发展。严格执法，依法征税，应收尽收，是税务部门的天职。充分发挥税收效率,壮大地方财力,是对经济社会发展的最好支持。

（三）充分发挥税收对经济社会发展的宏观调控作用

税收鼓励什么，支持什么，限制什么，体现在国家制定的税收政策上，具有明确的导向和杠杆作用。如：为实施西部大开发，东北老工业基地振兴战略，制定了专门的针对性的税收政策；为了实施科教兴国战略，制定了鼓励高科技事业发展，促进科研成果转化，鼓励企业技术改造的税收政策；为了支持可持续发展战略，制定了对环境保护，资源综合利用的税收政策，还有鼓励发展现代服务业的一系列政策等。这些政策对我国经济结构战略性调整和促进经济增长方式的转变，具有巨大的导向作用。认真落实各项政策，是对经济发展最有效的服务和支持。

（四）充分发挥税收调节收入分配，维护社会公平的作用

国家通过开征个人所得税、财产税、物业税等，直接或间接地调节个人收入，维护社会公平。为调节贫富差距，实现共同富裕，维护社会稳定，国家还制定了针对就业、再就业的优惠政策，对社会福利和残疾人的税收优惠政策等，地税部门在落实这些政策中，必须一丝不苟，落实优惠对象不能错位，也不要越权减免。当前重点是要强化个人所得税的征收管理，加大税收对个人分配的调节力度，缩小贫富差距，防止两极分化。

（五）创新机制，规范管理

税收坚持科学发展观，需要不断创新，但必须理论联系实际，不要从一个极端走向另一个极端。现在有两个问题值得反思。一是关于机构设置。1996 年国家税务总局实施“两个转移”，各地普遍加强基层税务所的“五小建设”，办公用房、生活条件得到了极大改善。可时隔不久，又实行“集中征收”的改革，基层税务所进行撤并，组建分局，刚刚建起的房屋又成了“闲置房”、“空关房”，造成了极大的浪费。一个分局五六个人管理五六个乡镇，明显人力不足，又不方便纳税人。在此情况下，一些地方委托乡镇财政所代征，受地方财政利益的驱动，又出现了“拉税”、“引税”的不良效应，问题诸多。二是关于考核问题。强调规范化管理，细节管理，制定了千分制考核细则，一些地方为了考核过关，保全荣誉和奖励，不得不舍弃一些非规范的“户籍”，造成税款流失，考核也流于形式走过场，这些问题的存在，值得思考。税收管理要认真总结经验教训，一切从实际出发，创新管理体制。当前重点是，一方面要强化税源管理，制止税收流失；另一方面要完善委托代征制度，发展中介组织，完善多种申报方式，方便纳税人。

（六）增强服务意识

要从浅层次的改善服务态度上，提升服务水平，促进地方经济发展。努力创造公平竞争的发展环境，规范有序的纳税环境，公正廉洁的执法环境和公开高效的办税环境。税务干部要不断研究经济、熟悉经济、弄懂经济。当前重点要促进经济结构调整，转变经济增长方式，引导地方经济注重质量和效益，走新型工业化道路，大力推进发展现代服务业等，培植地方税税源，促进可持续发展。

四　构建和谐地税

纵观古今中外，税收对社会的稳定，经济的发展都产生了不可估量的作用。二十世纪八十年代，美国里根政府成功地进行税制改革，制定的“经济复兴税法”，强有力地促进了美国经济的复苏，也是里根本人得以连任总统的重要原因。相反，英国政府 1990 年开征人头税后，激起国民强烈反对，引发社会动乱，直接导致曾一度辉煌的“撒切尔时代”的结束。

中国历史上曾经暴发过大大小小几百次农民战争，几乎每一次都与统治阶级的横征暴敛，农民不堪重负有关，历代王朝的更迭，新的统治者往往会实行轻徭薄赋、休养生息的政策来安定人心，恢复生产，发展经济。于是就有“文景之治”、“贞观之治”、“康乾盛世”的出现，而一个王朝的灭亡，大都和赋敛失度有直接的关系。

和谐是人类的共同追求，构建社会主义和谐税收是实现社会主义和谐社会的必然要求。构建和谐税收的内涵包括法制健全、税制完善、结构合理、税负适当、征管手段先进、征纳关系和谐、税收繁荣等方面。实现的途径是依法治税、诚信公平、文明效率、征纳有序。和谐税收的终极目标与最高目标，是实现经济与税收的良性互动，税收与经济的共同发展，核心是以人为本，在国家既定的税制与税收政策的前提下，具体包括两个层面：

第一层面是地税系统内部关系的和谐，职工是一个单位赖以生存的基石、和谐关系的起点，“人和”是一切事业成败的关键，一切方针、政策、计划、措施，只有通过职工才能得以实施并最终实现。“内求团结”是构建和谐税收的基本原则。

首先,要提高构建和谐税收的能力,全面提高税务干部队伍素质。“人是剧中人”，人是一切活动和一切关系的基础，是一切活动的实现者和目的。税务干部素质的高低，能力的大小是影响税收工作绩效的关键所在。

从现有税务干部队伍构成情况看，已基本完成了“换血”的过程。二十世纪七十年代，“顶职”上来的一批同志，年龄老化，文化层次偏低，这些同志在特定的年代都作过应有的贡献，现已相继“退役”。取而代之的是八十年代初录用的税务干部，这批同志年龄都在40岁左右，后来都经过深造和专业训练，经验丰富，综合能力强，是目前税收工作的中坚力量。九十年代以后进来的同志，大多是从专业学校或大学毕业生中选拔的,这些同志年龄都在30岁左右,文化层次高,专业知识强,逐步成为税收工作的骨干，是一支希望之旅。但随着科学技术的发展，信息化时代的到来,都需要提高综合素质,不断更新整体能力和知识。不仅要有较强的执法能力、业务能力、管理能力，还要有较好的语言文字表达能力，分析理解能力，协调组织能力等，在实践中加以锤炼打造。

其次，要营造和谐的工作氛围。建立温馨和睦的职工关系。首要的途径与方法是“爱人”，让单位系统充满“爱”。“水至清则无鱼，人至察则无徒”。要相信世界上好人是大多数，大多数人都是善良的，哪怕是犯了错误，工作上出了差错，一旦认识到也会主动纠正。寓情于管理之中，寓情于地税工作的全过程。要关心人、理解人、尊重人。二十世纪八十年代以前，税收工作一切以组织收入为中心，税务干部以完成任务为荣，那时候没有什么物质奖励，评上先进、发张奖状就自豪了；进入九十年代以后，随着市场经济的发展，物质条件的改善，物质奖励逐步占了主导地位，但物质奖励多了，也不是灵丹妙药，也不一定能有效调动积极性；进入二十一世纪后，随着科学技术和人的能力的全面进步，人们追求的是人的主体地位的确立，人的价值的实现，不仅需要物质奖励，也需要精神鼓励，更需要人的尊重和个人能力的全面发展，不仅要爱职工，给职工以物质满足，而且要尊重职工个人价值，给以精神满足，这是更高层次的“爱”。

人是需要有一点精神的。1994年地税机构刚成立，条件简陋，举步维艰，但全体地税干部在“艰苦创业，开拓创新，廉洁守纪，争先创优”的精神支撑下，依然摆脱了困境，开创了地税工作新局面。

个人价值的实现是人的基本需要，一方面要满足职工荣誉感、成就感，培养和造就单位的“英雄”，诸如评选服务标兵，稽查能手，管理样板等，使职工在各自岗位上人尽其才，人尽其能，人尽其智。同时又要发扬团队价值，团队精神，荣辱与共，存亡相随。

对人才的运用，如珍珠一样，每粒珍珠都是宝贝，但单颗的价值是不高的，一旦将珍珠串起来，做成项链或什么首饰，就会价值连城，因此，对人才的使用，要“德看主流，才看一技”，各尽其才。

最近看到一篇《绩效主义毁了索尼》的报道。曾经创造“神话”般的奇迹，辉煌了几十年的索尼公司，近几年却出现大幅亏损，变得满身污垢，暗淡无光。因笔记本电脑锂电池着火事故，世界上使用索尼产锂电池的约960万台笔记本电脑被召回，估计更换电池的费用将达510亿日元。PS3游戏机因为整机与零部件生产不协调，2007年经营亏损将达2000亿日元。业内人士分析，索尼公司推行绩效主义，将业务成果与金钱报酬直接挂钩，职工是为了拿到更多报酬而努力工作，由于人的能力和工作无法具体量化，几乎所有人都提出容易实现的低目标，各业务部门相互拆台，想方设法从整体利益中为本部门多捞取好处，结果职工逐渐失去工作热情，“挑战精神”消失了，“激情集团”消失了，团队精神消失了，创新先锋沦为落伍者，“21世纪型企业”退化成了“20世纪型企业”。“索尼现象”使我们感悟到建立和谐关系的重要性。

近年来税务系统也流行绩效与效能的考核，这没有什么不对，但如果操作方法不当，也会产生负面效应。人的工作绩效是能力与激励的函数，能力靠培养，调动积极性靠激励。在日常工作中要将简单化、片面化、极端化的思维转变为系统化、和谐化思维，多一点尊重、理解和包容，多一些激励，奖罚适当，刚柔相济，把地税系统每一个人的潜能挖掘出来，长处发挥起来，才能形成合力的活力。

第二层面也是第二目标，是建立良好的地税系统外部的和谐关系。

第一，正确处理地税部门与地方党政领导、人大、政协、社会各部门的关系。地税工作涉及面广，需要与方方面面、各个部门打交道，更需要社会各界的理解和支持；第二是正确处理好征纳关系，征税人与纳税人都是同一法律关系的权利主体，理应平等和睦相处，和气生财。

第二，建立地税系统外部的和谐关系，基本的方法与技术是要注重礼仪、礼节。

税务干部的着装、仪表、人品、气质、言行举止，都会给人产生不同的印象。这里面学问很大，需要不断加强修养，塑造良好的地税干部形象。

重要的途径是要恪守诚信。以诚待人，平等待人，不盛气凌人，颐指气使。要公正、公平、公开。人与人关系是一个互动的过程，要敞开心扉，坦诚相见，赢得大家对你的信任，要履行承诺，一诺千金。近几年，淮安市地税局经常将纳税人、社会各界代表请进来，或走出去广泛征求意见，甚至花钱买意见、求批评、请指点，产生了不同凡响的社会效应，树立了良好的地税形象。

第三，建立良好的征纳关系的着力点是要服务纳税人。省局近两年提出以"三型税务"为主题，构建和谐地税，特别注重纳税服务，表明立足点与根本点的转移。税收是财政的范畴，而公共财政的根本职能是通过为全体社会成员提供公共产品和公共服务来满足社会公共需要。纳税人既是公共产品的生产者，也是受益者，理应受到应有的尊重，要善待纳税人，就是要将纳税人视为自己的客户，一切以纳税人为导向，最大限度地满足纳税人的需求。让大家都在宽松和睦的环境里，心情愉悦地合作共事，共同发展，和谐发展。

年有春夏秋冬是和谐，月有阴晴圆缺是和谐。和谐是五彩斑斓、活力四射的群体的凝聚力。

江苏省地税局网站2007年10月3日

浅议税收与GDP

李仁俊　徐菊平

GDP是社会总产品价值的实现，是属于生产的范畴，而税收则是对社会总产品的剩余产品的一种分配形式，属于分配的范畴。从理论上讲，经济是税收的基础，GDP是税收增长的源泉，这是永恒的经济规律。"十五"期间，全国税收平均增幅19.5%，江苏平均增幅23%，全国税收2005年一跃突破了30000亿元大关。GDP平均增速12.9%，税收超过GDP增幅6.6个百分点，税收占GDP的比重也明显提高，引起了社会各界的浓厚兴趣，仁者见仁，智者见智，其中一说是税收超经济增长，超常增长。那么，税收与GDP是否存在什么量的比例关系呢？对此，我们应当运用辩证唯物主义的观点，对税收经济进行多角度透视和多视野的研究，进行理性的认识。在此，笔者从基层税收实践的体会，谈谈粗浅认识。以苏北某县（区）为例，有以下几个情况值得研究：

1. 1994年，国、地税机构分设，收入基数测算为7 ∶ 3，按此比例划分人、财、物，这在当时是合理的。“九五”期间，由于经济稳健发展，国税收入稳步增长，可地税增长日趋艰难，一度时期，由于受“财政包干，自求平衡”的体制和“一票否决”的政绩考核的影响，大部分乡镇地税收入出现了“水分”，乡镇财政收入出现了“泡沫”。

2.“十五”期间，由于国家加大了对经济欠发达地区的基础设施建设的投入，铁路、高速公路交叉贯穿，再加上引入市场机制，大规模进行城市改造，房地产业红红火火，一下子给地方税收带来了惊喜收入，地税收入持续攀高，地税收入由2000年的实际收入4000万元（排除水分），至2005年达到1.7亿元，平均增幅超远远过了GDP，且地税收入实绩已与国税收入旗鼓相当。

3.“十五”期间，地税部门面临许多减收因素，诸如停征屠宰税、自行车税、固定资产投资方向调节税，2002年以后新增所得税又改由国税部门征收，还要挤掉水分等，但由于第三产业的兴起，地税收入仍实现了高速增长。展望“十一五”，由于铁路、高速公路已经通达，难得再有，大规模城市改造任务已基本完成，房地产业受到遏制，地税收入的增长将逐步趋缓，甚至还有下降的趋势，而由于近几年招商引资，工业园区的发展，经济增长点将逐步转化税收增长点，国税部门组织收入将呈大幅扬升的局面，国、地税呈现一种此消彼长的态势。

4. 从GDP或者经济总量增长情况看。“十五”期间，GDP的增长比较平稳，平均增幅约在15%左右，没有大起大落，但三次产业的比例呈现质的变化，已由过去的一、二、三比例，发展为二、三、一，与税收增长是相适应的。再从税收占GDP的比重来看，笔者认为，分析运用这一数据只适用考察宏观税负作横向比较，而中观、微观的分析，还是要深入到具体产业具体税种进行具体分析。这样可以分析比较产业、企业对税收的贡献率或税负以及税收征管质量，笼统的比较，反映不了实质性的问题。而由于各地产业结构比重不同，就更不好比较了。

综上所述，税收增长不依赖于GDP总量的变化，而是依据三次产业结构的变化而变化。税收收入的增幅超过GDP，不是什么超常增长。税收收入结构的变化，收入的增长，恰恰印证了经济结构的日趋优化。随着经济的发展，我国产业结构将向“三、二、一”的方向发展，各地的发展又各有千秋，三次产业结构比重各不相同，不可能是一个模式，再加上税制、税收政策的不断调整完善，税收收入结构也将随之变化，税收与GDP的增幅仍将是一个动态的状况，万万不可用僵化的静止的观点去比较分析。我们只有深层次分析社会再生产的客观分配关系，才能揭示税收与经济的内在联系。只有科学、客观、深层次地分析税收收入增长因素，才有助于我们从税收的角度观察全局，从全局的高度把握税收。有利于我们坚持科学发展观，调整结构转变经济增长方式，引导促进经济发展，实现经济—税收—经济的良性循环。否则就会陷入一叶障目、以偏概全的误区。

江苏省地税局网站2007年10月3日

税收分析若干问题的探讨

李仁俊　胡家文　唐　丽

税收分析是在一定时期内，以科学发展观为指导，以国家税收政策为准绳，运用辩证唯物主义的分析方法，对经济税收的运行情况，进行具体、抽象、综合、系统的分析，从而为经济发展服务，为领导决策服务。税收分析是税务部门的一项重要工作，也是重要的领导方法。分析好、大有益。正确地运用好税收分析对实现经济、税收又好又快地发展，具有重要的现实意义。本文拟从税收分析工作实践出发，对税收分析工作若干问题与如何做好税收分析工作，提出一些探讨性认识。

一　税收与GDP关系的差异性分析

GDP是社会总产品价值的实现，属于生产的范畴，而税收则是对社会总产品的剩余产品的一种分配形式，是与社会再生产相联系的分配范畴。从理论上讲，经济是税收的基础，GDP是税收增长的源泉。自1999年全国税收突破万亿元人关以后，“十五”期间，全国税收走上快车道，2005年突破了三万亿元大关，2006至2007年又持续攀高。“十五”期间，全国CDP平均增速12.9%。全国税收收入平均增幅19.5%，江苏税收收入平均增幅23%。全国税收占GDP的比重也明显提高，已由1994年的10%左右，至2006年超过了18%，全国上下为之鼓掌、为之欢呼，也引起了经济界的浓厚兴趣。仁者见仁，智者见智，有的说是税收超经济增长，超常增长；有的说是税务部门加大征管力度，提高征收效率的结果；还有的怀疑税负是否重了？这些评说是乎都不无道理。但是从单一角度去推论都会有失偏颇，我们应当用辩证唯物主义的观点进行深入地分析。

税收增长来源于经济增长，准确地说税收来源于税源，只有产生税收的经济才是税收的增长点。GDP 是三次产业增加值的总和，而第一产业无税，只有第二、第三产业才能产生税收。由于各地区产业结构比重不同，因而等量 GDP 不一定产生等量的税收。一般的相对而言，第一产业比重较大的地区，GDP 对税收的贡献率可能轻一些，第二产业比重较大的地区，对中央税收可能贡献较大，第三产业发达地区，提供的地方税收可能要多一些。

从 GDP 运行质量来看。增值税的应对税基是企业的销售收入，由于增加值的不同，不同企业的等量销售收入不一定产生等量税收。同样，企业所得税应对税基是企业利润，但由于国家实施一系列税收优惠政策，诸如对软件信息产业、高新技术企业、涉外企业、农业产业化龙头企业、民政福利企业、资源综合利用等一系列减免所得税的优惠政策，各地方的经济成分的不同，产生的效应也不一样，再加上现行会计核算制度与税收核算的差异，企业所得税是对应纳税所得额征税，而不完全是企业利润，因而，等量的企业利润总额也不一定产生等量的税收。

从分税种与 GDP 的对应关系看。工业增值税对应于生产（加工修理）与销售的增加值，而不是全部销售收入；商业增值税对应于批零贸易增加值；消费税由于实行从量与从价征收两种方式，对应关系不一样，营业税是对全部经营收入全额征收而不是增加值；企业所得税对应于应纳税所得额，而不是全部利润总额；个人所得税对应于劳动者报酬等。地方税收中还包括财产类税收（房产、土地、车船）、行为类税收、特定目的类税收等，这些税收与 GDP 没有直接的关系。

再从税负的角度看。由于各国税制不同，宏观税负也就不一样。比如西欧一些国家开征社会保障税来实施社会保障和国民福利，而我国是通过筹集基金的形式来实现的，税负就不可能一样。前面说过，各地产业结构不同，税负也就不同，我们通常是运用宏观税负作国际上的横向比较来制定税制，而在国内是通过微观税负作纵向比较，来调整产业结构。税负是高好还是低好，很难找到一个量化的度，因为税负涉及税制、税政、征管、价格等多种因素的影响，但是我们可以通过横向、纵向的经常比较，找到一个合理的区间，为税制改革和经济结构调整服务。

二　现行国、地税税收分析的欠缺性分析

一是国、地税机构分设后，由于信息不能互联共享，各自运用自己的征收额与 GDP 进行比较，很少站在全局的高度去进行综合分析，难以反映税收与 GDP 的全貌；二是从产业结构贡献率看，第二产业中建筑业的营业税是地税征收范围，第三产业的商业批零贸易增值税是国税征收范围，国、地税分别计算产业税收贡献率，有失偏颇；三是根据国家税务总局分工，国税部门也征收一块地方税，诸如涉外企业所

得税，利息收入个人所得税，2002 年以后新增企业所得税，国税部门征收地方税的比重有不断增长的趋势，但没有纳入地方税收的大盘子里进行核算分析，难以反映地方税收与经济结构、经济发展的内在联系，各自独立的税收分析，往往会给地方党政领导产生错觉。

以上只是从理论层面上进行分析，应当看到在实际工作中，还存在 GDP 统计口径不一，统计不实的问题，税收也有“虚收”与人为调节进度的问题，应当力求挤出这些“水分”，确保税收经济分析的准确性。

此外，分析税收与 GDP 的关系时，还要分析国家税收政策和征管效率的因素。税收政策是国家进行宏观调控的重要工具，具有明确的导向作用，它调节经济结构与运行质量，调节收入分配，调节资源配置，要充分分析税收政策执行的经济效应、社会效应；而一定的税源质量又要有一定的税收征管能力与之相匹配，税收政策的执行如何，税收征管质量与效率的好坏也是一个至关重要的因素。

综上所述，我们可以得出以下两点结论：

1. 税收与 GDP 的关系不是一成不变的。两者之间不存在固定的线型关系，笼统地比较税收总额与 GDP 总量的变化，没有什么意义，关键是要找到相对应的税基（税源），进行结构性分析，把握税源变化趋势，判断经济运行规律，判断收入形势是否正常，税收增长与经济发展是否协调。

2. 税收增长是经济、政策、征管以及价格等诸多因素共同作用的结果。有的专家作出“五分经济、两分政策、三分征管”的评估，有一定的见地。要通过对宏观税负、微观税负、同业税负比较，经济结构的变化，税收政策执行效果，税收效能位差比较等多种方法，分析税收经济变化情况，为税制政策、宏观调控和领导决策提供参考依据。

总之，片面静止的观点是错误的，我们应当深层次，多角度透视和多视野的研究，牢牢掌握驾驭税收经济发展的主动权，不要以偏概全，一叶障目。

三　努力提高税收分析的能力

1. 现有税收分析方法必须改进。现有的税收分析方法习惯于传统的对比分析，和单一的函数模式，分析方法单一，手段落后，无论从理论上或实践上，在指标的设立，数据的采集和运用上都存在诸多不足之处。

2. 税收分析的指导思想。从宏观层面上讲，税收分析要为经济发展服务，为税制改革服务，为征管改革服务，说到底，为各级领导决策服务；从微观层面上讲，要深化税收与 GDP 关系的认识，延伸税收分析触角，丰富税收分析内容，通过从经济—税源—应征税款—实际入库的层层分析，各税种、应征税收与对应税基的对比分析，揭示税收负担率及其变化情况，揭示对应税基与应征税收的线性关系，清楚了解税收增长与经济增长的函数关系，准确根据税源变化与发展趋势，为经济发展把脉，促进经济与税收的良性循环。其次，科学评价税收政策的执行效果，为国家税制改革服务。第三要有效反映税源管理水平，科学评价征管质量，科学认识当前征管水平，推进税收税源的科学化、精细化管理。最后税收分析也是各级领导分析工作、研究工作、总结工作与作出决策的重要依据。

3. 税收分析是系统工程。税收分析涉及国民经济各相关部门，在税务系统内也涉及征收、管理、稽查等部门。因此在数据的采集、信息的运用上，必须多角度、多样化地去粗取精、去伪存真、由此及彼、由表及里地进行深入分析，切忌简单化表面化。

4. 税收分析的多样性。税收分析不能平铺直叙，在一个模式上生搬硬套。要结合本地实际情况，因时因地而异进行分析。税收分析方法，有统计指数分析法，投入产出法，弹性分析法等，有时还应用数学模型进行分析；从时间上分，可分为月份、季度、年度、中长期与不定期的分析；从内容上分，可分为全面、专题、部分的分析，从目的上看，要突出问题性、印证性、因果性。一般地讲，月度分析主要是收入计划完成进度，主要增减因素的简要说明；季度分析要突出本期收入计划执行情况的特点侧重分析；年度分析要全面具体，一般包括税收计划总体执行情况分析；经济税源变化对税收的影响，经济结构变化与税收增长关系的分析；税收政策执行情况，税收政策对经济的影响的分析；税收征管效率对组织收入的影响，分析税收活动的特点和规律，总结工作；预测税源动向；省市一级侧重税源总量与税负变化的宏观分析，分析宏观税负，行业税负及其变化规律，县（市）区一级侧重对本地区行业税负的关键指标及增减变化进行微观分析，如流转税分析企业销售、经营收入、增加值变化情况，所得税分析企业利润增减情况，个人所得税分析居民消费水平、工资总额变化情况等。特别重要的是，国、地税部门要信息共享，进行全面分析，务必不能割裂。

总之，税收分析、税收与GDP关系的分析是一篇大文章，需要我们在科学发展观指导下，运用辩证唯物主义的方法，进行理性认识，并在实践中不断丰富知识，不断探索、研究，不断提高税收分析的水平，为税收与经济的又好又快发展服务。

《江苏地税》2008 年第 6 期

个人所得税税制模式改革的基本条件

贯彻落实科学发展观、构建社会主义和谐社会，必须充分发挥税收作为经济杠杆的调节作用，尤其是要发挥个人所得税税制在调节社会个人收入分配、缩小收入差距、防止贫富分化的重要作用。我国现行的个人所得税税制虽然存在着不少问题，但要建立适合我国国情的科学、合理的个人所得税税制模式，在立法、公民素质、技术、税收管理等方面必须具备一定的基本条件。

一　我国个人所得税税制模式的运行状况及改革方向

国际上个人所得税的税制模式大致上分为三种，即综合所得税制、分类所得税制、分类综合所得税制。综合所得税制是对同一纳税人的各种所得,不管其来源如何，都作为一个所得总体对待，并按一个统一的税率计算纳税，当前大多数发达国家采用的都是综合税制模式。分类税制，是将个人的全部所得按应税项目分类，对各项所得分项课征所得税。其特点是对不同性质的所得设计不同的税率和费用扣除标准，分项确定适用税率，分项计算税款和进行征收。

我国 1994 年 1 月 1 日起实施的个人所得税制度，采用分类税制模式，将个人取得的各种所得划分为 11 类，对不同来源的所得采用不同的征收标准和方法。采用分类税制模式，主要是基于我国公民的纳税意识比较淡薄、税收征管比较落后的现实。这种税制适应了源泉课税的要求，有利于防止税收的流失。然而，这种个人所得税税制模式在运行过程中也暴露出许多问题：

一是难以体现公平合理，不能充分贯彻其立法原则。我国采用分类税制模式，对不同来源的所得，采取不同税率和扣除办法，不能全面、完整地体现纳税人的真实纳税能力，容易使纳税人分解收入，多次扣除费用，存在较多漏洞，会造成所得来源多且综合收入高的纳税人反而不交税或少交税，而所得来源少且收入相对集中的人却多交税的现象，在总体上难以实现税负公平，也难以有效调节个人收入差距悬殊的矛盾。

二是税率模式复杂，费用扣除规定不合理。我国现行个人所得税基本上是按照应税所得的性质来确定税率，采取比例税率与累进税率并行的结构，不仅复杂繁琐，而且在一定程度造成了税负不公。现实生活中，由于每个纳税人取得相同的收入所支付的成本、费用所占收入的比重不同，并且每个家庭的总收入，抚养亲属的人数，用于住房、教育、医疗、保险等方面的支出也存在着较大的差异，这样很容易造成税负不公。

随着社会主义市场经济体制的不断发展和完善，个人所得税税制模式的改革方向应该是：积极借鉴国外个人所得税发展的成功经验，通过减少级距档次，调整税率结构，合理规定费用扣除标准，综合考虑个人所得税负担成本等因素，构建起一个适合我国国情的，科学、高效、公平、合理的个人所得税税制模式，以适应市场经济发展的需要。

二　目前个人所得税税制模式改革的条件缺失

（一）国民个人所得税纳税意识较差，个税偷税现象比较严重

我国个人所得税的征收主要采取源泉扣缴，这种征收办法比较落后。如果税务部门不主动上门，纳税人很少主动纳税，偷税漏税现象就会经常发生。让纳税人能够心甘情愿地主动申报纳税，一方面来自于制度的强制力，更重要的是税制要体现出税负公平的精神。而个人所得税税制模式向综合税制的改革方向，需要纳税人有极为主动的申报纳税意识。由于我国公民的纳税意识比较淡薄，社会评价体系存在偏差，社会上不少人认为捐赠比纳税更有价值和意义；不觉得偷税可耻，别人也并不因此视你的诚信记录不好，不与你交往，或与你断绝交易。这就是我们评价体系的偏差。加之个人所得税以自然人为纳税义务人，直接影响个人的实际收入，且征收过程中容易涉及个人经济隐私，税源透明度低、涉及面广等原因，税务机关难以监控个人收入，使得个人所得税成为我国征收管理难度最大，偷逃税面最宽的税种。

（二）公民个人及家庭信息管理混乱，财产、收入信息没有统一的归集点

个人所得税税制模式向综合税制的改革，首要问题是税务机关对于公民的各项收入和扣除项目金额有明确的信息来源渠道，对于纳税人的申报数据能够稽核有据。这就需要每一个公民在取得收入和消费支出的时候，留下一个身份标志或符号，这个符号必须是唯一的、终身的。而这个符号目前最具权威和可行的就是居民身份证号码，这个号码及居民个人信息（户口）的管理部门是我国公安机关。多年以来，居民户口及身份证管理一直较为混乱，很多公民个人的身份证尾数号码在不停地变来变去，且全国每一个县乡都存在有身份证号码重号的问题。虽然在二代身份证换证过程中，公安机关正在着力解决这些问题，公民身份、户籍信息也正在实现全国联网共享，但在问题没有最终解决之前，包括税务机关等将居民身份证号作为信息归集和识别码的诸多部门，都不得不同时配以诸如管理号、档案号、微机号等等来归集信息，这就使得各个部门的信息失去了统一的支撑和归集点，公安、民政、工商、税务、金融、保险、房地产管理等部门的信息，只能是各自

为战，各说各话。

（三）城乡一体化进程的加快，使得个税税制改革更加困难

由于户籍制度等诸多原因，长期的城乡割裂，农民游离于个人所得税征管之外，个税主要在城市高收入群体中征收，同时分类税制也较适应这种状况。但随着城市化、城乡一体化进程的加快，户籍制度的改革，农民大量涌入了城市，并在全国引发了人口的大流动，在这种情况下实行个人所得税综合税制的改革，困难是可想而知的。因为实行综合税制，就必然牵涉到家庭收入的问题，牵扯到抚养、赡养支出的扣除问题，甚至家庭雇工的扣除问题，比如：要确认一个高收入的进城务工人员和他远在他乡的家庭抚养、赡养扣除费用，就必须掌握他的家庭成员信息。

（四）大量的现金交易，使得金融和税务监管形同虚设

在我国要确定一个纳税人的全部真实收入也很难做到，由于收入渠道多元化，纳税人在银行里没有统一的账号，收入以现金取得较多，与银行的个人账号不发生直接联系，税务部门和金融等相关部门缺乏实质性的配合措施，信息不能共享，外部信息来源不畅，致使税务部门对工资薪金以外的个人收入难以监控。同一纳税人在不同地区，不同时间内取得的各项收入，在纳税人不主动申报的情况下，税务部门根本无法掌握。

（五）各部门计算机信息平台千差万别，信息资源无法互联共享

目前，我国个人所得税的征收方式还是粗放型的，征管技术和水平还不高，没有建立起对个人纳税的信息管理网络和登记制度，对于来源分散、不固定的以及隐蔽性收入缺乏有效监控。现在的征管体制常常使得征管信息传递不畅，效率较低。纳税人的信息资料共享困难，此外，各地工商、财政、审计、金融、保险、土地房管等各部门的计算机信息平台、数据库模式千差万别、互不兼容、互不联通，税务机关和这些部门缺乏有效沟通和信息共享。

目前，我国个税征管实行的代扣代缴和自行申报两种方法。虽然国家税务总局早在1995年就下发了《个人所得税代扣代缴办法》，对扣缴义务人的权利和义务作了明确具体的规定。但实际操作中，部分扣缴义务人由于法制观念淡薄等种种原因，税款的代扣质量并不高。

三　个人所得税税制模式改革基本条件的国际借鉴

从世界范围来看，西方发达国家个人所得税制普遍经历了由分类所得税制向综合所得税制的转化过程。

（一）税收与公民福利息息相关，纳税意识和遵从度较高

瑞典实行高税收早已名声在外，依靠来自占财政收入一半的税收，实行“从摇篮到坟墓"的社会福利制度。在瑞典，纳税记录与享受的社会福利挂钩，纳税人一旦偷税，其个人的社会福利也会受到影响，终生都会背上这个污点，包括找工作、在银行贷款、购房等，都很有可能会因信用问题而遭到拒绝。成熟严密的法国税法与其他相关法律形成一个环环相扣的法制环境，让纳税人难以钻空子，一本税法就是一本大辞典。除法律的强制作用，法国中小学教育中也将公民纳税义务列为必修课，一个公民达到纳税人年龄后，会收到税务部门告诉他如何缴税的详细说明和信件，纳税人每年定时自觉地通过不同方式缴纳各种税款。在美国，个人所得税占财政收入的大头。公民按章纳税，被视为天经地义的事。美国公民能够自觉地按章纳税，一是基于纳税意识，二是有着高度的用税意识。在美国，如果一个公务员把联邦政府的信封用于私事，受到的处罚是——罚款 30 美元，立刻下岗。美国公民认为纳税是每个公民的责任，因为每个人都在享用政府提供的各种福利。

（二）公民纳税识别号终身唯一，财产登记制度普遍建立

美国从 1962 年就开始实行纳税人识别号码与社会保障号合二为一的制度，一个公民由生到死，这个号固定不变，任你在多少银行开户，必须用这个号，税务部门都能汇总你个人的总收入。

与美国相似，加拿大、澳大利亚以及许多欧盟成员国也实行纳税人识别号码与社会保障号合二为一的制度。意大利政府规定，凡年满 16 岁的公民必须到当地税务机关登记并领取唯一的识别号码卡。在澳大利亚，申请税号后会收到信函，告知这个号码将跟随你一生，今后不管你换了什么身份，到银行开户须提供税号，否则到结息的时候，银行会收你最高的利息税。买汽车不提供税号不能办理交易。澳大利亚对使用纳税人识别号码采取了鼓励性措施，规定使用纳税人识别号码的纳税人可以按 20% 的预扣税率进行扣税，不使用者则按 48.25% 的预扣税率扣税，而且使用识别号码与不使用相比，还可以得到一些扣除、抵免等税收优惠。

（三）金融监管周密到位，非现金交易和结算成为主流

美国、加拿大、德国、澳大利亚等国，均有覆盖社会各个行业的广泛的现金交易报告制度，无论是银行还是企业，都必须承担向政府有关部门（比如反洗钱情报部门）进行现金交易报告的义务。各国规定了银行进行现金交易报告的资金下限，美国是 1 万美元，加拿大是 1 万加元，澳大利亚是 1 万澳元，德国是 2 万马克，荷兰是 2.5 万荷兰盾。另外，美国、加拿大等国还规定了客户直接对税务局的现金交易报告制度。因此，经济发达国家的经济活动 90% 左右实行非现金结算（即转账结算），只有 10% 左右实行现金结算。

（四）信息共享无所不在，便于税务部门及时调取比对

随着计算机网络的日益完备，世界各国税务当局运用计算机网络，与其他各部门进行信息交换，形成比较广泛和严密的税收监控网络。同时许多发达国家在法律上规定了第三方提供信息的义务，税务机关为获取纳税人必要的纳税信息，实现了与企业、海关、银行、商店等各种涉及纳税人收入、支出、消费、储蓄、汇兑行为的单位的纳税人信息库联网，以最大限度地掌握纳税人信息。在所有 OECD 国家中，雇主都必须向税务机关提供资料，说明其对雇员进行工薪支付的数额，多数 OECD 国家要求银行和其他金融机构提供向特定纳税人进行利息支付的信息。

（五）多渠道的申报和扣缴方式，纳税信用和激励机制完善

法国纳税人纳税的方式多种多样，但绝大多数是通过银行代扣代缴，此外，网上缴税成为近年发展最快的纳税方式，由于网上纳税简便、省时、成本低，因此税务机构还通过减税方式来鼓励网上缴税。新加坡也是实行网上申报较早的国家，电子和网络报税的无纸操作系统取代了大量的纸质申报，加快了办税过程，降低了纳税人遵从成本。

对个人所得税，许多国家采用源泉扣缴制，如加拿大、比利时、意大利、以色列、荷兰、新西兰、挪威、南非、瑞典都在税法中明确规定，对工资、薪金实行源泉扣缴。美国则实行支付方强制性预扣税制度，该制度的重要特征是由付款人在源头预扣税款。澳大利亚除了对工薪实行源泉预扣税制度外，还实行指定支付制度，规定建筑、珠宝加工、木工、技术服务、汽车修理、清洁等通常使用现金支付的行业在支付劳务和服务款项时按 20% 的税率进行源泉预扣。

（六）纳税服务周到细致，敬业又专业的中介代理机构

韩国国家税务厅设立有国家税务呼叫服务中心，工作载体是国家电信网络，由国家预算拨款，免费为纳税人提供网上顾问、信函传真顾问、电话顾问、纳税申报介绍、热点新闻窗口等服务，纳税人可以得到免费而快速准确的答复，呼叫中心的网络登录、电话接通成功率达 95%。美国、加拿大和澳大利亚纳税志愿者服务比较普及。这三个国家的志愿者服务很有特色，这些志愿者来自社区，虽然不是税务人员，但是接受税务机关的培训和相关支持。服务的对象主要是低收入者，志愿者可以帮助他们计算是否应该纳税，帮助符合条件的纳税人进行基本的纳税申报、填写表格和提供有关咨询服务。这些志愿者的服务作为税务机关服务的延伸，既方便了纳税人，又大大提高了税务机关的征收效率。

由于纳税申报是一项专业技术性较强的工作，纳税人光有较强的纳税意识是不够的，还必须有一支高素质、高操守的中介机构队伍为其提供良好的服务。由于德国税收制度十分复杂，纳税人无法准确理解，而财政官员的紧缺又不能满足纳税人办税和咨询的需要，德国各级财政部门都积极支持税务代理发挥作用。目前已有 95%的企业和 50%的个人拥有税务顾问，税务顾问成为一个热门行业，业务量很大。通过发挥中介机构的纳税代理作用，德国税务部门节省了人力、物力，有效降低了征税成本，提高了工作效率。

（七）严密的稽查机制和严厉的处罚措施

在美国，偷漏税的成本很大。过了 4 月 15 日拖欠税款的美国人就要被追加罚款 25%。美国国税局有几千名调查人员。国会还批准举报制度，对提供偷税漏税线索的，国税局根据检举人所提供线索的准确性付给酬金，最高可达 15%的查获税款（上限不超过 200 万美元）。尤其值得一提的是，美国还建立了严密的税务审计制度，税务机关确立的审计对象是纳税申报，其方法是通信审计、办公室审计、现场审计，通过这种审计达到交叉稽核的目的。税务机关还设有专门的税款追征部门对付欠税者，追征部门发出 3 次书面通知纳税人仍不主动缴税的，账户、信用卡、资产等都会遭到冻结，个人的信用评级会遭受严重损失，影响到今后的贷款和政府福利申请。如果税务部门证实是纳税人恶意欠缴或不缴税款，其直接后果是进监狱，所以美国极少有人冒这个险。

四　个人所得税税制模式改革基本条件的创设

（一）增强公民的法律观念和纳税意识

1. 建立税收宣传常态机制。一是建立服务厅宣传机制。办税服务厅是接触纳税人最多的地方，税务机关应充分利用这一场所进行系统宣传。二是建立定期宣传活动制度。定期组织人员进社区、学校、机关、企业、市场，开辟社区阵地，利用挂图、公益广告牌、标语等形式进行广泛的宣传。三是定期举办税企交流会。每季度举办一次税企交流会议，开展涉税知识讲座和培训，对税收会计知识进行讲解，印发一些通俗易懂、内容实用、操作性强的小册子，及时告知企业税收政策变动情况。

2. 创新宣传形式，增强针对性、实效性。一是针对不同纳税人，进行分类宣传。二是抓住重点进行宣传。重点开展税收征管法及与公民生活息息相关的各项税收政策的宣传，解决广大纳税人关心的热点难点问题。三是分税种，分内容进行宣传。四是充分利用高新科技手段，进行税收宣传。

3. 适应纳税人需求，寓税收宣传于税收管理中。一是将税收宣传拓展到大型企业税收管理当中。针对大企业税收占总体税源比重大，在社会影响大的特点，加强对他们的宣传，做到管理与服务同行，以提高企业整体纳税意识来取得社会效应，从而推动全社会纳税意识的前进。二是将税收宣传渗透到日常税收管理当中，特别是对特殊行业的税收管理。与纳税人建立沟通联系制度，在日常税收管理中注重对企业决策者税法知识和税收政策的宣传，及时通报税收政策方面的情况，或以新闻媒体公告的形式进行通报，切实解决纳税人在税收政策方面遇到的问题。三是将税收宣传融入依法行政中。依法行政是税务机关的原则，税收宣传应体现在依法行政中，关键就是要加大对违法行为的处理力度。要深入企业进行调查，结合税收管理和检查，了解纳税人对税收宣传的建议，从而有“针对性”地开展“送法上门”服务。

4. 加强协作，共创良好治税环境。一是加大与新闻部门的联系。税务部门要加强与各新闻单位的合作，开辟税法公告专栏，加大规范税收秩序的宣传，充分发挥舆论宣传主渠道作用。二是加大与社会各界团体的联系。“诚信纳税”离不开社会各界团体的帮助，税务部门应进一步健全协护税组织，让其为税收宣传出谋划策，充分借助社会力量，使税收宣传有序开展，营造全社会“协税护税、人人有责”的良好社会环境。

（二）健全、完善与个人收入相关的法律制度

1. 尽快建立个人财产登记制。可以界定个人财产来源的合法性以及合理性，将纳税人的财产收入显性化，还可使税务机关加强对财产税、遗产税等税源控制。

2. 实行并完善储蓄存款实名制。这一举措已经在 2000 年实行，但只是初步的，还很不完善。不但要在所有银行之间联网实行储蓄存款实名制，而且要在银税微机联网的基础上实行储蓄存款实名制，这将在一定程度上克服和解决税源不透明、不公开、不规范的问题。

3. 实行居民身份证号码与纳税号码固定终身化制度，并在条件具备时实行金融资产实名制。即在存、取款和进行债券、股票交易时均需登记居民身份证号码，为税务机关掌握个人收入创造有利条件。可借鉴西方发达国家的做法，一方面逐步以信用卡和个人支票取代当前的收付现金化，使纳税人的经济活动都通过银行进行结算和支付，减少现金流通，将纳税人的所有隐性收入显性化；另一方面，自纳税人出生起就为其设立终身有效的个人税务登记号，并据此办理银行个人存款账户，实行编码化管理，使其终身的收支和纳税情况都受到税务机关的电脑系统监督。

4. 逐步建立和完善个人收入监督体系。一是要建立支付人申报制度，所有支付个人收入的单位和个人，都必须定期向税务机关申报支付个人收入的有关情况，未按规定申报的要受到必要处罚；二是建立普遍推选纳税人自行申报制度，建立源泉扣缴和自行申报制相结合的模式。

5. 建立诚信机制。倡导诚信是公民道德建设的重要内容之一，是“以德治国”的集中反映，是“爱国守法、明礼诚信”在社会经济生活中的生动体现。打造诚信社会，使诚信成为社会的主流，有利于税务部门坚持依法治税。建立个人纳税信用监管体系，对纳税记录不良者，除按税法规定进行严格处罚外，按其情节轻重在享受各种金融信贷服务、就业、投资、社会保障等方面加以一定限制，加大偷逃税者的成本，让其饱尝不依法纳税的恶果。

（三）资源共享的计算机网络技术条件的完善和完备

要建立社会各界共同参与的公共信息网，丰富信息来源，充实信息内容，为社会监控提供良好的信息基础。政府要建立公共信息网，让工商、金融、公安、国土、建设、卫生、农机等部门的各类产权、使用权、综合的、分类的经济信息能够在公共信息网上迅速交流、传递，从而使监控主体直至税务机关能够及时提取、分析和运用各类涉税数据和信息。

要实现对纳税人收入的有效监控，就必须推行税务和金融两系统计算机联网，以利于及时掌握纳税人的结算情况、资产变动和纳税情况。

为解决跨地域投资、经营、就业和劳务所得征税问题，全国税务系统要积极实现广域网络，以便于各地税务部门及时传递信息，从而完善、准确地掌握纳税人跨地域的收入和资产情况。这一切都依赖于计算机资源的利用，技术上的支持。

积极推进税收信息化建设，为改进和强化税收征管创造条件。先进的征管手段和较高的征管水平相结合，在客观上会起到优化税基的作用。从我国目前的征管现状以及发展趋势的要求来看，实行信息化管理，是社会科学技术高度发展的要求和结果。因此，我国还要尽快建立起适应个人所得税征管特点和需要的计算机征管系统，以提高征管效率，充分发挥个人所得税调节收入分配的积极作用。

执笔：杨国祥

参加撰写人员：邹　林　杨明露　石　浩　朱　珉

（本文获2008年省地税局课题二等奖，收录时有缩略）

淮阴形胜

淮阴，自古以来就是游览胜地。古为“九省通衢、四海通津、南船北马”之地，历史上曾有“将相之地、东方圣母——漂母之乡、运河之都”等美誉。有很多帝王将相和文人墨客来此游览、拜谒并在此留下了优美的诗篇。2009年，经民政部批准，淮阴区被命名为江苏省首个“千年古县”。

《乾隆清河县志》· 卷130· 艺文载：古之淮阴八景名冠天下，即淮水分清、星墩列秀、丹山献晴岚、甘城晚渡、漂母渔灯、妆台牧笛、灵祠夕照、富陵风帆。

当年八景，皆是天流其序，地辟其境，人蕴其情，三者合而成景。且此是民气之所舒也，物类之所畅也。沧海桑田，时过境迁。昔日之八景今已不知去向。然其时的憧憬和传说早已被载入史册，并成为口口相传的胜地之佳话。

民国二十五年（1936年）范成林编著的《淮阴区乡土史地》载：民国时期，淮阴县名胜古迹有十二处。即：韩信城、老子山（名丹山）、霍山、仙人洞、凤凰墩、青牛迹、荷芳书院、漂母墓、胯下桥、钓鱼台、惠济祠、码头古闸。

历史进入21世纪，经过地方政府和干部群众的共同挖掘和打造，淮阴的名胜古迹更是蔚为壮观。

一　码头古镇

码头原名码头，是汉代淮阴县治所。传说秦代十二岁拜相的甘罗曾在此筑城，所以又称“甘罗城”。古时的马头，还有其他三城之说，即东晋的淮阴城、金代的八里庄城、清代的清河县城。

早年的码头三面临水，运河从西、南、东三面绕过，形如英文“U”字，加之码头地处淮河、黄河、运河的交汇处，实为南北漕运之咽喉。明清时，每年数百万石漕粮从这里经过，经受头，二、三闸之险。数省商贾中转销货，劳工赖以装卸糊口。巡检司、保卫团、商团赖以收捐，其时码头有数百家店铺、杂行，繁盛之至。

码头，人杰地灵，汉初三杰之一的淮阴侯韩信生于码头，韩信故里、漂母祠墓尚存；西汉辞赋家枚乘、枚皋父子，亦码头人，在汉代被称之为“七发枚乘之居，三杰楚王之窟”。还有东吴名相步骘、北宋词人张耒等都出生在码头。码头，人文底蕴丰厚，名胜古迹甚多。

韩信故里 位于码头镇，占地60亩，青砖大院。院内有土山、湖荡、小桥流水、千百种奇花异草，为一年四季的游览胜地。韩信的“兵仙殿”、“胯下桥”、“钓鱼台”、“千金亭”、“胭脂塘”、“漂母漂洗岸”、韩信典故壁刻、娑罗树碑刻等上百处的历史文化遗迹，无一不给游人带来无限的遐想。

漂母祠 在码头镇泰山村。该祠占地30余亩，青砖深墙大院。院内古树林立，前大殿、后大殿、东大殿有序排列，2000多年的20多米高的东方圣母——漂母墓仍巍然屹立。历代文人咏漂母的诗词、楹联、故事整齐地悬挂在各个展厅，不仅给游客带来精湛绝妙的书法艺术享受，而且给人们产生一种深刻的启迪。为了弘扬漂母乐善好施的美德，淮阴区政府在古淮河岸王营镇双和社区建造了千姿百态、风格迥异的“东方母爱公园”。由此，淮阴区把每年5月20日定为“东方母爱文化节”，届时来自海内外的无数宾客聚集在这里举行盛大的纪念活动。

枚乘故里 枚乘故里在码头镇二闸村。该故里占地4亩，青砖大院，院内有千年古银杏一棵。分设前殿和后殿，殿内供奉着枚乘、枚皋两位汉赋鼻祖的肖像，四周摆放着“二枚”的词赋和名家的诗词和楹联。院内东西两侧建有回廊，可供游人小憩和观赏诗文。

惠济祠御碑 在码头镇二闸村，原碑有三块，因“文化大革命”中被破坏一块，尚有两块。一块碑高达4.8米，碑首镌刻蟠龙卷云，碑座双龙向对。碑的阴、阳两面分别镌着乾隆御笔书写的有关治黄治水的诗文。另有一块为平陈台乾隆阅河碑诗，该碑亦为乾隆从河南孟津一路察看水情和沿途治黄情况所作之诗。碑刻精美，图案清晰，现已建亭保护。目前这两块乾隆御碑均为省级文保单位，是中国大运河沿岸目前保存最完好、规格最高的御碑。

二　王营镇

王营镇，旧称王家营，乃苏北腹地重镇之一，古为清口驿。

王家营自明清以来，一直为“南船北马、众庶走集”之地。咸丰年间为新盛期。是时，市井繁华，有轿车厂 100 余家，大车厂 48 家，日出车千辆，还有多家骡店，专供客人骑乘，计程取值。

道光十一年（1831 年），淮北盐栈迁至王家营西坝，王家营成为淮盐转运口岸集散地。1910 年，小火车开通，使王家营锦上添花，更趋繁荣。城区人口近 6 万人，街道行业上千种。税收每年达 150 万两银以上。清初文人顾炎武《过王家营》诗曰：“行人日夜驰，此是长安道。”

后因盐运改道，使王营西坝盐业一落千丈。但是，这个垂入史册的淮盐集散地遗迹还在。2000 年，淮阴区政府兴建了西坝公园，恢复了诸多盐业景点，使之又成为经济要镇和人们游览的胜地。

三　高家堰大堤

高家堰大堤源于汉代。是世界上最早的人工堤坝。该坝从码头到洪泽的周桥，蜿蜒长达 140 华里。大堤底宽 50 至 150 米，顶宽 10 至 30 米，堤高 8 至 9 米。看上去酷似一座水上长城。在堤坝上有上百处的历史文化遗迹。如：镇水铁牛，康熙时期船民救生桩、护堤水志，侯二门（古代水闸），数十块吉祥镇堤石刻。大堤的东边是碧波荡漾的湖水，西边是烟波浩渺田野村庄，当你漫步在这座大堤上的时候，就像进入一条漫长的历史时空隧道。

四　古清口

大清口　张煦侯《淮阴风土记》载：“桂家塘东北，有一历史名区，曰人清口，又名泗口，即泗水入淮之口也。泗水湛清，故亦称清口，其地为南北要害。”

大清口是历代兵家必争之地，在宋之前是唯一的漕运之口。据张煦侯《泗口考》载，泗口不仅是兵家要害之地，而且是商旅漕驿的必经之路。春秋时吴王夫差开挖邗沟，通连江淮，北会诸侯于黄池，都曾经过淮泗口。尔后周亚夫用兵、魏文帝南巡、祖逖避难、刘裕伐秦，都是以泗口为通道、枢纽。晋元帝司马睿初为安东将军的时候，负责督运军储，驻扎在这里。古泗口几度兴衰，曾呈现出“商旅辐辏其途”的繁盛景象。泗口税场对客商旅人的“金银羊马见（现），粮茶盐绫绢”等都要征税，“一种以上”的货物还要“并税”。该项税收，已成为地方割据的节度使的一种重要收入，其往来的频繁和物资的富饶可知，可见泗口关系到当时整个地方经济命脉。

小清口 宋史《河渠志》载：南宋建炎二年、金太宗天会六年（1128 年），杜充开黄河大堤，黄河夺泗夺淮入海。支流绕三义镇冲向东南黄咀，经清河县西北仲庄、陶庄、张庄镇绕南向东与淮水合形成小清口。另外，小清口为南北漕运、官行之要地。

康熙十六年（1677 年），靳辅大辟清口，开张福口、帅家庄、裴家庄、烂泥浅引河四道。数年之后又增挑三汊口引河，引清敌黄，创人工挖清口之始。此时的清口在码头镇之南，清口宽约一千米。

小清口的形成,为淮阴构造了一个难得的旅游胜地。明清的淮阴八景“淮水分清”就是描写小清口的胜景。朱海诗曰：“桐柏昆仑禹作通，千支万脉尽中流。淮阴南下临清口，河向西来入镜中。渭水合流原不混，足缨虽濯岂能同。激扬自有天然术，何用人间布置功。”

如今的小清口，小桥流水，亭台楼榭，古木翠微，绿树成荫，集江南水乡的秀气与苏北大地的雄奇于一身，实为访古探幽的好去处，旅游休憩的好选择。

五 古赋税关口

天妃口 原设清河县天妃闸东界，在黄、运两河堤岸之上。只因闸旁另开越河，以致税房与运河相隔数里，碍难稽查，乃移于迤下之二井茶庵地方，距大关三十五里，住民房九间。凡北来进口货船至此查验有无北钞，并点明包捆件数、舱口浅满，令客贩自投石数，填注号帖，给发客贩赴关投钞。外有分口一处，在清河县码头镇草坝地方，离本口三里，即由本口分役稽查，租住民房七间。

草湾口 坐落在山阳县地方（今属新渡乡）。在大关北十里黄河堤上，住官房十间，旧例专司稽查货物盘坝。于康熙四十九年起始行给印票，稽征钱粮。

仲庄口 坐落在清河县地方（今属码头镇）。住官房五间，距大关四十里。凡运河北来货物船只往王营、安东、桃源等处去者，以及三义庙、三岔、豆瓣集、双闸等处本装豆饼北去者，俱在该口扦查，报纳银粮，填给印票放行。

永丰口 原属山阳，位于黄河北岸草湾口对河周家庄地方。住官房四间，距大关十五里。该处原系草湾分口，于康熙五十八年起另行设役稽征，下通安东、沭阳、滨海之区，上达永丰庄、颜家河、新工、韩家庄等处。凡过大关货船，到口挂号，先赴大关呈明保结，仍至该口验放，到关扦查输税南下。其零星货物，即在该口扦量，照例报纳，填给印票，以防奸犯越漏。

清江口 坐落在清江浦地方。距大关十五里。住民房八间。凡南、北、西河进口货船在清河下卸或回空粮船下卸货物，以及清江贩卖货物他去，俱在该口称量见数，登填号簿，给发印帖，令赴大关完纳钱粮，执票分别验卸放行，仍即报署查核。

六 杨庄闸群

杨庄闸群位于淮阴区杨庄五河口，是古黄河、盐河、运河、张福河、淮沭河五河交汇的地方，堤岸纵横。30孔的淮阴大闸，九仞壁垒，威严森森；紧挨着的淮沭河船闸是通往六塘河的唯一水上通道，而且是可供下游694万亩良田灌排；淮涟闸、盐河闸、淮阴船闸、杨庄活动坝皆是设定在中运河、古黄河、盐河上的排灌节制闸，以及通航运输。这个闸群，排列紧密，在全国少见，每座闸好似设立在每条河上的银色缎带，它紧系着每条河的细腰，又似一位严肃的历史老人，默默地注视着缓缓东去的清流。在闸群之中还有五河口特大桥，该桥是国内最大的内河公路斜拉桥，又是世界最长的高速公路斜拉桥，全长2700米，总投资2.2亿元，它成为杨庄闸群中一个特殊的靓丽风景。

七 古黄河风光带

古黄河风光带位于淮阴区古黄河北岸。西起北京北路，东迄承德路，黄河广场界中央，“中国南北地理分界线”耀眼醒目，东段依次有休闲区、怀古区和时代广场，西段有韩信广场、西坝盐文化公园，每个广场都是亮点，风格新潮，布局得当，令人耳目一新，回味不已。

八 清口古堤坝

清口古堤坝，在码头镇四周。这里，在不到二里路直径的区域内。竟有上百条古堤坝，数十条水支流。河道有淮河、黄河、中运河、里运河、张福河、天然河、太平河、顺清河、张家庄引河、陶庄引河等；堤坝有：御坝、顺黄坝、升关坝、钳口坝、束清坝、旧大墩、新大墩、七堡堤工、仲庄堤工、卞家汪堤工、圈堰等。还有那“U”字形河道，更是可观可看，古之是一道南北船只进入“三闸”的唯一河运道，千百年以来，无数的漕船从这里经过，无数的纤夫从这里弯背拉纤、盘坝过闸，至今这条湾曲的河道还在，两旁古堤完好，当年拽拉漕船碰撞在堤坝上印痕还清晰可见。

九 八十二烈士陵园

八十二烈士陵园，位于淮阴区刘老庄乡。该园初建于1946年，重建于1956年，占地80余亩。陵园四周建有围墙，拱形大门坐北朝南，门楣上横书陵园名称、两侧草书李一氓题写的挽联。园内栽满了各种草木。园中建有八角壮士亭，亭中立着4米高的“八十二烈士碑”，园中还有烈士祠，祠内陈列着烈士的画像、遗物及抗日战斗的有关资料，还有朱德、陈毅、黄克诚、张爱萍等国家领导人的题词及授予的锦旗。八十二烈士陵园不仅是中华民族的爱国主义教育基地，而且是一个难能可贵的红色旅游景区。

淮阴人文（辑选）

淮阴，以居古淮水之阴而名。东薄赢海，西通皖洛，北对清口，南出邗沟，驰“九省通衢”之誉。承平之世，有人文荟萃之盛；战乱之时，多武功显赫之才。上下几千载，淮阴历史人物画卷可谓蔚然灿烂矣。

历史人物

漂　母

漂母，姓氏佚隐。秦汉之际从异国落户于淮阴县。韩信微时，困于生计，尝垂钓腹饥，旁有诸母漂洗絮。一母悯之，施食凡数十日，信誓言欲报母，母怒曰：大丈夫不能自食，吾哀王孙而进食，岂望报乎？后信封为楚王，赐母千金。母死，信甚哀，率军士兜土增陵以崇之，俗呼为泰山墩，此墩在今码头镇泰山村，至今仍耸立高大。漂母与孟母、岳母并称于史。

韩　信

韩信（前232—前196年），中国古代著名军事家。秦汉之际淮阴县人，微时饱读经典，尤精韬略，然不谙生计，曾受辱胯下，寄食漂母。后投项羽义军，未得重用，遂奔刘邦，拜大将军，率部渡陈仓，取三秦，平魏、赵、燕、代、齐，进而灭楚。为兴汉三杰之一。史称“韩信将兵多多益善”，“连百万之众，战必胜，攻必取”。后因功高遭忌，以“谋反”罪名被害，然无碍其流芳百世也。

枚　乘

枚乘（？—前 140 年），字叔，西汉初期淮阴县人。枚乘天资聪慧，少有才华。初为吴王濞的文学侍从，汉文帝时，上书奏柬，未被采纳，于是离开吴王，投到梁孝王刘武的门下，仍做文学侍从。刘武死后，便回到家乡淮阴。刘彻继位后，慕贤心切，特派车马把他接往长安，不幸在半路上去世。枚乘一生文学很有建树，并开汉赋先河，代表作是《七发》。

枚　皋

枚皋，字少儒，是枚乘的儿子，也是西汉时期的辞赋家。他才思敏捷，可以“倚马作露布”，时称“马上文、胯下武”就是指枚皋和韩信，枚皋 17 岁时上书梁共王，被召命为郎，后因遭罪，亡命长安。枚皋是一位多产作家，其所作之赋，比较可读的有 120 篇。

步　骘

步骘（？—248 年），三国时政治家，军事家。字子山，淮阴人。世乱避难江东，种瓜自给。性宽雅深沉。入孙权幕，以征服交州及益州一部，拜骠骑将军领冀州牧。都督西陵凡二十年，威而不伐，邻敌敬之。后代陆逊为丞相，屡上疏“荐达屈滞，赫解患难”，令帝释疑明断，亲贤远雅。族妹嫣，姝丽聪慧贤淑，为孙权妃，有佐帝功。

张　耒

张耒（1054—1114 年），字文潜，号柯山，淮阴人，进士。少年时，勤奋好学，聪颖过人，十三岁能文，十七岁作《函关赋》，引人注目。他的诗词尤富于关怀人民之内容；不事雕饰，具有白居易、张籍平易流畅之风。文亦清丽，有《柯山集》，兼习医，著《医书》一卷。

李信圭

李信圭，字君信，生卒年不详，江西泰和（今吉安）人，明洪熙元年（1425 年）任清河（今淮阴县）知县。

李信圭在清河任知县达 22 年，他爱民便民，为民请命，颇著政声。正统十一年冬，李信圭擢升处州（今浙江丽水）知府，清河百姓不忘他的恩，乃“立祠祀之”，《明史》有其传。

管　钜

管钜，字维庵，生卒年不详。临川（今属江西省）人。少年时就负有经世之才的盛名。清康熙二十六年（1687年）任清河县知县时，为民兴修水利，二十七年王营被水冲毁，他用俸金购山阳朱姓土地再建王营。同时建立学校，清丈田地。他在清河县还均丁、均粮，贫困和富有的人都说管钜办事公正。后来管钜提升为宁州知府，离去时，清河百姓挽留不住，为其立一“去思碑”以志纪念。

唐汝明

唐汝明，字卿，生卒年不详，剑州（今云南剑川县）人。举人出身，清道光十三年（1833年）任清河（今淮阴县）知县，十八年续任，在其任中县内大治。

清河县内的官员民众，多以宽厚称誉唐汝明。唐汝明时常巡视北乡，一月数次，见有荒闲之地，一定督责其主耕作，遇到游手好闲的人，一定惩治，使之劳作。初到任，人们怕他，时间长了，人们爱他，因为这时人们才知道有好的父母官的好处。

汝明历任安东（涟水）、山阳（淮安）、宝应等县令，皆有美好声誉。

萧文业　萧令裕

萧文业（1794年—？），字梅江；兄令裕（1791年—？），字梅生。淮安府清河县人，世居山阳县板闸镇。板闸为淮关榷使驻节之地，所以兄弟二人皆曾为榷使的幕僚。令裕有用世之志，“凡河渠、盐法、转漕、御夷诸大端，皆所究心”。有《寄生馆文集》。文业的学问与令裕相匹，时称“清河二萧”。文业自幼放荡不羁，“恶为帖括之业”，写文章不喜模仿前人，而喜欢独辟蹊径。

吴鞠通

吴鞠通（1759—1836年），名瑭，淮阴人。清代著名医学家。少时，以父病不治而卒，发愤习医。乾隆间游学京师，医名大噪，著有《温病条辨》六卷，集中医温病学之大成，列为“四大经典”之一。又有《医医病书》、《吴氏医案》行世。其医风医德，亦为后学所崇仰。

张符元

张符元（约1911年—？），清末清河县（淮阴县）人。清光绪二十四年（1898年）贡生，直隶候补知府。热心乡里公益事业，尤注重办学育人。清末倡办新学，他是积极推进并身体力行者。

张符元长子张福增也非常热心办学等公益事业。在民国七年（1918年）和民国十年（1921 年），张福增先后当选江苏省第二、三届参议会议员。

张一平

张一平（1901—1971 年），淮阴县张圩人。民国十一年（1922 年）就读于上海法科专门学校。十九年参加国民党，二十三年追随中国共产党地下党组织，奔走于淮阴中共地下党负责人吴觉、赵心权、陈亚昌之间，并和吴觉一道创办《大众日报》。二十四年，被国民党逮捕，后被释。二十六年，“七七事变”，他投入抗日救亡运动，并担任淮阴抗日同盟会主任、抗日运动委员会主任、淮河大队供给处处长。民国三十四年（1945 年）9 月淮阴城第一次解放，任清江市市长，不久调任淮阴县副县长、淮阴专署生产建设处副处长、三河闸管理处主任、江苏省水利厅（局）副处长、副局长等职。1971 年病逝。

吴　觉

吴觉（1912—1984 年），字延恪，淮阴县渔沟人。民国十八年（1929 年）考入南京私立正谊中学，翌年，先后就读于上海私立建设大学、上海大厦大学。十九年加入共青团，二十一年转为中共党员。二十七年一月，在“苏北抗日同盟会”被任命为“淮阴县动员委员会”指导员，抗日义勇队总指挥；八路军 115 师南进 8 团团长，南进支队队长，第五旅团长，淮海区行政公署民政处长、淮阴县县长、敌工部长，淮海地区行政专员，中共华中局、华中战区后勤司令。新中国成立后先后任常州市军管会主任、常州地委书记、军分区政委、苏南高等法院院长，三门峡工程局副局长等职。1984 年病逝。

孙汉文

孙汉文（1908—1945 年），淮阴县王营西坝人。民国十六年（1927 年）加入中国共产党，是淮阴最早的党组织、西坝党支部领导人之一。后秘密从事革命活动，多次组织工人和地方进步人士进行抗日活动。民国三十四年（1945 年）因汉奸告密不幸被害。1981 年 7 月，经中共江苏省委批准，孙汉文被追认为革命烈士。

谢铁骊

谢铁骊 1925 年出生，淮阴人，著名电影导演家。民国二十九年（1940 年）到淮海军政干部学校学习，三十年加入新四军淮海剧社从事戏剧活动。解放战争时期曾任人民解放军第 30 军文工团团长。1949 年后，曾任文化部表演艺术研究所副主任兼教授、北京电影制片厂导演、中国文联委员、中国影协常务理事、第七届全国人大常委科教文卫委员会委员。曾导演电影《暴风骤雨》、《早春二月》、《今夜星光灿烂》及京剧艺术片《龙江颂》、《杜鹃山》等。

上海太平洋化工（集团）淮安元明粉有限公司

上海太平洋化工（集团）淮安元明粉有限公司是淮阴区较早成功的招商引资企业之一，由上海焦化有限公司、江苏白玫糖业有限公司、上海白猫有限公司于1999年共同投资组建的股份制企业，现有450名员工，其中各类技术人员占员工总数的15%。拥有两套DCS系统控制的元明粉生产装置和一套废水环保装置，企业固定资产2.2亿元，元明粉年生产能力为55万吨，年创利税9000多万元，是淮安市的重点利税大户之一。

该公司生产的“白源”牌元明粉（无水硫酸钠）获得淮安市工业产品二级质检检验证书，生产销售通过ICAS英格尔国际认证机构ISO9001：2000质量管理体系认证。该公司的销售不仅覆盖了华东地区各省、市，还远销至日本、韩国、澳大利亚、菲律宾及中东等国家和地区。

2006年，该公司通过自主研发，成功掌握了硝盐联产的核心技术——盐析法提硝工艺技术，获得了国家发明专利。日处理1000立方米制硝废水环保工程投产后，该公司在同行业中率先达到资源综合利用和污水“零排放”，该项目对元明粉行业实现可持续发展具有深远的意义。

该公司恪守“为企业之道、以人为本；为人之道，以诚为本”的基本准则，全面推行和谐管理，使企业与员工能形成共同价值观和合力，进而推动公司的持续发展，被江苏省人民政府授予的“AAA级重合同守信用单位”荣誉称号；在淮安市“富民兴淮、建功立业”竞赛活动中，先后荣立集体一等功二次、二等功一次；2003年以来连续多年被评为市级“安全生产先进集体”；2007年3月被江苏省总工会、江苏省经济贸易委员会和江苏省劳动和社会保障厅等上级部门联合授予“江苏省和谐劳动关系企业”称号；2008年2月被淮安市人民政府授予“四星级和谐劳动关系企业”。

企业名称：上海太平洋化工（集团）淮安元明粉有限公司
网址：www.4732183.71ab.com
邮编：223343
地址：淮安市赵集镇

江苏白玫糖业有限公司

江苏白玫糖业有限公司是淮阴区的重点税源户之一。该公司注册资本1690万元，总资产20593万元，占地51867万平方米，建筑面积30000平方米。

该公司1998年与上海焦化有限公司、上海白猫有限公司合资建设上海太平洋化工集团淮安元明粉有限公司，公司占39%股份。2005年该公司与江苏华茂贸易有限公司等4家企业投资2亿元建成江苏白玫化工有限公司，年产50万吨元明粉，该公司占60%股份。该公司目前已形成制糖、元明粉等多种产品生产销售为一体的中型集团企业。公司2009年实现销售2.7亿元。

该公司2007年、2008年、2009年三个年度纳税分别为330万元、360万元、390万元，合计纳税1000多万元。企业综合经济效益一直名列江苏省同行业榜首，连续五年被区委、区政府评为“优胜企业”、“纳税大户”。“白玫”商标连续多年被江苏省工商行政管理局认定为省著名商标。企业每年都会拿出一部分扶贫、关爱资金，为社会奉献一份爱心。

企业名称：江苏白玫糖业有限公司

电话：0517-84923981

网址：www.jsbmty.com

邮编：223300

地址：淮安市越华路1号

江苏淮安双汇食品有限公司

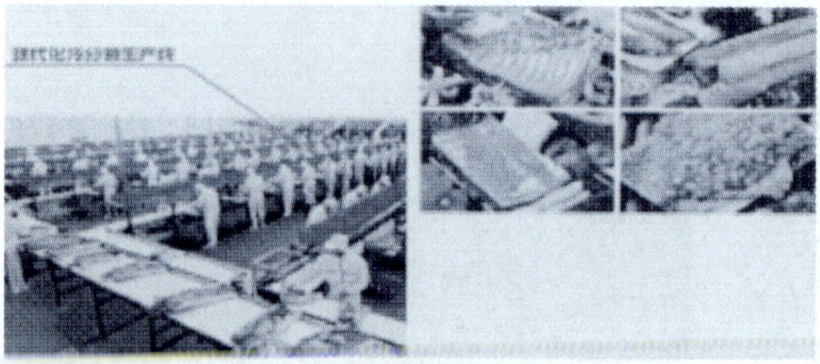

江苏淮安双汇食品有限公司是由河南省漯河市双汇实业集团有限责任公司投资成立的全资子公司，于2007年11月13日在淮阴区注册成立，2009年1月建成并投产，是一个集生猪屠宰及肉制品加工于一体的综合性食品加工企业。

该公司注册资金3.25亿元，占地面积16万平方米，建筑面积8.6万平方米，资产总额3.53亿元。公司现有职工2500多人。2009年实现销售收入13.45亿元，利润6838.58万元，投产当年上交税金1065.77万元，两年累计交纳税金1291.00万元。

该公司拥有进口和国产技术设备2254台（套），其中生猪屠宰线1条、分割生产线1条、灌肠生产线12条、火腿肠生产线29条，主要产品有冷鲜及冷冻猪肉产品及高温火腿肠、低温灌肠、方腿等四大类200多个品种和规格，该公司综合生产能力为年屠宰生猪150万头、生产肉制品8万吨。

公司地址：淮安市淮阴经济开发区嫩江路127号

电话：0517-87033333

网址：www.shuanghui.net

全国免费服务热线：800-883589

邮编：223300

江苏石油勘探局淮安采输卤管理处

采输卤管理处是中国石化集团江苏石油勘探局所属二级单位，负责卤水的开采和输送，成立于2005年3月18日。目前在职职工121人，固定资产总额3.4亿元，地处淮阴区赵集镇红星村，占地面积43872.7平方米。

2006至2009年纳税情况

单位：万元

税费（种）						
资源税	城市维护建设税	教育费附加	土地使用税	房产税	印花税	增值税
3052.05	183.34	104.75	28.94	18.8	9.78	4179.84

采输卤管理处一直以“加快有效发展，构建和谐采输卤”为理念，积极处理好工农关系，并得到了淮阴区相关部门的肯定。

企业名称：江苏石油勘探局淮安采输卤管理处
邮编：223343
地址：淮安市赵集镇红星村

江苏辉煌太阳能股份有限公司

江苏淮阴辉煌太阳能有限公司坐落在淮安市淮河路109号，占地2.53公顷，拥有生产厂房30000平方米，注册资本2182万元，总资产14701万元，现有职工347人。

该公司主要产品有：光电互补型、管道排空型、智能控制型、平板式、阳台壁挂式等五大系列太阳热水器以及热泵热水热能循环利用设备等，该公司产品先后荣获“中国名牌产品”、“国家免检产品”、“中国驰名商标”、“国家重点新产品”、“江苏省名牌产品”、江苏省重点推广节能产品“省重点保护产品”等荣誉称号，辉煌发明的“双向集热技术”被科技部评为火炬计划项目。

该公司在同行业中首家以普通型和光电互补型产品同时通过国际ISO 9001质量体系认证，光电互补型产品还通过国际3C、德国GS、欧盟CE安全体系认证。该公司近年来先后获得了“国家高新技术企业”、“江苏省高新技术企业”、“江苏省质量信得过单位”、“省知识产权重点保护单位”、“A级全国标准化良好行为确认企业”等一系列荣誉称号。

近三年，该公司累计实现销售35897万元，利润4306万元，上缴各种税费2864万元。

企业名称：江苏辉煌太阳能股份有限公司
电话：0517-84800888
网址：www.huihuang.com.cn
邮编：223300
地址：淮安市淮河路109号

淮安市鑫龙房地产有限责任公司

淮安市鑫龙房产有限责任公司成立于2000年1月26日，注册资本2000万元，自有资金5017万元，具有二级房地产开发资质。为了加速淮阴区城市建设，发展淮阴地方经济，从2000年5月开始先后投资2500万元建设淮海北路快车道、樱花路、珠江路和淮河路。2001年底该公司进行房地产开发，现开发的樱花小区位于淮安市最大的公园——樱花园北侧，是淮安市规划中最大的小区。东为沈阳路，西至承德路，南靠樱花园，北邻黄河路，总占地35.4公顷（约531亩），总投资约3.5亿元。区内地势平坦，地质状况良好，四周无污染源，交通便捷，人流集中。预计总销售达6亿元，创利税近3亿元。

小区环境由美国二十一世纪景观设计公司精心设计，采用山水相结合的手法，小区内的假山、凉亭、河塘、小桥、喷泉、音乐等浑然一体，相映成趣。步入小区，犹如进入公园的感觉，堪有园林式小区之称，让人流连忘返，赞叹不已。2006年被淮安市人民政府评为“市级园林式居住区”。在开发樱花小区的同时，该公司不忘奉献社会，多次捐助贫困村镇，帮助政府扶贫，2010年1月捐款30万元给爱心救助协会，被区政府评为“爱心企业”。

企业名称：江苏省淮安市鑫龙房产有限责任公司

电话：0517-84909888

网址：www.2139683.at0bo.com

邮编：223300

地址：淮安市营东社区

江苏省盐业集团淮盐矿业有限公司

江苏省盐业集团淮盐矿业有限公司是由江苏省盐业集团公司、江苏省金桥盐化集团公司、江苏省银宝盐业有限公司和淮阴区盐化工发展有限公司共同出资组建的股份制企业，成立于2008年4月18日，注册资本2亿元人民币，主要从事卤水生产和销售，年设计产销售规模600万立方米。

2009年4月完成采输卤工程建设，当年实现销售卤水249.58万立方米，营业收入6215.51万元。2009年上交各类税收1294.73万元，成为全区工业企业中按章纳税的模范典型。2010年，该公司将投资4000多万元进行芒硝资源开发，形成“以卤为主、卤硝并举”的综合发展格局，经济效益和综合实力将得到显著增强，必将成为淮阴区的纳税大户。

作为国有企业，该公司秉承“诚信立足、创新致远”的发展理念，时刻不忘“国有”本色，带动农村人口就业，积极参与区政府爱心基金捐助活动，先后荣获了“爱心企业”、“先进单位”等荣誉称号，在淮阴区经济的腾飞发展中起到一定的积极作用。

企业名称：江苏省盐业集团淮盐矿业有限公司
电话：0517-84800163
邮编：223300
地址：淮安市北京东路1号

江苏民康油脂有限公司

江苏民康油脂有限公司是由农业部等九部委联合批准的第二批农业产业化国家重点龙头企业。该公司现有总资产 7.85 亿元，注册资本 2400 万元，厂房 16000 平方米，员工 180 人。公司于 2005 年 7 月在淮阴工业园区（长江东路 188 号）征地 12 公顷，招商南通粮油集团公司投资 1.7 亿元，新建年加工油料 40 万吨生产线和 5 万吨一级油生产线。2008 年建成投产后第一年销售收入达 12.9 亿元，利税 1200 万元。2009 年在国际金融危机的大背景下，又创历史新高，实现销售收入 13.5 亿元，各项税收 1060 万元。

作为农业产业化国家重点龙头企业，该公司始终坚持以服务"三农"为宗旨，现有大豆、油菜子双油轮作基地 2.13 万公顷，联结农户 7.2 万户，每年为基地农户增收近 7000 万元。该公司先后被评为"江苏省农业产业化综合先进单位"、"江苏省十佳龙头企业"、省政府"AAA"级信用企业、省名牌产品，"民康"注册商标连续多年被评省著名商标。该公司加工国产油料总量位居全省同行业之首，产销率达 100%，在同行中率先通过 ISO 9001 质量管理体系认证，拥有自营产品进出口权，产品远销韩国等国际市场。

江苏民康油脂有限公司从 1996 年淮安市第一批股份制改造以后（国有改民营），生产经营业务得到了空前的发展，每年上缴国、地税税收以 15% 幅度增长，2000 年至 2009 年十年来，公司已累计上缴税金、基金达 2400 万元，实现产品销售收入 42.4 亿元，工业增加值达 1.35 亿元，为淮阴区的经济发展和淮安及周边农民增收作出了重要的贡献。

企业名称：江苏民康油脂有限公司

电话：0517-84923817

网址：www.mkyz.tom / Email：jsmkcwkl63.Com

邮编：223300/ 地址：淮安市长江东路 188 号

淮安市振达钢管制造有限公司

淮安市振达钢管制造有限公司是江苏振达钢管集团下的分公司。该公司筹建于2005年4月，是一家制造冷拔无缝钢管的专业企业。该公司现占地面积28万多平方米，建筑面积12万多平方米，固定资产6亿元。现有职工850余人，其中工程技术、质量管理人员60余人，高、中级职称40余人。该公司拥有各种钢管生产设备100多台套，目前年生产能力为80万吨。2009年该公司又投资2亿元，新征土地18.68公顷，生产国内技术最先进的大口径无缝钢管项目将于2010年3月正式投产。

经过近四年的建设和发展，该公司成为淮安市发展速度较快、投资规模较大的民营企业，公司四年内总计销售56亿元，实现利润1亿元，共缴纳各项税收1.3亿元。先后向淮安地方和红十字会捐赠近100万元，2005年被评为淮安市优秀技改项目，2008年被淮阴区委、区政府授予“十佳和谐企业”，获得2006年至2008年度淮安市文明单位称号。集团已成为全国钢管协会的理事单位。集团“豪人”牌产品为江苏省著名商标。该公司低中压锅炉用无缝钢管2006年获全国工业产品生产许可证证书，现已通过ISO 9001：2008质量管理体系认可，API会标认可；通过美国、英国、德国、法国、挪威、日本、韩国船级社认证，获得AD2000和PED证书。现能够生产多类型钢种、多种规格的大口径无缝钢管，规格范围在e159至e630×4.5至50×Lmm。

企业名称：淮安市振达钢管制造有限公司

电话传真：0517-84899965

网址：www.zhendagroup.com

Email：xsb@zhendagroup.Tom

邮编：223300

地址：淮安市沈阳北路623号

编 后 记

2009年末，根据党组书记、局长徐菊平的建议并经局党组研究，淮安市淮阴地方税务局决定编纂自成立以来的第一部地方税务志——《淮阴地方税务志》。在局领导及相关部门的大力支持下，全体编纂人员共同努力，克服了工作时间紧、编纂任务重、质量要求高、编纂人员少等实际困难，历经八个多月的时间，广征博采，精雕细琢，几度封闭，数易其稿，终于顺利完成了《淮阴地方税务志》编纂工作。

《淮阴地方税务志》的编纂过程大致可分为以下几个阶段：

一、筹备与准备阶段：2009年12月成立编志委员会，编志委员会下设编志办公室，依托淮阴区国际税收研究会。2010年1月，召开全局编纂动员大会，拟定编纂大纲，明确各部门职能分工，分解编纂任务，正式启动编纂工作。2010年2月起，完善税志的编纂实施方案，修改具体的章、节、目名称，邀请淮阴区区志办的专家到局授课，举办三次编志工作培训班，共80余人次参加培训，提高了编志人员的编纂业务水平。其间，组织部分编纂人员赴太仓市地税局、苏州市地税局、苏州工业园区地税局、无锡市地税局、泰州市地税局及北京、南京等地调研，学习取经。编志办公室牵头组织编纂人员座谈会6次，各编纂单位调阅档案200余卷，走访知情人30多人次，积累了100余万字珍贵的淮阴税收历史资料，为进一步编纂税志打下了坚实的基础。

二、初稿编纂和审核阶段：2010年3月起，各单位编纂人员继续通过走访调查、调阅档案等方法，对已有资料进行去粗取精、去伪存真的加工和取舍。各单位根据编纂目录和分工，按照编纂大纲要求开始独立地撰写有关章节。编纂过程中，编志办及时组织评审已送交的初稿，核对数据，推敲细节，力臻完善。对暂时不能达到编纂要求的初稿，退回原编写单位，要求重新编写，多次反复，直至符合编纂要求。局长徐菊平和其他党组领导多次亲临编纂单位关心指导，极大地鼓舞了编纂人员的撰写激情，有力地促进了初稿的编写工作；退居二线的老局长、老同志也以极度负责任的工作态度投入到初稿的评审工作中，经常放弃周末休息甚至工作日的午休，加班加点；区局办公室与淮阴区国际税收研究会为编纂人员做了大量细致周到的后勤保障工作；负责编写的全体税务干部在不耽误完成本职工作的前提下，精益求精、连续奋战，以高度的责任感和使命感认真地对待税志的编纂工作，保证了初稿的高质量；对于在初稿阶段各级领导、专家、编纂人员提出的修改意见和建议，编志办第一时间予以答复，对初稿进行调整、充实和提高，力求初稿完善、完整、完美。

三、总纂评审阶段：2010 年 6 月上旬，经封闭式集中总纂，形成送审初稿；下旬，再送局领导、区志办专家、全局范围内征求意见，编志办再行修改。经反复修订，形成《淮阴地方税务志》征求意见稿，再反馈给各有关单位，进一步征求意见和修改，形成修订稿，2010 年 7 月，邀请专家参加评审。2010 年 10 月付梓出版。

在本志的内容编排上，编委会力争全面系统地反映 1994 年至 2009 年淮阴地税事业发展概况，实事求是地突出税务机构分设以来淮阴地税事业全面、快速发展的特点，客观真实地记述淮阴地税十五年来的成就和经验，为今后更好地做好地税工作提供借鉴和依据。

在编写方法上，编委会采取“结合 + 落实”的方针。“结合”即区局和各编写单位共同完成税志的编写任务，将初稿的分散编写和区局的统一封闭编写相结合；“落实”即落实责任制，每个撰写人员和分管领导对所撰写的内容及质量负责，初稿撰写人及其分管领导做编写质量第一关的把关人，编委会及编志办对编写质量负责最后把关，编委会主任是第一责任人，主编是主要责任人。

本志能在短期内顺利编纂完成，得益于淮阴区地税局党组领导的高度重视，局党组三次召开专题党组会议部署本志的编纂工作，从人力、财务、物力等多方面给予了充分的保证。此外还得益于退休老领导的敬业负责、各编写单位的通力配合、编纂人员的辛勤劳动，在此表示诚挚的感谢！在本志的编纂过程中，区志办、区财政局、区统计局等单位领导、区政协文史委毛立发主任等对本志的编纂给予了热情的指导和帮助，提供了许多有价值的资料，在此一并特表谢忱！

囿于编纂时间短促和编纂人员水平所限，书中错漏及不当之处在所难免，恳请各位领导和广大读者不吝赐教。

编志办

2010 年 8 月 29 日

淮阴地方税务志

编　　者：淮安市淮阴地方税务局
责任编辑：冯　松

出 版 者：方 志 出 版 社
（北京市建国门内大街5号中国社会科学院科研大楼12层）
邮编　100732
网址　http：//www. fzph. org
发　　行：方志出版社发行部
（010）85195814　85196281
经　　销：各地新华书店
法律顾问：北京市大禹律师事务所
排　　版：北京中文天地文化艺术有限公司
印　　刷：北京通州丽源印刷厂

开　　本：787×1092　　1/16
印　　张：24. 25
字　　数：518千
版　　次：2010年11月第1版　2010年11月第1次印刷

ISBN 978-7-80238-962-5/F·66　　定价：218. 00元